中国方术续考 典藏本

李零 著

中华书局

图书在版编目（CIP）数据

中国方术续考：典藏本/李零著. —北京：中华书局，2019.12
（2025.5重印）
ISBN 978-7-101-12796-6

Ⅰ.中…　Ⅱ.李…　Ⅲ.方术-研究-中国　Ⅳ.B992

中国版本图书馆 CIP 数据核字（2017）第 219895 号

书　　名	中国方术续考（典藏本）	
著　　者	李　零	
责任编辑	徐卫东	
封面设计	李　猛	
责任印制	陈丽娜	
出版发行	中华书局	
	（北京市丰台区太平桥西里 38 号　100073）	
	http://www.zhbc.com.cn	
	E-mail：zhbc@zhbc.com.cn	
印　　刷	三河市中晟雅豪印务有限公司	
版　　次	2019 年 12 月第 1 版	
	2025 年 5 月第 7 次印刷	
规　　格	开本/710×1000 毫米　1/16	
	印张 26¼　插页 4　字数 350 千字	
印　　数	18001-21000 册	
国际书号	ISBN 978-7-101-12796-6	
定　　价	108.00 元	

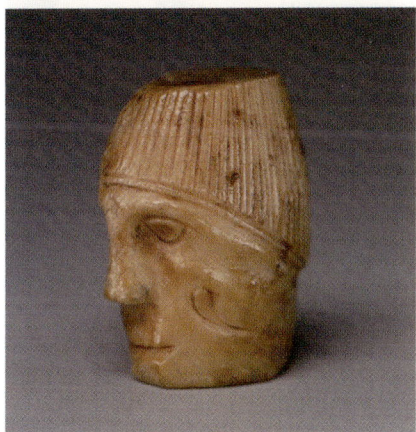

图版一-1

召陈胡巫像

图版一-2

石翁仲（北魏景陵）

图版二-1

东汉胡虏像（镇水石人，临淄古城出土）

图版二-2

突厥石人（奇台）

红山小玉龟（牛河梁遗址）

西周小玉龟（晋侯墓地【M63】）

秦骃玉版（上海博物馆藏）

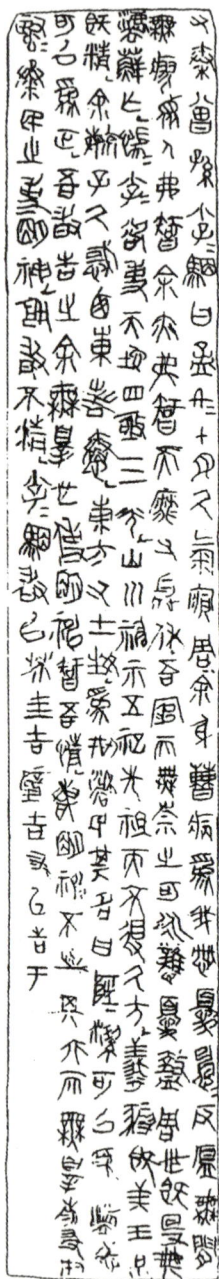

秦骃玉版（摹本）

新版前言

一

我写过十本书(不算与人合作的书),《中国方术考》和《中国方术续考》是我的两本代表作。不夸张地说,用考古材料填补空白,系统总结中国早期的方术知识(主要是战国秦汉的方术知识,或道教、佛教以前的方术知识),这是第一部——虽然,有些同行,自视比我高明,未必承认这一点。

前书写得早一点,动手在1989年~1990年,即我第一次出国的一年多里。出国前,我研究过楚帛书,研究过秦汉日书,翻译过荷兰汉学家高罗佩的《中国古代房内考》,有一点积累。因为呆在美国没事干,我想把以前的想法总结一下,遂萌生了写《中国方术考》的想法。我写式盘,写房中书,都在那段时间。在加州大学伯克利分校演讲,也是这类题目。出国前的感受("气功热"),当时的环境和气氛,我自己的心情,都比较适合写这本书。

书是写出来了,出版却碰到不少麻烦。

1990年,《中国古代房内考》的译本在上海人民出版社出版。该社的责任编辑说,他们还想出版我的《中国方术考》。不久,此人调到上海三联,书稿也转到那里。结果却是一拖再拖,最后连人都找不见。万般无奈,我只好登报声明,把稿子撤了(原稿一直没退)。1993年,我的书总算印出来了,由一个书商在人民中国出版社出版,也不太理想,错比较多,钱比较少(只给了原先答应的一半)。钱是没办法了,我希望,至少有机会把书中的错字改一下。然而机会来了,很快又去了。满口答应出台湾版的台北时报出版公司,因为换老板,竟成批毁约退稿,我的书也在其中。直到 2000 年,北京的东方出版社才给我出了修订本。同时,作为前书的续补,他们还给我出了《中国方术续考》。转眼之间,十年就过去了。

人有几个十年? 这是我最多灾多难的书。

前两年,我在香港城市大学当客座教授。凑巧,李泽厚先生也在那里,他很重视我的研究,问我下一步有何打算。他希望我能扩大战果,最好是三考、四考,不断写下去。我很感谢他的鼓励,但自己的想法却是赶紧收摊。因为,我觉得,更重要的事情,不是就方术谈方术,而是另开局面,把它后面的东西,更高层次的东西,再发掘一下。

两考出版到现在,又是一个五年过去了,原来的合同已经到期。我很感谢中华书局,他们愿意给我出新版。借这个机会,我想在前面讲几句话,跟读者交流一下,让他们知道,我说的另开局面是什么意思。

二

首先,我想说一下方术的读者,即什么人最爱读方术。然后,就这个话题,说说我为什么要研究方术。

方术,于《汉志》六类,本来是属于它的后三类。它的前三类是六艺、诸子、诗赋,属于人文,后三类是兵书、数术、方技,属于技术。方术就是数术、方技的统称。技术在当时还是学术之半,有一定地位。但隋唐以来,按传统的四部分类,数术、方技只是子部底下的一个小分支,地位就不行了。读者,除了专门干这行,在司天监和太医院中供职的所谓"畴人"者流,只有闾巷卖卜的江湖术士和穷乡僻壤的愚夫愚妇。正经读书人,没有人要读它。

可我偏偏要读这类书。

现代读者,情况又如何呢? 就我所知,主要是四种人。

第一种,是有信仰需求,迷信超自然,并活学活用的读者。正如刚才所说,他们才是方术最基本的读者群,最铁杆的读者群,古往今来长盛不衰的读者群。他们读方术,主要兴奋点有两个,一是算命,二是看病。我的书，本来不是为这批读者写，但写信打电话，屁股后面追，热心读者是这种人。有些单位请我演讲，听众提问，也离不开这两大主题。我一再解释说，算命有地摊，看病有医院，这两样，千万别找我，我可不是干这个的——但我必须承认，方术本来就是干这个的。

第二种，是研究科技史的。这类读者，是近代才有。他们是到方术中寻找科学，属于沙里淘金。这不但提高了方术研究的层次，还可以和李约瑟先生的研究实行"国际接轨"。过去，研究古代，政治口号是"古为今用"。怎么用？典型说法是"去其糟粕，取其精华"。精华取出来，糟粕当然就不要了。原来的知识系统是什么样，他们不关心，淘金后的沙子更不用说。他们和第一类读者正好相反。前者关心的是沙子，他们关心的是金子。但金沙没有淘出，原来也是沙子。沙子比金子，更能反映全貌，光有这类研究也不行。这种人是专家，已经形成专门的研究队伍，但比起前者，人数少得多。

第三种，是我的同行。他们本来是学考古或古文字的，因为出土发现，这种东西越来越多，抓耳挠腮读不懂，才急用先学。我原来的出发点也是如此。中国方术，现在的知识，中国近代化以前的知识，主要是宋以来的知识。宋代以前，早期的知识，主要靠考古发现，一是简帛文献中的材料，二是敦煌文献中的材料，三是其他有关的出土实物。这些发现，主要是近百年的发现，特别是近30年的发现，说是新知识，也是老知识，或者更准确地说，是新发现的老知识。它们和宋以来的知识，其实是一脉相承。港台有一种偏见，我不同意。他们说，大陆的人文学科都不行，只有考古，一枝独秀。他们说的"独秀"，其实是发现，不是学科。发现是托祖宗的福。我的同行我知道，眼界、见识和水平，哪里就比别人高？这种人，数量更少，掰着手指，都算得过来。

第四种，是把方术当思想史和学术史的资料看，特别是当宗教史的资料看。上面已经指出，方术这个混沌，既和科学技术有关，也和宗教迷信有关，但归根结底，还是和后者关系更大。我不信教，但信教是普遍的文化现象。最近，电视上说，调查表明，即使在科学昌明的今天，全世界，无

3

论用什么标准统计,信教的人都是多数,他们宁肯相信宗教领袖,也绝不相信政治家。研究中国历史,研究中国文化,研究中西对比,这个代表多数的想法,谁也不能忽视。迷方术,信宗教,人很多,但把方术当宗教史研究,人很少。真正关心这个问题的人,几乎等于零。

研究方术,我是作者,也是读者,而且首先是读者。上面四种,我算哪一种?主要是后两种。第一种,我是外道。第二种,我是外行。第三种,和我的专业知识沾一点边,但严格讲,就算这一种,也是非常边缘的研究,要叫行里人说,也不是玩意儿。我觉得,奇奇怪怪的术语,密密麻麻的图表,还有数不清的药方,本来就很枯燥,如果研究来研究去,只是为复原而复原,为前两种读者找材料,就没劲了(我是说,对我没劲,不是说别人)。第四种,我更关心,但对谁都是难题,对谁都是空白,我也好,别人也好,谁都是外行。

我经常说,学术有专攻,但问题是没有学科的,就像复杂的手术,必须请专家会诊。但专家如果不来会诊呢?

在这个领域里,我们的尴尬局面是,很多问题,都是搞的人不懂,懂的人不搞。

我用外行研究内行,用内行研究外行,自乱家法,原因在这里。

没有办法呀。

三

其次,我想说说,我对中国早期宗教传统的认识,目前最粗浅的认识是什么,也算是今后写作的设想吧。

在《中国方术考》2001年修订本的序言里,我曾许愿说,我要写三本我最想写的书,一本是《绝地天通》,一本是《礼坏乐崩》,一本是《兵不厌诈》。其实,这三本书的头一本,就是讨论中国的宗教传统。

"绝地天通"是个道理深刻的神话故事,出自《国语·楚语下》,大家都很重视这个故事。故事的意思是什么?本来很清楚。它是说,天地神人的交流,从前很容易,老百姓是通过民间的巫史,直接和神交流。后来,有了复杂的职官系统,则把这种关系断绝开来,神归神,人归人,世俗的事,由世俗官员管理,宗教的事,由宗教官员管理。任何人,都得通过这些神职人员,才能与神交流。也就是说,一旦宗教归国家管,归专责的神职人员管,僧俗分为二界,天地不分、民神杂糅的状态,就被彻底打破了。即使官民斗争,反反复复,也是这个格局之下的反复,大盘是定下来了。

我选这个书名,用意很明显,就是要澄清一个很流行的说法,也是相当糊涂的说法。

中国文化界讲中国文化,老是往自己脸上贴金,给人家脸上抹黑,张口闭口,都以"天人合一"自居,非说人家西方文化是"天人分裂",两者拧着来,太物质,太技术,完全反自然,不像俺们中国文化是"天人合一",和谐而美满。我不同意这种说法。起码照字面理解,"绝地天通"四个字,只能是"天人分裂",而绝不是"天人合一"。

"天人合一"这个词,严格考证起来,其实并无深意。如宋人张载和王万,他们有这种说法(《张载集·乾称》《宋史·王万传》)。现代学者的用法,是来源于宋。先秦没有这种说法。汉代的说法也不太一样。当时的流行说法,其实是"天人之分"、"天人之际","分"和"际",都是讲天人的分别。当然,董仲舒是说过"天人之际,合而为一"(《春秋繁露·深察名号》),那是说,借助名号,把这两个本来是分开来的东西再合在一起,其实是讲天人感应。"天人之际,合而为一",这是方士化的汉儒讲的话。"天人合一",这是援释济儒、援道济儒的宋儒讲的话。两者都有宗教味。

"天人合一"是宗教话语,一点不稀奇。任何文化的任何宗教都有这种东西。

这不是中国文化的特色。

中国文化的特色,在我看来,主要是一种结构性差异,即早在近代欧洲实行政教分离之前,中国的政教关系就已经是二元化,我们比他们更世俗,他们比我们更宗教。异是同中之异。中国和西方不同,并不是我们讲"天人合一",他们讲"天人分裂",而是两者在僧俗和政教的关系上有巨大不同。我们追求大一统，他们也一样。谁不想把一盘散沙的人群聚合起来？但同是大一统，中国和西方，道路不一样。他们是小国林立，宗教大一统；我们是国家大一统，宗教多元化。两者都有世俗国家，两者都以神道设教，但政教关系不一样。我打比方说，翻毛大衣里外穿，这只是毛面在外，还是光面在外的问题。他们也好，欧亚草原也好，阿拉伯地区也好，凡行政效率不足的地方，都靠宗教大一统，这种情况很普遍。但即使是大地域国家，亚述、波斯和中国，国家再强，也少不了宗教支持。没有宗教是不可想象的。我们和他们不一样，主要是僧俗二界，分得更开，界限更明显。如果非用分合讲话，那也只能是，他们"天人合一"，我们"天人分裂"。

还有一种说法，是把"天"换成自然，说我们和自然贴得近，那就更离谱。因为大家想一想，文明在本质上是反自然的，中国既然以文明老大自居，人缩在城里，坐在屋里，马牛羊拴在棚里，关在圈里，为了土里刨食，树都砍了，草都烧了，怎么会比骑马肉食、逐水草而居的匈奴人和蒙古人，还有原来也很野蛮的欧洲人，更接近大自然。我们千万别叫中国的文人诗和文人画给蒙了。他们渔樵归隐，寄情山林，"卖鱼生怕近城门，况肯到红尘深处"，那都是在滚滚红尘中呆腻了的主儿。

我用"绝地天通"讲中国宗教，目的在这里。

在《中国方术考》中，我还主要是就术谈术，不大涉及教。《中国方术续考》才把术的话题引向教。我在法国远东学院的演讲，是对两考的总结，又近了一步，直接点在这个穴位上。那篇文章就是以"绝地天通"为题。这次重印，我把它收在了后面。

现在，我要说明的是，我的两考，其实就是为《绝地天通》做铺垫。虽然，当初我没有这种考虑，想法是慢慢悟出来的。

四

说到上面的话题，有个问题要补说一下。大家会问，你说方术和宗教有关，这个宗教是什么概念？

过去,讨论中国宗教,主要是讲道教和佛教,即和罗马基督教运动差不多同时,中国本土和外来的两大宗教。两教之前,中国有没有宗教?有,是什么?这当然是问题。

我的看法,两教之前,中国肯定有宗教。没有的话,中国就成了怪物,成了脱离世界发展轨道的例外。前些年,法国远东学院在香港中文大学的崇基学院开国际研讨会,会议主题之一就是澄清这个问题,我参加过讨论。大家不要以为,西方的教才是宗教,中国的教不是宗教,或者道教、佛教才是宗教,其他的教都不是宗教。

宗教的定义,有宽窄之不同。即使同样有教规教义、教团组织和坛庙教堂,定义不同的话,也可能是,也可能不是。很多人都以为,有没有,是不是,全靠定义讲话,但定义的宽窄,本身就是问题。

中国宗教的"脚"有多大,本来很清楚,但定义的"鞋"可以有三种:

(一)最窄,是以我画线,我的教是教,其他都不是,是也是异教、邪教。比如西方的天主教,对它来说,不仅伊斯兰教是异教,他们自己的文化,前基督教文化,也是异教。南欧,古典希腊、罗马的多神崇拜,是异教。西欧、北欧、中欧,蛮族地区的女巫崇拜和山精树怪,也是异教。归根结底,只要是非基督教文化,统统都是异教。利玛窦到中国传教也一样。中国文化,在他眼里,当然是异教。他原来的目的,就是要消灭儒、释、道三教。后来想借儒教传播天主教,也得先把它定义为非宗教,否则无法交待(向罗马教廷交待)。

(二)还有一种,大教是教,小教不是教,或官方批准是教,不批准不是教,是也是异教、邪教。这种定义,比前者宽一点,但你无论给它加上什么贬斥性的定语,说它如何不是东西,它也还是宗教,否则无法归类。比如白莲教一类教派,中国的法律术语,叫"旁门左道",现在的国内学者叫"民间宗教"。宗教而冠以"民间",目的是为了区别于官方承认的宗教。可是,我认识的西方学者,他们不同意这种叫法。以西方的眼光看问题(他们是上下一个教,国王和百姓都是教民),他们宁愿相信,中国的宗教,特别是早期的宗教,是一种上下共享的通用宗教(common religion)。

（三）最宽，是法国汉学家的说法：哪里有香炉，哪里就有宗教。比如，中国人家里供的"天地君亲师"，拜天地，拜皇上，拜祖宗，拜老师，是不是宗教？明末，传教士到中国来，他们就争论。利玛窦说，这不是宗教。反对他的教派说，这是宗教。最后，罗马教廷裁定，还是宗教。如果这些都是宗教，范围可就广了，不但崇拜孔子是教，领袖崇拜、明星崇拜是教，马克思说的拜金拜物，也都是教。这是泛宗教的定义。上面讲异教，自己的教概念越窄，异教的概念就越宽，异教本身也是泛宗教概念。

这些定义，第一种肯定不对，第二种也有问题。两种定义都有排他性，都是从政治和宗教的立场出发，先定和预设的定义。这就像美国定义的"恐怖主义"，甭管彼此的手段一样或不一样，敌人肯定是"恐怖主义"，自己肯定是"反恐"；还有，间谍、特务谁都用，但这两个词，可从来不用在自己身上，用在自己身上，肯定得换个说法，叫"地下工作者"或"秘密工作者"。在英文里，religion（比较正经的宗教）和cult（比较不正经的宗教）也是类似的划分。这样的标准，是政治或宗教的考虑，不是客观的学术标准。按照学术标准，异教也好，邪教也好，它们也是宗教。否则，为什么还要当宗教来排斥呢？上面说的第三种，宽了点，但至少没有把小教排除在外，这是对的。

中国早期的宗教到底是什么？这个问题，不是一两句话就能说清，因为它不像释、道二教有明确的界限，其实是个小教林立或大小教混合的大杂烩。但有一点可以肯定，即使按最一般的标准，不是排他性的标准，也不是泛宗教的标准，两教之前，中国有宗教，这是不成问题的。

在《续考》一书中，我把秦汉祠畤当研究对象，就是想勾勒早期宗教的形象。

五

研究中国古代宗教，祝宗卜史，各有分工，祝宗跟礼仪关系大，卜史跟方术关系大，两者都和宗教有关，但前者更接近于教，后者更接近于术。

术和教的关系很重要。

在我的两《考》里，我想强调的是，巫术是小术，方术是大术，大术的来源是小术，但后来居上，既吸纳小术，又排斥小术，把小术压在下面，但大术小术都是术。同样，中国早期的宗教，原来也是小教林立，各地的信仰不一样，小教汇入大教，先是以国家为倾泻地，后来回归民间，重新酝酿，转以道教、佛教为龙头，但大教小教都是教。

研究中国宗教，巫术和巫教很重要。比如张光直先生，他就非常强调萨满教。研究早期宗教，巫是普遍背景。人类学家关心巫，当然很有道理。但我的看法是，商周以来，特别是战国秦汉，中国的教与术，早已超出这一水平，绝不是"热带丛林"式的东西可以比。

中国的"绝地天通"，是个很长的过程，但真正的重头戏还是在秦汉，特别是汉代。大术代小术，大教代小教，都不是一蹴而就，而是分四步走：

（一）秦始皇的统一宗教。

秦始皇的大一统，是三个大一统：政治大一统、宗教大一统、学术大一统。这三个大一统，虽然不是由他收的尾，却是由他开的头。当时，百废待举，三件事，他只做成一件，就是政治大一统，另外两件没办成。天下初定，他把方士、儒生从全国各地招来，本来是请他们兴太平，方士搞宗教，儒生搞学术，共襄盛举，没想到，彼此闹翻，发生焚书坑儒。这不是他的初衷。他的初衷，和后来的汉武帝一样，也是收拾人心：统一宗教，才能赢得六国百姓的心；统一学术，才能赢得社会精英的心。但我们要注意，这两个大一统，一开始就是在政治大一统的前提下进行，起点本身就和欧洲历史不一样。我们的大一统，是先有政治大一统，才有宗教大一统、学术大一统。

（二）汉武帝的统一宗教。

汉武帝和秦始皇不一样。秦始皇没做成的事，他做成了：封禅郊祀，兴立祠畤，是统一宗教；罢黜百家，独尊儒术，是统一学术。他的宗教大一统，是想建立与统一国家相匹配的宗教制度。第一，是继承秦始皇，比如封禅五岳，祭雍五畤和齐八主，这些都是继承秦始皇；第二，是创立以太

9

一、后土和五帝为核心的大郊祀，用大教统小教，新制统旧制。这种新制，好像政教合一，太一崇拜也很有普世宗教的味道。它使西方汉学家产生错觉：中国的宗教是上下共享的通用宗教，汉武帝就是中国的教皇。当时的国家宗教，与民间信仰关系很密切，有一定重合，但很多祭祀，国家有，民间不一定有，民间有，国家也不一定有，并非严丝合缝。

（三）王莽的统一宗教。

统一宗教，秦皇、汉武都倚重方士。儒生和方士，本来各有擅长。汉代，他们在皇帝面前争宠，劲头十足。儒生并不满足于学术上的胜利，对宗教也要插一手。他们和方士乱掺和，界限越来越模糊，但不同还是不同。比如《后汉书》的《方术列传》，就是两者并叙，但中间还是有界限。汉武帝以后，韦玄成提出罢庙，匡衡、张谭提出废祠，都是针对汉武帝的宗教大一统，最终导致王莽撤销武帝诸祠，只在长安四郊祭天地五帝。这是儒生对方士的反动。王莽改大郊祀为小郊祀，有当时的道理，而且是后世所本。其所有祠畤，被收拢于京郊，外面一风吹，好处是精练集中，坏处是对民间信仰失控。上面说过，"绝地天通"，官民之间的控制和反控制，反反复复，这是固有矛盾，汉代也有这类问题。

（四）东汉时期的"借术立教"。

上世纪 80 年代末，我去美国前，正是"气功热"席卷全国的节口上，我读《列仙传》《神仙传》和《后汉书》的《方术列传》，真是感同身受。东汉时期，民间信仰如脱缰野马和决堤洪水，到处都在创立教派。原因是，王莽死后，国家失去对民间信仰的控制，民间信仰又恢复到自生自灭的无序状态。结果，当然是小教林立，对国家形成威胁。这轮高潮，特点是"借术立教"。各种占卜，还有符水治病、借助幻术的奇迹显现和荒诞不经的神仙故事，都是劝民向道的基本手段。释之入，道之兴，都是以这段历史为背景。方术在其中扮演着重要角色。汉以后，儒家文化在牢笼知识精英的取士制度中是处于唯我独尊的地位，这是一元化。但民间信仰却是由释、道二教为龙头，其他小教作缘饰和补充，呈多元化格局。方术的香火也是绵延不绝。从此，国家大典是国家大典（王莽式的郊祀），民间信仰是民间信仰,各得其所。远的不说,我们这座北京城,皇家有左祖右社和六坛(天坛、地坛、日坛、月坛、先农坛、先蚕坛),民间有五顶(北京城外,东南西北中各有一座碧霞元君庙,号称五顶),就是两码事。

我认为,通用宗教说,对解构大小传统说,强调上、下层有道理,有一定合理性。中国和西方在摸索道路的过程中,有过相似的考虑,这点也有启发性。对中国学者来说,这是值得参考的另一种视角。但这种说法,对解释汉以后的二元化格局,显然不适用;即使讲汉代,也只是貌似而已。

为什么? 我说过了,关键是起点不同,政教结构不一样。

六

最后,我想说点题外话,但却是题内之义。

中国有方术,外国也有。前些年,我在法国高等实验学校(École Pratique des Hautes Études)宗教学系当客座教授,马克(Marc Kalinowski)教授带我看过法国的日书,并向我介绍过欧洲的方术门类。他说,中国的方术比他们更发达。

人家对我们很敬重,我们不能太狂妄。

我们要知道,欧洲传教士来华传教,他们是靠科学来传教。科学虽不等于方术,但在文化比较的谱系上,其位置却是对应于巫术和方术。他们的术,古代不如我们,但现代比我们发达。在科学的面前,我们的方术像巫术。

还有,我们要承认,在大教代小教方面,在宗教大一统方面,他们比我们走得更远,宗教的地位更突出,远比国家更能支配一切。中国的教没有这种地位,再大也大不过国家,撑死了也只是三教之一。更何况,大教之下,还有数不清的小教。即使大教,也是大杂烩,比西方有更多的小教特点。

我们是国强教弱,他们是教强国弱。

中国的宗教不发达(利玛窦的第一印象就是如此),没有像西方那样笼盖一切,这是好事还是坏事,现在颇有争论,我看未必是坏事,特别是把眼光放得远一点。

上面,我们已经指出,中国早期宗教,方士和儒生是两股力。这两股力,在中国历史上各有变形,各有遗产。方士的遗产在道教,儒生的遗产在取士。前者的优势是信仰,后者的优势是政治。但儒生在信仰上争霸权,与道争,与释争,可谓经久不息。今天,作为体用之争的延续,作为国粹与西化之争的延续,也有这类冲动。有人甲午不服气,庚子不服气,倒也罢了,辛亥、五四,气也理不顺。他们觉得,师夷长技以制夷,如果只学船坚炮利和议会政治,那是没有学到根本,夷也有道,是他们的教,故死乞白赖,非给咱们中国立个教。立什么教?不信洋教信什么?现现成成,当然是儒教了。道教不行,政治去势,无为无为了两千年,自然没它什么事。

立教之说,久已不行,如今又成新时髦(有几个钱,气就粗了)。谁都赶来凑热闹,我觉得十分无聊。

先秦的孔夫子,不管政治观点多保守,他毕竟是一位社会批评家,和人家老子、墨子平起平坐的批评家。他这一生,累累若丧家之犬,无权无势,从不承认自己是圣人(他惟一认可的头衔就是"丧家狗")。汉以来,唐以来,宋以来,孔子不断被圣化,地位越来越高,两千年吹捧,他想都想不到。但就是这么吹,他也还没有被拔高到耶稣那样的教主地位,时人以为可惜。我看,没什么不好。现在的学者,说是弘扬中国文化,其实是糟蹋中国文化。他们把一切中国文化都装进儒家的瓶子里,表面是大,其实是小。再把孔子弄成教,就更加可笑。中国文化,博大精深,岂是儒家二字所能概之。就算讲儒家,又何必舍本而逐末?

吾爱孔夫子,乃先秦的孔夫子,活着的孔夫子,真正的孔夫子,而非后人吹捧为大成至圣先师,政治化和神学化的孔夫子,更不是那个还在幻想之中,有如救世主的孔夫子(不但能救中国,还能救全世界)。

去圣乃得真孔子,还俗才有新文化。

这是解放孔子。

七

西方的启蒙,跟中世纪是拧着来,反传统的初衷是人文主义。

文艺复兴在其前,复远古,师异教,认祖归宗,朝希腊靠。我比较欣赏(接续传统是纵着大,认同异教是横着大,关键是有大气象)。

宗教改革晚一点(比文艺复兴晚一点),折衷新旧,调和人文与宗教,在他们是顺理成章。我也十分理解。

但中国的情况不一样。

我们别邯郸学步,光讲"新教伦理"那一套。

中国的启蒙,背景是什么?

(1)贵族传统早就没有,教会统治也不存在,世俗政治是现成,用不着政教分离。

(2)中国的知识精英(读书人和官僚)本来就很人文(儒家推行的是人文教育),非常缺乏宗教感,科学来了,不但拥抱,还用科学反宗教。

(3)中国的宗教,市场主要在民间,它自古就是多元化,上面的婆婆是国家,不是宗教。甭管什么教,只要不反国家,都允许;反国家,都不允许。宗教迫害宗教,也不行(利玛窦刚到中国,就碰上和尚砸教堂,告官,和尚马上挨板子)。这些,也很符合现代标准。

(4)中国只取经,不传教,没有异教观念,外来和尚会念经,很受礼遇,即使排斥外来文化(比如近代受外国欺负后的过激反应),也不是出于宗教目的。

利玛窦到中国传教,是走上层路线。后来有礼仪之争,上层失败,转向下层。今天的格局,还是差不多。其成功之处都在顺应中国传统,失败之处都在违背中国传统,此不可不察也。

五四运动批过孔,时人讥为太过火。但我说,就算过火,它把孔大圣人请下神坛,有什么不好?现在批五四,蒋介石的批评,海外和港台的批评,大陆知识精英"倒霉看反面"的批评,根子是反共,专吃革命后悔药。

蒋介石说,五四导致赤化,当即遭到胡适反驳。这样批五四,难道不过火?

五四的遗产很多,当然可以批评。但有一点,它是批不倒,也改不了。这就是,孔子再伟大,也甭想回到大成至圣先师的地位,因为依托的东西没有了,制度的东西没有了,就像把皇上请回来(伪满是最后的尝试,日本人的尝试),或自己当皇上(袁世凯),那是不可能了。

从今以后,我们才豁然开朗,任何整理国故者,只有超越中国遗产之上,跳出中国遗产之外,用世界眼光,重新审视这批遗产,才有资格讲话。

中国的新文学之路和新史学之路,都走的是五四之路。大陆这边是这样,台湾搬去的传统也是这样(如史语所)。其文化定位要远胜于当年的国粹论,也远胜于如今的新儒家。

启蒙并不是立孔为教的闹剧,中国文化也不是弘扬民族的道具。

我这么看。

2005 年 10 月 4 日写于北京南线阁甲 39 号院

目　　录

方术四题

咬文嚼字

穷原竟委

礼仪为本

星官索隐

地书发微

数术丛谈

方技琐语

图版出处

图版一-1　《赫赫宗周——西周文化特展》,台北:故宫博物院,2012 年,第53 页

图版一-2　李零摄

图版二-1　李零摄

图版二-2　新疆昌吉回族自治州文物局编《丝绸之路天山廊道——新疆昌吉古代遗址与馆藏文物精品》,北京:文物出版社,2014 年,371 页

图版三-1　古方主编《中国出土玉器全集》第 2 卷,北京:科学出版社,2005 年,第 122 页

图版三-2　古方主编《中国出土玉器全集》第 3 卷,北京:科学出版社,2005 年,第 131 页

图版四　上海博物馆编《柏林·上海:古代埃及与早期中国文明》,上海:上海书画出版社,2017 年,第 58—59 页

插图目录

5

"关公战秦琼"的可行性研究
（代前言）

早就应该告别方术。只是为了弥补《中国方术考》留下的各种遗憾，只是为了追论层出不穷的考古发现，在等待再版的同时，我又写了这本《中国方术续考》。本书与它的前身一样，也是以考古材料为主，也是讨论早期方术，但不同点是，结构比较松散，思路比较开阔。我自己的感觉是，它比前书更接近我想讨论的"绝地天通"（我在《中国方术考》再版前言中计划要写的三个题目之一）。

一、古今可以比较吗？

在本书中，我想贯穿我对"现代化"的古代思考，一个可能会被视为荒诞的念头。

首先，读者不难发现，在本书中，我的"时间观念"很差，差到常常淆乱古今，竟把考古学家才关心的时段和我们正在"走向富强"的时代相提并论。我并不相信历史学家告诉我的基本常识："现代"和"古代"绝不可同日而语。我不但怀疑"现代化"的高贵出身，也怀疑"现代化"的绝对优越。比如我对"黄赌毒"一类问题的讨论（见本书的《卜赌同源》、《药毒一家》），比如我用"方术"消解"科学"，"礼仪"消解"宗教"（见本书的《天地悠悠》、《秦汉礼仪中的宗教》），想法都是如此。人以为同者，我或以为不同；人以为不同者，我或以为同①。

---

① 我所怀疑的与其说是我们自己的历史学（其实是被西方现代化过，也曾摩登而随即陈旧的中国历史学），还不如说是西方历史学（19 世纪以来，包括马克思主义历史学，花样翻新而初衷不改的西方历史学）。

　　当然,我也并非成心跟历史学家找茬,或如时下愤青者流刻意要去颠覆什么。我只是觉得过去的"时间表"虽貌似有理,可简单的事实都摆不进去。

　　小时候读历史,咱们都受过教育。有很多观念,在别人在自己,都是根深蒂固。谁都知道我们有个很大的"时间表",甭管地球上的哪个角落,也甭管两地之间有没有传播,任何事情的发生都得遵循"规律",就像春生夏长、秋收冬藏,什么时候该有什么物质水平,什么时候该有什么社会形态,什么时候该有什么思想文化,多少总得有点"同步性"。即便冬天开花,夏天降雪,偶尔也有例外(考古学不断告诉我们这样的例外),但事情总得八九不离十,绝不能离谱太远。学者称为"综合年代学"。有人说,如此教学,大概只有我们这儿,只有讲马克思主义的地方,那可错了。不信,您可以到台北故宫看看,那栋建筑的一层有个展览,叫"华夏文化与世界文化之关系",专门就是讲哪一年或哪些年世界上的不同地方都发生了什么,一样有这种"综合年代学",一样有我们坐在电视机前,通过卫星天线才能找到的感觉。我们的"时间表"是现代"时间表"。大家对这个"时间表",见仁见智,或许不同,可是谁都相信,事情总是螺旋上升,加速发展,甭管分三段五段,"现代"(或曰"近代")是一段,"传统"是一段,这是基本划分(80年代流行"与传统决裂",90年代流行"宏扬传统文化",其说则异,其心则一)。所以我们要讲比较,当然只能是"同期比较"。不同时期,特别是"现代"和"古代",肯定没法比。一定要比,那也像乞丐和龙王比宝,优劣悬殊大到不可想像。比也等于没比。

　　听侯宝林说相声,谁都知道,"关公战秦琼"是很可笑的事:一个汉季之人,一个唐初之人,他俩怎么交手? 可是"使李将军逢高皇帝",或"亚瑟王宫廷中的美国佬",并非全是文学想像①,即使在咱们每个人的头脑里,也是

---

　　① "故事新编"不仅是很重要的文学形式,也是很重要的历史形式。这样的套路,美国电影玩得正欢(如新《灰姑娘》和新《小红帽》之类):故事的场景就在眼前,新得不能再新,只有故事的胚子还是老的。这是一种"新编"。还有一种是淡(转下页)

随时随地都会发生,任你任我都控制不住。比如我还记得,文革中有个"反革命事件",著名的"伊林·涤西事件"。1966年9月15日,林彪在天安门城楼上讲话,尖着嗓子讲话。他说"马克思列宁主义的书那么多,读不完,他们离我们又那么远。在马克思列宁的经典著作中,我们要百分之九十九地学习毛泽东著作"〔案:后两句话有语病。〕,"毛主席比马克思、恩格斯、列宁、斯大林高得多"。当时有两个农大附中的学生胆子真大,他们化名"伊林·涤西",在清华大学贴大字报,说敬爱的林副主席,您这话可不太合适,也违反马列主义,今人不比古人高,古人不比今人傻(大意)。这话几乎送了他们的命(差点被他们的同学塞进冰窟窿)。还有回忆奥运史,类似的比较也很多。比如跳高、跳远、赛跑、游泳,只要有时间可以掐表,有距离可以丈量,甭管你是什么时候的人,都可以立决高下。这对我们的想像是巨大鼓舞。人越跑越快,越跳越高,这不是明摆着的吗?所以推而广之,就连竞技体育我们也敢这么想。如最近美国篮坛巨星(昔日的巨星)贾巴尔上咱们这儿访问,记者向他提问,说你和乔丹谁强。他不好回答,别人也不好回答(让现在的贾巴尔跟现在的乔丹比太不公平,让现在的乔丹跟当年的贾巴尔比又绝无可能),可比的想法却深入人心,没人觉得荒诞①。

八九年前,因为在学校讲《孙子兵法》,我曾把英国战略家哈特为格里菲斯《孙子兵法》英译本写的序言念给学生听。哈特说:"《孙子兵法》在论'战争艺术'的作品中出现最早,但其闳阔深远,却迄无超越者。此书真可谓

_____

(接上页)化背景,突出人物:咱们老百姓,谁坐天下,都得吃饭睡觉娶媳妇生孩子,你在神祖面前拜天地还是在毛主席像前拜天地,效果都一样。比如我们的京剧,它的服装道具,时不分古今,地不分南北,漫画最厉害的反而是背景。两种"新编"都属于"气死历史学家",但对历史学家实在很有启发("新编"也是"还原")。

① 和体育史上的"进步观念"相似,我们的"进步观念"也是建立在可供比较、可供计算的"发明记录"和"生产力水平"之上。至于其他方面,我们还缺乏共识。虽然有人说,我们一定会找到某种"换算方法",可是不问环境,不问难度,不抱设身处地"了解之同情","比较"又有什么意义?

「关公战秦琼」的可行性研究(代前言)

集运用之妙的大成。在以往所有的军事思想家当中，只有克劳塞维茨可与之相比，但就连他也比孙子要'过时'，显得有点古老陈旧，尽管他著书立说比孙子晚了两千多年。孙子有更清晰的眼光，更深刻的见解，和可以垂之永久的魅力。"①这样的话，学生爱听，我也爱听，但并不相信。当时我说，他可真把孙子给吹神了，神得都让咱们不好意思，大家别当真。可是后来书读得多了一点，我才发现，哈特的"溢美之辞"倒也不无道理。因为西方的兵法有什么呢？古典时代，他们是拿史书当兵书，拿战例当兵书；中世纪也没什么像样的书，除了军制、阵法、器械之类，乏善可陈②。他们的兵书确实是到19世纪才成气候③。克劳塞维茨的《战争论》有两个背景。一是平民将帅拿破仑(《红与黑》中于连崇拜的对象)不守贵族战法，把普鲁士打得落花流水，克劳塞维茨被俘，有奇耻大辱。他是受了这个刺激才写《战争论》。二是他有德国古典哲学的训练，学过康德，擅长思辨，对军旅之事有战略眼光。《孙子》和《战争论》的年代当然相差很远，但背景却有类似之处。它的横空出世，也是因为两条，一是"兵不厌诈"对贵族战法的挑战，二是诸子百家的思想活跃。哈特要比，他不拿此公比，又拿谁来比呢？

这也可以算"关公战秦琼"。类似的例子还有很多很多。

二、中西的三大不同

本书是讨论中国方术。中国以外，语言不灵，知识贫乏，我不敢做比

---

① Samuel B. Griffith, *Sun Tzu*, *The Art of War*, Foreword by B. H. Liddell Hart, Oxford University Press, 1963.哈特序，我作有译文，以《回到〈孙子〉》为题发表于《孙子学刊》1992年4期，12～13页。

② 如希腊：希罗多德的《希腊波斯战争史》、修希底德的《伯罗奔尼撒战争史》、色诺芬的《远征记》；罗马：弗龙蒂乌努斯的《谋略》、韦格蒂乌斯的《兵法简述》(以上均有汉译本)。我们也有这类兵书，如司马彪《战略》、李筌《阃外春秋》、胡林翼《读史兵略》(《汉书·艺文志》著录的《兵春秋》可能是类似的书)。参看 Gerard Chaliand, *The Art of War in World History*, University of California Press, 1994年。

③ 西方的"现代化"，很多"制度发明"和"精神创造"都在19世纪。

4

较研究。但我们研究自己，是不是真的就没有比较，那也不是。粗糙的想法还是有一点。

小时候读历史，我们总是习惯于相信，中国和西方在"现代"以前有相似进程①；后来我们停滞不前，让他们一个加速跑甩在后面。这是基本的"同"和"不同"。等我年龄大一点，我才发现，所谓"世界史"，它的拼凑很勉强。明明大不相同，空间悬隔，没事，只要时间相近，就可以凑一堆、搁一块，对照参看。相反，即使酷为相似，如果时间拉得太长，分属"现代"和"古代"，则拒绝比较；一定要比，也是早了不行晚了不是（不是嫌其"早熟"，就是恨其"停滞"）。我看，这种想法很有问题，恐怕远不如利玛窦下车伊始的"第一印象"（见本书的《利玛窦与"三首巨怪"》）或伏尔泰道听途说的"好心误读"更近真相。

因为他们对差异的感受比较新鲜，不像后来的我们，看见了也说没看见。

在我看来，中国和西方差异大，不是一时半会儿大，而是从始至终大，但两者仍有可比之处。它们的不同，有些是配方的不同，药味其实差不多；或者像翻毛大衣里外穿，你可以把毛面穿在外面，也可以把毛面穿在里面，大衣有两个面还是一样的。比如欧洲和我们，两者都有自己的宗教传统和国家形态，都有整合政教，变血缘组织为地缘组织，把后者做大的过程；为了消弥种族、文化和宗教的冲突，为了超越小社群的狭隘和局限，双方都有"大一统"的冲动（由酋豪而王，由王而帝）。但最简单的对比可以告诉我们，两者的取径实大不相同。我们中国，从前也是小国寡民，也是封建诸侯，但两千多年前就有法典化的统一民族国家，发达的文官政治（郡县制度和察举考核制度）和涉及广泛、推行普遍的标准化。这和欧洲历史的对比很强烈。17世纪，西方传教士到中国，他们看中国像罗马，是把中国当他们的"过去"（文艺复兴后的欧洲看中国，他们想到的是自己的

----

① 当然，在缺乏比较或难以比较的情况下，西方史学家也使用过"东方"或"亚细亚"这类含混不清的概念，如以大河灌溉、农村公社、专制主义为我们的特点。中国史学界的"封建专制主义"一词就是以他们对我们的印象（专制主义）和我们对他们的印象（封建主义）拼凑而成。这是非常荒诞的一个词。

"古代")。而18世纪，欧洲正在做和准备做类似中国的事情（如政教分离，建立文官政治等），启蒙思想家对中国一见倾心，他们又把中国当他们的"未来"（可见欧洲受惠中国，并不仅仅是"四大发明"，也包括制度创设）。19世纪以来，全球扩张的欧洲搭上时代快车，"羽翼已就，横绝四海"，他们才不把中国放在眼里，我们才对他们无可奈何。现在的"全球化"是西方的"全球化"，特别是美国的"全球化"。但欧洲由"王道"进于"帝道"一直步履艰难。他们虽然也有希腊化时代，也有疆域不小的罗马帝国，也有御守北边的长城（哈德良长城），但他们的帝国都是昙花一现。我们的"帝国主义"从秦到清，两千多年相沿不改，"万里长城永不倒"。而他们的"帝国主义"在历史上很不发达，发达起来是在我们衰落之后。即使今天，欧洲也还是小国林立国王一大堆（比任何一洲的国王都多），车不同轨（英国的车左行，大陆的车右行），书不同文（巴比伦塔的问题比哪儿都严重），米尺和英尺打架，公斤同英磅冲突，欧元也是从今年才刚刚启动（欧洲统一自钱始）。怎么看怎么让人觉得，欧洲貌似年轻而其实古老，中国貌似古老而其实年轻①。两者的制度发明，内容相似的发明，几乎样样都有"时间差"，空当儿很长的"时间错位"。真正的对话反而是在"古代"和"现代"之间。

欧洲和中国不同，首先是政教关系不同。我想讨论的"绝地天通"，"天"是宗教，"地"是国家。他们是"天"包"地"，我们是"地"包"天"。中国的"大一统"首先是国家"大一统"，其次是文化"大一统"，全是世俗意义上的"大一统"。宗教"大一统"，汉武帝试过，很不成功（见本书的《秦汉礼仪中的宗教》），只能摆在国家下边，取多元化的发展趋势（如同今日美国的情况）。我们这样做，要按他们的宗教规定，那是成何体统？但从国家主义的观点看，却是好处多多，不但各种宗教可以和平共处（我们的传统是

---

① 年龄大的不一定辈分就大，年龄小的也不一定辈分就小。在农村，老头管小孩叫爷爷的事并不少见。

"三教合流"，各种宗教的混融很厉害），而且个人选择的余地也比较大（可以同时信好几个宗教。不像西方，信仰不同，剑拔弩张；彼此相爱，婚都结不了）。西方没有我们这样的"大一统"，他们只有宗教"大一统"。他们的宗教，整个地中海地区的大宗教（犹太教、基督教、伊斯兰教）都是普世性的宗教，超国家的大宗教①，对内缺乏宽容，对外强加于人，不但有宗教裁判，而且有宗教战争（上述三教有同源关系，但打得最凶就是他们，至今仍是国际争端的"老大难"），和我们大不一样（他们只有"传教"没有"取经"，我们只有"取经"没有"传教"）。

　　中国和欧洲很不一样，还有一个方面是贵族传统。他们的"小国林立，国王一大堆"，如果同我们比，无论西洋史家，还是中国学者，只要不带偏见，马上想到的都是中国早期的格局，而不是秦始皇以后的格局。中国的格局，春秋和春秋以前也是贵族的天下：国君是贵族，卿大夫是贵族，士也是贵族子弟。"打仗亲兄弟，上阵父子兵"，凡是披坚执锐的武士（无论将帅还是士兵）都是一色儿的贵族。我们的官制，从趋势上讲，"天官"（与宗教和礼仪有关的职官）不如"地官"（与行政和军事有关的职官），武官不如文官。四民之序是"士农工商"，其中没有僧侣。中国的"刹帝利"（武士）地位很高，本来就不在"婆罗门"（僧侣）之下（至少从商代已如此），后来平民当兵，可以凭军功取爵，贵族变平民，平民变贵族，容易得很。战国以来，中国不但有平民卿相，后来就连皇帝都可能出身草莽。陈胜说"王侯将相，宁有种乎"，这是我们的传统。中国贵族传统的崩溃相当早，和西方的时间差至少在两千年以上。秦代以下，虽然帝室不废、门阀世族也曾显赫一时，但他们并不是欧式贵族。欧式贵族是来自部落酋豪，是来自蛮族武士，和我们大不一样。

　　此外，中国的"造反"或曰"农民战争"也很有特色。有人说，这是"五

---

　　① 犹太教是亡国绝祀之教，除战后的以色列，一向没有国家可以依托。它与从它派生的基督教和伊斯兰教都有"超国家"的性质。

「关公战秦琼」的可行性研究（代前言）

朵金花",已经过时,不值得研究,我不同意①。因为同西方相比,我们中国的"造反"实在太有特色:一是"合理性"强(在道统、法统两方面都留有余地),二是"周期性"强(二三百年必有一回)。我们的老百姓就像惯坏的小孩,打也打过多少回,哄也哄过多少遍,软硬不吃,什么都不怵。只要他们乐意,神圣和正义总在他们这一边②。这种平民传统,和欧洲大不一样。欧洲的老百姓,一畏神鬼,二怕贵族,没有文化,没有武器,没有组织,不像我们的"造反",官、绅、士三位一体,上有领导,下有群众,要文有文,要武有武(从宋江、林冲到武松、李逵,一应俱全),政权的替代系统(或潜在的备用政权)早就装在社会硬盘上,只要时机一到,随时可以启动。它不仅是有颠覆性和破坏性的反体制因素,也是社会再造和改朝换代的工具(实际上是起制衡作用,等于保险装置)③。

这"三大不同"的比较都是上下几千年,纵横数万里,以我的能力,甭说深入研究,就连皮毛都谈不上。但我相信,中西比较的首要前提就是要打乱原来的时间表。原来认为不可比较的,现在恰恰要认真比较。

我说的"中国古代的'现代化'"就是属于这样的比较。

三、阴阳割昏晓

在我的这本小书中,还有一个欲说还休、不敢深入的领域,那就是清末以来日益引起学者关注的"边疆史地研究"和"边疆考古研究"(按拉铁

---

① 过去对"农民战争"只讲正面,不讲负面,当然不妥。但现在有人说它是"痞子运动",也大谬不然。

② 在小说中,孙悟空大闹天宫,谁也管不了,原因是他很不虔诚(只跟菩提祖师学过点法术)。虽然在生活中,宗教也是造反的重要武器。

③ 西方人说阿提拉是"上帝的鞭子"。如果说上帝要惩罚我们的文明,那么他手里拿着的就是两条鞭子,一条是蛮族入侵,一条是造反有理。我们的内忧与外患总是与时俱来。

摩尔的说法,这是"亚帝国主义"的产物)。这也是牵动全局的大问题①。比如我对胡巫、翁仲、突厥方向、密教房中术的讨论都涉及这一方面(见本书的《先秦两汉文字中的"巫"》、《秦汉礼仪中的宗教》、《说早期地图的方向》、《东汉魏晋南北朝房中经典流派考》)。

　　时间的讨论需要地理眼光。

　　打开地图,在东半球的北部,即这个世界上最热闹的地方,我们可以发现一幅有趣的"阴阳图"。这个图的中间是一条由高原、荒漠、绿洲、草原连缀而成的干旱带②,就像太极图上分割阴阳的曲线。曲线从北非的撒哈拉沙漠、西亚的阿拉伯沙漠,经伊朗高原和土耳其斯坦,进入地形复杂的欧亚草原,主要是伊斯兰世界(居民以阿拉伯民族和突厥民族为主),是"骑马民族"活动的走廊③。走廊的两侧是农业文明。左侧即"阴阳图"的阴面,是欧洲各国,是西方,是基督教世界(犹太教夹处其中)。右侧即"阴阳图"的阳面,是中、印等国,信仰比较复杂。佛教是这一区域最有"世界性"的宗教,但远不如另外两个区域那么清一色:印度是佛教的发祥地,但现在是以印度教的居民最多;中国也是佛教的主要传播区,但中国的宗教一直是多元化。我手边有本地图册,它讲各国居民信什么教,全都一清二楚,惟独中国,是作六个字,叫"宗教信仰自由"。

　　佛教和基督教是从这条干旱带的两侧发源,分别向东和向西传播,中

---

① 本世纪中国的"五大发现",三大发现(西域汉简、敦煌遗书和古外族遗文)都与西方探险有关。中国的学术是借这些发现而与国际汉学接轨。从此,我们才明白,满、蒙、回、藏不仅是中国疆域之半,也是中国历史之半。"二十五史从何说起"? 首先就得从这一大块说起。

② 这条干旱带只有一部分与北半球的"回归荒漠带"(地球上的沙漠和荒原主要分布于南北回归线上,故称)重合,即撒哈拉沙漠和阿拉伯沙漠,其他高纬度的荒漠则是由亚洲中西部的高山峻岭阻断太平洋和印度洋的暖湿气流而造成(这是世界上纬度最高的荒漠)。

③ 世界上最灿烂辉煌的宗教文化,最豪华奢侈的商品货物,最血腥野蛮的掠夺战争,都是沿着这条走廊,由马匹和驼队向两厢传播,就像海路和舟楫在我们更熟悉的那个"现代化"过程中所起的作用一样。

「关公战秦琼」的可行性研究(代前言)

间留下后起的伊斯兰教。这种局面和"野蛮化"有关("野蛮化"当然是农业民族的话语,这里虽用旧名,但并无贬义)。

对比中国和西方,我们不难发现,两者都有"螳螂捕蝉,黄雀在后"的"野蛮化"过程。但"野蛮化"和"文明化"是互动过程。欧洲和中国,它们的文明源头,都在上述干旱带的边缘,在这些边缘的大河地区("夷夏"、"胡汉"实为孪生关系)。各大宗教的发源地也在附近。他们的干旱带是在南在东,我们的干旱带是在西在北,文明、野蛮的消长,顺序不太一样。前者的"文明化"是自南而北,"野蛮化"是自北而南。西亚、北非是"蝉",希腊、罗马是"螳螂",日耳曼是"黄雀"①。我们的"文明化"是怎么一回事,现在还值得研究,但"野蛮化"的问题一样很突出。司马迁说"夫作事者必于东南,收其功实者常于西北"(《史记·六国年表》)。西北征服东南,东南腐化西北,总是一波未平,一波又起。中国历史上也有"野蛮化",但我们对"野蛮化"的抵抗和吸纳比他们成功。他们的"野蛮化"是文明臻于腐败后的大换血,原来的文明被摧毁、打断、遗忘,变成"失落的文明"。我们的"野蛮化",宋以前是南北推移②,宋以后是轮流坐庄,疗程长而药效缓,后来的文明与原来的文明不但前后相接,而且"腐化"与"征服"相比,总是略占上风("腐化"是"文明"的基本标志)。

上面的"三大不同"和这样的地理背景是什么关系?和"文明"、"野蛮"的互动模型是什么关系?我经常在想(只是想,并不是研究——这辈子都不敢研究)。有些想法当然会影响到本书的研究。

---

① 日耳曼地区(日耳曼尼亚)略相当于中国的东北。匈奴、突厥、蒙古人的草原帝国在欧亚两洲间,对东西方的"野蛮化"都有影响。

② 中国的南北对抗,先秦两汉是围绕三条线,一条是"长城线"(约北纬41度左右),即今包头、呼和浩特、集宁、张家口、北京一线;一条是"胡汉推移线"(约北纬38度左右),即今银川、榆林、太原、石家庄一线;一条是"王都线"(约北纬35度左右),即今咸阳、西安、洛阳、郑州一线。汉强,北据长城;胡盛,退守王都。中间那道线是相持地带。两汉以后,其第二和第三条线不断南移。南方的开发与北方入侵有关。

我知道,学术是个只有内行才配进入的天堂,但外行的想法对我一点也不次要(与天堂相比,我更想呆在地上)。

　　当我写作此序时,我曾犹豫再三:我是把自己的幼稚想法和盘托出呢,还是把它们悄悄藏在心里?

　　藏拙不如献丑。我把我的思考,不揣浅陋地写在这本小书的前面。

　　　　　　　　　　1999年4月11日写于北京蓟门里寓所,
　　　　　　　　　　时当北约狂轰滥炸南斯拉夫之际。

『关公战秦琼』的可行性研究(代前言)

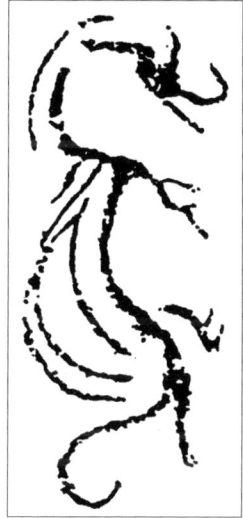

方术四题

天地悠悠

在中国的古书中,"方术"是很特殊的一类,说科学不像科学,说宗教不像宗教。我们要想编个词去翻译,造句话去解释,还真不容易。前两年,我写了本《中国方术考》,对古代方术做初步分类,想用材料本身来讲话。但我那本书是本丛考性质的小书,因为细节太多,对阐述思想不利。我不知道我是不是把它的概念讲清楚了。去年夏天,我在洛杉矶和夏德安(Donald J. Harper)教授讨论他给《剑桥中国上古史》(*The Cambridge History of Ancient China*)写的讨论战国方术的稿子,我发现他是用natural philosophy(自然哲学)和occult thought(秘术思想)这两个词来讲"方术"。这样的讲法,对西方读者很传神(前者有别于科学,后者有别于宗教,是很微妙的)。但我们把它翻回来,大家还是不懂。

对"方术"的概念,我不能"一言以蔽之"。但近两年不断有人请我讲"方术",逼我长话短说。现在再讲这个问题,还是可以做一点概括。

"方术"一词,比较明确的用法是见于《后汉书·方术列传》。但这个词却并不始于《方术列传》。例如《史记·秦始皇本纪》提到"文学方术士",就是合并"文学士"与"方术士"两者而言之。所谓"方术士"分两种人,一种是"候星气"者(姓名无考),擅长"数术"(详下);一种是入海求仙,寻献奇药者(如徐福、韩终、卢生、侯生之流),擅长"方技"(详下)。他们的特长正与《方术列传》同,显然有别于列为博士官的周青臣、淳于越等"文学士"。《史记·封禅书》说"苌弘以方事周灵王","周人之言方怪者自苌弘",这种"方"也应当是"方术"。"方术"可以简称"方",就像这里的"方术士",后世多称"方士",道理是一样的。

与"方术"的概念相近,古语有"道术",今语有"技术"。但"道术"多泛指,可以包括修齐治平的"人文关怀",好像比它宽了点;"技术"则只限"科学技术",不包括"迷信",又比它窄了点。我们最好还是从它的对象来了解它。

"方术"涉及两大问题,一大问题是宇宙,一大问题是生命。宇宙太大,生命太短,真是无可奈何。我们人都有一点控制欲,在外物面前太渺小,就有恐惧感(如看恐怖片,遇巨怪、巨人);只有缩须弥为芥子,玩天下于股掌,才感到自豪(如袖珍艺术〈miniature art〉、微缩景观和儿童玩具给人的感觉)。《格列佛游记》讲"大人国"和"小人国"就是我们都有的精神状态。两种状态呈反比关系。比如秦皇汉武,囊括四海,并吞八荒,他们越是向外扩张,就越是惜寿怕死。文人没有领土扩张,但有知识扩张,知道事情太多,也有同样苦恼。比如王勃在《滕王阁序》中就曾大发感慨:

　　　　天高地迥,觉宇宙之无穷。

　　　　兴尽悲来,识盈虚之有数。

陈子昂在《登幽州台歌》中也悲情咏叹:

　　　　前不见古人,后不见来者。

　　　　念天地之悠悠,独怆然而涕下。

他们所"伤心"的问题,也就是"方术"所"关心"的问题。古人关心宇宙,乃有"数术"之学;关心生命,乃有"方技"之学。我们这里说的"方术",也就是"数术"和"方技"的统称。

　　"数术",见于《汉书·艺文志》,是专门的知识领域,有《数术略》收其书。《后汉书·方术列传》和《七录》也用"数术",应是比较早的说法。"数术"也作"术数",见于《晋中经簿》,则为后世沿用。这里以"数术"为称。

　　"数术"这个词,很容易让我们想到"数学"或"算术",〔案:夏德安把"数术"译为 calculations and arts,就是取其"计算"之义。〕但它所谓"数"却并不限于数字,还包括"理数"(逻辑)和"命数"(机运)的概念在内;所谓"术",也不是一般的推算,而是指占卜。当然,古人认为占卜也是"算",比如大家说诸葛亮"能掐会算",就是这种"算",术家常常称为"内算"。

　　中国古代"数术"门类很多,《汉志·数术略》是分为六类,我看主要是三大类:

　　(一)占卜。是以推算为主,又分:

　　(1)星算类。包括天文历算、占星候气、式法选择(用式盘和日书选择时日)等术,大体相当《数术略》的"天文"、"历谱"、"五行"三类〔案:早期天文历算和占星等术不分,这里放在占卜类。〕。

(2)卜筮类。包括龟卜(用龟甲占卜)、筮占(用蓍草或筹策占卜)等术,大体相当《数术略》的"蓍龟"类。

(3)杂占类。包括占梦、占耳鸣、占目眴(占眼睛跳)、占嚏(占打喷嚏)等术,大体相当《数术略》的"杂占"类。这类占卜与人的心理状态和身体状况有很大关系。当代弗洛伊德创精神分析法就是从释梦入手,古代的释梦也有精神分析的意义。

(二)相术。古代的"数"和"象"有关,天有天象,地有地形,人有面相手相,宅墓、六畜、刀剑也都各有各的"相"。古人于推算之外,也使用"观"或"相"。其中除观验天象属天文,其他入于相术,《数术略》叫"形法",自成一类。

(三)厌劾祠禳。"厌劾"是"厌劾妖祥","厌"是镇压之义,"劾"是驱除之义,"妖祥"是鬼怪邪魅。"祠禳"是"祷祠祈禳","祷祠"是求告神祖,"祈禳"是禳除凶祟。它与"占卜"类的最后一类有关,在《数术略》中是附于"杂占"类。这类占卜,因为涉及人的心理、病理,往往使用驱邪巫术,它同"方技"中的祝由密不可分,也是比较特殊的一类。

但它们当中,占卜始终是主体性的东西,门派分化最厉害。

"方技",见于《汉书·艺文志》,也是专门一类,有《方技略》收其书。但《史记·扁鹊仓公列传》已有"方伎"一词,比它更早,只是写法略微不同罢了。"方技"的"方"应同"医方"的概念有关。〔案:夏德安把"方技"译为 recipes and techniques,就是取其"药方"或"配方"之义。〕但古人所谓"方"涵盖甚广,不只限于配伍成剂的药方,还泛指各种处方。

中国古代"方技"也有许多门类,《汉志·方技略》是分为四类,我看主要是三大类:

(一)医药和服食。二者都以"药"为主,只不过前者是以却病延年为主,草木之药为主;后者是以不老成仙为主,金石之药为主。前者大体相当于《方技略》的"医经"和"经方"两类,后者则入于《方技略》的"神仙"类。中国炼丹术中的外丹术就是与后一类内容有关。

4

（二）行气、导引、房中。"行气"是"呼吸吐纳之术"（属气功类），"导引"是"屈伸俯仰之术"（属体操类），"房中"是"男女交接之术"（属性交类）。其特点是不假外物或"药"，属于"无本生意"。前两种是入于《方技略》的"神仙"类，后一种相当于《方技略》的"房中"类。〔案：《方技略》把"房中"排在"神仙"之前，可能是因为在早期的概念里，"房中"近于医学。〕当然这一大类和前一大类也有交叉，例如房中便使用媚药。中国炼丹术中的内丹术就是与这一类内容有关。

（三）祝由。这是一种祝诅术，即用诅咒、符水等巫术为人治病。它同厌劾类的巫术性质相通，也是以驱除邪魅为特点，不同处是厌劾类的巫术对付范围比较广，不限于治病，而祝由是专以治病为主。例如古代有所谓"避兵术"（即所谓"刀枪不入"那一套）就是属于厌劾之术，但它和祝由还不一样。祝由是古代的心理治疗，它和现代的心理治疗有共通之处，就是它们都以心理接受为前提（"信则灵，不信则不灵"）。古人的心理问题是"心里有鬼"，所以装神弄鬼的一套对他们特别灵。

研究古代方术的起源，现在还有许多困难。过去我们的读物主要是宋元以后的东西，现在有不少出土发现（如战国秦汉的简帛和敦煌文书），可以弥补我们的知识。例如我的《方术考》就是以讨论这类材料为主。虽然到目前为止，我们还讲不清上述各种门类，它们的起源到底有多早，但后世的"大术"原来往往是"小术"，原来的"小术"后世往往是"大术"，这个规律还是值得讲一下。

例如在《汉书·艺文志》中，"数术"是以属于"星算类"占卜的"天文"、"历谱"、"五行"三类排列最前，门派最多，地位最重要；属于"卜筮类"占卜的"蓍龟"次之；属于"杂占"类占卜和"厌劾祠禳"类的"杂占"又次之；属于"相术类"的"形法"在最后。两汉盛言灾异，天象预报、天气预报、地震预报和灾情预报同时也是政治预报，当然第一类占卜最吃香，但它们在历史上的"得志"先后却正好相反。因为以人类学的知识判断，占梦等术、厌劾等术和相术同原始巫术关系最密切，肯定是最老牌的数术。而考古发现证明，卜约出现于5500年前，筮约出现于3500年前，也不晚于商代。星算类的发达反而最后,主要还是在战国秦汉时期。阴阳五行学说的流行就是以此为背景,图谶之说的流行也是以此为背景。同样,"方技"史的发展也有类似情况。在《汉书·艺文志》中,"行气"、"导引"、"房中"和"祝由"类的东西地位要低于"医经"和"经方",但讲"得志"先后,恐怕也是相反。早期人类缺医少药,天太冷了就抻胳膊踹腿,哪儿不舒服了就来点祝由术,使用"毒药"、"针石"全是后来的事,《素问·上古天真论》把这一点讲得很清楚。

中国的"方术"当然不等于现代的科学技术,但也未必可以称之为"巫术"。就总体而言,它不但同民族志上习见的那种原始巫术(如所谓"萨满教")有相当距离,而且同战国秦汉时期的巫术也有很大区别。读《周礼》、《史》、《汉》,我们不难发现,战国时期的"巫",主要是祝宗卜史的属吏,他们多供事于各种祠祭之所,负责祈雨、禳灾、除病、降神一类事,地位并不是很高。技术也主要是围绕着太公射丁侯、苌弘射貍首这类把戏(见《太平御览》卷七三七引《六韬》佚文和《史记·封禅书》),即我们所说数术三类中的最后一类和方技三类中的最后一类,都是层次较低的方术,即使从内容上看也无法涵盖方术的全部内容。

战国秦汉以降,方术的门类进一步分化。如天文历算同式法选择逐渐疏远,草木之药与金石之药也拉开距离;卜筮分家,卜衰筮兴,等等。宋以来的大趋势是:天文历算和狭义的"数术"分家,自成门类;医药之学也日益排斥房中等术,把它们从史志著录中挤掉。结果是把这些"不登大雅之堂"的东西甩给道教和民间宗教,最后消释混融于明中叶以后传入的西洋科技。

由于中国方术的外部格局和内部格局都是一变再变,后人常常是拿晚期概念去曲解早期。例如就连清代最好的目录学家章学诚在这个问题上都不免糊涂。他在《校雠通义》中曾持"数术附经"之说以非班志,谓"以道器合一求之","阴阳"(当作"五行")、"蓍龟"、"杂占"当附《易经》,"历谱"当附《春秋》,"五行"当附《尚书》,"天文"、"形法"乃后世天文地理之书,应自立门类。这种理解就包含了两方面的曲解:一方面是儒家"人文精神"的曲解,一方面是后世"科学精神"的曲解。

"科学"取代"方术","方术"取代"巫术",都是属于"后来居上"。"科学"把"方术"踩在脚下,"方术"把"巫术"踩在脚下,这是三者的"地层关系"。在人类历史上,凡是分化程度较低,带有混沌色彩,后来被贬斥为"异端"的东西,差不多原来都是"嫡嗣正宗"。只不过由于我们老是"忘本",所以历史学家才有事做,要我们注意老子早就讲过的道理:

"道"是创造万物的东西,当然也是说不清的东西。如果我们把它说清楚了,它也就不成其为"道"了。

(Donald J. Harper, "Warring States Natural Philosophy and Occult Thought", September 1995〈待刊〉)

【补记】 在先秦古书中,"方术"有两种含义。一种是对"道术"而言,如《庄子·天下》说"天下之治方术者多矣,皆以其有为不可加矣。古之所谓道术者果恶乎在?曰:无乎不在","道术"是无所不包的大理论,"方术"只是一隅之术,比较专门和具体。另一种是指治术,如《荀子·尧问》《韩非子·外储说左上》和《吕氏春秋·不苟》,它们提到的"方术"就都是指统治之术。这些都与我们所说的"方术"不尽相同。我们说的"方术",是《后汉书·方术列传》讲的"方术"。这样的"方术",比较早是见于《史记》,如《秦始皇本纪》提到"方术士",《孝武本纪》说"少翁以方术盖夜致王夫人及灶鬼之貌云"(《封禅书》无"方"字),《方术列传》说"汉自武帝颇好方术,天下怀协道艺之士,莫不负策抵掌,顺风而届焉",李贤注说《前书》武帝时少翁、栾大等并以方术见",看来它的"方术"概念是本之《汉书》,《汉书》是本之《史记》。"数术",除见于《墨子·节用上》(作"数术而起与"),含义比较模糊外,先秦古书多作"术数"。"术数"见于《墨子·非儒下》《管子》的《形势解》《明法解》《韩非子·奸劫弑臣》《鹖冠子·天则》,皆人主御臣之术,和《汉书·艺文志》的"数术"也不一样。"方技",见于《墨子·迎敌祠》(作"牧贤大夫及有方技者"),似是技艺之称。古书以"方技"指医药养生之术,如同《汉书·艺文志》所用,年代较早还是《史记·扁鹊仓公列传》,但字作"方伎"。后世以"方术""数术""方技"指星算、占卜、医药、养生等术,这样的用法似乎是在汉代才固定下来。

7

利玛窦与"三首巨怪"

最近到香港访问,正是溽暑难消的六月天气。人潮滚滚,热浪滚滚,一出房门,一出车门,轰的一声就把你包围了起来,顿时大汗淋漓。虽然岛外是海阔天空,但楼群之间却只有"一线天"。面对这个"亚洲盆景",遥想北京、上海,我忽然开始怀念美国的"大好河山",嫉妒它的野旷天低,房屋道路,平铺直叙。在香港中文大学的演讲中,我从"方术"扯到这个话题,向大家献疑:咱们的"天人合一"究竟在哪里?饶宗颐先生开玩笑说,他的"天人合一"就在家里,就在心里,只要宁心静气打一会儿坐,他就与"天""合一"了。

"天人合一"据说是我们的一大特色,也是一大优点,可以拯救西方甚至全世界。但这样的"特色"和"优点"到底指什么,我却颇有困惑。比如董仲舒的原话是指天人感应(当时的"政治预报学"),这显然是受当时流行的五行灾异说传染,来源是阴阳数术的传统。这种带神学色彩的观点就不一定有什么"特色",也不一定有什么"优点"。况且在中国后来的发展中它只是个局部传统(主要是与道教有关的传统)。

涉及古代"中国特色"的讨论,有个说法倒是很重要,这就是张光直先生讲"萨满式文明"专门讨论过的"绝地天通"(见《国语·楚语下》)。他的人类学阐释对我们大家都很有启发,特别是对研究方术有启发。不过,照我理解,这个故事虽然是讲天地神人的关系,但它却是以追溯职官起源的方式来表达。例如司马迁追溯"太史公"的世系源流,就是从这个故事讲起。

中国古代职官分天、地二官,这个传统可以追溯到西周金文。西周金文中有太史寮和卿事寮,前者就是天官,后者就是地官。天官者,祝宗卜史之属,管通天降神;地官者,三有司之属(司土、司马、司工),管土地民人。后世文献除官分天、地，还有从天、地二官派生的人官和四时、五位之官（见《周礼》六官、《淮南子·天文》、《韩诗外传》卷八、《大戴礼·千乘》），但天、地二官是基本划分。

与官分天、地有关，有个带普遍性的大问题是政教僧俗的关系。同西方相比，中国文明有一大特点，是它的这两个系统分化甚早。属于天官系统的人，正像司马迁讲他爸爸，是"既掌天官，不治民"（《史记·太史公自序》），他们只关心"天人之际"、"古今之变"，不参加行政管理；而属于地官系统的人，也都有点孔夫子的脾气，是"不语怪神，罕言性命"（《后汉书·方术列传》），对土地民人以外的事同样不闻不问。中国的祝宗卜史和西方的僧侣祭司不同，他们不仅对行政管理没有支配权，而且相对于地官系统的不断膨胀，地位是呈下降趋势。比如《周礼》就是以相当卿士、宰辅的冢宰为天官，以管土地民人的司徒为地官，而把代表祝宗卜史的宗伯降低为"四时之官"的一种（春官），与从地官分化的司马、司寇、司工并列；汉武帝待司马迁也是如同"倡优"，发起脾气来，可以把他的生殖器割掉。所以不管西方汉学家怎样到处找（比如想方设法把甲骨文中的"王"说成巫师、萨满之类），但至少两千年前，我们就没有埃及、印度或西方的那种神权统治和以僧侣祭司为第一等级的传统（因此在早期文明的研究上让人有"异军突起"之感）。此外，这种"绝地天通"，在结构的取向上和西方也是大异其趣，简直是"天翻地覆"（宗教和政治的关系是相反的）。我们的治人之道主要是"五族共和"，它是把政治摆在最上面，用来包容种族和宗教。不但一个国家可以设好几个宗教，一个人也可以信好几个宗教（不像巴以、波黑非得你死我活）。这种传统虽然也是一种"合"，但不是"人"与"天"合，而是"人"与"人"合（可仿"虚君共和"而名"虚天共和"）。"绝地天通"，从字面含义讲，本来应叫"天人分裂"，如果一定要说"绝"才是"合"，我倒有点奇怪。

对于认识中国自己的传统，利玛窦（图1）是一面镜子。他于17世纪初来中国传教，是西方汉学的起点。两种文化初次见面，双方都大有误解，但印象的生猛鲜活正可照见彼此的不同。他从澳门到肇庆到韶州到南昌到北京，扎根中国 28 年，后来的汉学家比不了。经历也很传奇，有点像是唐僧取经（虽然刚好相反，不是"取经"是"送经"）。那也是历九九八十一难，才打入紫禁城，来到万历皇帝脚下。比如他在广东曾多次被逐，同当地的和尚、秀才、官吏冲突，屡有厄难；转赴江西，船覆江中，也险些淹死；二次北上，好不容易来到天津，又碰上"妖术十字架事件"（太监马堂把裸体钉在十字架上的耶稣当成了扎针行蛊术的偶人），差点儿前功尽弃。当时万历皇帝躲在深宫大内不上朝，过的是"一大群女人、太监之中单独一个男人"的生活，几乎谁都不见。但他的运气特别好，愣是凭着一个自鸣钟，就把万历皇帝给钓出来了。利玛窦在中国传教，特点是"曲线传教"，善于入乡随俗和投其所好（他对中国的送

图 1 利玛窦（作者绘）

礼行贿、上下打点很有研究），懂得克制忍耐、迂回曲折，"政治手腕胜过神学才干"。有个法国学者说他简直就是个"007"。

利玛窦东来，是携天文历算舆地之学和修造钟表的手艺（他是中国钟表业的祖师爷），志在征服中国文化。他把中国的儒、释、道视为"较之莱恩纳湖的蟒怪更为恐怖"的"三首巨怪"（"莱恩纳湖的蟒怪"即赫拉克勒斯所杀的九头水蛇 Hydra，图 2），斩其一头则一头复生，一心想当降妖伏魔的赫拉克勒斯。但一踏上中国的土地，他很快就发现，中国不但非"热带丛林"式的原始文化可以相比，不但比其他东方王国（比如传教士先已到达的印度、东南亚和日本）更胜一筹，而且就是比起他们自己的文明也毫不逊色，年代也更加古老。例如在他们的印象里，中国是由单独一个国王统治的领土最辽阔的国家，它有稳定、安全的政治形式（与印度的四分五裂、战乱频仍形成鲜明对比）、细致周密的成文法、每个州县都有的高大城池（他对南昌、南京和北京惊叹不已）、严格经科举选拔的行政官员以及印

10

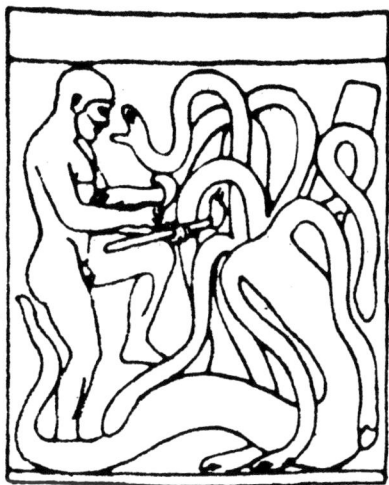

图 2　莱恩纳湖的蟒怪

刷量无与伦比的丰富典籍。特别是中国的官吏都是从读书人中产生,"有多少座城市,就有多少个雅典",这样的"君子国",只有柏拉图幻想由哲人统治的"理想国"才能相比,给他们印象尤深。要想在这样的国家传教,当然很困难。

　　传统的基督教文化,本来是被他们所说的"异教文化"(即上个世纪欧洲历史学家笼统称之为"东方社会"或"亚细亚生产方式"的东西)所包围,像座孤岛,只是地理大发现以来,才杀出重围,到处扩张。他们所谓的"异教文化",不仅包括他们完全陌生的亚非美澳四洲的古老文化,他们早就打过不少交道的西亚、北非的伊斯兰文化,而且还包括前基督教文化的希腊、罗马文化和欧洲其他地区的本土信仰,让我们看起来真是"数典忘祖"。本来文艺复兴已经给他们上了一课,但传教士却宁肯相信,这更证明了"耶稣基督的宗教是惟一真正的宗教,因而注定了要成为全人类的宗教",甚至说"基督教的传播""必须与这一文明本身的(对外)征服同步",它既然可以拯救或征服过于发达因而彻底堕落的希腊罗马文化,当然也能拯救或征服其他的古老文化。

11

所以,在我们想"救"他们之前,他们已来"救"过我们一把——"拯救"和"征服"是同义语。

利玛窦对中国文化的印象主要是一种宗教印象。他的印象虽然有点模糊(我是说同后来的汉学研究相比有点模糊),但却深得要领。例如外国的观察者初到中国,他们的"头一眼印象"就是这个国家"似乎缺乏有深度的宗教生活"。在利玛窦眼中,中国的儒、释、道三家,从大范畴讲虽然都属于"异教文化","释"是"罪恶的偶像崇拜","道"是"迷信的大杂烩",但"儒"则怎么看都不像宗教,彼此还不完全一样。他初入中国,本来是把佛教当主要对手。为了对付和尚,他曾沿用耶稣会士在印度创造的工作方法:削发剃须装和尚。当时的老百姓也真的以为他们是西土和尚,甚至把圣母当送子观音。还有些中国老百姓看到他们带来的"远西方物",看到他们擅长"方技",看到他们从不化缘而又过着隐修生活,则把他们当成炼丹道士。但不久他就认识到,"释"、"道"虽为"儒"之二翼,但"儒"本身的宗教色彩却很淡薄,"他们只关心善治其邦,不怎么管灵魂和他世的事情";宗教在中国主要是愚夫愚妇相信的东西,相反,中国的读书人反而"通常是无神论者";中国官员的态度也一样,他们"并不重视偶像或宗教信仰,因为他们自称非常了解这些全是一场闹剧",宗教的设置纯粹是因为"黎民百姓需要它才能满足并被控制",完全是把宗教当政治工具。

宗教在中国主要是政治工具,这点很重要。因为西方传教士总是喜欢讲,"宗教上的不容忍"是"中国人的传统","中国政府"是"地球上最不宽容、最迫害宗教的政府"。中国政府对宗教有没有"迫害"? 当然有。例如他们指出的《大明会典》禁"左道乱正之术"(如白莲教一类民间教派)就是坚强证据。这样的"迫害"在中国是传统,没错(《汉律》就已如此)。但它主要是出于政治安全的考虑("秘密会社恐惧症"),而不是出于维护宗教正统的考虑。它是用政治限制和控制宗教,而不是用宗教压迫宗教。要说宗教上的不宽容,基督教才真厉害。

由于利玛窦注意到宗教在中国的实际地位,所以他一入江西,便有易服之举,摇身一变而为"泰西大儒",不但熟读中国经书(僧侣多善背书,他有一套独特的记忆法,能过目成诵),连衣冠服饰和风度作派都和我们的读书人一样(不再破衣烂衫,而是头戴东坡巾,身穿锦袍;虽然鼻子高了点,但对比于中国人的鼠须,他有美髯可以自豪)。这使他从广东阶段的隔绝于"中国社会之外",一下子就打入了中国的主流社会。他到处同知识分子交朋友,希望通过他们打开通向紫禁城的大门,有朝一日劝中国皇帝受洗(就像当年使罗马皇帝受洗一样),自上而下改变中国。

利玛窦在中国发展信徒,是选中"儒",特别是儒生中的"异端"当突破口(当时的读书人只有绝望科场,才会迷诗词小说、天文历算、数术方技一类东西)。例如他最初吸收的瞿太素(后来还有李之藻、徐光启等人)就是因为厌功名,迷炼丹,才找上门来。他想接纳这类人信教,最大障碍是中国的"礼仪"。中国的"礼仪"是什么? 就是拜"天地君亲师"。这里面"天地"当然和宗教有关,但中国的"君子"对天地鬼神的态度是"敬而远之",而且是越来越远("天道远,人道迩");相反,对"君亲师"他们才比较虔诚。他们拜皇上、拜祖宗、拜孔孟先师,是崇拜国家、崇拜伦常、崇拜科举,这些都是"人"而不是"神"(利玛窦认为中国的国家崇拜和民间迷信与罗马相似)。利玛窦对这样的东西拒斥感较小。甚至认为它的轻偶像、重道德,适与文艺复兴后的基督教人文精神"有许多相似之处"。当时他的态度很明确,"礼仪"并不是障碍(当然前提是"从这些礼仪中清除掉佛教或道教的污染"),障碍只是小老婆;只要把小老婆送走,受洗是不成问题的(其实这个障碍也不大,因为古人早有"去妻子如脱屣"之说,况且沈相国沈一贯还跟他夸奖西方的一夫一妻制,说是"遑论其他,唯此已足证贵国义高操洁、以治邦安")。

有人说,假如罗马教廷真能用利玛窦之谋,而不是像后来那样,非得强迫中国废"礼仪",一直闹到叫中国皇帝赶出去,今天的中国还不知是什么样。

研究利玛窦的"业绩",有一点很值得注意,这就是在他对儒家网开一面,专攻释、道的谋略之中,欧洲科学是起了关键作用。用他们自己的话说,就是"科学是真宗教的直接帮手"。他最看不起的就是道教和道教方术。科学优越于方术因而能取代方术是对我们文化的致命打击。这不仅有助于了解中国文化和西方文化在宗教传统上的差异,也有助于了解我们和他们在科学传统上的差异,进而弄清"方术"与宗教、科学两者的关系,"迷信"与宗教、科学两者的关系。特别是这里有个对比很重要,就是当年利玛窦在中国传教是用"科学"破除"迷信"(中国的"宗教"和"方术"),传播"宗教"(他们的宗教),而五四以来的中国知识界却每每是以"科学"(西洋科学)为一端,"宗教"、"迷信"(一切宗教和方术)为另一端,视若水火。我们对"赛先生"倒是五体投地(对"德先生"也一样),但对宗教的兴趣反而更低。这不仅同西方的传统(包括现在的"活传统")有相当距离,而且同我们原来的传统也大不一样。其实离开"天人合一"的主题更远。如果利玛窦地下有知,他会感到失望的。

现在谈"天人合一",除去宗教和科学的话题,人们还常常把它同绿党拉扯在一起,同环境保护拉扯在一起。我的看法,破坏环境是"文明的代价"。中国文明的成就,西方文明的成就,都和这种"代价"分不开。现在环境破坏太厉害,让我们读历史也心惊肉跳,感同身受。但我们不能把所有环境变化都推为人力破坏(比如以为黄土高原完全是我们给剃的秃瓢),讲到取消地质学的地步;也不能离开古代的条件和当时的想法谈问题,讲到取消文明的地步。况且即使是今天,我们的"环境意识"也还是"人本位",什么该杀,什么该吃,全是以我们的好恶为转移(如果老虎和苍蝇一样多,人对老虎的态度就不一样了)。对中国的环境破坏,我不赞成讲得太过分。但过去我们当老大那阵儿,破坏环境就很厉害。近代以来被"赶超"的鞭子抽着,破坏环境更厉害("绿水青山"只剩人迹罕至的几处)。这个基本事实还是不能改变的。

在整个亚洲地区和整个世界上,我们中国"人"的成就都特别大,现在已经大到"天"都不知上哪儿去了。我的看法,在环境问题上,要讲"天人合一",可以,但只能反省;教训别人,我们不够格。

(管震湖译,〔法〕裴化行《利玛窦评传》,商务印书馆,1993 年)

14

卜赌同源

　　人类有两大劣根性，一是嗜赌，一是嗜毒，放之则不可收，而禁之又不能绝，很令人头疼。但卜、赌同源（同数术有关），药、毒一家（同方技有关），它们对理解方术却是很好的例子。

　　在《天地悠悠》中我们已经指出，数术的主体是占卜，而占卜又有三大类型、许多门派。这些不同形式的占卜，有些使用工具，有些不使用工具；有些是随事而卜，有些是循理推演，显得很不一样。比如式占用式，龟卜用龟，筮占用策，都是随事而卜并使用工具；而择日就没有工具，全靠查日书（古代的"黄历"），什么日子好，什么日子坏，都是事先规定。它们流行的程度也不一样，历代官方控制较严的，主要是那些带"高科技"色彩因而形式也比较复杂的占卜（如占星和式法中的某些种类）；而民间偏爱的则是那些速成立决、简便易行的占卜（如择日和测字算命）。

　　在古代的各种占卜中，有些形式复杂的占卜常常予人以"科学"外貌，让人觉得好像"人机对话"，似乎有一种真实的计算过程包含在内（而且更迷人的是，它还让你觉得冥冥之中若有神助，好像"人神对话"）。而占卜也确有数学原理，特别是与概率有关的原理。所以古人认为占卜也是一种"算"，而且是更重要的"算"（即"内算"）。例如古代兵家有"先计而后战"的成说（见《汉书·艺文志·兵书略》权谋类小序），他们所谓的"计"，也叫"庙算"，其实就是拿一堆小棍（算、筹、策），按"五事七计"比较敌我，视双方得算之多寡以定胜负（《孙子·计》），它和易算在形式上就很相像（两者都用筹策，都是预测）。我国古代的算术书如《算经十书》，其中也有不少内容是和占卜有关。例如著名的《孙子算经》就有推算生男生女的口诀（我家乡的农民，有人会背这个口诀）。但"相像"并不等于"相同"，仔细比较，你会发现，哪怕是最复杂的占卜，在道理上也很简单，其实和杯珓类

15

型的占卜（用小竹板掷地，视其正反俯仰，以定吉凶，类似球赛开场前抛硬币定场地）并没有两样。例如六壬式用"转位十二神"，视其转位加临以定吉凶，就和我们玩的击鼓传花是一个道理；算卦也和小孩玩的"剪刀、锤子、布"差不多。它们的共同点都是拿人为的随机组合模拟天道人事的随机组合，再现"机运"。

杯珓类型的占卜，从形式上看，好像很简单，但它已经包含其他占卜的基本原理。例如第一，它是出于（或"迫于"）行动需要或心理需要做出的选择。比如一个人"临歧而哭"，如果不打算"坐以待毙"，就一定得拿个主意来，不管哪条道，先挑一条出来，哪怕是"误入歧途"，"一条道走到黑"。所以古人说占卜是用来"决嫌疑，定犹与"（《礼记·曲礼上》）。第二，它是在行动之前预卜未来，带有预测的形式。近来人们多说占卜是"预测学"，但这种"预测"并不是周密计算、深思熟虑的结果，而只不过是撞大运、走着瞧，往往都带有猜谜射覆、押宝赌胜的性质（猜谜射覆，本来就属于占卜；而押宝赌胜则属赌博），其实更准确地说是"猜测学"。第三，它以正反俯仰定吉凶，正可代表猜测的基本类型。因为任何猜测都有两种可能，即"中"或"不中"；即使机率分配复杂化，出现多种可能，也还是逃不出这两大类。卜辞多取"对贞"，筮家常言"覆变"，古人喜欢讲一正一反、一阴一阳，工对如诗的"辩证法"，我想都与此有关。这是所有占卜共同的特点。占卜的复杂化，主要是配数配物的复杂化，几率分配的复杂化，基本原理并不复杂，主要是一个"猜"字。其所谓"神机妙算"、"亿（臆）则屡中"，只是猜中的机会比较多（比一般的人多）。它和科学家追求的"可重复性"和"必然律"正好相反，要的就是"不重复"和"或然性"。科学不允许例外，而它的例外却很多，往往都是一次不灵再占，这种方法不行就换另一种，各种方法交替进行、反复进行。这样一来，当然彼此撞车的事也就很多，少不了要编造各种解释自圆其说（读者可参看《左传》、《国语》中的占卜事例）。

对了解占卜，赌博是最好的钥匙。例如在《中国方术考》中，我曾讨论过古代六博和式占的关系，指出"赌博"这个词，所谓"博"和六博有关，而六博又是模仿式占,说明占卜和游戏、游戏和赌博有密切关系。最近,尹湾汉墓出土了一批数术类简牍,其中有一件木牍,上面画着博局图,图上标有与许博昌口诀(出《西京杂记》)类似的词句,看上去同普通的博局没有两样。但这个图上标有六十甲子,下面所录是择日之辞,显然又同占卜有关。这对我们的看法是进一步证明。

赌博和游戏有关,这在全世界是普遍现象。比如在我们的语言中,"赌"指押钱,"博"指游戏。所谓"赌博"就是押钱赌胜的游戏。同样,西语中的"赌博"也是这个意思,并且他们的"赌博"(gamble)和"游戏"(game)还是同源词。现在我们讲的"游戏",范围很广,有些是拿动物斗着玩,如斗鸡、斗蟋蟀、赛狗、跑马、斗牛皆是;还有些是人类本身的竞斗,如各种力量型、速度型和对抗型的比赛以及棋牌类的斗智。这些游戏,除了"坐山观虎斗"式的斗鸡、斗蟋蟀,凡是有人参加(哪怕只是作"御手"),几乎都可归入"体育运动"。体育在现代是人类宣泄感情的重要渠道("宣泄"〈catharsis〉这个词既有"排泄"、"发泄"之义,也有"净化"、"升华"之义)。虽然大家都说"奥运精神"是和平、友谊的象征,但参赛选手和观众却往往走火入魔,每每是拿比赛当假想战争,狂泄其爱国热情。大家对体育那么投入,除去对竞力斗智有瘾,还有一大刺激,就是对机运的追求(人们对对抗性越强、结果越难预料的比赛兴趣越大,比如足球)。无论你在它上面押不押钱,赌博心理都少不了。更何况很多体育项目(如拳击、赛马),特别是棋牌类型的游戏,它们和赌博的关系一直很密切。

古人禁赌很凶,如朱元璋是以"解腕卸脚"为罚,但止不住。其中一大麻烦就是禁赌不能禁游戏,或禁某些游戏不禁另一些游戏(如庾翼禁樗蒲不禁围棋,薛季宣禁蒲博不禁比武)。所以罚归罚,过不了多久,又是接龙斗虎、呼卢喝雉,风头更健。同样,现代社会也是这样,比如中国大陆和台湾,设赌都是非法,但两地都不禁彩票(其实彩票才是正宗的赌博),搓麻赌牌家家有之,赌风比公开设赌的美国还甚(美国只禁小孩入赌场)。

在人类的各种游戏中,赌博是最靠运气的一种。它和专门捕捉机遇的占卜有缘,这一点也不奇怪。比较二者不难发现,它们对概率的设定,

17

卜赌同源

对机运的追求,从工具到方式到心理都酷为相似。比如杯珓类似骰宝,式占类似轮盘赌,抽签问卦也和摸彩票是一个道理。今人或用扑克算命,古人也拿赌具测运。例如《晋书》载慕容宝与韩黄、李根樗蒲,"曰:'若富贵可期,频得三卢。'于是三掷尽卢",就是以赌为卜。赌博是一种金钱搬运术。它之所以吸引人,让你心甘情愿把自己口袋里的钱放到别人口袋里,原因是它也可能把别人口袋里的钱乖乖送到你的口袋里;赢了固然可能输,输了也还可能赢——在机会面前人人平等。赌场为了吸引人,对胜率的设定有一套学问,输得太多没人来,赢得太多没钱赚,奥妙是使输赢相济,产生"周而复始的间歇性刺激",令赌客着迷,"瞠目贾勇","旁若无人","花甲老人也似脱缰野马"。赌客输赢无常,没有永久的赢家。永久的赢家只有庄家。《东坡志林》说绍兴中"都下有道人坐相国寺卖诸禁方,缄题,其一曰'卖赌钱不输方'。少年有博者,以千金得之,归,发视其方,曰'但止企头'。道人亦善鬻术矣,戏语得千金,然未尝欺少年也",把这一点讲得很清楚。但为什么还是有人乐此不疲?我想除金钱的贪欲,还在于它对人类竞争的模仿很逼真,抓住了人性的弱点。我们在上面讲占卜没有"可重复性",然古今中外信之者众,这和赌博是同一个道理。它们都是利用人类固有的"机会主义"。

"卜赌同源"不仅对了解古代很重要,就是对了解现代也有帮助。因为即使是在科学昌明的现代,人类也并未告别占卜,仍在许多方面保持着古老思维。例如现在要问刮风不刮风、下雨不下雨,我们有以卫星云图为据的天气预报,比殷墟卜辞不知强了多少。但要预报地震呢,把握就不那么大,至少是不敢二十四小时一报。其他测不准,又等不了,少不了连蒙带猜的事还很多,比如股市行情、战争长短、足球胜负。所谓预测,虽然有点根据,但和占卜也差不了多少。

足球胜负难以预测,原因主要在于它的预测对象是人:人的心眼太活,人与人的对抗变量太多(即使分级分组,也得靠抓阄)。其实人类的社会行为多多少少都与之相似。比如军事学家在这方面就比较坦率,孙子说"兵无常势,水无常形"(《孙子·势》),克劳塞维茨说"战争在人类各种活动中最近似赌博"（《战争论》）。政治家虽然脸皮比较重要，但也常常是拿赌气不服输也不认错当"坚毅性格"。况且现代社会作为商业社会本身就有赌博性。美国人经常说他们的经济学家是糟糕的天气预报员。同样，民主社会的选票有时也像彩票。这些都使社会科学，特别是带应用和预测性质的社会科学仍大有巫风。

现代历史学家都很重视史实积累中的因果关系，这与古代占卜也有相通之处。古代史、卜同源。我们读《左》《国》一类古史，当不难发现，古代的史官都擅长占卜，好作预言，史实与谶言经常互为经纬。他们记史虽然是以"现在"作观察点，向上追溯，主要是"向后看"，这和占卜都是"向前看"好像不一样。但史家讲"前事不忘"，下文是"后事之师"；占家貌似"三年早知道"，其实也是"事后诸葛亮"。两者同样都有"瞻前顾后"的性质。古代的史册和占卜记录都要存档。史家讲今之某事，总是喜欢追述前因，说是"昔者如何"，好像文学家巧设的伏笔。他那个"昔者"就是从旧档里面翻出。同样，史家讲预言，也有不少是从过去的占卜记录倒推。例如我们都知道，商代的甲骨卜辞通常是由前辞、命辞、占辞、验辞而构成。所谓"验辞"就是以后事覆验前占。这样的"验"本身就是因果链。《左传》讲懿氏卜妻敬仲，预言陈氏之大。《史记》载太史儋见秦献公，预言周秦分合。这些几百年跨度的"大预言"，讲得那么有鼻子有眼，其实就是倒追其事。讲话时间是在结果点上。

现代历史学家讲历史因果，每从结果反溯原因（有各种理论，如所谓"反事实分析"）。这不仅是古代史官的遗产，也是古代占家的遗产。

研究古代占卜史，占法的研究固然重要，但心理的研究更重要。记得小时候我对有件事总是感到神秘，这就是"有意栽花花不发，无心插柳柳成荫"。我越是期望成功，成功越是盼不来；越是担心失败，失败越是躲不开。后来长大了我才明白，"谋事在人，成事在天"，任何人类行为，都有"人"和"机运"捉迷藏，"人"和"机运"相适应的问题。占卜这件事，卜求机运只是一半，还有另一半是心理问题。比如一件事，成功失败，几率各占一半，你有两种准备（胜负估计各占一半）当然比较好，心理感受往往是不赔不赚(与期望值相当);但更好是"花开花落两由之",这样你会对失败感到当然,成功感到意外,好像占了大便宜(高出期望值50%);最不好就是一门心思光想赢,赢了觉得不够本,输了觉得太冤枉(低于期望值50%)。虽然从道理上讲,心理期望不会改变机运本身,但心理的改变可以影响到行为,行为的改变又会影响到结果(比如在体育比赛中这对临场发挥就很重要)。它对机运本身也不是毫无影响。

占卜的初衷本是预测未发生之事,但结果却往往是一种心理测试。例如比较商代卜辞和西周、战国的卜辞,我们不难看出,它们在形式上是不太一样的。商代卜辞有验辞,而西周和战国没有,反而多出表示愿望和可能的"思"(义如愿)、"尚"(义如当)等辞。后者对占卜的灵验与否好像已不太关心,更关心的倒是愿望的表达。特别是战国卜辞,明明人已病入膏肓,卜人还要追问不休。战国时代的占卜,往往求愿胜于卜疑,特别是一般老百姓更是如此。只有荀子这样的聪明人才看得比较明白,他说:"卜筮然后决大事,非以为得求也,以文之也。故君子以为文,而百姓以为神,以为文则吉,以为神则凶也。"(《荀子·天论》)我想,即使是从心理学的角度讲,他的态度也比较对头。我们有疑未决,不妨猜猜看,果然与否,别太当真。如果以为"心想"就能"事成",事情可能反而成不了。

中国人到美国,这景不游,那景不逛,赌城(拉斯维加斯和大西洋城)却是必到之处。有人要想做点心理测试,那里是个好地方(比如看看自己是不是"干大事"的材料)。占卜之奥妙尽在其中。

(杜亚泉《博史》,开明书店,1934年;戈春源《赌博史》,上海文艺出版社,1995年;郭双林、肖梅花《中华赌博史》,中国社会科学出版社,1995年)

药毒一家

中医和西医很不一样,但两者都很看重药(西语的医、药是同一词,都是 medicine)。在西语中,来自希腊—拉丁文的"药"这个词(pharmakon)是个含义复杂的词,同时兼有"医药"(medicine)和"毒药"(poison)两重含义。例如德里达就曾借用这个词讲书面语对口语的毒化作用。同样,英语中的 drug 也是双关语(药或毒品),一方面药店在卖,一方面警察在抓。

"药"和"毒"密不可分,这点在中国也一样。比如中国的药学经典《神农本草经》就是本之"神农尝百草,一日七十毒"的传说(见《淮南子·修务训》),它把药分为上、中、下药,也是按毒性大小来划分(后世本草书皆遵其体例)。还有古书讲"毒药",如《素问·移精变气论》说"毒药治其内,针石治其外",《周礼·天官·医师》说"医师掌医之政令,聚毒药以共医事",也多半是药物的泛称。

当然,古人所说的"毒"在含义上和今天还有所不同。我们今天讲的"毒药",一般是指对人体有害,足以致残致死的药物;所谓"毒品",也是指有"成瘾性"或"依赖性"的麻醉品和精神药物。古书中的"毒"字与"笃"字有关(见《说文》),往往含有厚重、浓烈、苦辛之义。例如马王堆帛书《十问》有所谓"毒韭",其"毒"字就是指作为辛物的韭菜气味很浓,而不是说它有毒。孙诒让解释上引《周礼》,也以为"毒药"一词应分读,即使连读,也不过是"气性酷烈之谓,与《本草经》所云有毒无毒者异"。

不过,古书所谓"毒"虽较今义宽泛,但却未必排斥其如同今义的狭窄用法。因为古书除以浓烈苦辛解释"毒"字,还有毒害之训。例如"神农尝百草,一日七十毒",这样的"毒"恐怕就不是葱韭之类可比,参考《说文》可知,应指"害人之草"。虽然中国的本草向以无毒为上,有毒为下,但良医活人,多借猛药,所谓"药不瞑眩,厥疾不瘳"(《孟子·滕文公上》),很多正是以毒药入方,通过配伍、剂量和炮制方法控制其毒性,猛、毒的界限并不好分。孙诒让力分毒、药,专主宽义,实于研究有很大不便。

《鹖冠子·环流》说"积毒成药,工以为医",人类的药物知识很多都是来源于中毒。原始民族日遇毒物(毒草、毒菌、毒蛇之类),往往都有很丰富的毒药学知识,尤其是在动植物丰富的地区(例如古代的楚越之地,就以毒蛊之术而出名)。他们以箭毒射杀猎物,用麻醉药物(如鸦片)止痛,用精神药物(如古柯)解乏,并利用其致幻作用施展巫术和作催欲剂,等等。这是药学的一种普遍背景。中国的药,西方的药,原来往往都与毒药有关,并兼神药、春药等多重含义,这一点也不奇怪。

"药"和"毒"有关,不仅古代如此,现代也如此。例如各国药典都对医用毒药和毒品有管制规定,承认毒药、毒品也是"药"。现在联合国的各种禁毒公约,也是一上来先承认毒品在医学上"不可或缺",然后才大讲其"危害之烈",限定其"防杜"只是"滥用"而已。现代毒品,据这些禁毒公约讲,不但危害个人健康,还和卖淫、洗钱以及官员贿赂和恐怖活动有关,简直是"万恶之源"。它的药品清单,种类很多,有不少是医学上的再创造,但著名的"三大毒品",大麻、鸦片、可卡因,都很有来头,可以说是世界各大文明的"贡献"。它们当中,提取可卡因的古柯是西半球的产物(秘鲁和玻利维亚一带),和中南美的古文明有关;鸦片、大麻则流行于东半球,埃及、两河流域、希腊、罗马、印度和我们,全都有份。所谓"古已有之,于今为烈"这句话,讲毒品那是最合适。

研究中国的毒药和毒品,好像还没有人写出过专史。近年来,为了同国际接轨,我国对中药里的毒药和毒品也做了管制规定,有人还编了相应的工具书,如郭晓庄主编《有毒中草药大词典》(天津科技翻译出版公司,1992年)和杨仓良主编《毒药本草》(中国中医药出版社,1993年),但它们都是以医用为主,很少涉及历史问题。我对医学是外行,这里不揣浅陋,讲点读书后的感想。

中国的毒品,有些同国外交叉,或者干脆就是外来之物,如:

(一)大麻。在世界上栽种甚广,我国也是自古有之,不但食用,还用于纺织、造纸和医药，为主要农作物之一。最近我在香港读过一篇《大麻考》（江润祥、关培生《杏林史话》，港中大出版社，1991年），它说"中国对大麻，不仅栽种最早，认识最深，且能充分加以利用"，很让我们骄傲。但它说"至于今日世间有以大麻作瘾品者，则未见之中国典籍"，却把我们摘得过于干净。事实上，《神农本草经》早就讲过，麻蕡，即大麻的种子，"多食令见鬼，狂走。久服通神明，轻身"（《大麻考》引之，正好把这段删掉）。我国宋以来的"蒙汗药"，方中也有这种东西。这些功用就都和它作为瘾品的特性有关。

（二）鸦片。原产地中海沿岸的西亚、小亚和南欧一带，是典型的西方毒品。这种毒品因鸦片战争在我们这儿大出其名，但其传入不始于清，也不始于明。据《旧唐书·西戎列传》，唐乾封二年（667年）"拂菻王波多力"曾"遣使献底也伽"（图3）。这种公元7世纪由拜占庭传入的药物（《唐本草》等书也作"底野迦"），乃西语theriaca的译音，本来是一种和蜜制成混杂多种成分的"万能解毒药"，即内含鸦片。鸦片自明传入，是由欧洲水手再次传入。这次传入，改食为吸，是加进了美洲的传统（抽烟是美洲的传统），把我们害得不轻。所以一说毒品，我们马上想到的就是它。

（三）洋金花。学名 *Datura stramonium*，也叫曼陀罗花（译自希腊语、拉丁语和梵语）或押不芦（译自阿拉伯语和波斯语），也是欧洲、印度和阿拉伯国家认为的"万能神药"，除作外科手术的麻醉剂和止痛剂，还作春药和治癫痫、蛇伤、狂犬病。古罗马人常以此物作阴谋手段，如弗龙蒂努斯（Sextus Julius Frontinus）的兵书《谋略》（*Strategematicon*），就有以曼陀罗酒胜敌的战例。印度也有强盗、妓女用它于黑道。中国的外科手术源远流长，如《史记·扁鹊仓公列传》的俞跗术，《鹖冠子·世贤》的扁鹊术，还有华佗的麻沸散，在医学史上都很有名。中国早期的外科手术是用什么作麻醉药？麻沸散是不是像宋人推测就是这种药（见周密《癸辛杂识》）？还值得研究〔案："麻沸"见《汉书·王莽传》，据注是"如乱麻而沸涌"之义，后世"麻醉"之"麻"与之有关〕。但这种药从宋代就已传入（从阿拉伯国家传入），是没有问题的（见《岭外代答》、《本草纲目》和《植物名实图考长编》等书）。它是小说《水浒传》中所谓"蒙汗药"的主药。文革期间为备战需要

底野迦主百病中恶客忤邪气心腹积聚

名医别录

图 3　献底野迦图

而开发"中麻"("中药麻醉"的简称),"中麻"的主药也是洋金花。

不过,中国的毒药和毒品,最有特色,恐怕还得属乌喙和丹药、五石。

我们先说乌喙。乌喙有附子、乌头、天雄等异名,本来是以生长年头而定,现在多统称为乌头,学名叫 *Aconitum carmichaeli*。这本来是一种箭毒类药物,小说《三国演义》讲"关云长刮骨疗毒",关羽所中毒箭就是使用"乌头之药"(当然《三国志》可没这么说)。乌喙含乌头碱,有剧毒,但在早期医方中使用很广,号称"百药之长"(《太平御览》卷九九〇引《神农本草经》佚文)。据马王堆帛书和阜阳汉简,古人不仅用乌喙治各种疾病,还拿它当兴奋剂和春药,也是一种"万能神药"。不但人吃,马也可以吃,据说吃了以后可以"疾行善走",作用类似现在体育丑闻揭露的那种药。张仲景的《寒食散方》,其中第二方叫《紫石寒食散方》,其中就配有附子。关于乌喙,我在《中国方术考》中有讨论,可参看。

24

丹药、五石和乌喙不同。乌喙是"草木之药"，同上面讲的世界性毒品相似，主要是利用植物中的生物碱。而丹药、五石则属"金石之药"，即矿物或用矿物炼成的化学制剂。它们是我国更有特色的东西。

中国的丹药是以朱砂（主要成分是硫化汞）炼制的汞制剂，当然有毒；而炼丹的石材，最重要的是五石，也是有毒之物。两者同属炼丹术的大范畴，和中国的冶金史和化学史有密切关系。中国早期的人为什么会对这样的毒药感兴趣，乍看好像至愚极昧，迷信得很，但在当时条件下，这些都是"高科技"，不但得有专门人材（李少君一类方士），还得有科研经费、科研设备（丹房鼎炉、本金本银和各种石药），非大富大贵之人不能置办，也非大富大贵之人"不配吃"。治天文学史的伊世同先生说"迷信是古人对真理的狂热追求"，古人不仅迷信天文，也迷信药，那劲头就和五四以来我们崇拜"赛先生"一样。比如葛洪，读书最多，在当时那是百科全书式的人物，他就崇拜"金丹大药"。

关于中国炼丹术的起源，我在《中国方术考》中也有讨论，指出它是一种"人体冶金术"。中国的"金石之药"，原来多是冶金的材料，古人把它们从工厂搬到实验室再搬到人体，有它自己的一套逻辑。第一，这些东西结实耐用，什么长寿的家伙都比不过；第二，它们都是治外伤的药（小时候我们涂的红汞也是这类药），活着可以"防腐"，死了也可以"防腐"。所以朱砂、水银一直是我们的防腐剂。古人服丹求寿就是来自这种观念。另外，古代的"神药"多与服毒之后飘飘然的感觉有关（古人叫做"通于神明"），致幻作用它也少不了。中国的炼丹术在秦汉魏晋时期那是大红大紫，只是到唐代，吃死一大批皇帝，然后才有所收敛（参看赵翼《廿二史札记》卷十九《唐诸帝多饵丹药》条）。要讲毒品，这是头号毒品。

和炼丹有关，我们还应讲一下"五石"和与"五石"有关的"五石散"。炼丹的"五石"，古书有不同说法，恐怕应以葛洪所述最可靠。因为他是这方面的专家。葛洪所说"五石"是丹砂、雄黄、白礜、曾青、慈石（《抱朴子·金丹》），对照《周礼·天官·疡医》可知，实与治外伤的"五毒"大同小异（"五毒"除慈石皆有大毒），不同之处只是把曾青换成了石胆（二者都是绿色铜矿）。这五种矿石，朱砂是赤色，雄黄是黄色，白礜是白色，曾青（或石胆）是

药毒一家

青色,慈(磁)石是黑色,应当就是古书提到的"五色石"(如《淮南子·览冥》有"女娲炼五色石以补苍天"之说,并且古代还常用这类矿石作颜料)。

"五石散"也叫"寒石散",从魏晋到隋唐,服者相寻,杀人如麻,也是很有名的毒品。清郝懿行《晋宋书故》、俞正燮《癸巳存稿》、近人鲁迅《魏晋风度及文章与药及酒之关系》、余嘉锡《寒食散考》等均有考证,而以余文为最详。俞正燮曾以此药比鸦片,而余嘉锡"以为其杀人之烈,较鸦片尤为过之",历考史传服散故事,自魏正始至唐天宝,推测这五百年间,死者达"数十百万"(以下两段的引文均见余文)。

古人服散是由正始名士何晏带头。晏"好色,性自喜,动静粉白不去手,行步顾影",因为耽情声色、身体虚劳而服散,结果"魂不守宅,血不色华,精爽烟浮,容若枯槁",活像大烟鬼。但何晏以后却有很多人起而仿效,成为时髦。不但士大夫阶层热衷于此,写诗要谈,写信要谈(比如"二王"的很多书帖就是讨论服散),就连没钱买药的穷措大,也有卧于市门,宛转称热,引人围观,"诈作富贵体"者。

前人考"五石散",皆以为出自张仲景的《侯氏黑散方》(亦称"草方")和《紫石寒食散方》(亦称"石方"),并未考虑它同上述"五石"有什么关系。但后方所录石药只有紫石英、白石英、赤石脂、钟乳四种,孙思邈的《五石更生散方》才加入石硫黄,是个疑点。何晏服散,自称"非惟治病,亦觉神明开朗"。所谓"治病"在于借药热去寒补虚,"神明开朗"则是精神效果。有人形容这种效果,说是"晓然若秋月而入碧潭,豁然若春韶而泮冰积",当然是美化之辞。实际情况是,很多人服药之后大热,不但满世界乱转,称为"行散",而且可以闹到隆冬裸祖食冰,必须大泼凉水的地步,比如裴秀就是这样叫凉水给泼死的。孙思邈说"宁食野葛,不服五石,明其大大猛毒,不可不慎也",劝人见了这个方子就把它烧掉,但他为什么还要在书中留下类似的药方呢?王奎克先生疑之,认为孙氏"五石"无毒,不可能有这种奇效,考其毒性在于《侯氏黑散方》中的"礜(矾)石"是"礜石"之误(二者形近易混,古书多混用之例);礜石含砷,所谓服散乃慢性砷中毒;何晏之方是合仲景二方成五石,孙氏痛其杀人,把礜石换成石硫黄,始以无毒之方传世(见其所著《"五石散"新考》，收入赵匡华主编《中国古代化学史研究》，北京大学出版社，1985年）。可见何晏"五石"和炼丹"五石"确有交叉。

不仅如此，我们还想指出的是，古代本草，下药多毒，其一大特点就是"除寒热邪气"（见《神农本草经》）。古人以"五石"治伤寒虚劳之症，其实早在《史记·扁鹊仓公列传》中就已提到。其说不仅可以上溯到西汉文帝时，而且从引文看（"扁鹊曰：'阴石以治阴病，阳石以治阳病'"），还是本之扁鹊的医经（《汉志》有《扁鹊内经》和《扁鹊外经》），并不始于张仲景。传文说齐王侍医名遂，自以为病寒，而"炼五石服之"，淳于意访之，诊为内热外寒，以为不可服此"悍药"、"刚药"，否则发痈而死。遂既服五石，果发痈而死，情况正与魏晋隋唐服散每每"痈疮陷背"、"脊肉烂溃"者同。扁鹊"五石"今无考，但我们怀疑，古之"五石"不惟五色分（与五行说有关），且以阴阳辨，往往据虚实寒热、表里之症，酌情加减其味。其方各异，往往取一"毒"与他石配，并不是"五毒俱全"。后世"五石"用礜石者，大概只是"五石"方的一种，略分紫白赤黄，仍有仿效之意。

古代的砷制剂，除礜石之外，还有雄黄。礜石是古代的"耗子药"和"杀虫剂"，雄黄也有类似作用。古人认为雄黄可以治蛇伤，杀百毒，厌鬼魅。我国旧有于端午饮雄黄酒的习俗，《白蛇传》中法海叫许仙喝雄黄酒，使白娘子显形，即与此有关。雄黄、礜石都是"五毒"中物。

中国的丹药、五石与国际上的"三大毒品"不同，还不仅是金石与草木的不同。余嘉锡已经指出，寒食散"服者多不过数剂，至一月或二十日而后解，未尝每日必服，是无所谓瘾也"。同样，丹药也没有"成瘾性"和"依赖性"。它们在中国历史上嗜之者众，使用广而延续长，其实是根据我们对毒药的另一种追求。我们中国的药，后世本草书是以草木之药为主，无毒之药为上，但原来不一定是这样，或至少在炼丹术中不一定是这样。中国的炼丹术是来源于中国的冶金术，中国的冶金术又是以它在石器时代的经验作背景。它以"五毒"为材，铅、汞、砷为核心，是想模仿冶金，"炼人身体"。上述毒品，丹药为汞制剂，流行于宫廷，最奢侈；五石散为砷制剂，流行于士林，是次一等；雄黄酒也是砷制剂，流行于民间，是又次一等。另

药毒一家

外,还有女人擦脸的铅粉,也有一定毒性。这些都是中国冶金术和炼丹术的伟大产物。它们和通常所说的"毒品"还不太一样。

人类为什么会嗜毒,而且是古今中外都嗜?这是个值得深思的问题。现代医学家讲,毒品能使人上瘾,产生药物依赖性,原因首先在于人脑本身就分泌一种叫内啡肽的类似之物。人一旦缺了它,马上就没精气神。我们大部分人都不吸毒,但嗜烟、茶、酒者大有人在。烟、茶、酒(也是世界各大文明的贡献),现在虽然还没有被联合国列入禁用药品的清单(酒在历史上和现在,一直都有人禁,但屡禁不止),但它们和狭义的毒品还是有相似性。特别是,如果我们能注意到"文明人"和"上古天真之人"有一大区别,就在于我们都是在"药罐子"里泡大的,现在已到了离开"药"就没法活的地步,那么"毒品"给我们的启示就更大。

人类的四大烦恼,不但"生"、"老"、"死"没人躲得过,就是"病"也无法根除。人类自有"药"的发明,"药"与"病"就"道高一尺,魔高一丈"。虽然在"药"不太灵的时候,行气、导引、房中、祝由(古代的精神疗法)会重新产生吸引力(如对外丹术衰落后的内丹术和处于绝望的癌症病人),但它们始终不能摆脱附庸地位。我们对"药"的追求还是始终不渝。

在"药"的背后,"毒"的阴影仍笼罩着我们,"过把瘾就死"的事还很多很多。

(朱杰勤译,〔德〕夏德《大秦国全录》,商务印书馆,1964 年,121～123 页;Berthold Laufer《押不芦》,收入冯承钧译《西域南海史地论丛》第一卷,五编,84～109 页;余嘉锡《寒食散考》,收入《余嘉锡论学杂著》,上册,181～226 页,中华书局,1963 年)

1996 年 5 月初稿,7 月 17 日～9 月 28 日扩大改写于西雅图。

【补记】 上文只讲"赌"、"毒"与"方术"的关系,没讲"黄"与"方术"的关系。但毫无疑问的是,"黄"和"方术"关系也很大,也同样是善、恶只有一步之遥,"放之则不可收,禁之又不能绝",至今还困扰着人类的永恒话题。在《中国方术考》的最后两章中,我们曾讨论过与"黄"有关的"房中",并指出它对古代宗教和艺术的影响尤为巨大。这不是低级趣味,而是高尚话题。

咬文嚼字

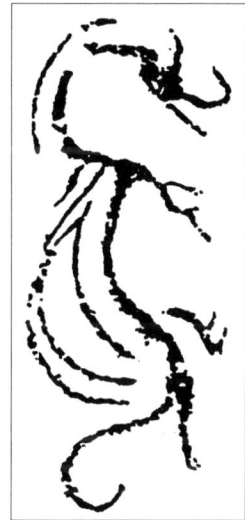

先秦两汉
文字史料中的"巫"(上)

在西方的汉学研究中,"巫"是个热门话题。西语中的"巫"有许多不同说法,以英语为例,它的 wizard(男巫)/witch(女巫)是来自古英语(前者本义为"智者",后者则多指擅长"黑巫术"的"老妖婆"),sorcerer(男巫)/soceress(女巫)是来自拉丁语(本指擅长占卜的人),magician、mage(巫,不分男女)是来自波斯语(本指祆教僧侣),shaman(巫,不分男女)是来自通古斯语(本指萨满教巫师)。现在汉学家比较喜欢用来自最后一词的 shamanism(萨满教)泛指世界各地的巫术,特别是东北亚和中南美的巫术,其中也包括中国的巫术,想凭这种跨文化的概念来解读中国考古/艺术材料中的视觉形象。这是从外面看我们的巫术。我们自己的巫术到底是怎么一回事?这要靠中国自己的材料——特别是文字史料——来讲话。现在我把先秦两汉的古文献和古文字材料搜集了一下,想借这些材料讲一点感想。下面是我们的讨论①。

---

① 参看:瞿兑之《释巫》,《燕京学报》第 7 期(1930 年),1327～1345 页;陈梦家《商代的神话与巫术》,《燕京学报》第 20 期(1936 年),485～576 页;笠原清一《上代支那の巫醫に就いて》,《史苑》第 11 卷 3、4 期合刊(1938 年),147～155 页;手塚隆義《胡巫考》,同上,419～439 页;林巳奈夫《中國古代の神巫》,《东方学报》第 38 期(1967年),199～224 页;张光直《商代的巫与巫术》(1987 年),收入所著《中国青铜时代》(二集),三联书店,1990 年,39～66 页;林富士《汉代的巫者》,台湾大学历史学研究所硕士论文,1987 年;饶宗颐《历史家对萨满主义应重新作反思与检讨——"巫"的新认识》,收入《中华文化的过去、现在与未来》,中华书局,1992 年,396～412 页;Lothar von Falkenhausen,"Reflections on the political role of spiritmidiums in Early China: the Wu officials in *Zhou Li*",*Early China*,No.20(1995),279～300 页。

一、"巫"字释义

中国古代的"巫"一直同"胡巫"(北方草原地区的"巫")有很大关系。"萨满"只是"胡巫"之一种。

"萨满"(本作 saman, shaman 是经俄语转译,来源是西伯利亚)是通古斯语族(鄂温克语、鄂伦春语、满语、赫哲语、锡伯语以及西伯利亚和外蒙古的若干语言)的"巫",本义是激动不安和疯狂的人。萨满多选自身体残疾、精神错乱和大病不死许愿当巫的人,其中尤以女性为多。神经过敏、疯疯癫癫和富于献身精神是这种人的特点。其降神手段是"舞",也就是俗话说的"跳大神"。他们往往集医卜星相众术于一身,用以满足民间的各种需要。汉语地区熟知这个词是宋代以来,年代比较晚。西方世界熟知这个词也是在俄国占领西伯利亚之后,年代更晚[①]。

中国古文献中的"巫"是与"祝宗卜史"类似的神媒,合称都叫"巫",析言则女曰"巫",男曰"觋",如:

(1)《墨子·非乐》引《汤之官刑》有"其恒舞于宫,是谓巫风'(古文《尚书》中的《伊训》篇作"敢有恒舞于宫,酣歌于室,时谓巫风")的说法,是把酣歌狂舞视为必须用刑法禁止的"巫风"。可见"巫"不仅能歌善舞,而且唱起来跳起来一定非常疯狂,简直没完没了。

(2)《国语·楚语下》"民之精爽不携贰者,而又能齐肃衷正,其智能上下比义,其圣能光远宣朗,其明能光照之,其聪能听彻之,如是则明神降之,在男曰觋,在女曰巫",是以"巫"为有超常智能的人。

(3)《左传》僖公二十一年"焚巫尪",《荀子·王制》"伛巫跛击(觋)",《荀子·正论》"伛巫跛匡(尪)",《鹖冠子·环流》"积往(尪)生跛,工以为师",是以"巫"、"尪"并称。"巫"往往是驼背老太婆,"尪"则是身材矮小、

① Paul Pelliot, "Sur quelgues mots d'Asie Centrale attestés dans les textes Chinois", *Journal Asiatique*, No.2(1913),452~469 页。秋浦主编《萨满教研究》,上海人民出版社,1985 年,2 页。

突胸后仰、脸面朝上的瘸子。后者是患脊髓灰质炎（俗称"小儿麻痹症"）的残疾人，其中包括男性，所以"跛尪"也称"跛击（觋）"。

（4）《说文解字》卷五上"巫，祝也，能事无形，以舞降神者也。象人两袖舞形，与工同义。古者巫咸初作巫。凡巫之属皆从巫。𤅢，古文巫"，"觋，能斋肃事神明也。在男曰觋，在女曰巫。从巫从见"，亦以"巫"为善舞。〔案："觋"字之释是节《楚语下》，"斋肃"即"齐肃"。但从古文字材料看，"巫"字并不是从"舞"字发展而来，详下。〕

（5）《周礼·春官·神仕》"凡以神仕者掌三辰之法"，郑玄注引《楚语下》"在男曰觋，在女曰巫"为说，贾公彦疏"在男曰觋，在女曰巫者，男子阳，有两称，名巫名觋；女子阴，不变，直名巫，无觋称"，是以"巫"为统称，"觋"为特指。

（6）《汉书·蒯通传》记蒯通劝韩信背汉，韩信不听，通惶恐惧诛，"乃阳狂为巫"。可见"巫"是以"狂"为特点。

他们以舞降神，多为女性，多为残疾人，多有颠狂的精神状态，多被视为智能超常，这同萨满十分相似。其实类似特征也见于其他地区的"巫"。

中国古文字中的"巫"（图4），早期写法是像十字交叉而以短横加四方，表示方向。如殷墟卜辞中的"巫"字，西周文字中的"巫"字和"筮"字就是这样写。东周以来，"巫"字的写法发生变化，中间的横画改成波折，下面往往加口，同于《正始石经》，如侯马盟书中的"巫"、"觋"和"筮"字就是这样写①。望山楚简、包山楚简的"巫"字与侯马盟书略有不同，但总体特征比较接近②。后一类写法应即《说文》小篆和古文所本（但其古文写法尚未发现，惟《周礼》"筮"作"簭"，近之）。只有秦文守旧，其《诅楚文·巫

---

① 山西省文物工作委员会《侯马盟书》，文物出版社，1976年，309、345页。

② 湖北省文物考古研究所等《望山楚简》，中华书局，1995年，39页；简113；湖北省荆沙铁路考古队《包山楚简》，文物出版社，1991年，图版一七五；丘德修《魏石经初探》，台北：学海出版社，1979年，附录：《魏石经古篆字典》36页：153。

咸文》中的"巫"字与商代、西周的写法仍一脉相承①。

图 4　古文字中与"巫"有关的字

1. 殷墟卜辞中的"巫"字　2. 召陈胡巫像上的"巫"字　3. 凤雏板瓦上的"巫"字　4. 齐巫姜簋上的"巫"字　5. 史懋壶上的"筮"字　6-7. 侯马盟书中的"巫"字　8-9. 侯马盟书中的"覡"字　10. 侯马盟书中的"筮"字　11.《诅楚文》中的"巫"字　12. 望山楚简中的"巫"字　13. 包山楚简中的"巫"字　14. 郭店楚简中的"筮"字　15. 睡虎地秦简《日书》中的"巫"字　16. 睡虎地秦简《日书》中的"筮"字

与"巫"的讨论有关,陕西扶风召陈西周建筑遗址乙区灰坑出土的两枚蚌雕人头像(图版一-1,图 4:2)很值得注意②。这些雕像,面部特征类似高加索人种,头戴条纹帽,帽的顶端被削平。其中一枚的帽顶刻有文字,与商周文字中的"巫"字写法相同,看来应是"胡巫"的雕像。但他们是哪一种"胡"的"巫",学者则看法不一:尹盛平先生以为是希罗多德笔下的尖帽塞人③;陈全方先生以为是大月氏人或乌孙人④;林梅村先生以为是讲吐火罗语的月氏人,所刻文字即吐火罗语卐(svastika)字的变形⑤;美国学者梅惟恒(Victor H.Mair)则指出,类似雕像也见于殷墟出土——中国

①　郭沫若《诅楚文研究》,收入《郭沫若全集》考古编 9,科学出版社,1982 年,273～341 页。"巫"字见该书 327、331 页。

②　尹盛平《西周蚌雕人头像种族探索》,《文物》1986 年 1 期,46～49 页。

③　尹盛平《西周蚌雕人头像种族探索》。

④　陈全方《周原与周文化》,上海人民出版社,1988 年,图版 20 页。

⑤　林梅村《开拓丝绸之路的先驱——吐火罗人》,《文物》1989 年 1 期,72～74 页。

先秦两汉文字史料中的「巫」(上)

的三件雕像,其造型与一件乌拉尔图(Urartu,西亚古国,在今土耳其境内)浮雕上的人像(年代约为前 832～前 810 年)酷为相似;并提出"巫"字的古音(取李方桂拟音,作 myag)与古波斯文的 magus 相近,应与西语的 magician、mage 同源[1]。他们都把目光投向中国的西部而不是东部,这同"巫即萨满"说正好换了一个方向。

中国古代历史,特别是黄河流域的历史,一直是在欧亚大陆的两大板块即游牧地区和农耕地区长期对抗的背景下而展开。我国北方的草原地区,向北向西延伸,东西数万里,上下几千年,各种民族曾以此为舞台,迁徙流转,交汇融合,情况十分复杂。但跟我们关系最大的,还是阿尔泰语系的各族。我们必须先把离我们最近的这块儿搞清,然后才能讨论它与中亚、与西亚、与欧洲是什么关系。阿尔泰语系的各个分支,现在是通古斯各族(与肃慎有关)在东,蒙古各族(与东胡有关)在中,突厥各族(与匈奴有关)在西。但历史上,它们的各个分支,分布地点并不固定,范围大小也时有伸缩,常常是互为主客。这些地区的"巫"在说法上往往互相借用,巫术内容也大致相同,所以我国学者多以"萨满教"泛指这些地区的原始宗教。它们的"巫"有以下说法:

(1)通古斯语族。女巫叫 muta(汉译"乌答"),男巫和一般的巫叫 saman(汉译"萨满")[2]。

(2)蒙古语族。女巫叫 udegen(汉译"奥德根"),男巫和一般的巫叫 boge(汉译"勃额")。前者似与上通古斯语族的 muta 有关,后者似与下突厥语族的 bügü 有关。另外元代蒙古语还有 cames 一词(汉译"珊蛮"),则是借自通古斯语的 saman[3]。

---

① Victor H. Mair, "Old Sintic myag, Old Persian magus and English 'Magician'", *Early China*, No.15(1990),27～47 页。

② 参看刘义棠编著《维吾尔研究》,台北:正中书局,1975 年,435～443 页。

③ 元代鞑靼人呼"巫"为"珊蛮(cames)",见《多桑蒙古史》,中华书局,1962 年,上册,30、62、174～175 页。笔者曾以蒙语中的"巫"请教中国社会科学院民族研究所的照那斯图先生。

（3）突厥语族。维吾尔语的女巫叫 bywi（汉译"布维"），柯尔克孜语的女巫叫 byby（汉译"布布"），来源是古突厥语的 bügü/bögü（汉译"卜古"，本义为"智者"）。男巫和一般的巫在古突厥语中有两种说法，一种叫 qam/kam（汉译"甘"、"喀姆"，有"术士"之义），来源是蒙古语的 cames；一种是 baxšǐ（汉译"巴克西"，有"师傅"之义），或说来源于汉语的"博士"①。

这些词汇，不同系统相互借用，男女性别时有混淆，从发音系统看，似可归纳为三类：一类是 muta 和 udegen，一类是 saman、cames 和 qam，一类是 boge、bügü②。

汉语的"巫"字，上古音为明母鱼部（miwa），与 muta 发音相近。"巫"字与"方"字有关（详下）。"方"字的上古音为帮母阳部（piwang），则与 boge、bügü 发音相近。汉语的"覡"字，学者多以为是匣母锡部（ɣiek），这是从《切韵》系统上推，但其字从见，早期发音必与"见"字相近。"见"字的上古音为见母元部（音 kian），恐怕原来也与 saman、cames、qam 等词发音相近。

我们的"巫覡"是否与这些词汇有关，这是值得考虑的问题。

二、商代的"巫"

中国早期的"巫"，见之文献记载，有：

（1）《庄子·天运》有"巫咸招"，马王堆帛书《十问》作"巫成招"（但《荀

---

① baxšǐ、bügü、qam，见 A. von Gabain, *Altturkische Grammatik*, Wiesbaden：Otto Harrassowitz，1974 年，326 页，334 页，354 页。bywi、byby，见陈宗振等《中国突厥语族语言词汇集》，民族出版社，1990 年，62 页。唐代黠戛斯人呼"巫"为"甘"，见《新唐书·黠戛斯传》。笔者曾以突厥语中的"巫"请教北京大学的林梅村先生和中国社会科学院民族研究所的赵明明先生。Paul Pelliot 已经指出 boge 与 bügü 有关，并与 saman、qam 同义，见所著"Surquelques mots D'asie centrale attestés dans les textes Chinois"。又参看魏萃一《维吾尔语 bywi 一词的源流》，《民族语文》1984 年 4 期，60～63 页。

② 刘义棠说藏族本教（西藏的原始宗教）呼"巫"为"本"（bon），似与最后一类是类似说法，参看刘义棠编著《维吾尔研究》，436 页。

35

子·大略》作"务成昭",《新序·杂事第五》作"务成跗")①,传说是舜的老师。

(2)《山海经》有所谓"六巫"和"十巫"。"六巫"者,巫彭、巫抵、巫阳、巫履、巫凡、巫相(《海内西经》)。"十巫"者,巫咸、巫即、巫肦、巫彭、巫姑、巫真、巫礼、巫抵、巫谢、巫罗(《大荒西经》。"巫咸"又见《海外西经》,"巫肦"又见《大荒南经》)。他们都和入山采药有关,郭璞称为"神医"。这些巫,巫彭、巫抵两见,其他巫,据郝懿行《尔雅义疏》考证,巫礼即巫履,巫肦即巫凡,巫谢即巫相(皆属音近通假),去除重复可得十一人。

(3)巫阳。见上"六巫"。宋玉假天帝与巫阳问对,作《楚辞·招魂》,曰"帝告巫阳曰:'有人在下,我欲辅之。魂魄离散,汝筮予之。'巫阳对曰:'掌梦,上帝其难从。若必筮予之,恐后之谢,不能复用巫阳焉。'"是以巫阳为天帝的掌筮之官。

上面提到的"巫",名气最大,要属巫咸和巫彭,他们的年代都在商代。

我们先讲巫咸。在《尚书》的《君奭》篇中有一段周公告诫召公的话,提到商代的六大名臣:成汤时是伊尹,太甲时是保衡(即伊尹),太戊时是伊陟(相传为伊尹子)、臣扈和巫咸,祖乙时是巫贤(相传为巫咸子),武丁时是甘盘。这里面有两位"巫",一位是巫咸,一位是巫贤。巫咸也见于《尚书》佚篇《咸乂》和《世本·作篇》。《作篇》说"巫咸作筮"(《周礼·春官·龟人》郑玄注、《初学记》卷二十等书引,《吕氏春秋·勿躬》同其说),是以巫咸为筮法的发明者。但《世本》佚文(《太平御览》卷七二一、《玉海》卷六三引)又以巫咸为医术的发明者。《史记·封禅书》说"伊陟赞巫咸,巫咸之兴自此始",泷川资言说"下咸字疑衍"②,似以巫咸为最早的"巫"(同许慎说)。同书说汉高祖立荆巫祠,所祠诸神有"巫先","巫先"的意思是"巫"这一行的"祖师爷"(《汉书·郊祀志》颜师古注说:"巫先,巫之最先

---

① 马王堆汉墓竹简整理小组《马王堆汉墓帛书》〔肆〕,文物出版社,1985 年,149页;行 59。案:《汉书·艺文志·诸子略》小说家类有《务成子》十一篇,《数术略》五行类有《务成子灾异应》十四卷、《方技略》房中类有《务成子阴道》三十六卷。

② 泷川资言《史记会注考证》,上海古籍出版社,1986 年,上册,782 页。

者也。"),《索隐》说"巫先谓古巫之先有灵者,盖巫咸之类也",也是把巫咸当作最早的巫①。巫咸在古巫中名气最大,所以古书提到也最多②。巫咸子巫贤则可能就是下面的巫彭。

《山海经·海内西经》郭璞注引《世本》说"巫彭作医"(《吕氏春秋·勿躬》、《说文解字》卷十四下"医"字同其说),是以巫彭为医术的发明者。考"巫彭"一名古书少见,古代以医药养生著称者有彭祖,疑即巫彭。彭祖是以彭为氏(又以箋或翦为氏),名铿。据《世本》佚文(《史记·楚世家》集解、索隐等书引),他是因受封大彭(今江苏徐州),为彭姓之祖(彭姓是以封地得名,严格讲是氏),所以才叫"彭祖"。彭祖受封本来在商代,但经神仙家渲染,竟变成历虞夏商周,活七八百岁的老寿星(参看《列仙传》、《神仙传》中的《彭祖传》)。彭祖在古代是以"老"著称(这是古代神仙家习惯使用的头衔),战国古书也称之为"老彭"③。"彭祖"不仅见于传世文献,也见于出土简帛,如马王堆帛书《十问》和张家山汉简《引书》,就都有彭祖的养生之说④。《抱朴子·遐览》有《彭祖经》,《隋书·经籍志》和《新唐书·艺文志》有《彭祖养性经》,是古代有名的房中书。据《医心方》卷二八《房内》引《彭祖经》佚文,其书是依托殷王遣采女问道彭祖。可见彭祖的年龄虽被夸大,但真实年代还是商代。彭祖名铿,字从坚声,与贤俱从臤得声。《论衡·言毒》说巫咸"生于江南",《越绝书·外传·记吴地传》说"虞山者,巫咸

---

① "巫先"与"先农"(《论衡·谢短》)、"先蚕"(《后汉书·礼仪志上》)、"先牧"(《周礼·夏官·校人》)是类似说法。除这类名称,睡虎地秦简《日书》甲种还有"史先",见睡虎地秦墓竹简整理小组《睡虎地秦墓竹简》,文物出版社,1990年,25页;简125背。

② 除上引《尚书》、《山海经》、《史记》等古书,还见于《楚辞·离骚》、《吕氏春秋·勿躬》、《庄子》佚篇(《太平御览》卷五三〇引)、《白虎通·姓名》、《论衡·言毒》等书。

③ 《大戴礼·虞戴德》"昔商老彭及仲傀(虺)","老彭"与"仲傀(虺)"并说,显然就是彭祖。《论语·述而》"述而不作,信而好古,窃比于我老彭",郑玄注以老聃、彭祖为说,《汉书·古今人表》分彭祖、老彭为二,这类理解都是错误的。

④ 见《马王堆汉墓帛书》〔肆〕,148~149页;张家山汉简整理组《张家山汉简〈引书〉释文》,《文物》1990年10期,82~86页。

所出也(虞山,在今江苏常熟县西北),《史记·殷本纪》正义谓"巫咸及子贤家皆在苏州常熟县西海虞山上,盖二子本吴人也"("海虞山"即虞山),虞山与彭同在吴地。我们怀疑,巫彭很可能就是《君奭》提到的"巫贤"。

巫彭和巫咸都是最有名的巫,《楚辞》屡称"彭咸"(凡七见,两见《离骚》,一见《九章》,一见《思美人》,三见《悲回风》),扬雄《反离骚》"弃由、聃之所珍兮,蹠彭、咸之所遗","彭、咸"与"由、聃"对文,据顾颉刚考证,就是巫彭和巫咸的合称①。

除去文献,殷墟卜辞也有不少关于"巫"的记载,可以印证和补充文献记载。例如:

(一)卜辞中的名巫。

"巫"字见于甲骨文是唐兰先生首先认出来的②。他的识字线索是《诅楚文》"巫咸"之"巫"的写法。这一考释已经得到公认。卜辞有"巫"字,这是不成问题的,但上面提到的"巫"是不是有,这是另一个问题。卜辞人名有"咸戊",地位甚高,罗振玉、王国维以为即古书中的巫咸③,已被多数学者接受,但卜辞人名还有"戊陟"、"戊尽",陈梦家怀疑即古书中的伊陟和巫贤④,则还有待证实。另外,这些人名为什么不以"巫"称而以"戊"称,这也是一个问题,因为"戊"与"巫",字形、读音差距较大(戊从戈,为明母幽部字;巫作十字形,为明母鱼部字)⑤。还有《甲骨文合集》(中华书局,1982年)第7册:21880提到"重(惟)巫先……",原片残缺下文,是否就是上面提到的"巫先",也难以肯定。

---

① 顾颉刚《彭咸》,收入所著《史林杂识》初编,中华书局,1963年,201~202页。案:"咸"先"彭"后而称"彭咸",其例与"素(素女)"先"玄(玄女)"后而称"玄素"同。

② 唐兰《古文字学导论》,齐鲁书社,1981年,166~167页。

③ 罗振玉《殷虚书契考释》,东方学会石印增订本,1927年,卷上,13页下;王国维《古史新证》,清华大学出版社,1994年,51~52页。

④ 陈梦家《殷虚卜辞综述》,科学出版社,1956年,365页。

⑤ 王国维引王引之说谓今文《尚书》"巫咸"当作"巫戊",是以生日而名,并谓《书序》"咸乂"当作"咸戊",见所著《古史新证》,51~52页。陈梦家则以"戊"为官名,说"戊"、"巫"古音相近,形近易混,见其所著《殷虚卜辞综述》,365页。

（二）卜辞中的"巫帝"或"帝巫"。

这是与禘祭有关的一种方向之祭,辞例与"方帝"相似①。前者只称"巫帝（禘）"②;后者则作"帝（禘）于巫"或"帝（禘）某（东/南/西/北）巫"③。四个方向的"巫"亦合称"四巫"④。"四巫"有时可以同"四戈"（包括"东戈"、"南戈"、"西戈"、"北戈","四戈"疑读"四界"）并列⑤。过去陈梦家曾猜测,"巫帝"之"巫"象"四方之形",若为动词,则与"方帝"相似⑥。近来美国学者艾兰(Sarah Allan)和范毓周先生则把上述辞例中的"巫"直接释为"方"⑦。饶宗颐先生也认为卜辞中的"帝巫""当即周礼所谓'旁招'",是与望祭有关的方向之祭⑧。这类看法很值得注意。因为这两个字的早期写法非常相似,"巫"字作✛,象四方之形（图4:1）;"方"字的典型写法是作𠂤,则是合"巫"、"刀"为一体,朱芳圃先生以为即"刀柄"之"柄"的本字("柄"或作"枋",如《周礼·春官·内史》"八柄"作"八枋"）⑨。"巫"字的上古音是明母鱼部字,"方"字的上古音是帮母阳部字,二者的读音非常接近。

（三）卜辞中的"焚尪"和"作龙"。

卜辞求雨每每提到"焚尪",辞例一般作"某日卜,莫（焚）某（巫名）,雨或未雨"⑩,有些还提到"乍（作）龙",学者考证,应即古书所说的"焚巫尪"

---

① 有关辞例,参看姚孝遂主编《殷墟甲骨刻辞类纂》,中华书局,1989年,上册,421页。

② 有关辞例,参看《殷墟甲骨刻辞类纂》,上册,421～422页。

③ 有关辞例,参看《殷墟甲骨刻辞类纂》,上册,421～422页。

④ 《甲骨文合集》第11册,34120。

⑤ 《甲骨文合集》第11册,34120。

⑥ 《殷虚卜辞综述》,579页。

⑦ 艾兰《龟之谜》,四川人民出版社,1992年,82～89页;范毓周《殷墟卜辞中的"✛"与"✛帝"》,《南方文物》1994年2期,115～119页。

⑧ 饶宗颐《历史家对萨满主义应重新作反思与检讨——"巫"的新认识》。

⑨ 朱芳圃《殷周文字释丛》,中华书局,1962年,卷下,159页。

⑩ 有关辞例,参看《殷墟甲骨刻辞类纂》,上册,474～476页。

和"作土龙"①。焚巫求雨(或暴巫求雨)在古代是重要习俗,如商汤和宋景公都曾打算自焚求雨(《墨子·兼爱下》、《吕氏春秋·顺民》、《艺文类聚》卷六六引《庄子》)。古书讲"焚巫尪"(如《左传》僖公二十一年和《礼记·檀弓下》),"巫"指女巫,"尪"则包括男巫。但卜辞所焚之巫,名从女旁,应是女巫,其中是否有男巫,还不能肯定。另外,卜辞求雨还以"舞"②,应即古书中的"舞雩",并有"宁雨"之辞③,估计也都是由"巫"来行事。

(四)卜辞中的"巫宁风"和"宁风巫"。

辞例一般作"某日卜,巫宁风……",或"某日卜,宁风巫,若干犬"④。这类卜辞同"巫帝"、"帝巫"类卜辞有相似之处。"宁风巫"的"巫",前面也往往冠以方向字。"宁风"即止风,《尔雅·释天》:"祭风曰磔",郭璞注:"今俗当大道中磔狗,云以止风。"学者多已指出,卜辞所述与汉晋杀狗止风是类似风俗⑤。

(五)卜辞中的"曹巫"、"伐巫"、"取巫"、"以巫"和"用巫"。

这些词都与用巫为牲有关⑥。"曹"是杀人或杀牲为祭,"伐"指杀人或杀牲本身,二者常连用。"取"是取自于彼,"以"是送来于此,二者也是相关的词。《甲骨文合集》第3册3647正"壬辰卜,亘贞:有曹巫,乎(呼)取以",所谓"取以",即指"取巫"和"以巫",取来或送来的"巫"是供"曹伐",可以说明它们的关系。"用巫",见《甲骨文合集》第7册19907。饶宗颐先生引《易·巽》九二"用史巫纷若",认为是"以巫来作人牲"⑦。春

---

① 《殷虚卜辞综述》,602~603页;裘锡圭《说卜辞的焚巫尪与作土龙》,收入所著《古文字论集》,中华书局,1962年,216~226页。

② 《殷虚卜辞综述》,599~601页。有关辞例,参看《殷墟甲骨刻辞类纂》,上册,97~98页。

③ 有关辞例,参看《殷墟甲骨刻辞类纂》,中册,1032页。

④ 有关辞例,参看《殷墟甲骨刻辞类纂》,中册,1032页。

⑤ 《殷虚卜辞综述》,575~576页。

⑥ "曹巫",见《甲骨文合集》第3册,5647正;"伐巫",见同书第10册,32234;"取巫",见同书第4册,8115;"以巫",卜辞多见,参看《殷墟甲骨刻辞类纂》上册,24页;"用巫",见《甲骨文合集》第7册,19907。

⑦ 饶宗颐《历史家对萨满主义应重新作反思与检讨——"巫"的新认识》。

秋时代，邾文公用鄫子祭次睢之社（《左传》僖公十九年），季平子用莒国战俘祭亳社（《左传》昭公十年），楚灵王用蔡国太子祭冈山（《左传》昭公十一年），也都是以"用"字表示杀人为祭。

此外，卜辞中还有一些辞例也涉及"巫"，因为含义不明，这里不再讨论①。

三、两周时期的"巫"

西周时期的"巫"，古文献和古文字材料的记载都比较少。

《尚书·周书》没有"巫"字。《逸周书·和寤》讲武王图商，师至鲜原，召召公奭、毕公高，勉励"尹氏八士"，提到"加用祷巫，神人允顺"。《六韬》也讲文、武图商，其《文韬·上贤》"七害"，第七条叫"伪方异伎，巫蛊左道，不祥之言，幻惑良民，王者必止之"，其中也提到"巫"。还有《国语·周语上》说"厉王虐，国人谤王，邵公告曰：'民不堪命矣！'王怒，得卫巫，使监谤者，以告，则杀之，国人莫敢言，道路以目"，韦昭注："卫巫，卫国之巫也。监，察也。巫人有神灵，有谤必知之。"但这些可能都是西周以后的传说。

西周时期的古文字，"巫"字比较少见。陕西岐山凤雏村出土的甲骨卜辞，上面没有"巫"字。其出土实例，除上面提到的胡巫像，还有：

（1）凤雏西周建筑基址出土的灰陶板瓦（西周晚期）②。上面刻有"巫"字，写法同商代。凤雏、召陈的建筑基址，同处周原，隔沟相望，一出"巫"字板瓦，一出"巫"字蚌雕，耐人寻味（前者还发现大批甲骨）③。

---

① 如卜辞经常卜问"今旦巫九备"，就还没有一个好的解释。参看《殷墟甲骨刻辞类纂》，下册，1119～1120页。

② 《周原与周文化》，189页，图3。

③ 王恩田先生认为凤雏建筑基址属于宗庙，出土甲骨的第二间是"龟室"，见所著《岐山凤雏村西周建筑群基址的有关问题》，《文物》1981年1期，75～80页。但承严文明先生告，此甲骨坑与建筑基址无关。

(2)齐巫姜簋(西周晚期)①。作器者名"齐巫姜"是齐国以巫为职的姜姓女子;其"巫"字,写法亦同商代②。

(3)史懋壶(穆王时期)③。其铭文提到穆王命史懋"路(露)筮"(露天举行的筮占)。其"筮"字所从的巫亦同于商代。古人讲"巫咸作筮","筮"字从巫,似可表明巫与筮有密切关系,但铭文中的筮人是"史"而不是"巫"。

东周以来的古文献材料,讲"巫"的地方很多,这里只能举几个例子。如:

(一)《周礼》中的"巫"。

《周礼·春官》是把"巫"列在"五祝"(大祝、小祝、丧祝、甸祝、诅祝)之后、"七史"(大史、小史、冯相氏、保章氏、内史、外史、御史)之前。它分三种:

(1)司巫。是总领群巫的官员。其职责是:遇国之大旱,则率群巫跳舞祈雨,叫"舞雩";遇国之大灾,则率群巫求问"巫恒"(郑玄以为巫咸);祭祖时,负责提供"匰主"(用竹器盛放的木主)、"道布"(祭神用的巾)和"蒩馆"(盛苴之筐);祭地时,负责看守埋藏牲牢玉帛的坎;丧葬时,负责降神之礼。

(2)男巫。主要掌"望祀"(遥祭四方)、"望衍"(招延四方名山大川之神),行礼时,按神名呼之,用白茅招之;冬天行"堂赠",驱除恶梦不祥,投之四方(方向、远近并不固定);春天行"招弭",招福止祸,消灾除病,也按方向行之;随国王参加吊唁,与祝官居前。

(3)女巫。其职责是:负责每年三月三日到水上沐浴、熏香,去除不祥,叫"祓除"和"衅浴";天大旱,则舞雩乞雨;天大灾,则歌哭吁天;随王后参加吊唁,与祝官居前。

① 中国社会科学院考古研究所《殷周金文集成》第 7 册,中华书局,1987 年,3893。

② 齐器洹子孟姜壶有"大无司折",郭沫若读为"大巫司誓",疑未可从,见所著《两周金文辞大系图录考释》,科学出版社,1957 年,考释 212 页。

③ 《殷周金文集成》第 15 册,1993 年,9714。

《序官》说司巫是由中士二人任之,男巫、女巫的"师"是由中士四人任之,普通的巫则数量不限,可见地位不高。他们都是"祝"的助手。

此外,《春官·筮人》有"九筮"之名("筮"原作"簭"),曰"巫更"、"巫咸"、"巫式"、"巫目"、"巫易"、"巫比"、"巫祠"、"巫参"、"巫环",郑玄以为"巫"是"筮"之误字,但宋刘敞等人则以为作"巫"不误(参看孙诒让《周礼正义》卷四八)[1]。又《周礼·夏官》有"巫马"一职,是专门为马治病的兽医。

(二)《仪礼》中的"巫"。

《仪礼·士丧礼》说君临臣丧,"巫止于庙门外,祝代之"。

(三)《礼记》中的"巫"。

《礼记·檀弓下》说"君临臣丧,以巫祝桃茢执戈,恶之也,所以异于生也",是由巫祝执桃枝、苕帚和戈,驱除不祥;又鲁国大旱,穆公问暴巫于县子琐,县子说"天则不雨,而望之愚妇人",表示反对。《丧服大记》则提到与上《士丧礼》类似的说法。

(四)《左传》中的"巫"。

主要有七条(以下皆撮述大意):

(1)隐公十一年传说鲁隐公作公子时(在东周初年),曾与郑人战于狐壤,被俘。郑人把他关在尹氏的家中。隐公贿赂尹氏,"祷于其主锺巫",和尹氏逃归,回到鲁国,不忘旧恩,从此祭祀锺巫。尹氏世仕周室而以锺巫为主,锺巫应是西周时代就有的巫。

(2)僖公十年传说晋惠公即位后,狐突在曲沃新城遇见太子申生的冤魂,太子说:"我要把晋国送给秦国,让秦国祭祀我,天帝已允我之请。"狐突说:"不是自己的神,神不受祭,民不奉享,这样做不妥。"太子说:"那好,我再请示一下天帝,七天后你听我的回话,新城西偏将有巫者令我显现。"狐突按期而往,从巫者得到回话,说"天帝将惩罚晋国,让它大败于韩原(韩原之战在后五年)"。这是讲巫能降神下鬼,附体传言。〔案:对话是译述大意。〕

(3)僖公二十一年传说鲁国大旱,僖公"欲焚巫、尪",臧文仲谏之,以

---

① "九筮"之名似用巫名,卜辞"今旧巫九备"或与此有关。

为这不是备旱之法,备旱的办法是修筑城郭、省吃俭用、致力农业和劝人施舍,"巫、尪何为? 天欲杀之,则如勿生;若能为旱,焚之滋甚",僖公从之,结果并无大灾。

(4)文公十年传说楚国的范地有一个巫师名叫矞似,城濮之役前,曾预言楚成王、子玉(成得臣)、子西(斗宜申)"皆将强死",后来楚败城濮,子玉自杀;又六年,成王死于政变;又九年,楚穆王诛子西,果如所言。这是讲巫善为预言。

(5)成公十年传说晋景公梦见一大恶鬼,说:"你杀我子孙(指赵同、赵括),实属不义,我奉天帝之命,前来要你性命。"破门而入,登堂入室,把景公吓得要死。景公醒后,召"桑田巫"(住在桑田的巫)而问之,所言与梦中一模一样。景公问:"结果会怎么样呢?",他说:"你的病拖不过尝新麦。"景公求医于秦,秦派医缓诊治,以为病入膏肓不可医。到六月丙午,景公召"桑田巫",示以新麦,把他杀掉,自以为可以躲过此劫。但没等新麦入口,就肚子发胀,去上厕所,跌进茅坑,还是死掉了。这也是讲巫善为预言。〔案:对话是译述大意。〕

(6)襄公十八年传说此年秋天,中行献子荀偃将伐齐,梦与晋厉公争辨,不胜,厉公用戈砍了他的头,他把砍下的头颅拾起,安在脖子上,捧着脑袋乱跑,碰见"梗阳之巫皋"(住在梗阳的巫,名叫皋)。后来有一天,他在路上碰见巫皋,和他一谈才知道,他也作了同样的梦。巫皋预言说:"一年之内,您是必死无疑。但如果和东边(指齐国)打仗,是可以得手的。"据次年传,第二年二月,晋国打败齐国,荀偃患恶疮于头,暴死,果如巫皋所言。这也是讲巫善为预言。〔案:对话是译述大意。〕

(7)襄公二十九年传说鲁襄公在楚,楚人让襄公为楚庄王的尸体穿衣服,想以此羞辱鲁国。襄公从穆叔言,"使巫以桃茢先祓殡",反而羞辱了楚国。所述正与《檀弓下》相合。

(五)《史记·滑稽列传》中的"巫"。

《史记·滑稽列传》说魏文侯时,西门豹为邺令,当地有为河伯娶妇的陋习,三老、廷掾与巫祝勾结,借此为名,搜刮百姓,百姓苦之。西门豹候其

44

送女河上,聚民观之,谓女不好,烦巫人报,投巫于河,投巫弟子于河,投三老于河,以证其无效,吏民大恐,从此不敢复言为河伯娶妇。传文出褚少孙,是汉人讲的战国故事。文中"祝巫"(或"巫祝")分"师"和"弟子","师"称"大巫祝"或"大巫姬",是个七十岁的老太婆;"弟子"十人,都是女性。

(六)《庄子·应帝王》中的"巫"。

《庄子·应帝王》讲过一个故事,大意是:郑国有一神巫,名叫季咸,善于相面,能断人死生祸福,准得不得了,郑国的人见了他,都拔腿就跑。壶子的学生列子对他一见倾心,回来跟壶子说:"从前我还以为您的本事大得不得了,现在才知道还有比您本事更大的人。"壶子说:"我刚教你一点皮毛,你就以为得道了? 这就好比雌鸟无雄是不能下蛋的。你学点本事就想同别人较劲,不达目的誓不罢休,所以才让人一眼看穿。你把他叫来,让他给我相相面。"第二天,列子带季咸来相面。季咸出来对列子说:"你的老师一脸晦气,必死无疑。"列子痛哭流涕,把话告给壶子听,壶子说:"刚才让他看的相,我是把生机闭藏,所以显得死气沉沉。你让他再来看看。"第二天,季咸又给壶子相面,出来对列子说:"你的先生有救了! 我看他是把生机藏起来了。"列子又把他的话告给壶子。壶子说:"刚才让他看的相,我是故漏生机,让它从脚跟往上冒。你让他再来看看。"第二天,季咸又给壶子相面,出来对列子说:"你的先生精神恍忽,我没法给他看,等他稳定了我再来看。"列子又把他的话告给壶子。壶子说:"刚才让他看的相,我是生机死机各一半。我的相有九种,好像深渊莫测,他看来看去才三种。你让他再来看看。"第二天,季咸又来给壶子相面,人没站稳,撒腿就跑,壶子命列子去追,已经赶不上。壶子对列子说:"刚才让他看的相,那叫万变不离其宗。我不过是逗着他玩,让他自相矛盾,所以他逃跑了。"列子这才明白,自己什么也没学到,索性回家为老婆烧饭喂猪,闭门思过,返朴归真。这个故事就是成语"小巫见大巫"的出典①。它是讲巫

① 这个故事也见于《淮南子·精神》。《太平御览》卷七三五节引《庄子》,有所谓"小巫见大巫,拔茅而弃,此其以众身弗如也"。《魏陈琳答张纮书》(《三国志·吴志·张纮传》注引《吴书》引)曰:"所谓小巫见大巫,神气尽矣。"

先秦两汉文字史料中的「巫」(上)

的善于相面。〔案：对话是译述大意。〕

（七）《墨子·迎敌祠》中的"巫"。

《墨子·迎敌祠》提到一种于四方设坛迎敌的巫术，东坛以八为数，以青为色，祭牲用鸡；南坛以七为数，以赤为色，祭牲用狗；西坛以九为数，以白为色，祭牲用羊；北坛以六为数，以黑为色，祭牲用彘，行术者为"灵巫"。"巫"与"望气"、"医"、"卜"皆有固定住所，"望气"的住所是挨着"守宫"（守城官员的住所），"巫"的住所是挨着"公社"（城中公共的社）。这些人要随时向城守报告占候之情，但必须严守秘密，不得散布于外。凡散布流言、惊恐吏民者，杀无赦。

（八）《归藏》佚文中的"巫"。

《太平御览》卷九七引《归藏》佚文曰："昔黄帝与炎神争斗涿鹿之野，将战，筮于巫咸。巫咸曰：果哉而有咎。"可以印证《世本·作篇》的"巫咸作筮"之说。

（九）东周人名中的"巫"。

东周人名有以"巫"为氏者，如《论语·述而》有"巫马期"，为孔子弟子（《史记·仲尼弟子列传》作"巫马施字子旗"），《墨子·耕柱》有"巫马子"。他们都是以"巫马"为氏（"巫马"一职见《周礼·夏官》）。又《左传》庄公三十二年有"𬭬季"，则是以"𬭬巫"为氏；襄公二十九年有"公巫召伯"，"公巫"是作为"公臣"的"巫"，亦可视为氏。这些都是鲁人。以"巫"为名，齐有"雍巫"（《左传》僖公十七年）、"堂巫"（《管子·小称》），郧有"郧太子巫"（《左传》襄公五年），楚有屈巫（即申公巫臣，见《左传》宣公十二年、成公二年和七年）。屈巫字子灵，名、字互训。《广雅·释诂四》："灵子、医、覡、觋，巫也。"《楚辞·九歌·东皇太一》"灵偃蹇兮姣服"，王逸注："灵，巫也。"《云中君》"灵连蜷兮既留"，王逸注："灵，巫也，楚人名巫为灵子。"是楚人呼"巫"为"灵"。

（十）东周时期以"巫"为名的地名。

《山海经》的《海外西经》有"巫咸国"，《大荒南经》和《大荒西经》有"巫山"，《中山经》、《大荒西经》、《海内经》有'灵山'。"灵山"与"巫山"是类似名称。二者都是"巫"通天的场所。"巫山"又见《左传》襄公十八年,为齐地(在今山东肥城县西北);见宋玉《高唐赋》,为巴地(在今四川巫山县东)。《越绝书·外传》的《记吴地传》和《记越地传》也有"巫门"、"巫城"(吴地)和"巫里"、"巫山"(越地)等地名。

东周时期的古文字材料,其中也有"巫",如:

(1)侯马盟书。其中既有"巫"也有"覡"①。

(2)《诅楚文》刻石。包括《巫咸文》、《厥湫文》和《亚驼文》。《巫咸文》是宋仁宗嘉祐六年(1061年)出土于陕西凤翔开元寺(在凤翔旧城北街),石刻年代为秦惠文王后元十三年(前312年)。铭文是秦惠文王使其"宗祝"祭告"丕显大神巫咸"和诅咒楚怀王的文辞②。

(3)望山楚简。占卜简简113提到"裳(尝)巫甲戌",也是讲祭巫③。

(4)包山楚简。占卜简简219提到"且为巫绷珮,速巫之厌一䝊于地主",简244提到"遝祷巫一全䝊俎豆",也是祭巫之辞。〔案:释文用宽式。〕④

(5)放马滩秦简。《日书》乙种提到按时辰所当律名和属相占病的巫医之说⑤。

(6)王家台秦简。《归藏》简213提到"昔者殷王贞卜其邦尚无有咎,而支(枚)占巫咸,巫咸占之曰:不吉⋯⋯"⑥,可以印证《世本·作篇》的"巫咸作筮"之说。

① 《侯马盟书》,309、345页引,辞例作"敢不巫覡祝史"。
② 《郭沫若全集》考古编9,275～341页。
③ 《望山楚简》,78页:简113。
④ 《包山楚简》,34页:简219,36页:简244。
⑤ 何双全《天水放马滩秦简综述》,《文物》1989年2期,23～31页。
⑥ 荆州地区博物馆《江陵王家台15号秦墓》,《文物》1995年1期,37～43页;王明钦《试论〈归藏〉的几个问题》,收入古方等编《一剑集》,中国妇女出版社,1996年,101～112页。

先秦两汉
文字史料中的"巫"(下)

四、秦汉时期的"巫"

秦代的"巫",我们了解不多,因为秦代短命,史料太少,《史记·封禅书》讲这类事,又主要是讲齐燕方士。司马迁所谓"方士"是"方术之士"(有别于"文学之士"),〔案:《周礼·秋官》有"方士",与此不同。〕他们或善占候,或善方药,对秦始皇影响很大。这类人与"巫"相似,但主要特长不是祷祠或祝诅,而是方术。他们是以方术的一技之长征自民间,属于"畴人"类型的技术专家。而"巫"从战国和汉代的情况类推,恐怕更多地是服务于各种神祠,是以驱鬼降神和祈福禳灾为职事,作祠祝的助手。秦代神祠,比较著名的大祠都是由太祝总领,偏远小祠则由民巫自主。当时祝官有所谓"秘祝之法","即有灾祥,辄祝祠移过(祸)于下","巫"的活动可能就是配合这类活动。

对于了解秦代的"巫",古文字材料也提供了一点线索。如:

(1)睡虎地秦简《日书》甲种。简 27 正贰提到"五丑不可以巫,啻(帝)以杀巫减(咸)",简 75 正壹提到"斗,利祠及行贾、贾市,吉。取妻,妻为巫……"(乙种简 103 壹略同),简 94 正壹提到"翼,利行。不可臧(藏)。以祠,必有火起。取妻,必弃。生子,男为见(觋),女〔为〕巫"(乙种简 94 壹略同),简 72 正贰提到"巫堪行",简 120 正贰提到"屈门,其主昌富,女子为巫,四岁更",简 121 正叁提到"高门,宜冢,五岁弗更,其主且为巫",简 123 正叁提到"大吉门,宜钱金而入易虚,其主为巫,十二岁更"①。

---

① 《睡虎地秦墓竹简》,186、192、193、199、238 页。

（2）睡虎地秦简《日书》乙种。简184提到"戊己有疾，巫堪……"，简242提到"庚寅生，女子为巫"（甲种简146正贰作"庚寅生子，女为贾，男好衣佩而贵"，易"巫"为"贾"）①。

简文以"五丑之日"为天帝杀巫咸之日，规定是日不可行巫事，并提到"巫"的选择与生日有关，这些都是新知识。

汉代的"巫"，史籍记载比较多。如《史记·封禅书》讲高祖"七巫"，就是汉代初年的"巫"。高祖六年（前201年），他在长安"置祠祝官、女巫"，包括：

（1）梁巫。"祠天、地、天社、天水、房中、堂上之属"。

（2）晋巫。"祠五帝、东君、云中〔君〕、司命、司社、巫祠、族人、先炊之属"。

（3）秦巫。"祠社主、巫保、族累之属"。

（4）荆巫。"祠堂下、巫先、司命、施糜之属"。

（5）九天巫。"祠九天"。

（6）河巫。"祠河于临晋"。

（7）南山巫。"祠南山、秦中"。

这些巫祠多用六国之旧。原书叙"巫"于"祠祝官"后，并且注明为"女巫"，可见当时的"巫"仍多是女巫，多是"祝"的属官。其所祠对象有"巫祠"、"巫保"、"巫先"，〔案："巫祠"见《周礼·春官·筮人》的"九筮"。楚人呼"巫"为"灵"，《楚辞·九歌·少司命》有"灵保"。"九天巫"是胡巫祠，索隐引《孝武本纪》云"立九天庙于甘泉"，《三辅黄图》云"胡巫事神明于神明台"。〕也是保存祭巫之俗。

汉高祖之后，武帝时期的"巫"最值得注意。据《史记·封禅书》，这一时期，汉帝国的版图很大，设立的神祠很多，因而"巫"的数量势必很大，其中既有官巫，也有民巫。一般情况，官祠是由太祝（景帝更名"祠祀"，武帝更名"庙祀"，见《汉书·百官公卿表》）总领，祠官称"祝"，下设官巫；民祠则由民巫自主其事。但情况也有例外，有些民祠因为影响太大，受到武帝

① 《睡虎地秦墓竹简》，246、252、203页。

49

先秦两汉文字史料中的「巫」（下）

关注,也会升格为官祠,如上林蹏氏观神君,是利用民间对"长陵女子"的崇拜,而由"长陵女子"的妯娌(名"宛若")主其事;甘泉寿宫神君,也是由游水发根推荐的上郡巫(可能是胡巫)主其事。二者都是利用民祠。还有汾阴后土祠,在汉代是数一数二的大祠,原来也是民间小祠,只因当地民巫(巫锦)在祠旁发现了古代大鼎,被视为祥瑞,所以才在那里设了国家级的后土祠;此外,武帝时期的很多神祠都是由方士建议而增设,因而是由方士主事,所谓"方士所兴祠,各自主,其人终则已,祠官不主",这类方士与巫祝相似,《汉书·郊祀志》称为"候神方士使者"、"候神方士使者副佐"和"本草待诏"(最后一种是医学专家)。

武帝时期,"巫"的影响很大,但武帝对"巫"既信又怕,对宫闱和民间的"巫蛊"都严加禁止。如元光五年(前 130 年),诛女巫楚服,废陈皇后(《汉书》的《武帝纪》、《孝武陈皇后传》、《张汤传》);天汉二年(前 99 年),"止禁巫祠道中,大搜"(《汉书·武帝纪》);征和元年至三年(前 92~前 90年),有史称"巫蛊之祸"的公孙贺案、戾太子案和贰师案等等(《汉书》的《武帝纪》、《韩王信传》、《郦商传》、《江充传》、《公孙敖传》、《路博德传》、《戾太子传》、《公孙贺传》、《车千秋传》、《丙吉传》、《孔安国传》、《匈奴传》、《孝武卫皇后传》、《卫太子史良娣传》)。当时帝子争位,后妃争宠,往往畜巫觋,埋偶人,施祝诅,以图加害于其嫉恨者。武帝疑神疑鬼,到处搜捕,以为左右皆为巫蛊。朱安世、江充利用当时的心理和环境,以此诬蔑构陷,制造冤假错案,株连甚广。此事人所共知,不必细说。这里值得一提的是,当时的"巫"很多都是"胡巫"(《汉书·江充传》)。所谓"胡巫",主要是指匈奴之巫(《周礼·考工记》:"胡无弓车",郑玄注:"胡,今匈奴。")。但他们不一定都来自大漠,有些恐怕是来自汉境之内的匈奴故地,如北地和上郡(今陕北、甘肃和宁夏一带)[①]。

与"胡巫"有关,在秦汉祠畤中有两个地点很值得注意,一是云阳的甘泉山(在今陕西淳化),一是朝那的湫渊(在今宁夏固原)。前者是义渠戎

---

① 手塚隆义《胡巫考》。

故地,匈奴祭天处,秦建林光宫,汉建甘泉宫。霍去病破匈奴右方,徙休屠金人(匈奴祭天的偶像)于此,立有三祠:休屠祠、金人祠和径路神祠(《汉书·地理志上》左冯翊云阳),这些都是吸收匈奴崇拜的神祠,其中必有胡巫。后者是乌氏戎的故地,蒙恬破匈奴起长城,霍去病灭匈奴右方,均与此邻近。秦汉在此设端旬祠和湫渊祠("湫渊",《说文解字》卷十一上"湫"字和《水经注·河水二》作"湫泉",是避唐高祖李渊讳):端旬祠用胡巫为祝,共十五所;湫渊祠则是祭大神厥湫(《汉书·地理志下》安定郡朝那),《诅楚文·厥湫文》就是出土于此①,估计也是胡巫祠。此外,汉武帝破南越、东越后,还在甘泉宫立越巫䄏(辜)邺(禳)祠三所,则是用越巫(《汉书·地理志上》左冯翊云阳)。

汉代的"巫",有名姓可考者,除上所说巫锦,还有武帝时的勇之(越巫)(《史记·封禅书》)、楚服(《汉书·孝武陈皇后传》)、昭帝时的李女须(楚巫)(《汉书·广陵厉王刘胥传》)、哀帝时的刘吾(《汉书·孝元冯昭仪传》)和傅恭(《汉书·东平思王宇传》)等。应劭《风俗通义》佚文"凡氏于事,巫、卜、匠、陶也。商有巫咸、巫贤,汉有冀州刺史巫捷。又有巫都,著《养性经》"(《通志·氏族略》卷四引)。巫都《养性经》,也就是《抱朴子·遐览》著录的《子都经》。《神仙传》卷八《巫炎传》有巫炎,字子都,即此人。其书佚文见于《巫炎传》和《医心方》卷二八《房内》,是托之汉武帝时。他也是汉代很有名的巫。

汉代巫风甚盛。据《汉书·地理志下》,陈国"好祭祀,用史巫,故其俗巫鬼";齐地有"民家长女不得嫁,名曰'巫儿',为家主祠"的风俗,认为"嫁者不利其家";楚地"信巫鬼,重淫祀"。又汉代以"巫"名山有"巫咸山"(一名"覆奥山",在今山西夏县南,见《汉书·地理志上》)和"巫山"(在楚地,见《汉书·广陵厉王刘胥传》)。

汉代的"巫",除文献外,也见于出土简册。如近年来,香港中文大学文物馆入藏了一批由大陆散出的竹简,其中有一种是东汉建初四年(79

---

① 《郭沫若全集》考古编 9,282 页。

年)的巫祠简,简文是记田氏家族的一对夫妇,为其重病将死的母亲(或说"序宁"即其名)延巫祝祷。他们请的巫是叫"巫夏",祷告神鬼有"司命"、"殇君"、"男殇"、"女殇"、"水上"、"黄君"、"獨(腊)君"、"郭贵人"、"大父母"、"丈人"、"官社"、"田社"、"东北官保社"、"炊休"、"外家西南"十五种①。这些神鬼,有些也见于其他简册,如包山楚简的占卜简有"司命"、"殇"、"水上"、"王父"、"父母"、"社"等②,江苏邗江胡场五号汉墓出土木牍有"中外王父母"、"神杜(社)"、"水上"等③。

五、巫术十六种

讲过各个时期的"巫",我们可以把他们的"巫术"归纳一下。它包括:

(一)方向之祭。中国古代的封禅、郊祀都与方向有关,殷墟卜辞中的"帝方"/"帝巫"或"方帝"/"巫帝"就是这类祭祀活动,古书也叫"望祀"。《墨子·迎敌祠》有于四方设坛迎敌之术,古代日书也有各种方向之忌,大概都与此有关。"方术"的"方"固然可能与"技术"的概念有关(类似"道"与"道术"的关系),但上面提到,古代的"巫"字与"方"字似乎有同源关系,这里也有一种可能,"方术"与"巫术"本来就是同一个词。

(二)乞雨止雨。呼风唤雨是"巫"的一大特长。《汉书·艺文志·数术略》杂占类有《请雨止雨书》,已佚,但《春秋繁露》有《求雨篇》和《止雨篇》,是讲此术。其请雨是用"舞雩"和"五龙术";止雨是用绝水、盖井、禁

---

① 饶宗颐《中文大学文物馆建初四年"序宁病简"与"包山简"》,中国海南省第一届国际汉学会议论文;连劭名《东汉建初四年巫祷券书与古代的册祝》,《传统文化与现代化》1996 年 6 期,28~33 页。案:"腊月"的"腊"(臘)字,汉代往往从月从葛,如孙洵《季木藏陶》(上海:精华印刷公司 1943 年)吉语印"宜腊之印"(98 页正:6)、"宜腊万石"(105 页正:4)、"宜腊富贵"(106 页正:4)、"宜腊"(106 页背:1),其中的"腊"字都是这样写。饶文释"獨"为"腊"。

② 《包山楚简》,32~37 页。

③ 扬州博物馆、邗县图书馆《江苏邗江胡场五号汉墓》,《文物》1981 年 11 期,12~23页。

妇人行(认为妇人主阴,利水),正与上面谈到的请雨止雨术合。其中"五龙术"是甲乙日用苍龙八,东向乞雨;丙丁日用赤龙七,南向乞雨;戊己日用黄龙五,居中乞雨;庚辛日用白龙九,西向乞雨;壬癸日用黑龙六,北向乞雨。《墨子·贵义》、《鬼谷子·本经阴符七术》、《遁甲开山图》(《水经注·河水一》引)也都讲到类似的巫术。请雨止雨术也是"胡巫"之术,如《抱朴子》佚文说甘宗使西域,归奏异闻,云外国方士有呼龙降雨之术[1],盖即后来西域高僧涉公、昙无谶辈所行[2]。

(三)请风止风。请风止风与请雨止雨是类似巫术。古代有割裂牲体祭四方百物,御蛊逐疫于国门之外的习俗,叫"疈辜"、"磔禳"(《周礼·春官·大宗伯》和《礼记·月令》)。因为行此仪式多在城的"四门"(或"九门"),所以也叫"旁磔","旁"字的用法应与"旁招"之"旁"相似,也是指方向。这种习俗与止风有关,止风所杀之牲多用狗(《周礼·春官·大宗伯》郑众注、《公羊传》僖公三十一年疏引李巡说、《尔雅·释天》郭璞注)。止风,卜辞叫"宁风"。请风,后世方术有"风角",是讲"八风",卜辞有祭"四方风"之辞,可能是类似巫术。它们都与方向有关。

(四)见神视鬼。降神下鬼,古人称"见"、"视","见"、"视"都是使鬼神出现的意思。它主要是以附体代言为形式,如上新城西偏巫的降神,广陵厉王胥使李女须降神(《汉书·广陵厉王刘胥传》)就都是如此。还有一种是设帷张幔,在里面装神弄鬼,让人隔着帷幔,见其影,闻其声,如上郡巫降寿宫神君就是如此。后者与齐方士李少君的"鬼神方"相似(《史记·封禅书》)。

(五)祈禳厌劾。祈福禳灾、厌劾妖祥是"巫"的主要职能。目前出土的楚占卜简多属问病之辞,其格式大体相似,都包括祷祠神祖、祈福禳灾和解除盟诅、鬼怪、妖祥。睡虎地秦简《日书》甲种《诘》篇讲厌劾之术;汉代祷祠简讲巫行祷祠,为病者解除,都属于这类巫术。《汉书·艺文志·

---

① 见王明《抱朴子内篇校释》,中华书局,1985年,359页。
② 释慧皎《高僧传》,中华书局,1992年,76~85页;周一良《唐代密宗》,钱文忠译,上海远东出版社,1996年,5页。

先秦两汉文字史料中的「巫」(下)

数术略》杂占类有《祯祥变怪》、《人鬼精物六畜变怪》、《变怪诰(诘)咎》、《执不祥劾鬼物》、《请官除饮(妖)祥》、《禳祀天文》、《请祷致福》七书,就属于这类巫术。

(六)转移灾祸。这是古代常见的一种巫术。如《墨子·兼爱下》、《吕氏春秋·顺民》等古书说商汤克夏,天大旱,汤剪发铐手,身为牺牲,自祷于桑林,请求上苍移祸于己,雨乃大至;《尚书·金縢》说武王克商二年,身患重病,周公祷告太王、王季、文王,请求移祸于己,代替武王生病,武王的病才好,这些是移祸于己。而《左传》哀公六年记楚昭王遇赤鸟夹日而飞,问之周太史,周太史让他移祸于令尹、司马,以及上面提到的《史记·封禅书》记载的"秘祝移过(祸)之法",则是移祸于人。古书讲这类巫术虽未明言由巫施行,但汤祷桑林,模拟巫觋,巫擅长这种巫术是不成问题的。

(七)毒蛊。是一种畜虫害人的巫术。其法是聚各种毒虫(大者如蛇、小者如虱),合置器中,令相啖食,余者存之,各以其类而名(如"蛇蛊"、"蜥蜴蛊"、"蜣螂蛊"、"金蚕蛊"、"蜈蚣蛊'、"虱蛊"等),用之杀人(往往掺入酒食,令食者染病中毒而不自知),类似现在的生物武器。其风流行于我国的西南地区(包括与之邻近的西藏地区以及东南亚各国),古代的长江流域也有这种风气(参看顾野王《舆地志》和《隋书·地理志》)[①]。《周礼·秋官·庶氏》有庶氏"掌除毒蛊"之说,"毒蛊"于古为"左道",历代无不禁止。如《庶氏》郑玄注引《汉律·贼律》曰"敢蛊人及教令者,弃市",《唐律疏义》卷十八亦曰"诸造畜蛊毒及教令者,绞;造畜者同居家口虽不知情,若里正知而不纠者,皆流三千里"。

(八)巫蛊。与毒蛊不同,《魏书·刑法志》说魏太武帝诏司徒崔浩定律令,规定"为蛊毒者,男女皆斩,而焚其家。巫蛊者,负杀羊抱犬沈诸渊",区别很明显。"巫蛊"是以巫术作伤害手段。它主要包括两种,一种

---

① 参看李卉《说毒蛊与巫术》,《中央研究院民族学研究所集刊》第 9 期(1960年),271~284 页;顾野王《舆地志》,收入王谟《汉唐地理书钞》,中华书局,1961年,188 页。

是祝诅伤害术,一种是偶像伤害术。祝诅是以咒骂来警告和阻止不希望发生的事,古代祭祀有"盟诅","盟"是明誓于天,"诅"是诅其背誓者。"盟诅"也用于诉讼和外交(如《侯马盟书》)。古人相信诅咒的魔力,所以用之为伤害术。偶像伤害是今人所谓"扎小针",如帝武乙和宋王偃用革囊盛血,仰而射之,命曰"射天"(《史记》的《殷本纪》和《宋世家》);齐太公画丁侯于策,射之则病,拔之则愈(《太平御览》卷七三七引《六韬》佚文);周苌弘"设射《狸首》",歌唱《狸首》,射诸侯不来者(《史记·封禅书》)。汉代的"巫蛊"是埋偶人(木桐人)于道路或宫室以及夜祠、视鬼、诅咒等活动(《汉书》的《江充传》和《公孙贺传》)。"巫蛊"也见于北方草原地区,有些与汉地的巫术相似。如匈奴有一种巫术,是由巫沉埋牛羊于军队所经的道路和河流,用以"诅军";当时单于送褭马于汉天子,也常由巫祝诅,施魔法于其上(《汉书·西域传下》)。汉武帝伐大宛,丁夫人、虞初等人也"以方祠诅匈奴、大宛"(《史记·封禅书》)①,还有作为匈奴后裔的高车人,遇地震则"叫呼射天"(《魏书·高车传》),则同帝武乙、宋王偃的巫术有相似之处。《侯马盟书》诅咒类有"敢行诅蛊"一语(105:1),"诅蛊"应即这里所说的"巫蛊"②。

(九)媚道。"媚"与"美"有关③。媚道本指男女示美,相互吸引的技巧,《医心方》卷二六称为"相爱方"④。但由于男权占优,它主要还是女人吸引男人的技巧。媚道有正面的技巧,也有负面的技巧。如汉代宫闱流行的媚道,就主要是一种伤害术,应属巫蛊的一种。它是为了争宠的目

---

① 詹鄞鑫先生说:"'方祠'大约指方神祭祀,由于只祀当方,故不称'四方'。"见所著《神灵与祭祀》,江苏古籍出版社 1992 年,451 页。如此说可靠,则"方祠"应即上述第一种巫术。

② 《侯马盟书》,286 页。

③ 马王堆帛书《杂禁方》"媚"作"微"(《马王堆汉墓帛书》〔肆〕,159 页:行 2),《周礼》"美"作"媺"。

④ 媚道见于载籍,多指女人吸引男人的技巧,其中是否包括男人吸引女人的技巧是个问题。九店楚简《日书》提到"生子,男必敄(媚)于人"(《江陵九店东周墓》,科学出版社,1995 年,508 页:简 35,整理者读为"生子,男必美于人"),似即指男性媚道。

的,以偶人、祝诅等术加害于嫉恨对象,在《汉律》中也属"左道"①。

(十)星算。《史记·天官书》说殷商传"天数"者有巫咸。

(十一)卜筮。《说文解字》以"灵"字(原作"靈")为"靈"字的异体(卷一上)。"靈"字见于《诅楚文》②,是来源于秦系文字的写法,然经典"灵"字多从巫,古人每以"灵"、"巫"互训,"灵"、"巫"连言,故字从巫,从玉则与巫之祷祝往往用玉有关③。而"灵"字又与龟卜有关,如殷墟卜辞和楚占卜简皆称卜龟曰"灵"(前者作"竃",后者作"霝")④,《史记·龟策列传》称卜龟为"玉灵夫子",后世卜书亦多以"玉灵"名书⑤。可见"巫"与"卜"也有关系。而"筮"字从巫,《世本·作篇》说"巫咸作筮",也说明"巫"与"筮"有关。

(十二)占梦。巫善占梦见上引《左传》成公十年、襄公十八年。

(十三)相术。如上引《庄子·应帝王》中的季咸就是以相术名。

(十四)医术。古书"医"字或从巫(如《国语》、《汉书》、《广韵》、《集韵》),并以"巫"、"医"连言(如《论语·子路》"南人有言曰:'人而无恒不可以作巫医。'"《管子·权修》"好用巫医")。《山海经》有"六巫"、"十巫",皆为古之"神医",《世本》也有"巫彭作医"之说,《周礼·夏官》有"巫马",则为治马之医。但汉代的"巫"、"医"已有明显区别,如《史记·扁鹊仓公列传》有所谓"六不治",其中第六条叫"信巫不信医",已区别二者。

(十五)祝由。《素问·移经变气论》说"余闻古之治病,惟其移精变气,可祝由而已。"王冰注:"祝说病由,不劳针石而已。"祝由是用祷告鬼神的方法为病人治病。它是祝诅之术在医学上的应用,后世也叫"祝禁"。马王堆帛书《五十二病方》、《养生方》和《杂禁方》都讲这类巫术,其中包括

---

① 沈家本《历代刑法考》,中华书局,1985年,第三册,1430~1432页。

② 《郭沫若全集》考古编9,320、326、331页。

③ 陈梦家《商代的神话与巫术》曾强调"巫"与"玉"的关系。

④ 孙海波《甲骨文编》,中华书局,1965年,1372;《包山楚简》,35~37页:简230、234、242、247。

⑤ 参看李零《中国方术考》,中华书局,2019年,192~193页。

喷唾、号呼、禹步、画地等术①。《法言·重黎》说"巫步多禹","巫步"也叫"禹步"。

（十六）房中。道教"房中七经"有两部与"巫"有关，一是《彭祖经》（依托彭祖），一是《子都经》（依托巫子都）②。

以上十六项，其中（一）至（六）项主要与"祝宗卜史"中的"祝宗"有关。它们是以祠祭祝祷为特点。（七）至（九）项，很多也是"祝"，可以看作前者的延伸。但它们的"祝"都是"祝诅"，其实是伤害术。按西方的说法，前者是"白巫术"（white magic），后者是"黑巫术"（black magic）。而（十）至（十六）项，则主要与"祝宗卜史"中的"卜史"以及从"卜史"派生的"方术"（数术方技）关系更大（《汉书·诸子略·数术略》小序说数术家是出于"明堂羲和史卜之职"）。

"礼仪"和"方术"脱胎于"巫术"，但反过来又凌驾于"巫术"之上，限制压迫"巫术"，这是"巫术"的最后结局。

六、总结:"巫"在早期历史中的地位

在西方的汉学研究中，"巫"之所以引人注目，原因是它同中国宗教/科学的背景有关，这样的背景对理解中国文化在世界历史上的地位太重要。

对西方汉学家来讲，他们习惯的看法是，对任何文化来讲，宗教统治都必不可少:要么"王"之上有祭司、僧侣，要么"王"本身就是祭司、僧侣，早期文化更是一定如此。而甲骨文，作为中国最早的文字材料，在他们看来，又正好支持了这种想法。本来，商代文字有很多种，甲骨文只是其中一种，只是当时王室占卜的流水账，但是由于它的发现是在本世纪初，是在中国学术"现代化"的关口，很多学者都把这类材料直截了当地看作商

---

① 参看《中国方术考》，263～270 页。

② 《彭祖经》、《子都经》佚文，可参看《中国方术考》，402～405 页。

代的"史料",而且是惟一的"史料"。在他们看来,商代"历史"的内容既然主要是占卜,"贞人"在这类活动中最活跃,甚至就连商王本人都参与占卜,所以有不少人都相信,商代是个由"巫"统治的时代。过去甲骨文专家陈梦家曾提出"商王为群巫之长"说①,这一说法在西方学术界很受欢迎,原因就在这里。

对此,我们的看法是不太一样的。

在《中国方术考》(中华书局,2019年)一书中,我们曾谈到"绝地天通"故事的深刻寓意。"绝地天通"的意思是"天"、"地"二官分工,礼仪宗教归"天官"(如"祝"、"宗"、"卜"、"史"一类官)管,土地民人归"地官"(如"司土"、"司马"、"司工"、"司寇"一类官)管,不但人事和神事分为两个系统,就是人事和神事本身也各有分工。因为有这么多的分工,"家为巫史"的局面才被打破。这是中国古代精神世界最重要的一次"突破"和"超越"(11~19页)。

对于判断"巫"在中国早期历史上的地位,"祝宗卜史"的出现很关键。"祝宗卜史"四官:"祝"管祭祀,"宗"管世系,"卜"管占卜,"史"管记事,各有所主。虽然从道理上讲,"祝宗卜史"可能来源于"巫",但"巫"的特点是,它的服务范围比较狭小,职能技巧缺乏分化(不但祭祀、占卜不分,数术、方技也不分),和民间有不解之缘;而"祝宗卜史"则是王官,各种事情是由不同的人来管,分工细而覆盖广。在中国的语汇中,"巫"与"祝"、"宗"、"卜"、"史"连言,最常见的是"巫祝"(或"祝巫"),其次是"巫史"(或"史巫"),又其次是"巫卜"(但"巫宗"则未见,盖"祝"的概念已包含"宗"在内)②,似可说明它们的亲疏远近。我们认为,"祝宗卜史"一旦出现,"巫"的作用就完全不同,地位必然下降。

在上述材料中,"巫"在东周和秦汉时期的情况比较明朗,它跟"祝宗

---

① 陈梦家《商代的神话与巫术》。

② "宗"、"祝"往往连言,称为"祝宗"或"宗祝",如《国语·楚语下》讲"绝地天通"后,代替"巫"的就是"祝"、"宗"。《诅楚文》亦称"祝"为"宗祝",见《郭沫若全集》考古编9,315、321、327页。

卜史"四官,关系最密切的是"祝",毫无疑问是"祝"的助手。它的大部分职能,最主要的职能(上述(一)至(九)项),都被"祝"所取代或附属于"祝"。"巫"的其他职能(上述(十)至(十六)项),自从有了"太卜"、"太史"和掌守天文历算、医药养生之术的各种职官,有了擅长数术方技的"方士",地位变化也很大,几乎完全被后者取代。其保留节目只有'祝诅'、"祝由",特别是属于"黑巫术"的东西,它们无论在"礼仪"还是"方术"中,都很明显是层次最低的部分。研究商代西周,现在材料虽不多,但从殷墟卜辞和西周铜器看,当时的官制系统已很复杂,不但"天"、"地"二官各有分工,而且"祝宗卜史"也十分发达,"巫"与"祝宗卜史"的关系以及它们各自的职能,应当比较类似于东周和秦汉,这是没有问题的。商周时期,"巫"对占卜之事可能仍有参与,但所谓"贞人"是"卜"不是"巫"。"巫"的职能主要是望祀、乞雨、宁风这类事,他们的地位应在"祝宗卜史"之下,"祝宗卜史"的地位应在"王"之下,这是商代以来就已确立的格局。

"巫"自商代以来地位比较低,这从几点可以看得比较清楚。一是他们常常被用作牺牲,常常被人用"水"、"火"杀死;二是他们的地位不仅在"王"之下,在"祝宗卜史"之下,还被中国的官僚知识界("士大夫")所贱视,地位与工匠、商贾、倡优一类相近,是禁止做官的[①];三是古代的法律也多以"巫术"(特别是其中的"黑巫术")为"左道"[②],往往因其对民众有影响煽惑力而深感恐惧,必欲加以禁止或限定。

中国历史上一直有"巫"和"巫"的影响存在,但这种影响从很早就被限制,不再具有支配地位。这是本文所要陈述的事实。研究中国的宗教/科学传统,这样的事实不容忽略。

1997 年 12 月 8 日写于北京蓟门里

---

① 林富士《汉代的巫者》,26～43 页。
② 《历代刑法考》,第三册,1430～1431 页。

【补记】 战国楚文字,除"巫"字还有"筮"字,见于郭店楚简简 46,今补入图 4。西汉文字,"巫"字见于马王堆帛书《要》,"筮"字见于马王堆帛书《老子》、《要》,其写法仍保持商周时期的特点,也值得注意。

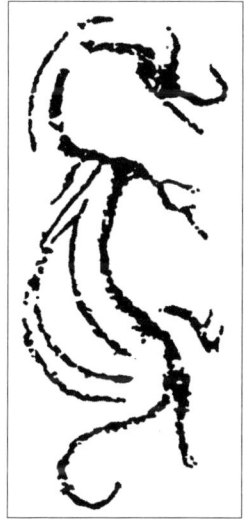

穷原竟委

从占卜方法的数字化
看阴阳五行说的起源

一

在疑古派的讨论中,阴阳五行说是主要怀疑对象。例如三十年代由顾颉刚主编的《古史辨》(上海古籍出版社,1982 年),其第五册的下编(所收论文起于 1923 年,终于 1934 年)就是专门讨论这一学说。该编对传世文献爬梳清理,极为详备,至今仍是最好的参考资料。历年出版讨论中国古代哲学史和思想史的名作[①],差不多也都有专门讨论这一学说的章节,学者见仁见智互有不同,但没人怀疑这一思想在古代世界的重要性。

回顾以往的研究,我们不难发现,学者对阴阳五行说的讨论有一些基本倾向:

第一,它是以汉代经学作切入点。西汉儒生讲阴阳五行,"假设经谊,依托象类"(《汉书·眭两夏侯京翼李传》赞),每以方术讲经术。其大宗首推天象灾异(依托《春秋》公、穀二传和《尚书·洪范》,兼及星算和月令),董仲舒、夏侯始昌、眭弘、京房、翼奉、刘向、谷永、李寻、田终术等人都是讲这类东西(见《汉书》本传)。集大成者是刘向的《洪范五行传》(见《汉书·五行志》)。其次是卦气象数(依托《易传》、《洪范》和《师旷》),代表人物是京房(学出孟喜、焦延寿)。又其次是风角五音,代表人物是京房和翼奉。又其次是流行于哀、平之际的图谶之学(依托河图洛书、纬候符谶)。东汉时期,儒

---

① 如胡适《中国哲学史大纲》,卷上,收入姜义华主编《胡适学术文集(中国哲学史)》上册,中华书局,1991 年,1～269 页;冯友兰《中国哲学史》,上册,中华书局,1961年;侯外庐等《中国思想通史》,第 1 卷,人民出版社,1957 年;B.I.Schwartz, *The World of Thought in Ancient China*, the Belknap Press of Harvard University Press,1985 年;A.C. Graham,*Disputers of the Tao*,Open Court Publishing Company,1989 年。

生往往宗其学而传其术,迹近方士。范晔《后汉书·方术列传》以这类儒生与同时的"异能之士"(即通常所说的"方士")同传,所以顾颉刚称之为"方士化的儒生"①。

第二,汉代的阴阳五行学说,如果向上追述,则是秦代的方仙道和战国中晚期的齐阴阳家。《史记·封禅书》讲秦代的方仙道,说"自齐威、宣以来,驺子之徒论著终始五德之运,及秦帝而齐人奏之,故始皇采用之。而宋无忌、正伯侨、充尚、羡门高、最后皆燕人,为方仙道,形解销化,依于鬼神之事。驺衍以阴阳主运显于诸侯,而燕齐海上之方士传其术不能通,然则怪迂阿谀苟合之徒自此兴,不可胜数也"(秦汉文字把"邹"写成"驺")。秦皇汉武的巡狩封禅、海外寻仙当然同邹衍有关(同他的"大小九州"说有关)。秦汉两代的改历服色、遍设祠畤,也和邹衍的影响分不开(同他的"五德终始"说有关)②。

第三,阴阳五行学说追到邹衍,梁启超、顾颉刚认为已经追到头,再追上去,材料都有问题(晚于邹衍)③。但很多学者不这么看,他们认为邹衍背后还有稷下之学,还有更早更广的背景(如老子、孙子、墨子)④。邹衍的学术渊源,有的学者认为是儒家⑤,有的学者认为是道家⑥。讲儒家,当然要谈他和思孟学派是什么关系,"五行"和"五德"是什么关系⑦。邹衍

①　顾颉刚《五德终始说下的政治和历史》,《古史辨》第5册,404～617页。

②　梁启超《阴阳五行说之来历》,顾颉刚《五德终始说下的政治和历史》,《古史辨》第5册,343～362、404～617页。

③　梁启超《阴阳五行说之来历》,顾颉刚《五德终始说下的政治和历史》。又刘节《〈洪范〉疏证》,《古史辨》第5册,388～403页。

④　吕思勉《辨梁任公〈阴阳五行说之来历〉》,栾调甫《梁任公五行说之商榷》,范文澜《与颉刚论五行说的起源》,童书业《五行说起源的讨论》,《古史辨》第5册,363～378、378～388、640～648、660～669页。

⑤　顾颉刚《五德终始说下的政治和历史》认为邹衍是儒家,但其说不是从思孟而来。

⑥　谢扶雅《田骈和邹衍》,《古史辨》第5册,728～753页。

⑦　徐文珊《儒家和五行的关系》,谭戒甫《思孟"五行"考》,《古史辨》第5册,669～704、704～728页。

从占卜方法的数字化看阴阳五行说的起源

是战国晚期人(约前305~前240年),孟子是战国中期人(约前372~前289年),子思是战国早期人(约前483~前402年)。《史记·孟子荀卿列传》以孟子、邹衍同传,是讲稷下诸子,孟子"受业子思之门人",活动年代正当上面提到的"齐威、宣"之际,讲完孟子就是"驺子之属",其中主要就是邹衍。《荀子·非十二子》说思、孟二人"材剧志大,闻见杂博,案往旧造说,谓之五行",提到"五行"。马王堆帛书《五行》篇发表后,有学者考证,孟子"五行"是以"五德"配"五行",就是该篇所说的"五行"。这种"五行"是来源于子思《中庸》,子思《中庸》是来源于《洪范》。追来追去,根子是《洪范》[①]。

另外,还有一种说法也很流行,就是认为阴阳自阴阳,五行自五行,本来各有来源。前者主要与《周易》有关(严格说是和《易传》有关),后者主要与《洪范》有关。两者合一,推而广之,成为无所不包的大系统,这是邹衍的创造[②]。

以上所说,基本上是沿子学、儒学的精英文化,从儒家(思孟学派)到阴阳家(邹衍代表的阴阳家)再到阴阳化的儒家(董仲舒代表的汉代儒家)这样一条线索来追述。阴阳五行说当然是很有系统的一个理论,照西方的说法,要算"自然哲学"一类。这样的东西从哪儿来?比较直接的想法当然是,它是由思想家或哲学家来创造。这在很多人看来都是顺理成章。

二

不过,对于研究阴阳五行说,除上面这条线索,还有一条线索也很值

① 庞朴《马王堆帛书解开了思孟五行说之谜》,《文物》1977年10期,63~69页;《思孟五行新考》,《文史》第7辑,中华书局,1979年,165~171页;《〈五行篇〉评述》,收入所著《稂莠集》,上海人民出版社,1988年,427~449页。李学勤《帛书〈五行〉与〈尚书·洪范〉》,收入《李学勤集》,黑龙江教育出版社,1989年,363~371页。

② 刘歆已有阴阳(《周易》八卦)出《河图》,五行(《洪范》五行)出《洛书》的看法,宋以来有各种解释。参看庞朴《阴阳五行探源》和《先秦五行说之嬗变》(收入所著《稂莠集》,355~395、450~476页)。

得注意,这就是古代的数术之学。前人讨论阴阳五行,一般都会提到它。过去梁启超讨论阴阳五行说的起源,就曾注意到这一类[①]。据他统计,在《汉书·艺文志》中,《诸子略》阴阳家、《兵书略》阴阳类、《数术略》五行类,光这三类书就占了差不多四分之一到三分之一,如果再加上其他有关书籍,比例还要大得多。它们当中,前三略是文化类型的书,《六艺》、《诸子》二略都有不少书是借阴阳五行讲思想,但最集中还是《诸子略》的阴阳家;后三略是技术类型的书,《兵书》、《数术》、《方技》三略也有不少书是借阴阳五行讲技术,但最重要的则是《数术略》。

《汉书·艺文志》的《数术略》分天文、历谱、五行、蓍龟、杂占、形法六类。这六类全都和阴阳五行有关。我们甚至可以说,阴阳五行就是这类学问的"通用语言"。特别是其中第三类,它是以式法、选择为主,和阴阳五行关系尤大。后世讲阴阳五行,比如隋萧吉的《五行大义》,基本上就是围绕这一类学问来讲。况且它本身就是以"五行"为名。前人多已指出,《数术略》的五行类和《诸子略》的阴阳家有很大关系。《诸子略》的阴阳家虽以"阴阳"为名,但也照样讲"五行"(如其中的《邹子》和《邹子终始》,根据古书引用的佚文看,就是既讲阴阳,又讲五行);《数术略》的五行类虽以"五行"为名,但也照样讲"阴阳"(如其三十一书中,以"阴阳"为名者就有六种)。况且两者的学术渊源,按目录编者的看法,也是一样(《诸子略》阴阳家小序和《数术略》小序都说是出于羲和之官)。它们的差别只是在于,阴阳家的书多以"作者"题名(二十一种中,只有一种"不知作者"),而五行类的书多半没有这种题名(三十一种中,只有七种题写"作者")。前者是推数术言哲理,而后者则只讲数术。

关于早期数术,过去我们了解很少。因为《汉志》所载,除去《山海经》,什么也没有留下来。我们的那点知识,基本上都是宋以来的。现在因出土发现激增,这种情况有所改变。所谓早期数术,其轮廓正日益清晰。从大量材料看,它主要是由三类东西构成,一类是占术(式法选择、卜

① 《阴阳五行说之来历》。

筮占梦等),一类是相术(相地形、相面、相六畜等),一类是巫术(厌劾祠禳等)。这是按"后来居上"的顺序排列。占卜之术是其主体。占卜又分三大类,星算类的占卜(包括天文历算和式法选择在内)最复杂,和阴阳五行的关系最密切;卜筮类的占卜,次之;其他杂占,又次之。这也是按"后来居上"的顺序排列。

仔细分析数术类的各种占卜,我们不难发现,年代越早、形式越简单的占卜,它们在方法上的直观性和随机性越强;相反,年代越晚、形式越复杂,则抽象性越强,推算的色彩越浓。例如龟卜,其来源是骨卜,现在从考古发现看,年代可以早到 5500 多年前。它的特点是取于"象",即以兆象定吉凶,随机性很强,和"数"的关系不大明显①。筮占比它晚,从考古发现看,可以追到商代,最初是用"十位数字卦"(这是从考古发现得来的知识),后来发展出"两位数字卦"(除《周易》外,还有《连山》和《归藏》)②。它虽然也讲"象",但主要是一种数占,即以策数定卦象,卦象定吉凶,象生于卦,卦生于数,主要还是取于"数"。古代占卜发展到这一步,才比较明显地有了推算的形式和逻辑的形式。儒门传易有《易传》,推阴阳以言天道(《庄子·天道》称为"易以道阴阳"),把古代筮占提升为哲学,主要就是利用《周易》卦数的二元化倾向,这是大家比较熟悉的。但"十位数字卦"呢,它是不是二分为五,由五位组合的算法而构成? 是不是已经包含五行的萌芽? 还需要做进一步研究。式法和从式法派生的日者之术,形式比卜筮更复杂。它的出现与天文历算有关,动机想法的酝酿也许很早,但形成无所不包的大体系则较晚,如何从时间和概念上加以界定还比较困难。它的特点是用空间表现时间,合时间、空间于一,数字是整合的关键,作用最大。它不仅在此类占卜中是时空对应、时空转换的中介和关键,也是这类占卜和其他占卜相互沟通、相互联结的桥梁。例如式占,其典型图式是四方八位。这类时空划分是按阴阳二分再二分(即按切蛋糕的方式来划

---

① 李零《中国方术考》,中华书局,2019 年,42～48、184～198 页。
② 《中国方术考》,48～50、198～237 页。

分),这是一个系统;另一个系统是四方加中央成五位,八位加中央成九宫。前者变后者(从偶数变奇数),关键是加"一"①。"阴阳",本来是指光照的阴阳,引而申之,则是寒热二气的消长和流转,它是前一个系统的象征。"五行",也叫"五材"(《左传》襄公二十七年),本来是对天地万物的一种概括,引而申之,则是万物的生克和流转,它是后一个系统的象征。它们都是时空整合数字化的一种表现,其实是起数字符号的作用。

三

中国古代占卜方法的数字化,是以十位数字的数位变化为核心。十位以上的变化是十位以下变化的推广。在数术之学中,这类游戏玩法很多,不能详论,下面只能对它的基本概念做一点概括②:

(一)一。是起本体作用的概念。《说文解字》卷一上:"一,惟初太始,道立于一,造分天地,化成万物。"是以"一"为宇宙本源。老子讲"道",有所谓"无名,天地之始;有名,万物之母"。他的"有无"有点类似黑格尔的"有无"("纯无"、"纯有"),也是属于"无中生有"。其书多以"一"称"道",但又说"一"是"道"所生:"道"是本体概念的"无","一"是本体概念的"有"。汉代学者讲宇宙本源有所谓"太初生太始,太始生太素"(参看《白虎通·天地》、《易纬乾凿度》),就是由此派生。数术家讲"一",论时间,它是起点或开端(也是终点);论空间,它是中心或枢轴(也是总体);论数字,它是搁在一边的余数,也是奇偶转换的加数("余奇"、"奇赅")③。这样的"一",古人也叫"太一":作为哲学本体,它是

---

① 《中国方术考》,101～126 页。

② 参看俞晓群《数术探秘》,三联书店,1994 年。

③ 表示空位的"零"旧说是从印度传入,但饶宗颐《说"零"》(收入《饶宗颐史学论著选》,上海古籍出版社,1993 年,324～328 页)则以为中国固有。今案古代阵法有"握奇"(《握奇经》)。这种"奇"也叫"奇零"(大将居中握于手中的机动兵力)。"奇零"之"零"是"一"而不是"无"。

"道"的别名(《老子》、《吕氏春秋·大乐》);作为宇宙中心,它是"太一常居"(《史记·天官书》);作为至上神,它是"太一神"(《楚辞·九歌》)。《系辞》称之为"太极"。

(二)二。是对分和两极的概念。这种概念,如果用几何图形表示,就是平分线。对分,是把一个方或圆形的平面,沿中心点画一道线,一分为二。两极,是这条有如车幅的线,它有两端或两个方向(前后或左右)。古人讲宇宙起源,有道始虚无,虚无生宇宙,宇宙生二气,清气为天,浊气为地的说法(《淮南子·天文》)。"天地"是从虚无混沌的"道"派生,"阴阳"又是从"天地"的"清浊"二气派生。"天地"也叫"二仪"(《系辞上》),是仅次于"太极"的大概念。"阴阳"则是一切二元化倾向和矛盾对立概念(如刚柔、上下、日月等)的象征。

(三)三。是两极加中央的概念,它是通过"二"加"一"来完成,空间表现是"三位"(前、中、后或左、中、右)。中国古代创世说是以天、地、人为"三才"。《老子》说"一生二,二生三,三生万物","一"是"道","二"是"天地","三"是"三材"(《说文解字》卷一上:"三,天、地、人之道也。")。它所谓"人法地,地法天。天法道,道法自然",就是以"人"为最后一环。《史记·封禅书》记汉武帝立亳忌太一坛,兼祭"三一"。"三一"者,天一、地一、太一,名称重复出现的"太一"也指"人"(比照"三一",汉以来有"三皇"说,"三皇"指天皇、地皇、泰皇,泰皇即人皇,可为旁证)。

(四)四。是两两剖分和两两对称的概念。《系辞下》说"二与四同功而异位",它是"二"的推广,即平分再平分,由两条平分线构成"四方",并与"四时"的概念对应。"四"在古代时空划分中很重要,如《周礼》的井、邑、丘、甸、县、都,这是四分的里制;姜齐量制的豆、区、釜、钟,这是四分的量制;古代历术有大小时,大时四分,小时十二分,四分是基础(春夏秋冬、分至启闭、朝昼昏夕),这是四分的时制。还有古代宫室城邑多以十字定位,按四四方方规划,也是这种概念的运用。中国古代,四进制的使用很普遍,即使后来被十进制代替(如井、邑、丘、甸、县、都被井、通、成、终、同、封、畿代替;姜齐量制的豆、区、釜、钟被田齐量制的豆、区、釜、钟代替),也还没有完全绝迹。例如在时间划分中,四分、十二分的系统就保留了下来①。

（五）五。有两种理解,一种是以“四方”（东南西北或前后左右）加“中央”为“五位”,用于配“五行”（《说文解字》卷十四下:“五,五行也。”）;一种是合两个“三位”（前、中、后和左、中、右）为“五位”。后者也叫“参伍”之法。《系辞上》说“参伍以变,错综其数”,《系辞下》说“三与五同功而异位”,就是指这种方法。“五位”用木、火、土、金、水“五材”标志叫“五行”。“五”在十进数位中是关键概念,它不仅可以囊括前五位的变化,还可以构成后五位的变化。例如:（1）“九宫”是以“五位”加“四隅”而构成,基础是“五位”;（2）数位的四进变十进（如四进里制变十进里制,四进量制变十进量制）,也是以四加一为五然后乘②;（3）中国古代的军制和营阵是以十进为主,但其基础是“伍法”,即五人为伍,二伍为什,什伍以上的两（25人）、队（50人）、卒（100人）、旅（500人）、师（2500人）、军（12500人）,都是从“伍法”变化而出③。

（六）六。是从“三”变化而出。如《系辞上》说“六爻之动,三极之道也”,《系辞下》说“《易》之为书也,广大悉备,有天道焉,有人道焉,有地道焉,兼三材而两之,故六。六者非它也,三材之道也”（“三材”即“三才”,“材”或作“才”）,就是合二“三”为“六”。如易卦的六爻便是合两个三爻而成,《说文解字》卷十四下说“易之数也,阴变于六,正于八”。“六”的空间表现比较少见,偶尔用之,多半是以二维加子午或二维加卯酉,并不是从四个角度看全整齐对称的几何图形,在式图的构成上好像并不重要,但实际上它的作用却不容忽视。这不仅因为易有六爻,律有六律,而且更重要的是,古代历法为适合一年十二月每月三旬的划分,有用十干、十二支相

---

① 李零《中国古代居民组织的两大类型及其不同来源》,《文史》第 28 辑,59～75 页。

② 李零《中国古代居民组织的两大类型及其不同来源》,《文史》第 28 辑,59～75 页。

③ 李零《中国古代居民组织的两大类型及其不同来源》,《文史》第 28 辑,59～75 页。

配的六旬记时法（六十甲子），并从中演变出遁甲、五子等术（遁甲术有所谓"三奇六仪"）。

（七）七。用法主要有二，一是"七政"（或"七曜"），即日月和五星（岁、荧惑、填、太白、辰）；一是北斗七星。它们都很难用整齐对称的几何图形来表现。

（八）八。是合二"四"而成。其空间表现是由"四方"加"四隅"而构成。《系辞上》说"是故易有太极，是生两仪，两仪生四象，四象生八卦"，"八"与"二"、"四"一样，都属于可以对半剖分的概念。

（九）九。是由三"三"或"八"加"一"而构成。其空间表现是"九宫"，它包括"四正"、"四隅"和"中央"。"九宫"的概念在古代很流行，不但"天"有"九天"，"地"有"九地"（或"九野"），"山"有"九山"，"川"有"九川"，"江河"也有"九江"和"九河"（《书·禹贡》、《淮南子·地形》）。"九宫"与"九数"（一至九）相配叫"九宫数"。它们横、竖、斜相加皆为十五，是为"洛书"。它是上面所有图形、所有数字和所有概念的集合。

（十）十。是合二"五"而成。它和空间表现的关系不太明显，但和用十干表现的记旬法有密切关系。"十"在古代是一种"盈数"（"小盈"），它是"逢九进一"，向下一轮的"一"过渡的关键。

（十一）十二。在古代数术中，"九"以上的大数不是"十"和"十一"，而是"九"上加"三"变成的"十二"。"十二"的重要性主要在于它是与"十二辰"（十二地支）相配。年有十有二岁（十二次），月有十有二月，时有十有二时，都可以用"十二辰"来表示。古代式图表示"十二辰"，九宫上面还有十二宫。这种十二宫有两种画法，一种是像楚帛书那样，留出四隅，然后东南西北四面，每面各三分；一种是像马王堆帛书《禹藏图》那样，四周环列十二方格①。《左传》哀公七年："周之王也，制礼上物不过十二，以为天之大数也。"杜预注："天有十二次，故制礼象之也。"古书讲天子用礼，冕有十二旒（《礼记·郊特牲》），衣有十二幅（《礼记·深衣》），律有十二管（《礼

---

① 《中国方术考》，101～106、142～144 页。

记·礼运》),食有十二鼎(《周礼·天官·膳夫》),明堂有十二室(《礼记·月令》),等等,都是为了配合天数。此外,如六壬十二神、建除十二值以及十二生肖,等等,也都与天数有关。

(十二)其他。从上述各数派生,还有以下各数也值得注意:

(1)十六。属于八分的系统(8×2=16)。古代式法中的太乙式有十六神,漏制有日夕十六分比,时制有十六时制[①],皆"十六"之用。

(2)二十四。属于四分的系统(6×4=24)。古代时令有二十四节气,是与四时相配,半分十二月,每个节气各十五日。

(3)二十八。属于四分的系统(7×4=28)。古代星官有二十八宿,是按东方苍龙七宿、南方赤鸟(或朱雀)七宿、西方白虎七宿、北方玄武七宿排列。

(4)三十。属于五分的系统(6×5=30)。古代时令,除二十四节气,还有按五行各七十二日划分的三十节气[②]。

(5)三十六。属于四分的系统(9×4=36)。古代演禽有三十六禽,是十二生肖的扩大[③]。

(6)六十四。属于八分的系统(8×8=64)。古代三易皆以八卦相重为六十四卦(《周礼·春官·大卜》)。

(7)七十二。属于五分的系统,即以一年三百六十日分配四时各得九十日,四时当东方木、南方火、西方金、北方水,每时各取十八日归于居中的土行,因而五行各得七十二日(《管子·幼官》、《淮南子·天文》)。汉代讲孔门传学有七十二弟子(《史记·仲尼弟子列传》),高祖刘邦有七十二黑子(《史记·高祖本纪》),皆应其数。

四

以上数字都是数术之学的关键数字。它们可以大别为两个系统:一

---

② 李零《读银雀山汉简〈三十时〉》,《简帛研究》第 2 辑,法律出版社,1996 年,194～210 页。
③ 《中国方术考》,172～183 页。

个系统以偶数为主,以"剖分"概念为主,"二"、"四"、"八"等数属之;一个系统以奇数为主,以"轴心"概念为主,"三"、"五"、"九"等数属之。前一个系统是以"阴阳"为象征,后一个系统是以"五行"为象征。"六"、"十二"等数与干支相配有关,是奇偶相变的关键,则介于二者之间。

归纳上面的讨论,我们不难发现,阴阳五行说虽与子学、数术都有关系,但更主要地还是产生于古代的数术之学。它基本上是沿古代数术的内在逻辑发展而来,并始终是以这些数术门类为主要应用范围,并不像是诸子之学从旁嵌入和移植的结果。中国古代占卜虽然有早有晚,形成体系也有粗有密,但上述内容的诸多要素和基本构想都来源甚早,绝不可能以子学的年代为断限。子学对阴阳五行说的精密化和意识形态化当然有推波助澜的重大贡献,但它绝非阴阳五行之源而只是它的流,当可断言。

总之,我的看法是:阴阳五行说是来源于占卜方法的数字化。"数术"称为数术者以此①。

1998 年 4 月 19 日写于北京蓟门里

---

① 吕思勉说阴阳家"据数术以言哲理",其书不能无"迷谬之说","然此当以其由迷信进入哲学而歌颂之,不当以其虽谈哲学,犹未能全脱迷信而抹杀之也";"据数理以谈哲学,今世固亦有之,且皆认为正当之途,精深之术矣",可谓得之。见《辨梁任公〈阴阳五行说之来历〉》。

战国秦汉方士流派考

"方士"也叫"方术之士"。这种人是以擅长"方术"为特点。他们同好几类人都既有交叉又有区别。如作为"士",他们同诸子百家有类似处,也是学在民间,因而有别于年代更早或同时在官为职的卜祝巫医。但同时从"方"的角度看,他们又与官方的星历、医术专家是传授同类知识,而不同于作为"文学之士"的先秦诸子和两汉儒林。另外,"方士"和"道士"的关系也很密切。作为词汇,"方士"是"有方之士","道士"是"有道之士",在早期文献中,意思差不多,只是在有了正式的道教之后,后者才有了新的含义①。

由于"方士"一词有这种复杂性,在本文中,我有意把讨论范围限定在战国秦汉时期,掐头去尾,只讲一下这段时间范围里的有关人物。

一、战国时期

战国时期,方术之学已很发达,两汉方术的门类大抵皆可溯源于此。但当时的方术传授不一定有书,即使有书也不一定能考定其作者,我们要想把"术"落实到"人",像六艺传授那样讲出个来龙去脉,不太容易,特别是再从其中的"人"考出哪些是我们所说的"方士",就更难。这里只能讲点有关线索。

中国古代的"方术"包括"数术"(也叫"术数")和"方技"两个方面②。我们先谈"方术"中的"数术"。

"数术"是与"天地之道"有关,主要包括:

---

① 参看陈国符《道藏源流考》,中华书局,1963 年,下册,258 页。
② 参看《汉书·艺文志》的《数术略》和《方技略》,中华书局,1962 年,1763～1780 页,以下所用分类即参考此书;又参看李零《中国方术考》,中华书局,2019 年,1～24 页。

（一）天文历算和占星候气。《史》、《汉》二书讲天数传授①，三代以前有所谓黄帝考定星历②，重、黎绝地天通③，羲、和分正四时④；而三代，则夏有昆吾（昆吾氏），商有巫咸，周有史佚⑤；春秋，则周有苌弘，鲁有梓慎，宋有子韦，郑有裨灶，晋有卜偃⑥；战国，则齐有甘公，楚有唐昧，赵有尹皋，魏有石申⑦。这些传天数者，三代以前都是传说人物，三代和三代以后则多是父子畴官。后世有关书籍，除依托黄帝君臣，要以巫咸、苌弘、子韦，特别是甘公、石申的书名气最大⑧。

（二）式法选择和风角五音。式法是用一种叫"式"的工具模拟天道运行，占卜时日吉凶⑨。它与前一类数术有关，又不太相同，已脱离实际的天象观察和历术推步。后世式经讲式法传授多依托黄帝、玄女、雷公⑩，也是属于传说人物。但值得注意的是，《汉志》有《羡门式法》和《羡门式》二

---

① 《史记》的《历书》和《天官书》，中华书局，1959年，第四册，1255～1353页；《汉书·艺文志·数术略》的小序，中华书局本，第六册，1775页。

② 《史记·历书》，中华书局本，第四册，1256页，说本《世本·作篇》（见同书1256页《索隐》引《世本》）。

③ 《史记·历书》，中华书局本，第四册，1257页，说本《国语·楚语下》引楚昭王、观射父问对（上海古籍出版社，1978年，下册，559～564页）。

④ 《史记·历书》，中华书局本，第四册，1257页，说本《书·尧典》（《十三经注疏》，中华书局，1979年，上册，117页下～124页上）。

⑤ 《史记·天官书》，中华书局本，第四册，1343页。

⑥ 《史记·天官书》，中华书局本，第四册，1343页；《汉书·艺文志·数术略》小序，中华书局本，第六册，1775页。

⑦ 《史记·天官书》，中华书局本，第四册，1343页。

⑧ 《史记·封禅书》于商特别提到"巫之兴自此（指巫咸）始"（中华书局本，第四册，1356页，原文"巫"下有"咸"字，是衍文），于周特别提到"周人之言方怪者自苌弘"（中华书局本，第四册，1364页）。《汉书·艺文志·诸子略》阴阳家有《宋司星子韦》（中华书局本，第六册，1733页），《兵书略》阴阳类有《苌弘》（同上，1760页），《数术略》杂占类有《甘德长柳占梦》（同上，1772页）。《隋书·经籍志·子部》天文类有《巫咸五星占》、《甘氏四七法》、《石氏星经》、《石氏星官》、《石氏星簿经赞》（中华书局，1973年，第四册，1018～1020页）。

⑨ 参看《中国方术考》，69～140页。

⑩ 参看《中国方术考》，87～92页。

书①,却是以战国方士羡门高题名。选择是与式法相配,它以阴阳时令配合禁忌,编辑成书(即日书,相当后世所谓的"通书"、"黄历"),供人择日。古代精通时日之占的人,叫"日者"。如《墨子·贵义》提到墨子"北之齐,遇日者",日者以五龙之术择行②,"择行"就是日书中的一项。古代日书是流行读物③,不但各地风俗各异,而且门派庞杂,《史记·日者列传》于汉以前无所述,源流难以详悉。风角,是以风向定节气,推吉凶祸福,起源很古老;五音,是以乐律配时令,推吉凶祸福,常与"风角"并用④。这类数术是古代阴阳五行说的基础,古人也统称为"五行"⑤。它不但是古阴阳家的看家本事,也风靡于先秦诸子的各个流派。特别是古代兵家有所谓"兵阴阳",与此类数术也有不解之缘,如《太公兵书》、《尉缭子》等兵书就都提到刑德、风角、五音之术⑥,《汉志》、《七志》有《师旷》⑦,也是风角五音之书。

(三)龟卜筮占。龟卜是用灼龟求兆的方法占卜,筮占是用布策成卦的方法占卜。这第二类占卜起源也很古老⑧。从传统上讲,这类占卜往往都是由官方典守⑨。例如《左传》、《国语》等古书就提到不少这类卜筮

---

① 《汉书·艺文志·数术略》五行类,中华书局本,第六册,1769 页。

② 孙诒让《墨子间诂》,《诸子集成》本,中华书局,1954 年,第四册,270~271 页。又参看饶宗颐《老子想尔注校证》,上海古籍出版社,1991 年,150~151 页。

③ 参看《中国方术考》,141~183 页。

④ 参看《中国方术考》,39~42 页。

⑤ 《汉书·艺文志·数术略》的"五行"类是如此,但《隋书·经籍志》以下的史志往往把"五行"当更宽泛的概念,还包括其他各类占卜。

⑥ 隋萧吉《五行大义·论八卦八风》引《太公兵书》,《中国方术概观》式法卷,人民中国出版社,1993 年,下册,122 页;《尉缭子·天官》引《黄帝刑德》,《中国兵书集成》,解放军出版社、辽沈书社,1987 年,第一册,365 页;《六韬·龙韬·五音》,同上,461~463 页。《太平御览》卷三二八引《六韬》,中华书局,1960 年,第二册,1510 页。

⑦ 《汉书·艺文志·兵书略》阴阳类有《师旷》八篇(中华书局本,第六册,1760 页),《七志》作六篇(《后汉书·方术列传》"师旷之书"注引,中华书局,1965 年,第十册,2704 页),是东汉风角家的经典。

⑧ 参看《中国方术考》,42~51 页、184~236 页。

⑨ 参看《周礼·春官》的《大卜》、《卜师》、《龟人》、《菙氏》、《占人》、《筮人》(孙诒让《周礼正义》,中华书局,1987 年,1924~1968 页)。

之官,其中尤以晋文公的卜官卜偃和晋献公的卜官史苏最有名①。特别是史苏还为后世龟经所祖②。古代卜、筮本来并用,大概是到汉代才分开。《史记·龟策列传》关于早期卜筮语焉不详,褚少孙所补宋元王问卜于卫平之事,是战国晚年的故事(宋元王可能即宋王偃),全篇都是讲卜,不讲筮③。

(四)占梦、厌劾、祠禳等术。占梦是地位仅次于上述占卜的又一类占卜。这类占卜和上述占卜不同,是与身体、灵魂及鬼怪有关(相关的占卜还有很多种)。古人认为人的生理、心理和病理现象大多与鬼怪有关,因此碰到做恶梦、生病、犯愁一类事,往往要除鬼驱邪,厌劾、祠禳就是相关的巫术。例如《史记·封禅书》讲的苌弘设射狸首④,《六韬》佚文讲的太公射丁侯⑤,都是属于这类巫术。后世方士和这个门类有很大关系。

(五)相术。也叫"形法",包括相地形、相宅墓、相人、相六畜等。《汉志》把《山海经》归入此类⑥。据刘秀(即刘歆)《上山海经表》,古人是把《山海经》视为《禹贡》一类古书⑦。这类古书虽然也讲地理,但还兼有本草、博物、志怪等内容,与古代方士求仙访药有关,很多"海外奇谈"也正是他们广告的资本。

下面再讲一下"方技"。"方技"是与医药养生有关,包括:

(一)医学。《汉志·方技略》分医书为"医经"、"经方"两类⑧。"医经"是医学理论或带综合性的医书,而"经方"则是附属于"医经"的处方。

---

① 参看梁玉绳《人表考》卷四:91、卷五:94,收入《史记汉书诸表订补十种》,中华书局,1982年,下册,634、703页。

② 《隋书·经籍志·子部》五行类有史苏《龟经》和《沉思经》,中华书局本,第四册,1031页。

③ 《史记·龟策列传》,中华书局本,第十册,3223～3251页。

④ 《史记·封禅书》,中华书局本,第四册,1364页。

⑤ 《太平御览》卷七三七引《六韬》,中华书局本,第三册,3267～3268页。

⑥ 《汉书·艺文志·数术略》形法类,中华书局本,第六册,1774页。

⑦ 袁珂《山海经校注》,上海古籍出版社,1980年,477页。

⑧ 《汉书·艺文志·方技略》,中华书局本,第六册,1776～1777页。

古代方技也往往依托传说人物，如本草多附会神农(如《神农本草经》，来源是"神农尝百草"的传说)，医术则盛称岐黄(如《素问》)。《方技略》所录医书，"医经"只有黄帝、扁鹊、白氏三家，"经方"也只有神农、黄帝、扁鹊之名①。这里面，神农、黄帝当然是传说人物，白氏无可考，但扁鹊见于《史记·扁鹊仓公列传》，是战国名医②。昔马非百先生尝曰："春秋战国间，医之良者大抵在秦"，如史籍所见的医缓、医和、医诤、李醯、夏无且就都是秦国医生③，但扁鹊本人是赵人，主要行医于齐、赵，是东方名医④。他和医缓等人不同，不是官医，而带有"游方郎中"的色彩，因而是合格的"方士"。

(二)服食。本来是养生术的一种，但古人却把吃饭、服药也弄成一门学问，当作却病延年甚至不老成仙的手段。特别是宋代以前，神仙家都是把服食金丹大药视为道要，所以它和方士的关系特别大。早期丹经和作丹之人多不可考，但这类技术在战国时代应已出现⑤。

(三)行气导引。是以呼吸吐纳、俯仰屈伸来养神炼形。战国时代擅长行气之术，可考者有楚方士陵阳子明。明传"食六气之法"，有《陵阳子明经》，佚说见于《楚辞·远游》王逸注、《汉书·司马相如传》张揖注、《广雅·释天》、《庄子·逍遥游》李颐注等⑥，《列仙传》有传，可参看⑦。

(四)房中。是以交接之术来养神炼形。《史记·扁鹊仓公列传》提到

① 《汉书·艺文志·方技略》，中华书局本，第六册，1776～1777 页。
② 《史记·扁鹊仓公列传》，中华书局本，第九册，2785～2820 页。
③ 马非百《秦集史》，中华书局，1982 年，上册，348、350 页。
④ 《史记·扁鹊仓公列传》，中华书局本，第九册，2785～2820 页。
⑤ 参看《中国方术考》，240～262 页。
⑥ 洪兴祖《楚辞补注》，中华书局，1983 年，166 页；《汉书·司马相如传》，中华书局本，第八册，2599 页；王念孙《广雅疏证》，中华书局，1983 年，282 页；王先谦《庄子集解》，《诸子集成》本，3 页。又参看《中国方术考》，275～280 页。
⑦ 《列仙传》，卷下《陵阳子明传》，《丛书集成初编》3347 号，中华书局，1985 年，59 页。案：《列仙传》一书是否为汉刘向撰，学者有争论。陈国符《道藏源流考》(中华书局，1963 年)下册 431 页反对伪作说，疑书仍为向撰。余嘉锡《四库提要辨证》(中华书局，1980 年，第三册，1202～1214 页)，则认为是东汉人伪托。其实即使我们把此书定为东汉古书，书中所述人物，从体例讲，仍是东汉以前的人物。这和《神仙传》虽为晋人作，但书中人物不晚于东汉是一样的。

战国秦汉方士流派考

汉高后八年(前180年),淳于意曾从临淄人阳庆受"接阴阳禁书"(其诊病每曰"病得之饮酒且内"等,"内"即指房事)[①],《汉志·方技略》也著录有依托容成、务成子、尧、舜、汤、盘庚、天老、黄帝等人的房中书多种[②],这些房中书中当有不少是传自战国。

方技对古代思想的影响也很大,特别是对道家。道家最重养生,这点正好和方技相通。古代方士以上述技能为炼养功夫,目的是要成仙。神仙家虽与数术、方技都有关,但更主要还是靠方技,特别是其中的"药"[③]。

另外,以"方术"打动人主,我们还应提到战国晚期来自"燕齐海上"的一批方士。这批方士,其中的齐方士主要与擅长"谈天"的齐阴阳家邹衍有关[④]。邹衍的"五德终始"说是以阴阳五行讲帝王世系,乃后世改朝换代的重要依据;而"大小九州"说是类似《山海经》的地理大视野,则有利于一统天下后的巡狩封禅和海外寻仙[⑤]。这一派同数术关系较密切。燕方士,主要有宋毋忌、正伯侨、充尚、羡门高、最后,他们所传是所谓"形解销化,依于鬼神之事"的"方仙道"(属于"尸解仙"及"致鬼神"一类事)[⑥],则同方技关系更密切。《封禅书》说"自威、宣、燕昭使人入海求蓬莱、方丈、瀛洲"[⑦],可见自战国中晚期以来,齐、燕两国均有入海求仙之事。凡此种种,皆后来秦始皇所热衷。

二、秦代

秦始皇统一天下后,曾尽收天下之书,悉召艺能之士,设博士之官,请

---

① 《史记·扁鹊仓公列传》,中华书局本,第九册,2794～2817页。
② 《汉书·艺文志·方技略》房中类,中华书局本,第六册,1778～1779页。
③ 属于化学制剂的"药",特别是"金丹黄白"一类"仙药",在古代是"高科技",宋代以前地位在行气、导引、房中之上。后者虽起源早,成本低,但只是在外丹术衰落后才重振旗鼓。
④ 《史记·封禅书》,中华书局本,第四册,1368～1369页。
⑤ 参看王梦鸥《邹衍遗说考》,台北:商务印书馆,1966年。
⑥ 《史记·封禅书》,中华书局本,第四册,1368～1369页。
⑦ 同上,1369～1370页。

他们献策献药兴太平,但后来弄得很不愉快,一气之下竟有"焚书坑儒"之举,和他身边的两类"士"都闹翻了。

秦始皇所征用的"文学方术士"(或所谓"诸生")①,"文学"之"士"主要是带有较多"人文关怀"的儒家或其他学派的读书人,而"方术"之"士"则主要是以占星候气、寻仙访药求媚于上的方士。

秦始皇发脾气主要有两次,一次是在他称帝之后的第八年,即始皇三十三年(前214年)。齐博士淳于越议复封建,让他恼火,他下令把"不中用"之书烧掉。当时,他所定的"不中用"之书主要是六国史记和《诗》、《书》、百家语(类似清初的"违碍之书"),但不禁"医药卜筮种树之书",气主要是冲儒生去的,不关方士,数术方技之书可以照旧流行②。另一次是在他称帝之后的第十年,即始皇三十五年(前212年)。因为方士求仙访药,事终不验,最后连人都跑掉了,他火发得更大,把"诸生在咸阳者"审查一通,活埋了"四百六十余人",其中大概既有诵法孔子的儒生,也有妖言惑众的方士。方士的倒霉是在儒生之后③。

始皇所蓄方士,大抵还是以燕齐方士为多,例如秦并天下,始皇改正朔,易服色,推终始五德之传,《始皇本纪》未说是谁的主意,但《封禅书》说"自齐威、宣之时,驺子之徒,论著终始五德之运,及秦帝而齐人奏之,故始皇采用之"④,可见是听取齐方士的建议,所据即邹衍之说。后来始皇派人入海求仙,一定要找海上三神山(即上节提到的蓬莱等三山),要找羡门一类仙人(盖当时羡门已死,传已得仙),也往往是因袭故事,还是从燕齐一带物色人选⑤。

秦传方术,也有数术和方技两个方面,例如卢生曾提到始皇身边有"候气者至三百人",应当就是以数术见长。这些人据说都是"良士",但往

---

① 《史记·秦始皇本纪》,中华书局本,第一册,258页。
② 同上,254~255页。
③ 同上,258页。
④ 《史记·封禅书》,中华书局本,第四册,1368页。
⑤ 《史记·封禅书》,中华书局本,第四册,1369~1370页。

往很滑头,"畏忌讳谀,不敢端言其过"①,受重视的程度较低,担的风险也小,今无可考。秦代方士,风头出得比较大,主要都是寻仙访药者。这些人最能投始皇所好,本来很得意,然"秦法,不得兼方,不验辄死"④,下场很惨。他们所长则是方技。

秦代方士数量很大,但史籍可考者相当有限,比较著名的大概只有《史记》、《列仙传》和《神仙传》等书提到的八个人:

(1)徐市。齐人,一名徐福。是最早自告奋勇入海求仙的方士。始皇二十八年(前219年),东行郡县,登琅邪台,市等上书言海上有三神山,请入海求仙,始皇遣之②。市入海还,伪称尝见海中大神,求延年益寿药,大神责以礼薄,不予,乃更求男女三千人,资之五谷种,携百工而行,然船至海上,受风阻,终不得至③。三十五年(前212年),市费金巨万不得药,令始皇十分恼火④,三十七年(前210年),仍无所得,恐谴,乃诈曰"蓬莱药可得,然常为大鲸鱼所苦,故不得至,愿请善射与俱,见则以连弩射之"⑤,大概一直骗始皇到死。

(2)茅濛。字初成,咸阳人⑥。始皇三十一年(前216年),更名腊曰"嘉平",以应谣谶⑦。据《始皇本纪》集解引《太原(元)真人茅盈内纪》"始皇三十一年九月庚子,盈曾祖父濛,乃于华山之中,乘云驾龙,白日升天。先是其邑谣歌曰:'神仙得者茅初成,驾龙上升入泰清,时下玄洲戏赤城,继世而往在我盈,帝若学之腊嘉平。'始皇闻谣歌而问其故,父老具对此仙人之谣歌,劝帝求长生之术,于是始皇欣然,乃有寻仙之志,因改腊曰'嘉

---

① 《史记·秦始皇本纪》,中华书局本,第一册,258页。

② 同上,244~247页。

③ 《史记·封禅书》,中华书局本,第四册,1369~1370页;《史记·淮南衡山列传》,中华书局本,第十册,3086页。

④ 《史记·秦始皇本纪》,中华书局本,第一册,258页。

⑤ 同上,263页。

⑥ 《神仙传》卷五《茅君传》,《四库全书》,上海古籍出版社1987年,1059册,280~282页。

⑦ 《史记·秦始皇本纪》,中华书局本,第一册,251页。

平'"①。始皇改腊曰"嘉平"传说即因茅濛得仙。

（3）卢生。燕人，名敖。是第二批求仙者。始皇三十二年（前215年），之碣石，使卢生求羡门、高誓。上巡北边，从上郡入，卢生使入海还，以鬼神事，奏录图书，曰"亡秦者胡也"，始皇乃使将军蒙恬发兵击胡②。三十五年（前212年），敖无所得，借口有鬼物为妨，劝始皇微行避鬼，谓恶鬼避，真人乃至。故始皇自称"真人"，匿其所在。不久，卢生与侯生谋，亡去③。《始皇本纪》于卢生之亡，未言所之，但《淮南子·道应》却续写其事，谓卢生既亡，尝游北海，至蒙谷之上，见"一士"，谈吐不凡，最后举臂竦身入云中④。因为文中称此"士"为"若士"（犹言这位士），《神仙传》遂以"若士"为名，为之立传⑤。这其实是误读。

（4）韩终。可能是韩人，"终"一作"众"。是第三批求仙访药者。始皇三十二年（前215年），使韩终、侯公（即侯生）、石生求仙人和不死之药⑥。三十五年（前212年），韩终去不报，始皇恨之⑦。《抱朴子·仙药》说"韩终服菖蒲十三年，身生毛，日视书数万言，皆诵之，冬袒不寒"⑧，是传言明服食者。又梁元帝《洞林序》还提到韩终传六壬术⑨。

（5）侯生。一作"侯公"。《说苑·反质》称为"韩客侯生"，以侯生为韩人⑩。始皇三十二年（前215年），与韩终、石生同受命求仙人和不死之药⑪。三十五年（前212年），韩终亡后，惧见罪，与卢生谋，亡去⑫。《反

---

① 《史记·秦始皇本纪》，中华书局本，第一册，251页。
② 《史记·秦始皇本纪》，中华书局本，第一册，251～252页。
③ 《史记·秦始皇本纪》，中华书局本，第一册，257～258页。
④ 刘文典《淮南鸿烈集解》，中华书局，1989年，上册，406～410页。
⑤ 《神仙传》卷一《若士传》，《四库全书》本，1059册，258～259页。
⑥ 《史记·秦始皇本纪》，中华书局本，第一册，252页。
⑦ 《史记·秦始皇本纪》，中华书局本，第一册，258页。
⑧ 王明《抱朴子内篇校释》，中华书局，1985年，208页。
⑨ 梁元帝《洞林序》，见《梁元帝集》，《汉魏六朝百三名家集》本，66页背。
⑩ 向宗鲁《说苑校证》，中华书局，1987年，517～518页。
⑪ 《史记·秦始皇本纪》，中华书局本，第一册，251页。
⑫ 同上，258页。

质》于侯生之亡亦有续写,谓侯生旋即复归,为始皇陈秦亡之征,始皇悔不早听其言,遂释不诛云①。

(6)石生。始皇三十二年(前 215 年)与韩终、侯生同受命求仙人和不死之药②。

(7)安期生。齐人。《史记·田儋列传》太史公赞说"蒯通者,善为长短说,论战国之权变,为八十一首。通善齐人安期生,安期生尝干项羽,项羽不能善其策。已而项羽欲封此两人,两人终不肯受,亡去"③,《乐毅列传》讲黄老之学的传授,也提到"河上丈人教安期生,安期生教毛翕公"等等④,是安期生为秦汉之际人,通长短术和黄老学。安期生在汉代非常有名。如《史记·封禅书》记李少君进祠灶之术,自称"臣尝游海上,见安期生,安期生食巨枣,大如瓜。安期生仙者,通蓬莱中,合则见人,不合则隐"⑤。但《史记》没有提到安期生遇始皇。安期生遇始皇只见于《列仙传》卷上,传文说安期生是"琅玡阜乡人也,卖药于东海边,时人皆言千岁翁。秦始皇东游,请见,与语三日三夜,赐金璧度数千万,出于阜乡亭,皆置去,留书,以赤玉舄一双为报,曰'后数年求我于蓬莱山'。始皇即遣使者徐市、卢生等数百人入海,未至蓬莱山,辄逢风波而还,立祠阜乡亭海边十数处云"⑥,反以安期生遇始皇在徐市入海之前。

(8)黄公。东海人,《西京杂记·篆术制蛇御虎》:"余所知有鞠道龙,善为幻术,向余说古时事。有东海人黄公,少时为术,能制蛇御虎,佩赤金刀,以绛缯束发,立兴云雾,坐成山河。及衰老,气力赢惫,饮酒过度,不能复行其术。秦末,有白虎见于东海,黄公乃以赤刀往厌之。术既不行,遂为虎所杀。三辅人俗用以为戏,汉帝亦取以为角抵之戏焉。"⑦传说是秦

① 向宗鲁《说苑校证》,中华书局,1987 年,517～518 页。
② 《史记·秦始皇本纪》,中华书局本,第一册,251 页。
③ 《史记·田儋列传》,中华书局本,第八册,2649 页。
④ 《史记·乐毅列传》,中华书局本,第七册,2436 页。
⑤ 《史记·封禅书》,中华书局本,第四册,1385 页。
⑥ 《列仙传》卷上《安期先生传》,《丛书集成初编》本,25 页。
⑦ 向新阳、刘克庄《西京杂记校注》,上海古籍出版社,1991 年,115 页。

时明幻化、厌劾之术者。

三、西汉时期

西汉时期的方士以武帝时期为最活跃,很多方面都类似秦始皇,甚至超过秦始皇,这是划分前后的一条线。武帝之前和武帝以来,思想背景不同,表现形式也不同:武帝以前盛行黄老,方术和黄老是密切结合在一起;武帝以来盛行儒术,方术也与儒术相互渗透。下按方术的门类试做概括介绍:

(一)天文历算。历来是由官方典守,但这一时期也有不少方士参加。如据《史记·历书》和《汉书·律历志》,汉初定历是一件大事。高、惠、吕后时代,天下初定,还是袭秦正朔服色,用颛顼历。文帝时,鲁人公孙臣、北平侯张苍(张苍尝学律历)和赵人新垣平(以望气幸)屡议正历服色事,终不能定。武帝议造太初历,参加者有大中大夫公孙卿、壶遂,太史令司马迁,侍郎尊,大典星射姓,治历邓平,长乐司马可,酒泉候宜君,以及民间治历者唐都和落下闳,凡二十余人①。这些人中,唐都和落下闳就是从民间招来的方士。他们名气很大,《历书》说"至今上即位,招致方士唐都,分其天部;而巴落下闳运算转历,然后日辰之度与夏正同"②,《太史公自序》也说"太史公学天官于唐都"③。

(二)占星候气。《史记·天官书》说"夫自汉之为天数者,星则唐都,气则王朔,占岁则魏鲜"④,王朔之占见《史记》的《孝武本纪》和《李将军列传》⑤,魏鲜有《集腊明正月旦决八风》,见《史记·天官书》⑥。

① 《史记·历书》,中华书局本,第四册,1260页;《汉书·律历志》,中华书局本,第四册,974~976页。

② 《史记·历书》,中华书局本,第四册,1260页。

③ 《史记·太史公自序》,中华书局本,第十册,3288页。

④ 《史记·天官书》,中华书局本,第四册,1349页。

⑤ 《史记·孝武本纪》,中华书局本,第二册,467页;《史记·李将军列传》,中华书局本,第九册,2873页。

⑥ 《史记·天官书》,中华书局本,第四册,1340页。

（三）式法选择。《史记·日者列传》是讲这类学问，传中录有司马季主和宋忠、贾谊的问对，颇类小说家言。司马季主，楚人，"游学长安，通《易经》，术黄帝、老子，博闻远见"，是文帝时候的一位日者。此外，褚先生还提到汉武帝时，曾聚会占家决娶妇择日，有五行家、堪舆家、建除家、丛辰家、历家、天人家、太一家等七家，这些也都属于日者的门派①。汉代人迷信这类数术，王莽是个典型，如他临死前让"天文郎按栻于前，日时加某，莽旋席随斗柄而坐，曰：'天生德于予，汉兵其如予何！'"②就是用式法，按斗向来避兵。

（四）风角五音。风角五音与候气有关，如上述魏鲜《集腊明正月旦决八风》就与风角有关。魏鲜是汉初人，比他晚，著名的风角家是翼奉（宣帝时）和京房（元帝时）③。他们都是方士化的儒生，对后世风角家影响很大，《隋志·子部》五行类有翼奉的《风角杂占五音图》（梁有，隋亦有）、《风角要候》和《风角鸟情》，京房的《风角五音占》（梁有）、《风角杂占五音图》（梁有）和《风角要占》④。

（五）龟卜筮占。《史记·龟策列传》谓高、惠、文、景时期，卜筮是因袭秦制，虽父子畴官，世代相传，然精微深妙，多所遗失，至武帝时才大加提倡，重新恢复。当时因为卜筮很吃香，"如丘子明之属，富溢贵宠，倾于朝廷。至以卜筮射蛊道，巫蛊时或颇中。素有眦睚不快，因公行诛，恣意所伤，以破族灭门者，不可胜数。百僚荡恐，皆曰龟策能言。后事觉奸穷，亦诛三族"⑤，传文提到的丘子明就是一位年代较早的卜筮家。西汉卜筮、卜法传授，情况不明，筮法有数术易与儒门易两种。儒门易的授受源流，可参看《经典释文序录》⑥，数术易则有《汉志·数术略》著龟类收入的《於

---

① 《史记·日者列传》，中华书局本，第十册，3215～3222 页。
② 《汉书·王莽传》，中华书局本，第十二册，4190 页。
③ 《汉书·翼奉传》《京房传》，中华书局本，第十册，3160～3178 页。
④ 《隋书·经籍志》，中华书局本，第四册，1027 页。
⑤ 《史记·龟策列传》，中华书局本，第十册，3224 页。
⑥ 吴承仕《经典释文序录疏证》，中华书局，1984 年，25～50 页。

陵钦易吉凶》、《任良易旗》、《易卦》一类书①。但这两类易书也有交叉。比如汉儒传易有出于田王孙的施、孟、梁丘一派，其中的"孟"即孟喜。他传焦延寿和京房，专以卦气、象数说易，就很明显地带有数术家的色彩，特别是《京氏易》对后世影响尤大②。《汉志》著录的《任良易旗》，任良便是京房的弟子③。

（六）占梦、厌劾、祠禳等术。汉武帝时有巫蛊之祸④，并遍设淫祠⑤。巫蛊即属于厌劾之术，而淫祠则属于祠禳，都说明此类方术很流行。

（七）医术。西汉民间名医有汉文帝时的淳于意。意为临淄人，因为作齐太仓长，号"太仓公"。他尝从同郡元里公乘阳庆受黄帝、扁鹊之脉书、五色诊、奇咳术、揆度阴阳外变、药论、石神、接阴阳禁书，以长于方技为汉文帝召问⑥。

（八）服食。西汉时期，因帝王提倡，寻仙访药仍是热门。《史记·封禅书》讲寻仙访药，主要提到五个人：赵人新垣平，齐人李少君、少翁、栾大和公孙卿。他们当中，只有新垣平事文帝（以望气幸，后被杀），其他四人都是事武帝。武帝元光二年（前133年），李少君以祠灶、谷道、却老方见上，曰"祠灶则致物，致物而丹沙可化为黄金，黄金成以为饮食器则益寿，益寿而海中蓬莱仙者乃可见，见之以封禅则不死，黄帝是也"，出名最早。他病死后，武帝以为尸解，使宽舒受其遗方，有一大堆追随者。比少君晚一点，是少翁和栾大，也曾红极一时，贵震天下。二人同师。元狩四年（前119年），少翁以鬼神方见上，拜文成将军，旋谋败被诛。元鼎四年（前113年），栾大自吹尝遇安期、羡门于海上，其师有方，许愿说"黄金可成，而河

① 《汉书·艺文志》，中华书局本，第六册，1770～1771页。

② 《汉书·京房传》、《儒林传》中的施雠、孟喜、梁丘贺和京房传，中华书局本，第十册，3160～3167页；第十一册，3598～3602页。

③ 《汉书·京房传》，中华书局本，第十册，3165、3167页。

④ 《汉书·江充传》、《武五子传》、《公孙贺传》，中华书局本，第七册，2175～2179页；第九册，2741～2749、2877～2879页。

⑤ 见《史记·封禅书》，中华书局本，第四册，1384～1404页。

⑥ 《史记·扁鹊仓公列传》，中华书局本，第九册，2794～2817页。

决可塞,不死之药可得,仙人可致也",拜五利将军,一年后亦以方尽被诛。公孙卿用事较长,是从元鼎四年(前113年)到武帝死(前87年)。他是以黄帝书说上(传言受之申公,申公受之安期生),以大人迹候神,亦无效①。这是秦始皇之后又一次大规模的寻仙访药,当时献方、入海者数以万计,大抵仍是来自燕齐海上。与寻仙访药有关,中国古代的炼丹术至此乃大盛。当时有两个人物很重要,一个是刚才提到的李少君,另一个是约略与之同时的淮南王刘安。少君的祠灶方很明显是黄白术(作假金假银)。《神仙传》谓少君字云翼,是齐临淄人,尝从安期生受神丹炉火飞雪之方,并以六甲左右灵飞术传东郭延,以神丹飞玄方授蓟子训②。他当然不会活到东郭延、蓟子训的时候(东汉末),也未必见过安期生,但神仙家愿意借他的名声,至少说明他对炼丹术的影响很大。刘安作《淮南王书》,中篇八卷是讲神仙黄白之术,汉宣帝时,刘向得其书,号称《枕中鸿宝苑秘书》,虽作金不成,但对炼丹术的影响也很大③。《抱朴子·遐览》有《鸿宝经》一卷④,就是这本书。此外,讲炼丹史的人还提到《汉志·方技略》神仙类有《泰壹杂子黄冶》,桓谭《新论》有史子心为傅太后作金,《列仙传》有任光、主柱、赤斧服丹,也都是属于这一时期⑤。

(九)行气导引。在西汉的政治人物中,张良和方术的关系最密切,他不但从黄石公受《太公兵法》,还因体弱多病,行辟谷导引,最后从政治上引退,也是说"愿弃人间事,欲从赤松子游耳"⑥,完全是一派神仙家言。

(十)房中。西汉流传的房中书,除去出土发现⑦,史籍著录只有阳庆

---

① 见《史记·封禅书》,中华书局本,第四册,1384~1404页。

② 《神仙传》卷六《李少君传》,《四库全书》本,1059册,285~287页。

③ 《汉书·淮南王传》,中华书局本,第七册,2145页;《汉书·刘向传》,中华书局本,第七册,1928~1929页。

④ 《抱朴子内篇校释》,334页。

⑤ 《道藏源流考》,下册,371~375页。

⑥ 《史记·留侯世家》,中华书局本,第六册,2034~2049页。赤松子,见《列仙传》卷上(《丛书集成初编》本,3347号,1页),是西汉很有名的神仙。

⑦ 参看《中国方术考》,303~342页。

授淳于意的房中书和《汉志·方技略》的房中八家①。这些书，如《容成阴道》、《务成子阴道》、《尧舜阴道》、《汤盘庚阴道》、《天老杂子阴道》、《黄帝三王养生方》，大抵都是依托传说人物。当时的房中家只有《列仙传》提到的女几和《神仙传》、《子都经》佚文提到的巫炎②。《列仙传》说女几为陈市上沽酒妇人，遇仙人，授以素书五卷，赞语曰"玄素有要，近取诸身；彭聃得之，五卷以陈"，以所授为玄女、素女、彭祖之术。《神仙传》说巫炎字子都，北海人，汉武帝曾问术于子都。《子都经》佚文说子都受术于陵阳子明。容成、玄女、素女、彭祖和子都的房中书都是东汉和魏晋时期很流行的房中书。

西汉时期的方术传授和儒、道两家都有关。汉初盛行黄老，"黄"是黄帝书，"老"是《老子》③。方术书依托黄帝君臣，在战国时期就已出现，两汉时期仍是传统，这点比较清楚。现在值得注意的是，"老"与方术关系也很大。例如汉初传黄老之术，有河上丈人传安期生，安期生传毛翕公，毛翕公传乐瑕公，乐瑕公传乐臣公，乐臣公传盖公的一系④。《老子河上公章句》和张陵《老子想尔注》皆以方技甚至房中解老⑤，常常被人视为荒诞。但现在从出土马王堆房中书看，用《老子》书中的词语作房中术语，其实早在汉初就如此⑥。汉代以儒术和方术杂糅，主要是武帝以来的风气。儒术方术化，外部原因是方术和道家的影响太大，内部原因是儒籍当中本来也有一些"亲缘"成分：如《书·洪范》讲五行，《春秋》讲灾异，《易》则与

---

① 《汉书·艺文志·方技略》房中类，中华书局本，第六册，1778页。

② 《列仙传》卷下《女几传》，《丛书集成初编》本，58页；《神仙传》卷八《巫炎传》，《四库全书》本，1059册，299页；《子都经》佚文，见《中国方术考》，404～405页。

③ 参看李零《说"黄老"》，《道家文化研究》第五辑，上海古籍出版社，1994年，142～157页。

④ 《史记·乐毅列传》，中华书局本，第七册，2436页。

⑤ 参看王卡点校《老子道德经河上公章句》的《成象》、《俭欲》、《玄符》、《谦德》，中华书局，1993年，21～22、181、212、238页；饶宗颐《老子想尔注校证》，9、11、13、36、46页。

⑥ 如以"朘"、"赤子"指男阴，"玄门"指女阴（阴门），参看《中国方术考》，322～333页。

卜筮有关。例如《汉书》介绍汉儒推阴阳灾异,其代表人物"孝武时有董仲舒、夏侯始昌,昭、宣则眭孟、夏侯胜,元、成则京房、翼奉、刘向、谷永,哀、平则李寻、田终术"。这些人"假经设谊,依托象类,或不免乎'亿则屡中'",不仅作风与方士相似,下场也相同,往往是下吏囚执,诛戮流放①。哀、平之后,谶纬风行,就是来自这样的流派。

此外,与东汉道教有很大关系,还有两个西汉方士也值得一提:

(1)茅盈。见《神仙传》卷五《茅君传》②。盈字申叔,咸阳人,传即始皇所闻谣歌中"继世而往在我盈"的"盈",是茅濛曾孙,号"太元真人"。盈有弟二人,一名固,字季伟;一名忠,字思和。他们三位也合称"三茅君",即后世道教茅山派的祖师③。其活动时间大约在汉初。

(2)甘忠可。见《汉书·李寻传》④。忠可齐人,成帝时诈造《天官历》、《包元太平经》十二卷,言汉运已终,当更受命,授贺良、丁广世、郭昌,为刘向奏劾,下狱死。哀帝时,贺良等由解光、李寻支持,用忠可说变政,坐左道伏诛。这事对东汉太平道也有一定影响。

四、东汉时期

东汉时期的方术传授似乎有一种分化,当时明晓天文历算和各种占卜的人往往都是眭孟、夏侯、京房、翼奉一类儒者的流裔。他们既明经艺,又通方术,驰骋穿凿,迎合帝王,带有较多的官方色彩。特别是哀、平之后,图谶蔚兴,王莽矫用符命,光武尤信谶言,对儒者的方士化更是推波助澜。虽有识者忿其妖妄,但毕竟无助于风气的改变⑤。如《后汉书·方术

---

① 《汉书》各本传及《翟方进传》,中华书局本,第七册,1929～1966 页;第八册,2495 页;第十册,3153～3195 页;第十一册,3443～3473、3601～3602 页。

② 《神仙传》卷五《茅君传》,《四库全书》本,1059 册,280～282 页。

③ 参看《道藏源流考》上册,9～11 页。

④ 《汉书·李寻传》,中华书局本,第十册,3179～3194 页。

⑤ 《后汉书·方术列传》,中华书局本,第十册,2703～2706 页。

列传》放在前面讲的二十三人（称为"推变尤长，可以弘补时事"者），以及别自为传的其他一些儒者，很多便是属于这一类①。还有一类是流散民间的神仙家，他们虽然也习数术，但更热衷的还是针药、服食、行气、导引、房中和符箓、幻化、厌劾等术，主要以方技见长。如《方术列传》放在后面讲的二十一人（称为"异术之士"），以及《神仙传》和《博物志》卷五等书所载，很多便是属于后一类②。下依方术门类，略做描述：

（一）天文历算。以张衡最有名。衡字平子，南阳西鄂人，《方术列传》称为"阴阳之宗"③。其本传说衡善机巧，尤精天文、阴阳、历算，好扬雄《太玄》，以善术被征，于安帝和顺帝时两任太史令，发明浑天仪、候风地动仪，著《灵宪》、《筭罔论》等书，有"数术穷天地，制作侔造化"的美誉（崔瑗语）。他敢反潮流，斥图谶为虚妄，也很有勇气④。

（二）图谶及风角占候等术⑤。以郎颢最有名。颢字雅光，北海安丘人，《方术列传》称为"咎征最密"⑥。其本传说颢传父学（父郎宗，善《京氏易》、风角、星算、六日七分、望气占候等术），兼明经典，昼研精义，夜占象度，阳嘉二年（133 年）以公车征，为上陈说灾异，事多验⑦。又苏竟、杨厚、襄楷及《方术列传》的前二十三人也多半是属于这一类（但王乔之术为幻

---

① 《后汉书》的《苏竟传》、《杨厚传》、《郎颢传》、《襄楷传》、《张衡传》、《方术列传》，中华书局本，第四册，1041～1085 页；第七册，1897～1941 页；第十册，2707～2740 页。

② 《神仙传》，《四库全书》本，1059 册，253～311 页；范宁《博物志校证》，中华书局，1980 年，61～65 页。

③ 《后汉书·方术列传》，中华书局本，第十册，2706 页。

④ 《后汉书·张衡传》，中华书局本，第七册，1897～1941 页。

⑤ 《后汉书·方术列传》，中华书局本，第十册，2703 页。书中所说"至乃《河》、《洛》之文，龟龙之图，箕子之术，师旷之书，纬候之部，钤决之符"，主要指图谶；而"风角、遁甲、七政、元气、六日七分、逢占、日者、挺专、须臾、孤虚之术，及望云省气，推处妖祥"则多与式法选择、风角五音等术有关。

⑥ 同上，2706 页。

⑦ 《后汉书·郎颢传》，中华书局本，第四册，1053～1075 页。

术,郭玉、华佗之术为医术,是例外)①。

(三)数术易。东汉儒者往往习《京氏易》,如上述善图谶、风角占候之术的那批人,其中郎颛、折像、樊英、唐檀等人就是如此。还有当时许多有名的易家,如郑玄、荀爽、虞翻等,也在不同程度上受到《京氏易》的影响,往往都是以象数解《易》②。

(四)医术。主要有《方术列传》提到的郭玉和华佗。郭玉,广汉雒人,师事程高,高受术涪翁。涪翁精医术,有《针经》、《诊脉法》传世。玉于和帝时为太医丞,治病多有效验③。华佗(一名旉)精方药,明养性之术,尝以麻沸散作麻醉剂为病人动腹部手术,多绝技。曹操闻而召佗,常在左右。佗有弟子吴普、樊阿,尝以五禽戏授普,传之后世。后得罪操,被杀④。另外《神仙传》有壶公、董奉,则是带有神秘色彩的擅长医术者⑤。壶公,相传是费长房所遇仙人,尝悬壶市上,卖药治病,有《壶公符》传世。后世称行医为"悬壶"即源于此。董奉,字君异,侯官人,精医术,为人治病,不取钱物,使重病愈者栽杏五株,轻者一株,数年之间,竟得十万余株,后世以"杏林望重"、"誉满杏林"称医术高明,亦源于此。

(五)服食。东汉时期,类似秦始皇或汉武帝那样大规模的入海寻仙已无人仿效,只有东汉灭亡后十年,即吴黄龙二年(230年)孙权曾派人浮海求夷洲(今台湾)及亶洲,是其流风余韵⑥。但这一时期炼丹服丹仍非常时髦。东汉炼丹有几个主要流派,一个派别是张陵的派别。张陵(字辅汉,沛国丰县人)得《黄帝九鼎丹经》,授弟子王长、赵升⑦。一个派别是马

① 《后汉书》的《苏竟传》、《杨厚传》、《襄楷传》和《方术列传》,中华书局本,第四册,1041～1050、1075～1085页,第十册,2707～2740页。
② 朱伯崑《易学哲学史》,北京大学出版社,1986年,上册,188～212页。
③ 《后汉书·方术列传》,中华书局本,第十册,2735页。
④ 《后汉书·方述列传》,中华书局本,第十册,2736～2740页。
⑤ 《神仙传》卷九《壶公传》,卷十《董奉传》,《四库全书》本,1059册,302～304、307～308页。
⑥ 《三国志·吴书·吴主传》,中华书局,1959年,第五册,1136页。
⑦ 《神仙传》卷五《张道陵传》,《四库全书》本,1059册,282～283页。

鸣生的派别。马鸣生（齐国临淄人，本姓和，字君贤）得《太清神丹经》三卷，授弟子阴长生（新野人，汉阴皇后之属）①。一个派别是左慈的派别。左慈得《黄帝九鼎神丹经》一卷（即张陵所传）、《太清丹经》三卷（即马鸣生所传）、《金液丹经》一卷，授弟子葛玄（字孝先，丹阳人），后来葛玄授郑隐，郑隐授葛洪②。一个派别是魏伯阳的派别。伯阳（吴人）作《周易参同契》三卷，假《易》爻象论作丹之意③。此外，李八伯（百）（蜀人）以《丹经》一卷授唐公昉（汉中人）④。帛和（字仲理）得《太清中经》、《神丹方》⑤，介象（字元则，会稽人）得《还丹经》一首⑥，程伟妻按淮南王《枕中鸿宝苑秘书》作金（亦不成）⑦，蓟子训传所谓李少君《神丹飞玄方》⑧，也都是当时的炼丹家⑨。

（六）行气。有一个比较重要的派别是蓟子训、刘京、王真和郗俭的派别。蓟子训与李少君同邑，自称尝从李少君受胎息胎食住年止白之法⑩。刘京（字太玄，南阳人）师事蓟子训，子训授京《五帝灵飞十二事》、《神仙十洲真形》诸秘要，京以服玉泉法授皇甫隆，玉泉者，口中液，属于胎食之法⑪。王真尝从《仙经》杂言得采薪歌诀（相传是周宣王时郊间采薪人所作），曰"巾金巾，入天门，呼长精，噏玄泉，鸣天鼓，养泥丸"。"巾金巾"指以行气驻颜，令皮肤光泽；"入天门"指吸气入口；"呼长精"指呼气抟精；

---

① 《神仙传》卷五《马鸣生传》、《阴长生传》，《四库全书》本，1059 册，278～280 页。

② 《神仙传》卷八《左慈传》，同上，296～298 页；《后汉书·方术列传》左慈传，中华书局本，第十册，2747～2748 页；《抱朴子·金丹》，《抱朴子内篇校释》，71 页。

③ 《神仙传》卷二《魏伯阳传》，同上，265 页。

④ 《神仙传》卷三《李八伯传》，同上，268 页。

⑤ 《神仙传》卷七《帛和传》，同上，292 页。

⑥ 《神仙传》卷九《介象传》，同上，305～306 页。

⑦ 《神仙传》卷七《程伟妻传》，同上，293 页。

⑧ 《神仙传》卷六《李少君传》，同上，285～287 页。

⑨ 参看《道藏源流考》，下册，375～386 页。

⑩ 《神仙传》卷七《蓟子训传》，《四库全书》本，1059 册，293～295 页；《后汉书·方术列传》蓟子训传，中华书局本，第十册，2745～2746 页。

⑪ 《神仙传》卷七《刘京传》，同上，291～292 页。

"嗽玄泉"指漱咽唾液(即上"服玉泉");"鸣天鼓"指朝起叩齿;"养泥丸"指炼形补脑。其术属于胎息胎食之法。真亦师事蓟子训①。郗俭善辟谷行气,能含枣不食达五至十年,闭气不息达百日半年②。

(七)导引。上面提到华佗以五禽戏授弟子吴普,是后世很有名的导引术③。另外,《神仙传》说栾巴著书百章,发明道要,谓"士大夫学道者多矣,然所谓八段锦、六字气,特导引吐纳而已,不知气血寓于身而不可扰,贵于自然流通"④,其所谓"八段锦"亦导引术名。后人以为"八段锦"是宋以来才有,其实更早是见于此书。

(八)房中。东汉时期,房中术极为发达,后世道教经典有所谓"七经之道","七经"指"玄、素、黄帝、容成、彭铿、巫咸(炎)、陈赦"之房中书,就是东汉魏晋所流行⑤。这里面除黄帝之书不详所指(也可能与《天老杂子阴道》有关)⑥,其他几种即《遐览》著录的《玄女经》、《素女经》、《容成经》、《彭祖经》、《子都经》、《陈赦经》⑦。另外《遐览》在《子都经》和《容成经》之间还列有《张虚经》和《天门子经》⑧,《老子想尔注》除黄帝、玄女、容成的房中书,还提到龚子的房中书⑨,也都是这一时期所流行。这些房中书有不少是依托传说人物,如玄、素、黄帝、容成、彭祖,即使子都也是属于西汉时期,但陈赦、张虚、天门子和龚子大概是这一时期的人物。东汉时期传

---

① 《神仙传》卷六《王真传》,同上,287~288 页;《后汉书·方术列传》王真传,中华书局本,第十册,2750~2751 页。

② 《神仙传》卷六《王真传》附,《四库全书》本,1059 册,287~288 页;《后汉书·方术列传》郝孟节传,中华书局本,第十册,2750~2751 页。

③ 《后汉书·方术列传》华佗传,中华书局本,第十册,2739~2740 页。案:五禽戏只是禽戏的一种。据曹丕《典论》"军祭酒弘农董芬学甘始鸱视狼顾,呼吸吐纳,为之过差,气闭不通,良久乃苏"(《博物志校证》65 页引),似甘始亦传禽戏。

④ 《神仙传》卷五《栾巴传》,《四库全书》本,1059 册,282~283 页。

⑤ 参看《道藏源流考》,下册,369 页。

⑥ 张衡《同声歌》有"天老教轩皇"之语。

⑦ 《抱朴子内篇校释》,333 页。

⑧ 《抱朴子内篇校释》,333 页。

⑨ 《老子想尔注校证》,11、36 页。

房中术,有三个派别很值得注意,一个派别是传容成之术,包括甘始、左慈、泠寿光、东郭延年、封君达①。这五个人,甘始"依容成、玄、素之法,更演益之,为一卷"②,有书传世,惜已无存。左慈,曹丕《典论》说"慈修房中之术",有"寺人严峻就左慈学补导之术,阉竖真无事于斯,而逐声若此"③。封君达号"青牛道士",《博物志》卷五提到封君达教皇甫隆"慎房室,〔春夏〕施泻,秋冬闭藏"④,《医心方》卷二八《养阳》引《玉房秘诀》亦引有"青牛道士"的御女之说⑤。另一个派别是传彭祖之术,如《神仙传》卷一有《彭祖》、《白石生》、《黄山君》三传,三人皆治地仙,重交接之道,是相关的一组⑥。读《彭祖传》,我们可知殷王遣采女问道彭祖,彭祖大讲交接之道,是因为他主张"人道当食甘旨,服轻丽,通阴阳,处官秩",觉得登仙虽好,然"去人情,离荣乐"。他认为帝王贪图享乐,不宜饵丹仙举,劝殷王最好还是效青精先生作地仙,在人间享福。这对理解《医心方》卷二八的《彭祖经》佚文是重要的背景介绍⑦。《黄山君传》更说明今《彭祖经》是黄山君所作。还有一个派别是传玉子之道,包括玉子、天门子、北极子、绝洞子等人,见于《神仙传》卷四⑧。玉子,姓张名震,南郡人,师事长桑子(与扁鹊师长桑君名近),受其众术,造一家之法。其术以"务魁"(似属符水治病)为主,而精于五行之意,弟子往往传房中术,疑即上《张虚经》的"张虚"("虚"、"震"字形相近,容易混淆)。天门子,姓王名纲,即上《天门子经》的"天门子"。传文摘其书,是以木、金喻男女,青龙、白虎、朱雀、玄武喻交

---

① 《神仙传》卷七、八、十本传,《四库全书》本,1059 册,291、296～298、311 页;《后汉书·方术列传》本传,中华书局本,第十册,2740、2747、2750 页;又《博物志校证》卷五,61～65 页。

② 《神仙传》卷十《甘始传》,《四库全书》本,1059 册,311 页。

③ 《博物志校证》卷五,65 页。

④ 同上,62 页。

⑤ 参看《中国方术考》,406 页。

⑥ 《神仙传》卷一各本传,《四库全书》本,1059 册,259～262 页。

⑦ 参看《中国方术考》,402～404 页。

⑧ 《神仙传》卷四各本传,《四库全书》本,1059 册,275～276 页。

接,述其和济之道①。北极子,姓阴名恒,传文摘其书,有"以人治人"、"死入生出"之说,亦属交接之道②。绝洞子,姓李名修,著书四十篇,名曰《道源》,传文摘其书,有"阴能敝阳"、"临深履危,御奔乘驾"之说,则合于《素女经》佚文③。另外同卷还有太阳子,是玉子的亲友和弟子;太阳女,是绝洞子的弟子;太阴女,是太阴子的弟子;以及治玉子之术的太玄女④。他们也属于同一流派。其中太阴女问道太阳子,太阳子所说"彼行白虎腊蛇,我行青龙玄武",以及"南三北五,东七西七(后一"七"字应是"九"字之误),中一",对照张陵《黄书》所谓"开命门,抱真人,婴儿回,龙虎戏"、"三五七九,天罗地网,士女溷漫"⑤,可知是类似之术。所谓"龙虎"、"三五七九",是以阴阳喻男女,五行喻交接。此外,《神仙传》还提到刘京以云母九子丸及交接之道教皇甫隆⑥。

(九)幻化。东汉方士的幻术种类很多,如变易形貌、分形隐身、坐在立亡、坐致行厨、兴云作雾、呼风唤雨,等等。如《神仙传》卷四有墨子等十五人,都是传"五行之道",其中既包括上面提到的玉子一派的房中家,也包括以幻术见长的刘政、孙博、班孟、太玄女、南极子、黄卢子等人⑦。他们的"五行之道"源出《墨子五行记》,故次于墨子之下。墨子本来是春秋战国之际的思想家,但在东汉和魏晋的神仙家中倍受重视,被描写成一位隐遁山林的"地仙",一直活到汉武帝时。传文讲墨子,除墨子解宋围的老

① 木为阳,金为阴;火为阳,水为阴。《素女经》佚文有以水、火喻男女之说,与此类似。参看《中国方术考》396页所辑佚文。同样青龙为阳,白虎为阴;朱雀为阳,玄武为阴,是类似的比拟。

② 《玉房秘诀》"既以斯病,亦以斯愈,解醒以酒,足为喻也",《玄女经》"八浅二深,死往生返",《洞玄子》"女当津液流溢,男即须退,不可死还,必须生还。如死出,大损于男"是类似说法。参看《中国方术考》,406～407、401～402、412页所辑佚文。

③ 《素女经》佚文"御女当如朽索御奔马,如临深坑下有刃,恐堕其中"是类似说法。参看《中国方术考》,396页所辑佚文。

④ 《神仙传》卷四各本传,《四库全书》本,1059,276～277页。

⑤ 《道藏源流考》,下册,366～368页。

⑥ 《神仙传》卷七《刘京传》,《四库全书》本,1059册,291～292页。

⑦ 《神仙传》卷四各本传,同上,273～274、277～278页。

故事,又有续写,说墨子遇仙,受素书《朱英丸方》、《道灵教戒》、《五行变化》,凡二十五卷,撰集其要,作《五行记》五卷。此书即《遐览》著录的《墨子枕中五行记》五卷①,是讲"五行之道"的经典。另外,前面提到的壶公、左慈、甘始,也是善幻术者。如壶公令费长房入其壶中,内有亭台楼阁、左右侍者②;左慈能坐致松江鲈鱼,化身为羊③;甘始能令鱼入沸水,游行沉浮,有若处渊④。还有鲜奴辜、张貂皆能隐身,出入不由门户⑤。

(十)符篆、厌劾等术。古代方士往往以治病救人作劝众向道的手段。而治病手段除医术,也往往借助符篆、厌劾等术(属祝由术)。如壶公尝作《召军符》、《召鬼神治病王府符》,凡二十余卷,总名为《壶公符》⑥。费长房从公作壶中游,受医术及"鞭笞百鬼,及驱使社公"诸法⑦,即传其术(后失其符,为鬼所杀,与黄公类似)。而葛玄也长于治病收劾鬼魅⑧。刘根、赵圣卿、编盲意和寿光侯等人⑨,也都擅长这类方术。

上述十类人物,除(一)至(三)类往往是方士化的儒生,与官方关系较密切,其他多流散民间,是道教兴起的背景。例如这一时期出现的道派,天师道的道首张陵,李家道的道首李阿、李八伯(百)和李意期,帛家道的道首帛和,干君道的道首干吉(即于吉)⑩,以及与后来灵宝派有关的华子

---

① 《抱朴子内篇校释》,333 页。

② 《神仙传》卷九《壶公传》,同上,302～304 页;《后汉书·方术列传》费长房传,中华书局本,第十册,2743～2745 页。

③ 《神仙传》卷八《左慈传》,同上,1059 册,296～298 页;《后汉书·方术列传》左慈传,中华书局本,第十册,2747～2748 页。

④ 《博物志校证》,62 页。

⑤ 《博物志校证》,62 页;《后汉书·方术列传》解奴辜、张貂传,中华书局本,第十册,2749 页。

⑥ 《神仙传》卷九《壶公传》,《四库全书》本,1059 册,302～304 页。

⑦ 《后汉书·方术列传》费长房传,中华书局本,第十册,2743～2745 页。

⑧ 《神仙传》卷八《葛玄传》,《四库全书》本,1059 册,295～296 页。

⑨ 《博物志校证》,62 页;《神仙传》卷八《刘根传》,同上,300～302 页;《后汉书·方术列传》刘根、麴圣卿、编盲意、寿光侯传,中华书局本,第十册,2746、2749 页。

⑩ 《三国志·吴书·孙策传》注引《江表传》、《志林》、《搜神记》,中华书局本,第五册,1110～1111 页。

期等人①,便大多见于《神仙传》,都是当时有名的神仙家。许多著名的早期道教经典如《太平经》、《灵宝经》、《想尔注》、《参同契》也都是由这批方士传播于民间。

当然,东汉时期,类似秦始皇和汉武帝的招聚方士也并非完全绝迹,例如"魏武十六方士"就是类似之例②。这十六方士是:

(1)华佗(字元化)。谯周人。

(2)鲁女生。长乐人。

(3)蓟达(字子训)。不知何所人。

(4)王真(字叔坚)。上党人。

(5)郗俭(字孟节)。阳城人,一说上党人。"郗"或作"郝"③。

(6)甘始。甘陵人,一说太原人④。

(7)左慈(字元放)。卢江人。

(8)泠寿光。扶风人。"泠"或作"冷",或作"灵"⑤。

(9)东郭延年(字公游)。山阳人。

(10)封衡(字君达)。不知何所人。

(11)鲜奴辜。不知何所人。"鲜"或作"解"⑥。

---

① 《神仙传》卷二《华子期传》,《四库全书》本,1059 册,264 页。

② 《博物志校证》,61～66 页;《神仙传》卷六《王真传》,卷七《东郭延年传》、《灵寿光传》、《蓟子训传》,卷八《左慈传》,卷九《壶公传》,卷十《鲁女生传》、《甘始传》、《封君达传》,《四库全书》本,1059 册,287～288、291、293、296～298、302～304、310～311 页;《后汉书·方术列传》华佗、泠寿光、唐虞、鲁女生、费长房、蓟子训、左慈、上成公、解奴辜、张貂、魏圣卿、甘始、东郭延年、封君达、王真、郝孟节传,中华书局本,2736～2751 页。

③ 《博物志》作"阳城人"、"郗俭",《神仙传》作"郗孟节",《方术列传》作"上党人"、"郝孟节"。案:郗、郝古音相近,但是不同姓氏,郗姓有济阴、河南二望,而郝姓出太原。

④ 《博物志》作"甘陵人",《神仙传》作"太原人"。

⑤ 《方术列传》作"泠寿光",《博物志》作"冷寿光",《神仙传》作"灵寿光"。似应作"泠寿光"。

⑥ 《博物志》作"鲜奴辜",《方术列传》作"解奴辜"。

（12）张貂。不知何所人。

（13）费长房。汝南人。

（14）赵圣卿。河南人。"赵"一作"麴"①。

（15）上成公。河南密县人。或作"卜成"、"卜式"，都是讹写②。

（16）唐雪。不知何所人。"雪"或作"虞"③。

他们当中，华佗善医术，鲁女生善服食，蓟达、王真、郗俭善行气，甘始、左慈、冷寿光、东郭延年、封君达善房中，鲜奴辜、张貂善幻术，费长房、赵圣卿善厌劾，大多已见上述。魏武帝好养性，解方药。他把这批方士聚于身边，不使流散，一则以备顾问，一则以便控制④。但他们并不听话，被杀的被杀，逃跑的逃跑，仍然不能逃脱"御用方士"固有的劫数。

1994 年 11 月 10 日写于北京蓟门里

① 《博物志》作"赵圣卿"，《方术列传》作"麴圣卿"。

② 《方术列传》作"上成公"，《博物志》讹为"卜式"，《抱朴子·至理》讹为"卜成"，参看《博物志校证》67 页注〔17〕，《史记·平准书》有"河南卜式"，为汉武帝时人，此误混。

③ 《博物志》作"唐雪"，《方术列传》作"唐虞"，字相近。

④ 《博物志校证》，61～62 页。

礼仪为本

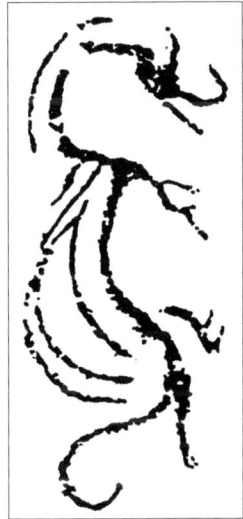

秦汉礼仪中的宗教

【说明】此文初稿是参加英国伦敦大学召开的"前现代中国艺术、宗教讨论会"(1997年1月)的发言稿,后来在美国修改,又在加州大学伯克利分校做过相同的演讲。现在用中文发表,我又做了一些修改。

一、序说:"天人合一"还是"五族共和"?

中国早期的宗教,即前道教和前佛教时期的宗教,是学者十分关心的问题。同这一问题有关,有三个方面很值得研究,第一是"巫术"(现在西方学者多称之为 shamanism),第二是"方术"(现在尚无大家认可的西文译名,或可翻译为 occult science),第三是"礼仪"(rituals)。现在西方学者比较热心的主要是第一个方面,并且看重的是来自考古发现和艺术表现的"视觉因素",比如他们对"饕餮纹"的讨论就是一个"说不完的话题"。

现在对"萨满"或"巫术"的讨论很热闹,这种讨论对理解早期宗教的共同"底色"可能很有帮助,但其适用范围是个引起争论的问题。因为"萨满"本来是个比较狭窄的概念(通古斯民族的概念),现在被泛化(用指亚美地区或更大范围的宗教传统),几乎等于"早期宗教"的代名词,它和"巫"在商周秦汉时期的实际地位是有一定出入的。十年前,台湾学者林富士已就"汉代的巫者"做过专题研究①。后来,香港学者饶宗

---

① 林富士《汉代的巫者》,台北:台湾大学历史学研究所硕士论文,1987年。又文盛铺《汉代巫人社会地位之研究》,台北:私立中国文化大学史学研究所硕士论文,1993年。

颐则利用年代更早的材料做进一步讨论①。此外，还有不少中外学者也讨论过中国早期的"巫"②。从有关材料看，我的印象是，不仅战国秦汉时期，而且就连商周时期的"巫"地位都不是很高：他们只是祝宗卜史的属官或民间杂祠的神媒，并不具有代表神权统治类似印度"第一种姓"婆罗门（Brahman）的地位。饶先生甚至强调说，他不同意用"巫术宗教"来涵盖中国古代文化，认为中国早期国家的立国之本是"礼"而不是"巫"。同样，我想"方术"也是这样。我们对它和宗教的关系也不能强调得太过分。虽然近年来，我对"方术"做了一点研究，特别是利用出土发现对早期"方术"做了一点研究③，我发现它对改变我们对古代知识体系的认识确实非常重要，特别是对我们习以为常过于"现代化"的科学/宗教概念是一种有效的"解毒剂"，但我并不认为中国早期宗教的主体就是"方术"。相反，我倒是觉得它接近"科学"要远胜于"宗教"，恐怕更主要地还是一种知识性的东西。所以我还是比较赞同饶先生的想法，即我们应更多考虑"礼仪"的重要性（并且应把"巫术"纳入"方术"和"礼仪"的系统来考虑）。

"礼"在中国宗教史的研究上最重要，这从明末耶稣会士到中国传教的"第一印象"可以看得比较清楚，如利玛窦（Matteo Ricci，1552～1610年）早就提出，中国人，特别是中国的精英即"士大夫"，他们拜"天地君亲师"是否属于"宗教"④。这个问题就是在今天也还是一个大问题。当时的"礼仪之争"正是抓住了中国宗教最敏感的问题。

中国人对"天地君亲师"的崇拜（《大戴礼·礼三本》已有类似说法）是

---

① 饶宗颐《历史家对萨满主义应重新作反思与检讨——"巫"的新认识》，收入《中华文化的过去现在和未来》，中华书局，1992年，396～412页。

② 参看罗泰（Lothar Von Falkenhausen）教授在 *Early China*，No.20（1995），279～300 页上发表的新作 "Reflections on the political role of spirit mediums in Early China: the Wu officials in the *Zhou Li*" 及其引用陈梦家、张光直、David N.Keightley、林巳奈夫和 Victor Mair 的有关讨论。

③ 李零《中国方术考》，中华书局，2019年。

④ 〔法〕裴化行《利玛窦评传》，商务印书馆，1993年，下册，425～439页。

秦汉礼仪中的宗教

来源于早期对"天地祖"的崇拜。"天地祖"的崇拜当然涉及"天人关系",但我并不赞同目前国内流行的说法,即中国文明的特点是"天人合一"。"天人合一"的说法在中国当然有,比如董仲舒一流的儒者("天人合一"本来就是董仲舒提出来的),汉哀、平之际的图谶之学,还有汉末以来的道教、佛教和民间宗教,它们都比较喜欢讲这类东西。但这样的东西(神学和科学都很关心的问题),在我看来并不一定就是中国文明区别于其他文明的特点,况且就是放在中国文化的范围里它也未必就是主流。中国文化的主流,我看还是在"天人分裂"的前提下发展起来,是在重视人事的基础上发展起来。《国语·楚语下》讲"绝地天通"、"民神异业",《荀子·天论》讲"明天人之分",司马迁《报任安书》讲"究天人之际",所谓"绝"、"异"、"分"、"际",都是强调其分裂或界限。它最有特色的东西恐怕还是孙中山先生讲的"五族共和"(汉、满、蒙、回、藏五族团结在同一个共和国内)。1911 年中国推翻满清帝制,要按革命初衷,本该"驱除鞑虏,恢复中华"(即所谓"种族革命"),但结果却是"五族共和"、"四海一家",连国旗(五色旗)都是为此设计①。这里面就有个中国政治/宗教的传统在内。中国早在商周时代就已发展出"存亡继绝"、"柔远能迩"的政治融合术,它不大用种族灭绝或宗教征服这种笨办法。历史上,任何一个民族要想入主中国,特别是以小邦克大国,都很重视这一点(如清朝的"广修庙"、日本的"共荣圈")。中国的宗教是由政治作控御的混合宗教,不但一个国家可以有好几个宗教,而且一个人也可以信好几个宗教,这使它在宗教上的侵略性比较小(中国只有"取经"没有"传教")。比如从考古发现看,世界五大宗教(佛教、基督教、犹太教、琐罗亚斯德教和伊斯兰教),它们传入中国的时间都很早,在中国的处境也很好,甚至有些宗教还把中国当避难所,

① 20 世纪 20 年代,北京地坛改京兆公园,曾于方泽坛北建共和亭,悬黄帝、努尔哈赤、成吉思汗、穆罕默德、宗喀巴"五族伟人像"于亭内,以象征"五族共和"。见薛笃弼《京兆公园纪实》(1925 年)。

102

因为宗教迫害，特意躲到中国来①。过去，明末传教士，他们说中国是世界上最少宗教宽容的地方，这话并不对。因为中国历史上虽然也有宗教迫害，但比起欧洲还是差得很远，更何况他们所说的"迫害"，比如对白莲教的镇压，那都是出于政治的考虑而不是宗教的考虑（即并非用宗教"正统"去压制"异端"，而只是担心其结党叛乱）。中国有句话，叫"有容乃大"。中国人在宗教的问题上比较宽容，不但各种教派可以相安无事，而且就连无神论者和有神论者都不一定剑拔弩张。它在宗教上比较宽容，所以才能成其领土之广大（当然是西方征服世界之前的一种"大"）。

研究中国宗教的传统，我们应当注意的是，中国有一种相当"现代"或者甚至相当"超现代"的发展趋势。它不但很早就没有西方政教合一（这才是"天人合一"）的"宗教管国家"，而且就连西方小国林立、国王一大堆的贵族传统也早已中绝（欧洲至今仍有很多国王，仍然缺乏秦始皇的工作）。从总的趋势看，中国人不但离"天"越来越远（敬而远之），而且"祖"的概念也日益分化，逐渐让位于"君、亲、师"。他们崇拜国家（君），崇拜伦常（亲），崇拜知识（师）。这些东西，让利玛窦看起来，当然都"很不宗教"。

对中国宗教日益"政治化"的趋势，这里不可能做详细讨论，但我们选择"秦汉礼仪中的宗教"作讨论题目，我想对了解这种趋势还是一个很好的切入点。

二、文献理解：汉代以前的有关记载

《史记·封禅书》和《汉书·郊祀志》是我们做上述题目的基本文献。这两篇东西从题目看，一篇是讲"封禅"，一篇是讲"郊祀"，好像不一样。但前者除"封禅"也讲"郊祀"，后者除"郊祀"也讲"封禅"，除时间范围略有不同（前者从"自古帝王"讲到汉武帝，后者则续写到王莽代汉），其实大同

---

① 林梅村《西域文明》，第一编第五章（80～93 页）和第四编（387～491 页），东方出版社，1995 年。

103

小异。"封禅"和"郊祀",它们的共同点是,二者都属于凌纯声先生所说的"坛墠文化"①。"坛"是堆土(或垒石)成台,"墠"是除地(除去地上的草木)为场(《郊祀志》也叫"坛场")。此外还有掘地为坑,瘗埋为祭的一种(埋牲或埋器),则称为"坎"(图5)②。古代的很多宗教仪式都是在这样的台子上、场子上或土坑中进行(图6)。

图5　郑国祭坎:10号坑(1993~1997年在河南新郑发掘)

中国古代的礼仪建筑分三种,一种是宗庙社稷,属"内祀",位于城邑之中或者附近(类似北京的太庙和社稷坛);一种是郊祀的坛场,属"外祀",位于城邑四郊(类似北京的天、地、日、月四坛)③;一种是封禅的坛场,则在名山的山顶和山脚(如五岳封禅的坛场)。后两种建筑就都属于"坛墠",社稷也往往是"坛墠"。只有宗庙因为同人有关,是宫室类建筑。

"坛墠"的特点是野祭,露而不屋,不像宗庙有屋顶覆盖,并且墠有不

---

① 凌纯声《北平的封禅文化》,《中央研究院民族学研究所集刊》第16期,1~100页;《秦汉时代之畤》,同上第18期,1~44页;《中国的封禅与两河流域的昆仑文化》,同上第19期,1~51页。

② 詹鄞鑫《神灵与祭祀》,江苏古籍出版社,1992年,186~188页。

③ 《神灵与祭祀》,177~178页。

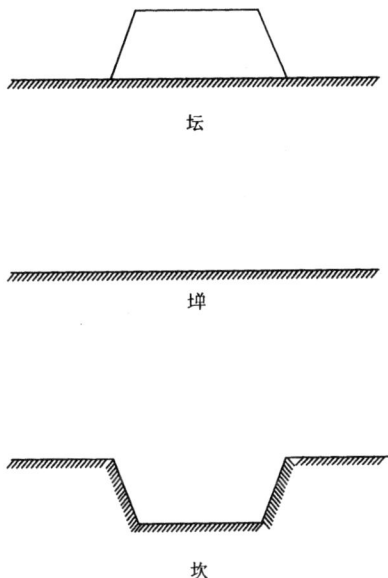

图 6　坛、埠、坎的结构比较（作者绘）

坛,坛无不埠(坛必先埠)①。这种野祭类型的建筑在全世界很普遍,如西亚的"坛庙"(ziggurat)和中南美的"金字塔"(pyramid),都是类似的遗迹。封禅的坛场高下之差最大,同城邑聚落的距离最远,可以设想为郊祀的扩大;而郊祀的坛场高下远近次之,又可设想为宗庙社稷的扩大;〔案:古人称后者为"内祀",前者为"外祀"。〕②但总的看起来,郊祀和宗庙社稷的关系还是比较近。郊祀的坛场直接构筑于地表,是城邑的附属部分。它在祭祀天地的同时,还以宗神和远祖配享,和宗庙社稷配套,在古书中多称为"郊禘"或"郊社"。这实际上是一种"城邑型"的崇拜。而封禅则是名副其实

---

①　参看凌纯声《北平的封禅文化》1～2页。《左传》昭公元年记楚公子围娶郑国丰氏之女,迎娶地点本来在丰氏的家庙,但子产恐其率兵而入,使子羽拒之城外,改在郊野迎娶,曰"请埠听命",而楚使伯州犁责问,曰"若野赐之,是委君贶于草莽也","庙"在城里,"埠"在城外,区别很清楚。殷卜辞彝铭称商之四郊曰东南西北四"单",或与此有关。

②　《神灵与祭祀》,177～178页。

105

的"野祭"。它和人,和人定居的聚落关系比较远,跟天地自然关系比较近。这种礼仪往往同山丘和巨石的崇拜有关,它是利用山势之高,在山顶筑坛,称为"封";在山脚除地,称为"禅",比一般的"坛"登得更高望得更远。古人重视封禅,一方面当然是因为它离天比较近,看到的地面比较广,容易激发宗教灵感;但更重要的是,它还是以某种制高点,上应天星,控制其领土"四望"的祭祀,让统治者好像在观礼台上那样,登临绝顶,一览群山,周围的一切都尽收眼底,同时有政治上的象征意义,我们不妨称之为"领土型"的崇拜。所以尽管"封禅"有坛场,"郊祀"也有坛场,它们的功用还不完全一样。

不过,"封禅"和"郊祀",它们虽有范围的大小内外之别,在理论上可以设想为大圈套小圈的关系(圆心是宗庙社稷,小圈是郊祀的范围,大圈是封禅的范围)(图7),但在秦汉时代,实际上却是东西平行的两个圈。当时的"郊祀"主要是指秦之内史、汉之三辅(京兆尹、左冯翊、右扶风),即今陕西关中地区的宗教活动(以郊祀为主,兼包各种杂祠),而"封禅"主要是指山东六国范围内的宗教活动(以封禅为主,兼包各种杂祠),仍然保持

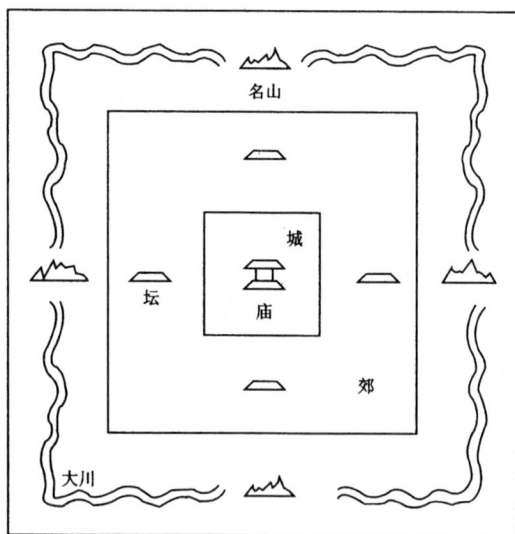

图7 理论上的郊祀、封禅(作者绘)

着早期人文地理东西对峙的大格局。由于汉承秦而秦承周,在心理上一直是以关中为本土,东方为占领地,所以在某种意义上,我们也可以说前者是"本土型"的崇拜,后者是"殖民型"的崇拜。古代的封禅都和巡狩有关("祭祀"的概念同"狩猎"有关,"狩猎"的概念同"军事"有关),一些精力旺盛的帝王喜欢到处跑(从秦皇汉武到乾隆皇帝),主要还是与领土控制有关,并不是为了游山玩水。

《封禅书》说"自古帝王曷尝不封禅",但所述早期封禅皆属传说,而且主要是据《管子·封禅篇》(已经亡逸)。作者所述主要还是秦汉两代。

司马迁讲秦,可以上溯到春秋战国之秦(他讲秦事有《秦记》可依,比较可靠)。当时秦处西土,还谈不上巡狩封禅,所述只限郊祀。秦的郊祀是以祭嬴姓(秦人的姓)"始祖"白帝为主,风姓(是山东嬴姓的兄弟氏族)"始祖"青帝为辅,兼祭当地土著姬(周人的姓)、姜(与姬姓互为姻娅)二姓的"始祖"黄帝和炎帝,属于先秦时代的"五族共和"(其祭祀系统也包括颛顼,但没有正式立畤)。当时还有另一种"五族共和",是祭黄帝、颛顼、帝喾、尧、舜。前者是秦帝系,后者是周帝系①。

秦自周室东迁,伐戎继周,有一个自西向东的发展过程(与周人东进的过程类似)②,并随都城转移,先后立了六个郊祀之所,称为"秦六畤"("畤"是郊祀的场地和范围,古人也叫"郊兆")③:

(1)公元前770年,襄公都西犬丘(在今甘肃天水市西南);同年,襄公在西犬丘立西畤(位置见图8),祠白帝。〔案:"西犬丘"亦称"西垂"或"西"。〕

(2)公元前765年,文公都陈仓(在今陕西宝鸡市东渭水北岸);公元前756年,文公在陈仓附近立鄜畤("雍四畤"之一,位置见图8"雍五畤"),祠白帝。〔案:此"鄜"非秦汉鄜县(在今陕西洛川县东南),而应在雍(在今陕

① 李零《考古发现与神话传说》第五节,《学人》第5辑,江苏文艺出版社,1994年,115~150页。

② 参看李零《史记所见秦早期都邑葬地》(《文史》第20辑,15~23页)。

③ 王先谦《汉书补注》,中华书局,1983年,上册,531页。

西凤翔县西南)一带,甚至很可能就在陈仓,否则不能入于"雍四畤"。〕①

(3)公元前 677 年,德公都雍;公元前 672 年,宣公在渭南立密畤("雍四畤"之二,位置见图 8"雍五畤"),祠青帝;〔案:此"渭南"非咸阳以东的渭南县,而应在雍地的渭水之南,否则不能入于"雍四畤"。〕公元前 422 年,灵公在吴阳立上畤和下畤("雍四畤"之三、四,位置见图八"雍五畤"),祠黄帝和炎帝。〔案:吴山在今陕西陇县西南,吴阳当山南麓,应在今陕西宝鸡市西北。〕

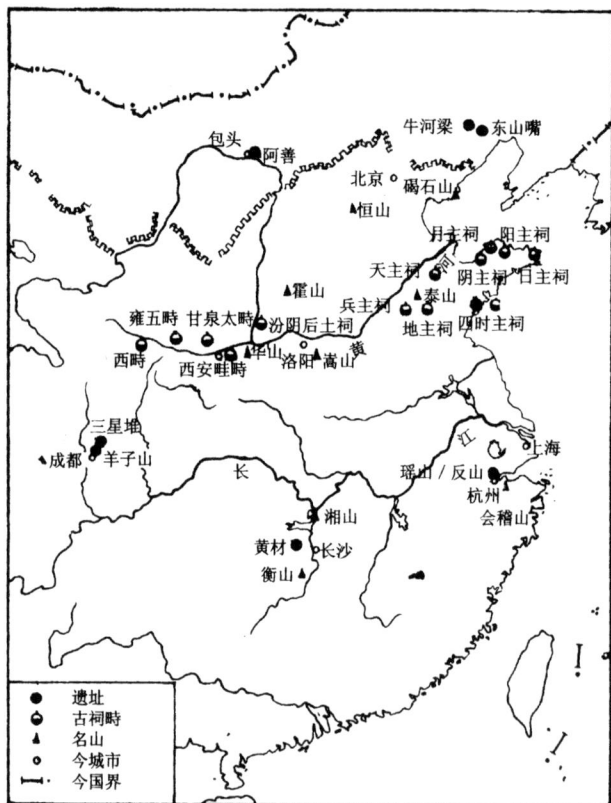

图 8 祭祀遗址分布图(韩茂莉先生绘)

----

① 石鼓文两见"䣜"字,张政烺《猎碣考释初稿》(北京大学潜社《史学论丛》第一册,1934 年)、苏秉琦《石鼓文"䣜"字之商榷》(国立北平研究院《史学集刊》第 1 期,1936 年,127～133 页)以为即"鄜畤"之"鄜"。但"鄜"是幽部字,"䣜"是鱼部字。

（4）公元前 383 年，献公都栎阳（在今陕西临潼东北）；公元前 368 年，献公在栎阳立畦畤（位置见图 8），祠白帝。

秦六畤是以白帝为中心。它的白帝祠前后有三，其实是分为三组（西、中、东三组）。其中第二个白帝祠即鄜畤最重要，它和密畤及上、下畤是一组，都在雍城附近，合称"雍四畤"。陈仓是秦祖非子的旧邑所在，雍也是岐周故地的郊畿，二者比邻。司马迁说秦立雍四畤之前，在雍郊吴阳本来就有一个武畤，而雍城的东边也有一个好畤（在今陕西乾县东），传说是黄帝郊祭上帝的地方，西周晚期也曾在此郊祭，可能是周人郊祀的遗迹。秦灵公在吴阳立上、下畤，祭黄、炎二帝，这与周人的郊祀可能有继承关系。另外，除"雍四畤"，秦在陈仓一带还立有陈宝祠（陈宝是由陨星衍生的神祇），在当地也很有影响。秦代的郊祀就是以雍四畤和陈宝祠为主，兼包各种杂祠。如它在西垂故地有几十所祠，在雍旁有一百多所祠，在雍以东的关中之地也都设了不少祠。雍是其本土即西土众祠环绕的中心。

秦始皇时代，由于海内混一，东方的问题很突出（西周时已突出过一次）。其时虽有各种名山大川之祭（崤山以东，名山五、大川二；华山以西，名山七，大川四），但其巡狩，重点是东方，东方的重点又是泰山和泰山以东。他在东方，除封禅泰山，还兼祭八神，即天主、地主、兵主、阴主、阳主、月主、日主、四时主。天主祠在今山东淄博市东北齐临淄古城南的天齐渊，地主祠在今山东新泰县西的梁父山，兵主祠（祭蚩尤）在今山东汶上县西北，阴主祠在今山东莱州北的三山（或参山），阳主祠在今山东烟台市北的之罘山，月主祠在今山东龙口东南的莱山，日主祠在今山东荣城东北的成山（或盛山），四时主祠在今山东胶南县西南的琅邪山。它们是齐地的传统崇拜（传说自古就有，或太公以来就有）。这八个神祠，除天主、地主、兵主在齐西与齐中，余皆位于齐东（位置见图 8）。始皇封禅，其特色不仅在朝山，而且在巡海（包括亲自航海）。齐人航海，不仅是邹衍谈天、发明其大小九州说的背景，也是始皇屡次派人入海求仙的背景。读《封禅书》李少君语，我们可以知道，他是把海外神山（蓬莱、方丈、瀛洲，可能即今朝鲜、日本一带）也当"封禅"目标。这在当时是一种"新边疆"（the new

秦汉礼仪中的宗教

frontier)和"新大陆"(the new world)的概念。始皇卒,二世仍行封禅。他们都对东方很关心,这是那个时代的特点。

秦代的封禅郊祀主要是齐、秦宗教传统的拼合。当时的祠官有一种"秘祝移过"之法,遇有灾祥,则"移过"于下("移过"应读"移祸",是一种转移巫术)①,祭祀多由地方自主,政府的干预比较少。这样的格局被后来的汉代继承下来。

三、文献理解:西汉时期的有关记载

汉代承秦,除在西方接受其郊见雍四畤的传统,也在东方接受其封禅泰山、祠祭八神和朝山巡海的传统,并且发扬光大,有许多创造。其盛事是在武帝时代。武帝以前是准备阶段,武帝以后是衰落和结束。

武帝以前,《封禅书》主要是讲高祖和文帝。高祖时,天下初定,名山大川尽在诸侯,天子并不亲自巡狩封禅,只由诸侯的祠官领祭。但高祖在雍增立北畤,祠黑帝,变"雍四畤"为"雍五畤"(位置见图8),在郊祀方面,他还是有一点创造(虽然不必如顾颉刚所说,把"五色帝"的构成归功于高祖)②。另外,他来自六国,来自民间,因而对整齐六国宗教特别是民间宗教(各种巫祠)很上心。比如他在家乡沛县(在今江苏沛县)起事,曾拜枌榆社(当地的一种土地庙)和蚩尤祠(古代用兵前要祭蚩尤)。天下初定,马上就命当地谨治枌榆社,并立蚩尤祠于长安(在今陕西西安市西北)。后来,他在长安还立了一批巫祠,如梁巫祠、晋巫祠、秦巫祠、荆巫祠、九天巫祠,在临晋(今陕西大荔县东南)立了河巫祠,在南山(即仓山,在陈仓南十里)立了南山巫祠。这些都对安定天下很有作用。并且为了兴农祈年,

---

① 文昌第五星曰司中,古人以为"司过之神",楚占卜简作"司祸"。这种移祸法在古书中有不少例子,如周公移武王病于己身(《书·金縢》)和楚昭王反对移祸于将相(《左传》哀公六年)。

② 顾颉刚《五德终始说下的政治和历史》,《古史辨》,上海古籍出版社,1982年,第五册,404~617页;杨宽《中国上古史导论》,《古史辨》第七册(上),65~421页。

他还下令天下的郡、国和县遍设灵星祠,祭后稷。文帝时,祭祀制度趋于"正规",一是废除"秘祝移过",把名山大川之祭改由中央管理(但巡狩封禅事却议而不行),于雍五畤和西畤、畦畤加礼,亲自郊见雍五畤;二是从方士新垣平议,在灞、渭之会(在今陕西长安县东北)立渭阳五帝庙,在长门(在今陕西西安市东北)立长门五帝坛,在汾阴(在今山西万荣县西南)立后土庙,为武帝立太一、后土二祠做了铺垫。景帝遵之,无有所兴。

汉代创立新祠的高潮主要是在武帝时。武帝初年无封禅,封禅始于元封元年(前110年,年号即由此而来),五年一封,很有规律(共五次)。原因是削王为郡,此时五岳已尽在天子之郡。但武帝的真正特色不在封禅而在郊祀(其名山大川和八神之祭多因袭秦制)。《郊祀志》重点是讲武帝以来的郊祀活动,称为《郊祀志》当然比较合适。武帝郊祀始于元光二年(前133年),三岁一郊(即每隔一年郊祭一次),也很有规律。武帝的郊祀最初只限于雍五畤,但后来则增加了太一祠(太畤)和后土祠(位置见图8)。太一祠在长安西北的云阳(在今陕西淳化县西北),属左冯翊,祭天;后土祠在长安东北的汾阴,属河东郡,隔河与左冯翊界,祭地;雍五畤在西,属右扶风,祭五帝。由此形成国家级的三大祭祀中心。其活动半径几乎覆盖整个三辅地区。这样大的"郊"和这样大的"郊祀"都是前所未有。他把古代的郊祀放大,也扩张到极至。

武帝立太一祠,也叫"宽舒太一祠",它是祠官宽舒仿亳忌太一坛而立。亳忌太一坛是亳人(今山东曹县人,"亳"亦作"薄")谬忌在长安东南郊立的祠(约在前135~前122年之间),祭太一和五帝,坛旁并设三一、冥羊、马行等祠。这个太一坛大概是山东儒生仿古郊祀之礼而作,所据可能是当时发现的孔壁《古文记》(今《礼记·祭法》有"泰坛"之说)。它的特点是在"五帝"之上加了个"太一",视"五帝"为"太一佐"。这是它和雍五畤、渭阳五帝庙、长门五帝坛都不一样的地方。太一祠的出现应与汉征匈奴有关。元狩二年(前121年),霍去病在陇西大破匈奴右方,杀伤俘获甚多,重要战利品是休屠王(匈奴右方五王之一,休屠在今甘肃武威)的"祭天金人"(见《史记》的《匈奴列传》和《卫将军骠骑列传》)。武帝把这尊铜像放在云阳的甘泉山，作为祭天偶像，视如太一（扬雄《甘泉赋》说它“象泰壹之威神”），应是出于镇抚匈奴、安靖北边的目的。这件事在当时影响很大，例如被俘后给武帝养马的休屠王太子金日磾就是因为这个金人才被赐姓为金（见《汉书・金日磾传》）。甘泉山本来是义渠戎（西戎中的一支，它与匈奴休屠部的关系可能类似鲜虞和中山的关系）所居，据《汉书音义》（《史记・匈奴列传》集解引）为“匈奴祭天处”。秦昭襄王时（前306～前251年），宣太后用计杀害义渠王于甘泉，夺其地（见《史记・匈奴列传》）。后来蒙恬击匈奴，曾修直道（当时的“高速公路”），从九原（在今内蒙古包头）至此，并在该山建有林光宫（见《史记・匈奴列传》）。〔案：早期汉胡之界偏南，这里是汉胡交通的要道。〕元狩五年（前119年），武帝因秦林光宫起甘泉宫，中为台室，画天地太一等鬼神于其上，是其准备。元鼎五年（前112年），武帝从宽舒议，立太一坛于此，坛分三层，上层是太一之位，中层是五帝之位，两层坛下是“四方地”，列其他众神（三一、冥羊、马行等神）和北斗，是为太一祠（也叫太畤）。它与匈奴的关系很值得注意。因为这个地方不仅是汉族的祭天处，也是匈奴的祭天处，好像耶路撒冷，是个双重圣地。当地除太一祠，还有三个与北方匈奴有关的祠，一个是休屠祠（休屠可能是义渠西迁后的一支，故祭于此），一个是金人祠（即祭天金人所在），一个是径路神祠（匈奴呼刀剑曰“径路”）；以及三个与南方越人有关的祠，即公元前110年灭南粤、东粤后，从粤人勇之议所立有埠无坛、采用鸡卜的越巫䳚（辜）𨛍（禳）祠（见《汉书・地理志上》）。甘露三年（前51年）和黄龙元年（前49年），宣帝曾两次在甘泉宫会见匈奴单于。可见此祠之设实同汉代的边疆政策有关。

武帝立后土祠是在立太一祠的前一年（前113年）。它的设立有两个原因，一个原因是当时黄河中下游经常决堤，汾阴适当汾水入河处，离长安比较近，是祭地祠河的好地点，当地原来也有现成的后土祠；二是当时黄河泛滥，与泗水相通，秦灭周后，相传周鼎没于泗水，新垣平已预言这个地方要出周鼎（他的理解有点怪，等于说周鼎会逆水而上，到达汾阴），而这一年，汾阴当地有个名锦的巫师居然在“魏脽后土营旁”（汾阴为魏地，雅是尾状地形,故称"魏脽";"后土营"是后土祠的范围)掘得一鼎,"大八尺一寸,高三尺六寸"(疑"八尺"是"六尺"之误,或"三尺"是"五尺"之误,否则高广不成比例),"文镂无款识",是一件高约 83 厘米、径约 141 厘米,或高约 129 厘米、径约 187 厘米,只有花纹没有铭文的大鼎,被视为祥瑞,因此把这以前的公元前 116 年改元为元鼎元年。祠河求鼎都同黄河有关。

武帝以后,海外寻仙和巡狩封禅绝迹,只有郊祀。昭帝年幼,封禅郊祀皆不亲行,但宣帝对这类事仍很热衷。他除维持名山大川之祭,郊见甘泉太一、汾阴后土、雍五畤和立世宗庙(武帝庙),还立了不少新祠。宣帝以后,元帝尚遵旧仪,但儒家内部谋废汉兴诸祠的势力开始抬头,首先是拿汉代的宗庙开刀,时罢时复。接着到成帝时,匡衡、张谭等人更对汉代的郊祀也提出异议,认为它不但违反古制(《礼记·祭法》讲的古制),乱了阴阳方位(天应在南,反居大阴之位;地应在北,反居少阳之位),而且于天子的安全和国家财政也不利(这里面财政问题应当是关键)。建始元年(前 32 年),他们以 50 人对 8 人的优势,废除高、文、武、宣所立的一大批旧祠,其中包括甘泉太一祠、汾阴后土祠、雍五畤及陈宝祠,改为在长安南郊祭天、北郊祭地。结果,原来的 683 所神祠,其中 475 所被撤消,留下的只有 208 所。这以后,情况反反复复。永始元年(前 16 年),成帝无子,以为得罪鬼神,复旧祠近半;但后来还是生不下孩子,又于绥和二年(前 7 年)复长安南北郊之祭。哀帝身患重病,害怕得罪鬼神,于建平三年(前 4 年)尽复旧祠,并增加到 700 多所;但元始五年(公元 5 年),由王莽策划,平帝又尽除旧祠,再复长安南北郊之祭。王莽所定南北郊之祭,有所谓"长安七畤",即:

(1)泰畤。祭皇天上帝,在长安南郊。

(2)广畤。祭皇地后祇,在长安北郊。

(3)黄帝黄灵后土畤。〔案:"黄帝"二字缺,据文义补。〕祭黄帝、后土及日、北辰、北斗、填星和中宿中宫,在长安城中。

(4)太昊青灵勾芒畤。祭青帝、勾芒及雷公、风伯、岁星和东宿东宫,在长安东郊。

(5)炎帝赤灵祝融畤。祭炎帝、祝融及荧惑和南宿南宫,在长安南郊。

(6)少昊白灵蓐收畤。祭少昊、蓐收及太白和西宿西宫,在长安西郊。

(7)颛顼黑灵玄冥畤。祭颛顼、玄冥及月、雨师、辰星和北宿北宫,在长安北郊。

他把天地五帝之祭浓缩于长安城中和四郊,是后世郊祀所本。例如清代北京城的六坛(天、地、日、月、先农、先蚕,这里未将社稷坛计入)(图9),就是以天南地北、日东月西安排其方位,仍同王莽之制。

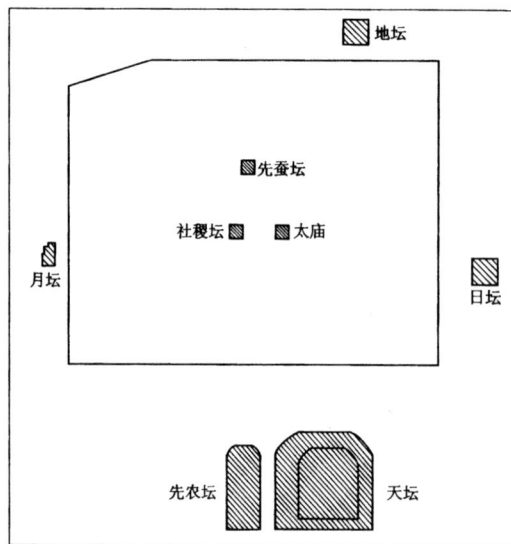

图 9　北京六坛分布图(韩茂莉先生绘)

四、考古发现:与封禅有关的线索

上文讨论的祭祀遗址,它们的建筑曾巍然屹立于地面[①],但中国建筑

---

① 西人称为 monument。巫鸿先生的"monumentality",概念较此为广(包括器物)。参看 Wu Hung, *Monumentality in Early Chinese Art and Architecture*, Stanford University Press,1995 年。

多为土木结构，往往年久倾圮，地面无存，要靠考古发掘加以揭露。其空间分布是一本有趣的"地书"，也要借重于地理学的研究。可惜这样的工作还没有引起足够重视。这里只把有关线索提出，做一点初步讨论。

我们先讲与封禅有关的线索：

(1)新石器时代的坛埠遗址(位置见图8)。此类发现很多，尚无系统研究，这里只能举例说明。案《封禅书》说"自古帝王曷尝不封禅"，应是对早期封禅的追忆。但这种"追忆"是受"华夏眼界"局限，它所注意的只是"五岳四渎"一类名山大川，特别是齐地的泰山。其实更早的山川之祭都是地方性的，并不受这种概念限制。中国新石器时代晚期的三大聚落中心——红山、大汶口和良渚文化。〔案：其遗址分布皆在中国东部沿海或距海不算太远的地方，其中良渚与始皇南巡的会稽邻近，红山与始皇北巡的碣石邻近，大汶口则正好在始皇封禅的泰山脚下。〕它们当中，除大汶口尚未听说有祭坛发现，红山、良渚都有祭坛(图10)。此外，内蒙古包头附近也有不少祭坛发现(图11)①。这类祭坛性质复杂，它们不仅在空间分布上和居址、墓葬、神庙密不可分，而且在建筑形式上也有过渡关系。〔案：土堆式建筑，或为坛埠之坛，或为官庙之基，或为坟墓之冢，有多种可能；坑坎式建筑，也与墓穴或窖藏有混淆之可能，在考古发掘中应加以鉴别。〕比如辽宁喀左东山嘴和建平牛河梁的红山文化遗址，就是依托山势，坛、庙、墓(属于积石墓)建于一处②。而浙江余杭反山和瑶山的良渚文化遗址，则把墓葬(属于东南沿海

---

① 1979～1980、1983～1984年，在内蒙古包头阿善、莎木佳、黑麻板等地的新石器遗址中也发现过不少祭坛遗址。参看内蒙古社会科学院蒙古史研究所等《内蒙古包头市阿善遗址发掘简报》，《考古》1984年2期，97～108页；包头市文物管理所《内蒙古大青山西段新石器时代遗址》，《考古》1986年6期，485～496页。案：后文提到蒙古族和达斡尔族有祭"敖包"或"鄂博"的原始习俗，正是"在山岗上用土或石块垒成圆堆来祭祀诸神"(495页)。古代封禅之俗或与此有关。

② 郭大顺、张克举《辽宁省喀左县东山嘴红山文化建筑群址发掘简报》，《文物》1984年11期，1～11页；辽宁省文物考古研究所《辽宁牛河梁红山文化"女神庙"与积石冢群发掘简报》，孙守道、郭大顺《牛河梁红山文化女神头像的发现与研究》，《文物》1986年8期，1～17、18～24页。

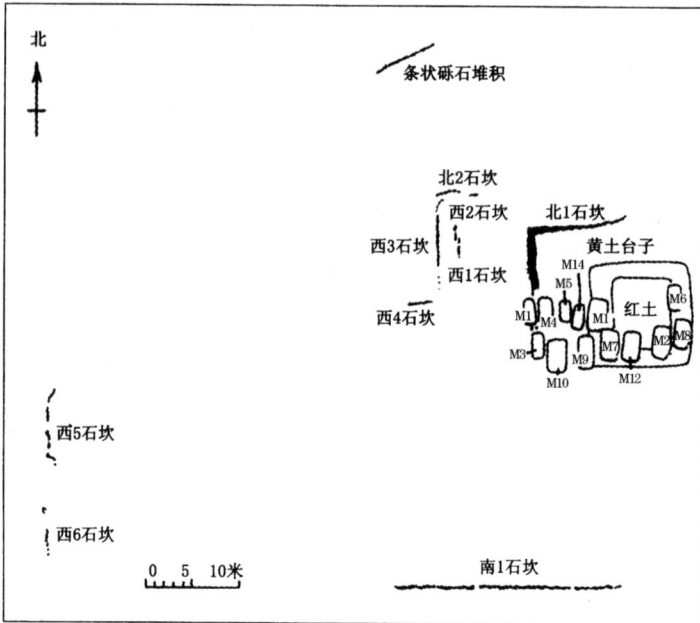

图 10　瑶山祭坛

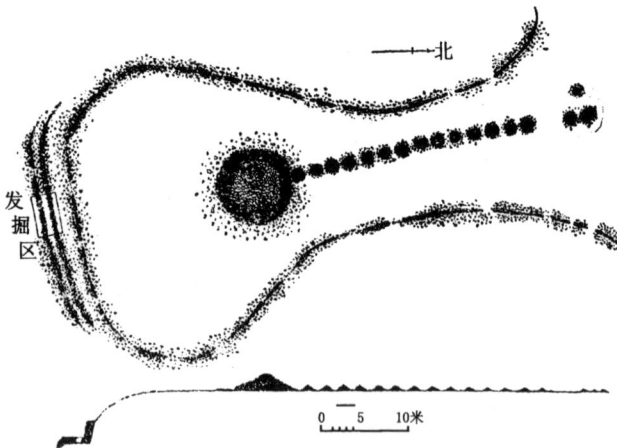

图 11　阿善祭坛

116

的土墩墓)开口于"祭坛"之上①。这里坛、堳、坎与宫、庙、墓的关系是带普遍性的问题。如果能建立某种分析模式,恐怕不仅对研究早期聚落很重要,而且对研究龙山时期普遍出现的城邑,以至年代更晚的城邑都会很有启发。因为在古人的心目中,城邑总是和"先君宗庙之主"以及各种宗教礼仪的建筑分不开。离开"宗教地理学"的研究,聚落城邑的研究是搞不好的。

(2)商代或商周之际的祭坎遗址(位置见图8)。现在有三个典型例子,一个在南方,一个在北方,一个在西方。南方是湖南宁乡黄材,〔案:与始皇南巡的湘山和九嶷山邻近。〕从 20 世纪 30 年代起,那里频繁出土商周青铜器(往往形制特异,如虎食人卣、四羊尊、带"大禾"铭文的人面方鼎、盛满玉器的铜卣、装有 224 件铜斧的铜罍以及大铙等物),它们往往发现于河湖岸边或山头山脚(多非发掘品),似与燔柴祭天、瘗埋祭地有关,推测是祭祀遗址②。北方是辽宁喀左的海岛营子、北洞和山湾,从 1941 年以来,那里也出土过好几批窖藏铜器,它们多发现于大凌河畔的山岗之上,据说是在山石上凿坎埋藏,也有学者推测是类似遗址③。西方是四川广

---

① 浙江省文物考古研究所反山考古队《浙江余杭反山良渚墓地发掘简报》,浙江省文物考古研究所《余杭姚山良渚文化祭坛遗址发掘简报》,《文物》1988 年 1 期,1~31、32~51 页;余杭县文物管理委员会办公室《浙江省余杭县安溪瑶山 12 号墓考古简报》,《东南文化》1988 年 5 期,41~48 页。

② 高至喜《商代人面方鼎》,《文物》1960 年 10 期,57~58 页;高至喜《湖南宁乡黄材发现商代铜器和遗址》,《考古》1963 年 12 期,646~648 页;湖南省博物馆《湖南省博物馆新发现的几件铜器》,《文物》1966 年 4 期,1~2 页;湖南省博物馆《湖南省工农兵群众热爱祖国文化遗产》,《文物》1972 年 1 期,6~7 页。案:殷卜辞有四方之祭,即古书中的"望祭",马王堆帛书有"黄帝四面"之说,即取"四望"之义,人面方鼎或具此种含义。

③ 李廷俭《热河凌源县海岛营子村发现的古代青铜器》,《文物参考资料》1955 年 8 期,16~27 页;辽宁省博物馆等《辽宁喀左县北洞村发现殷代青铜器》,《考古》1973 年 4 期,225~226 转 257 页;喀左县文化馆等《辽宁喀左县北洞村出土的殷周青铜器》,《考古》1974 年 6 期,364~372 页;喀左县文化馆等《辽宁省喀左县山湾子出土殷周青铜器》,《文物》1977 年 12 期,23~33 页。近与王建新先生谈话,承他指出,喀左铜器也是用于祭祀山川。

秦汉礼仪中的宗教

汉三星堆,1986 年,考古工作者在那里发掘过两座大型祭祀坑,〔案:应即"坎"。〕也出土了大批青铜器和象牙等物,并有燔烧的痕迹①。这三个地点皆远离商周秦汉政区的中心,其中有些可能是连续性的祭祀中心。如喀左的祭祀遗址就与上述红山遗址在同一地区,显然是个很有传统的祭祀中心(地位类似后来辽人的木叶山,木叶山在今西拉木伦河与老哈河交汇处,更在其北),广汉的祭祀遗址也可能与下面的羊子山祭坛有关。

(3)西周时期的坛墠遗址(位置见图 8)。1956 年四川成都羊子山曾发现一座用土坯垒成的三级坛形建筑,现知是属于西周时期蜀文化的遗址(图 12)②。它和上面提到的三星堆是中国西南地区的祭祀中心。

(4)战国时期旅祭泰山的遗址(位置见图 8)。1954 年山东泰安东更道(在泰山脚下)发现一个用大石覆盖的"长方形窖藏",〔案:应即"坎"。〕出土 6 件战国时代的浴缶和一件三足铁盘(作一顺排列),浴缶与楚式的浴缶相似,但铭文字体属于燕国(只有两件带铭文)③。

(5)与始皇巡狩封禅有关的秦刻石(位置见图 8)④。《史记·秦始皇本纪》记秦始皇巡狩封禅,在各地刻石以为纪念,包括:

(a)峄山刻石。在今山东邹县东南邹山上,刻于始皇二十八年(前219 年);

---

① 中文报告和研究讨论见四川省文物管理委员会《广汉三星堆一号祭祀坑发掘简报》、沈仲常《三星堆二号祭祀坑青铜立人像初记》,《文物》1987 年 10 期,1～15、16～17 页;四川省文物管理委员会等《广汉三星堆遗址二号祭祀坑发掘简报》,《文物》1989 年 5 期,1～20 页;《四川文物:广汉三星堆遗址研究专辑》(1989 年)、《四川文物:三星堆古蜀文化研究专辑》(1992 年)。英文讨论见 Robert W. Bagley, "Sacrificial pits of the Shang period at Sanxingdui in Guanghan county, Sichuan province", *Ats Asiotiques*, Vol. XLIII, 1988, 78～86 页;"A Shang City in Sichuan Province", *Orientations*, November 1990, 52～67 页。

② 四川文物管理委员会《成都羊子山土台遗址清理报告》,《考古学报》1957 年 4 期,17～31 页。

③ 袁明《山东泰安发现古代铜器》,《文物参考资料》1954 年 7 期,128～129 页;杨子范《山东泰安发现的战国铜器》,《文物参考资料》1956 年 6 期,65 页(图像见封底)。

④ 容庚《秦始皇刻石考》,《燕京学报》第 17 期(1935 年),125～171 页;吴福助《秦始皇刻石考》,台北:文史哲出版社,1994 年。

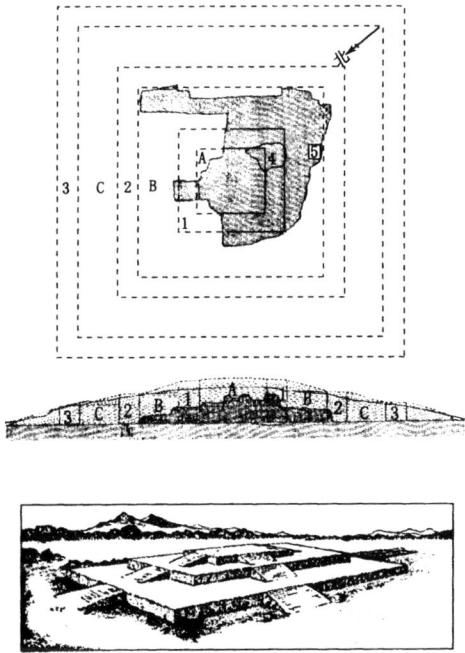

图 12　羊子山祭坛

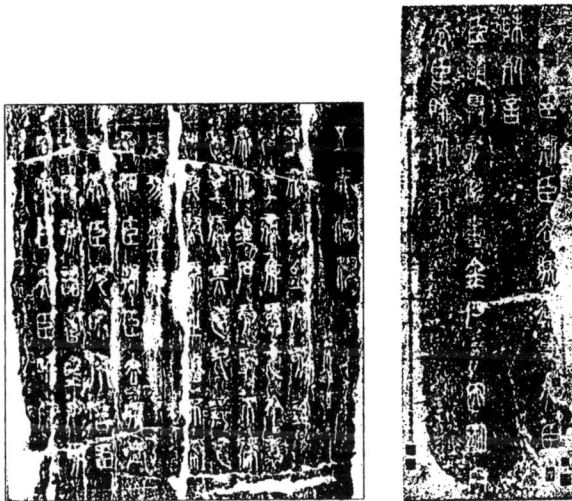

图 13　秦刻石

(b)泰山刻石（图13）。在今山东泰安县北泰山顶上，刻于始皇二十八年（前219年）；

(c)琅邪台刻石（图13）。在今山东胶南县西南琅邪山上（在旧诸城县治东南一百六十里的海神祠西南角），刻于始皇二十八年（前219年）；

(d)之罘刻石。在今山东烟台市北芝罘岛上，刻于始皇二十九年（前218年）；

(e)东观刻石。地点同上，刻于始皇二十九年（前218年）；

(f)碣石刻石。在今河北昌黎县西北仙台山上，刻于始皇三十二年（前215年）；

(g)会稽刻石。在今浙江绍兴县东南会稽山上，刻于始皇三十七年（前210年）。

这些刻石，陆续毁亡于六朝唐宋之际。宋以后，除泰山刻石（在山东泰安岱庙）、琅邪台刻石（在中国历史博物馆）尚有残石，其他只有重刻新碑和拓本传世。据文献记载，泰山刻石原高约7.6米、宽约0.7米（《史记·秦始皇本纪》索隐引《晋太康地记》曰："高三丈一尺，广三尺。"），琅邪台刻石高约4.8米、宽约1.9米（阮元《揅经室三集》卷三："以工部营造尺计之，石高丈五尺，下宽六尺。"），原石只是略具四面，并不规整。并且值得注意的是，除始皇铭文，它们还往往加刻二世的铭文于后，留有空白①。这些石刻周围，原来应有祠祭遗址②，学者如能加以调查，意义十分重大。

(6)"碣石宫"遗址（位置见图8）。1984～1985年在山海关外的辽宁绥中县的石碑地、黑山头、止锚湾，1986～1991年在山海关内的河北秦皇岛市的金山嘴，有大片的秦汉建筑遗址被揭露，出土瓦当（图14）和各种建筑构件。其地与碣石刻石所在的秦汉絫县（在今河北昌黎县南）邻近，学者以石碑地遗址前的海中立石（姜女石）为"碣石"，建筑本身为"碣石

---

① 陈直《史记新证》（天津人民出版社，1979年）69页说："峄山、泰山、之罘、琅玡台诸刻石后段，皆刻有二世制诏。所奇者每石皆有余空，若似预留为后代补刻者。"

② 陈直《史记新证》23页说："秦琅玡台遗址，出土'延年'半瓦最多，见箓斋藏器目。"

图 14 "碣石宫"遗址出土的瓦当

宫",并称此石为秦在东方的"国门"。〔案:秦在东方的"国门"其实是位于今江苏连云港市西南的"东门阙",见《史记·秦始皇本纪》和《汉书·地理志》。〕①

(7)"阳主祠"遗址(位置见图8)。1975年在山东烟台芝罘岛阳主庙后殿前侧离地表1米左右的"长方形土坑"〔案:应即"坎"。〕内出土两组秦汉时期的玉器,每组由一璧、一圭、二觿组成。庙内有元代元贞元年(1295年)重修阳主庙碑和一石像。据调查,1972年在当地老爷山顶和阳主庙前曾发现过大量春秋、战国时期的陶片和汉代板瓦②。

(8)"日主祠"遗址(位置见图8)。山东荣城成山头的南面有一高约2米、径约20米的土堆,1979年因建海洋观测站被平毁,先后发现秦汉玉器两批(图15),估计是一秦汉遗址,并且其西北还有另一处秦汉遗址(在始皇庙附近),有人推测它们就是秦汉祠祭日主的遗迹③。

(9)太室山、少室山、夏后启母石祠遗址(位置见图8)。今河南登封嵩山还保存着五岳封禅的汉代遗迹(图16、17),即太室阙(在今登封东中

---

① 辽宁省文物研究所《辽宁绥中县"姜女坟"秦汉建筑遗址发掘简报》,《文物》1986年8期,25~40页;辽宁省文物保护与长城基金会等《辽宁重大文化史迹》,辽宁美术出版社,1990年,图47~62;河北省文物研究所《金山嘴秦代建筑遗址发掘报告》,《文物春秋》1992年增刊,267~300页。

② 烟台市博物馆《烟台市芝罘岛发现一批文物》,《文物》1976年8期,93~94页。

③ 王永波《成山玉器与日主祭——兼论太阳神崇拜的有关问题》,《文物》1993年1期,62~68页。

121

秦汉礼仪中的宗教

岳庙前)、少室阙(在今登封西)和启母阙(在今登封北启母石南)。三阙均有铭文,太室阙有汉安帝元初五年(118 年)和汉安帝延光四年(125 年)的题铭;启母阙有汉安帝延光二年(122 年)和汉灵帝熹平四年(175 年)的题铭;少室阙题铭,人名同于启母阙延光二年铭,应建于 118～122 年前后[①]。

图 15 "日主祠"遗址出土的玉璧

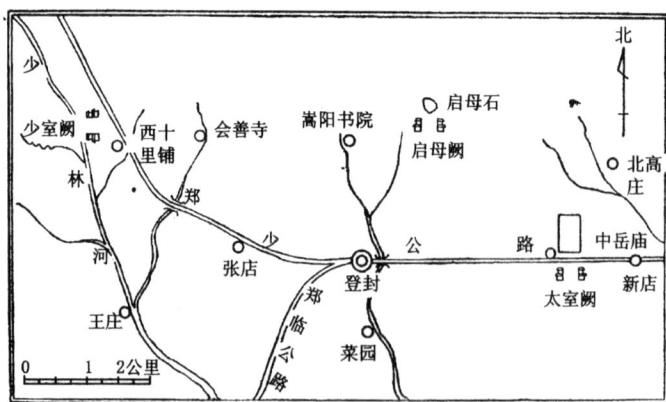

图 16 汉三阙遗址分布图

---

① 吕品《中岳汉三阙》,文物出版社,1990 年。

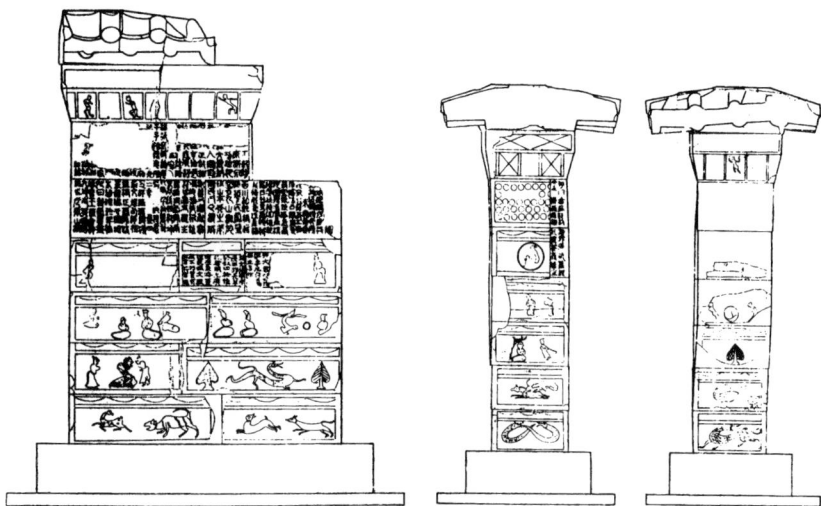

图 17　启母阙

五、考古发现：与郊祀有关的线索

（1）古文字中的郊祀（图 18）。中国古代的郊祭往往是以宗神即"帝"配享于天，并与社祀有关，称为"郊禘"或"郊社"。过去殷墟卜辞中有所谓"亳"或"亳社"，近来李学勤先生指出这个"亳"字应改释为"蒿"，读为"郊"，并谓周原卜辞和德方鼎铭文中的"蒿"字也应作如是读①。这是很正确的。另外，还应补充的是，战国文字的"郊"仍然是写成"蒿"，例如望山楚简和包山楚简占卜简中的"蒿之"即应读为"郊之"②。同样，卜辞彝

① 李学勤《释郊》，《文史》第 36 辑，7～10 页。案：图 18 的殷墟卜辞作"其靡蒿（郊）土（社）燎重（惟）牛牢"，周原卜辞作"由（思）亡咎，祠自蒿（郊）于壴"，德方鼎铭文作"惟三月，王在成周，延武王裸自蒿（郊）咸，王赐德贝廿朋，用作宝尊彝"。

② 《荀子·礼论》等儒书有"郊止乎天子"之说，未必可信。拙作《考古发现与神话传说》145 页注 49 认为包山简中的"蒿之"应读"郊之"。这样用法的"蒿之"也见于望山简（简 117），朱德熙等《望山楚简》（科学出版社，1995 年）105 页释"牿"。

123

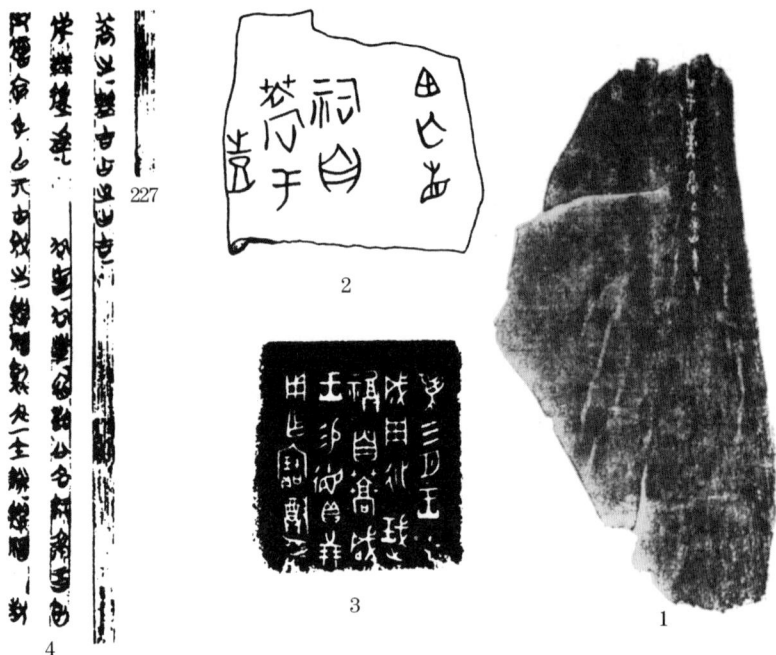

图18　古文字中的"郊祀"

1. 殷墟卜辞　2. 周原卜辞　3. 德方鼎　4. 包山楚简

铭中有"禘",也是大家知道的事实①。

(2)汉代的甘泉宫遗址(图19,位置见图8)。位于陕西淳化县北的好花疙瘩山(即古甘泉山)上。遗址尚未发掘,但有若干调查②。据介绍,这一遗址是分山上山下两部分:山上有秦直道经过,峰顶有一圆锥形夯土台,南坡为一阶梯状三层平台,东坡也有一层平台;山下有一小城,城内有若干建筑遗址和水道遗迹。两遗址内有数量巨大的铺地砖、空心砖、板瓦、筒瓦和陶片,并有石熊、石鼓等物发现(图20)。其中尤以带"甘林"铭文

———————

① 李零《考古发现与神话传说》,130～131 页。

② 姚生民《汉甘泉宫遗址勘查记》,《考古与文物》1980 年 2 期,51～60 页;王根泉《甘泉宫考辨》,《考古与文物》1990 年 1 期,84～89 页;王根泉、姚生民《淳化县古甘泉山发现秦汉建筑遗址群》,《考古与文物》1990 年 2 期,1～4 页;姚生民《关于汉甘泉宫主体建筑位置问题》,《考古与文物》1992 年 2 期,93～98 页转 67 页。

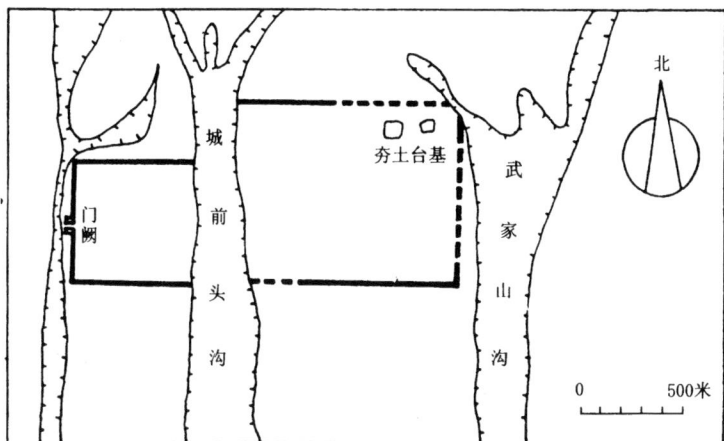

图 19　甘泉宫遗址的山下小城

图 20　石熊和石鼓

的瓦当(图 21)最值得注意。这种瓦当过去就有发现,除"甘林",还有"甘泉"和"甘泉上林"等铭文,也都出于淳化①,可以证明"甘林"是"甘泉上林"的省称,遗址确为甘泉宫遗址。另外,以这一遗址为中心向四外辐射,还有不少遗址环绕其旁。这些遗址若能发掘,一定会有重要发现。

(3)祭天金人。与甘泉宫有关,休屠金人很值得注意,因为这是中国早期偶像崇拜的例证之一。古文献讲金人有七例,一是《孔子家语·观

---

①　陈直《秦汉瓦当概述》,收入《摹庐丛著七种》(齐鲁书社,1981 年)335～389 页。

125

秦汉礼仪中的宗教

图 21 甘泉宫遗址出土的瓦当

周》所说孔子在周后稷庙中见到的金人,二是秦昭王(昭襄王)金人,三是秦始皇金人,四是汉武帝金人,五是汉灵帝金人,六是魏明帝金人,七是赫连勃勃金人。这里面除《孔子家语》中的金人应作别论,其他六例是类似之物。秦昭王金人是晋束皙向晋武帝讲"三月曲水之义"时提到(见《晋书·束皙传》),可能与昭襄王杀义渠王,夺甘泉有关。始皇金人是秦始皇二十六年(前221年)收天下兵器,聚之咸阳(在今陕西咸阳),熔化所铸,用承钟镰(类似曾侯乙墓的钟镰,见《淮南子·氾论》、《史记·秦始皇本纪》和《说苑·辨物》)①。事情正好在蒙恬将兵,大破匈奴,修长城,起临

---

① 销兵筑器古多有之,如西周铜器朕侯鼎、师同鼎和战国铜器楚王酓忎鼎、盘的铭文均有记载,并不始于秦始皇。

洮(在今甘肃岷县)之后(见《史记·蒙恬列传》)。而有趣的是,这些金人也正是始皇托梦"临洮大人"而作,显然与匈奴有关。这些梦中巨人据说身高 5 丈(合今 11.55 米左右),足长 6 尺(合今 1.39 米左右),号称"翁仲"(见《汉书·五行志》下之上、《淮南子·氾论》高诱注、《三辅黄图》卷一和《水经注·河水》)①。铜像仿之而作,高度为两三丈(合今 4.62～6.93 米左右),重量在一千石到两千石之间(合今 30.36 吨或 60.72 吨)②,因为铜人高大并着夷狄服装,亦称"金狄"(见《汉书·五行志》、张衡《西京赋》、《三辅旧事》[《三辅黄图》卷一引]、《汉晋春秋》[《三国志·魏书·明帝纪》注引]和《水经注》的《河水》、《渭水》)③,胸前有铭,类似出土始皇诏书,作"皇帝二十六年,初兼天下,以为郡县,正法律,同度量,大人来见临洮,身长五丈,足六尺",相传是李斯所书(或说是李斯篆,蒙恬书,见《汉书·王莽传》、《水经注·河水》和《关中记》[《长安志》引〉]④。最初这些铜像是放在阿房宫(在咸阳)的殿门前,汉取天下后则徙置长乐宫大夏殿(在长安,亦作"大厦殿")的殿门前(见《三辅黄图》卷一、《水经注·渭水》和《三辅旧事》[《史记·秦始皇本纪》索隐引])。张衡《西京赋》曾加以描写。王莽地皇二年(21 年),梦金人五枚起立,恶之,令工镌灭始皇铭文(见《汉书·王莽传下》)。汉献帝初平元年(190 年),董卓毁其十铸钱,两件搬到长安城的清门里(见《三国志·魏书·董卓传》、《英雄记》[《三辅黄图》卷一引]和《关中记》[《史记·秦始皇本纪》正义引])。魏明帝景初元年(237 年),欲徙洛阳,重不能致,弃置霸城(在今陕西西安东北),著名方士蓟子训曾与当地父老观赏,后来下落不明(《后汉书·方术列传》的《蓟子训

---

① 高诱注说"秦皇帝二十六年,初兼天下,有长人见于临洮,其高五丈,足迹六尺,放写其形,铸金人以象之,翁仲君何是也",疑"翁仲"者,鬼神之泛称;"君何"者,则其专名。

② "高三丈"之说见《三辅黄图》卷一,"高二丈"之说见《史记·陈涉世家》索隐。"重千石"之说见《史记·秦始皇本纪》和《陈涉世家》索隐,"重二千石"之说见《三辅旧事》(《秦始皇本纪》正义引作"各重二十四万斤",但索隐引作"各重三十四万斤")。

③ "金狄"也称"长狄"或"遐狄",见《文选》卷一一《景福殿赋》及注。

④ 《水经注》作"李斯书也",《关中记》则说"其胸前铭,李斯篆,蒙恬书也"。

传》、《三国志·魏书·明帝纪》注引《魏略》、《汉晋春秋》[《水经注·河水》引]和《水经注·渭水》)。临洮地近休屠,金人作夷狄装,应与休屠金人有关,且承钟镰,亦与扬雄《甘泉赋》描写的休屠金人同,当即模仿匈奴传统的祭天金人而作①。汉灵帝金人是中平三年(186年)复修玉堂殿所铸,共四件,下落不明②。魏明帝金人在洛阳(在今河南洛阳)景福殿司马门外,共两件,则是因始皇金人重不能致,模仿而作,见于何晏《景福殿赋》描写(见《三国志·魏书·明帝纪》注引《魏略》)。这两件金人和始皇金人常被混淆,如石勒先徙襄国(在今河北邢台),石虎又徙邺城(在今河北临漳),最后被苻坚搬回长安销毁的铜"翁仲",长期被误指为始皇金人,其实就是魏明帝金人③。赫连勃勃是匈奴后裔,其金人作于凤翔元年(413年),"以黄金为饰",亦称"翁仲"(见《晋书·赫连勃勃传》)。它们都与匈奴的传统有关。匈奴祭天金人虽然尚未发现,但广汉三星堆的商代祭祀坑(位置见图8),出土过高与人等的铜人(高172厘米),以及巨大的铜头像(有一件高48.5厘米,以黄金饰面)和铜面具等物(图22),后者可能是大型立像

---

① 《史记·秦始皇本纪》:"(秦始皇二十六年)收天下兵,聚之咸阳,销以为钟镰金人十二,重各千石,置廷宫中。"《甘泉赋》:"金人仡仡其承钟镰兮,嵌岩岩其龙鳞。"案:汪受宽"锺镰金人十二"为宫悬考"(《文史》第40辑,43～49页)据后一引文指出前一引文的"钟镰"、"金人"应连读,这是非常正确的,但他以为始皇金人即休屠金人却是误解。

② 《后汉书·孝灵帝记》:"(中平三年)复修玉堂殿,铸铜人四,黄钟四,及天禄、虾蟆,又铸四出文钱。"又同书《张让传》亦载:"明年,遂使钩盾令宋典缮修南宫玉堂。又使掖庭令毕岚铸铜人四列于苍龙、玄武阙。又铸四钟,皆受二千斛,悬于玉堂及云台殿前。又铸天禄虾蟆,吐水于平门外桥东,转水入官。又作翻车渴乌,施于桥西,用洒南北郊路,以省百姓洒道之费。又铸四出文钱,钱皆四道。"案:此条是承林梅村先生提示而补写。

③ 《晋书·石勒传》:"勒徙洛阳铜马、翁仲二于襄国,列之永丰门。"同书《石季龙传》:"咸康二年,使牙门将张弥徙洛阳钟虡、九龙、翁仲、铜驼、飞廉于邺。钟一没于河,募浮没三百人入河,系以竹绠,牛百头,鹿栌引之乃出。造万斛舟以渡之,以四轮缠辋车,辙广四尺,深二尺,运至邺。"二书云所徙皆自洛阳,可见不是霸城所留。《三辅旧事》(《史记·秦始皇本纪》索隐引)、《关中记》(《史记·秦始皇本纪》正义引)和《水经注·河水》以石虎、苻坚所徙即始皇金人,皆误明帝金人为始皇金人。

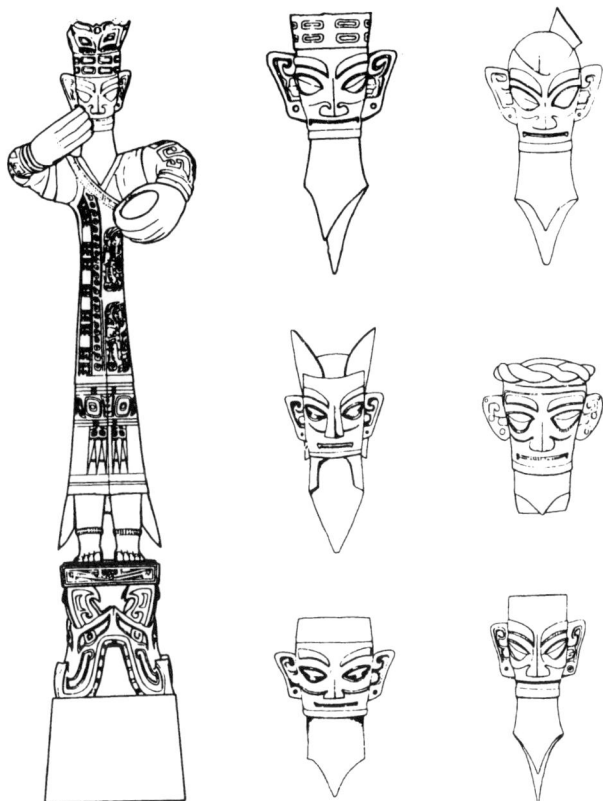

图 22　三星堆铜人和铜头像

　　的局部(铜头木身或铜头泥身),疑即鬼神之像①。秦与北方草原地区的
匈奴文化、西北甘青地区的羌文化和南方巴蜀地区的古文化均有密切联
系(宝鸡是类似洛阳的另一"天下之中"),这类发现也发人深省。

　　(4)径路(图 23)。中国古代的刀剑(特别是北方系统的刀剑)与北方

──────────────

　　① 中文报告和研究讨论见四川省文物管理委员会《广汉三星堆一号祭祀坑发
掘简报》、沈仲常《三星堆二号祭祀坑青铜立人像初记》、四川省文物管理委员会等《广
汉三星堆遗址二号祭祀坑发掘简报》、《四川文物:广汉三星堆遗址研究专辑》、《四川
文物:三星堆古蜀文化研究专辑》。英文讨论见 Robert W.Bagley,"Sacrificial pits of
the Shang period at Sanxingdui in Guanghan county,Sichuan province"。

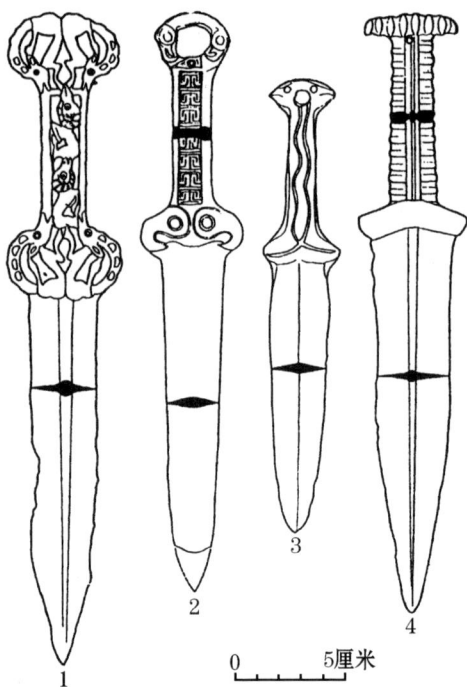

图 23　"径路"式短剑

草原地区的短剑有密切关系。短剑是匈奴的典型器物，汉人立祠崇拜，亦与和边有关。《逸周书·克殷》载周武王用"轻吕剑"割下商纣王的头颅，其所谓"轻吕"，据日本学者江上波夫考证，是匈奴语"径路"的另一种写法[1]。而西周铜器师同鼎提到戎人使用的"剑"，这种剑也应当是指"径路"式短剑[2]。近来林梅村先生还提出说，"径路"一词的发音与突厥语中表示刀剑的印欧语借词相近，而"剑"字的上古音作 kiwam，字头也相似，或许本身就是外来语[3]。此外应当补充的是，战国时代，七国之中，与戎

① 江上波夫《欧亚的古代北方文化》，转引自李学勤《师同鼎试探》（《文物》1983年 6 期，58～61 页）。

② 李学勤《师同鼎试探》。

③ 承林梅村先生告。

胡为界者三。秦、赵、燕三国都流行一种装柄的矛式短剑,学者多据文献描写定其名为"铍",其实类似之物,古书还有"铼"、"铩"、"铤"等叫法①。《史记·匈奴列传》说匈奴"其长兵则弓矢,短兵则刀铤",其中与"刀"并说的"铤"可能也是指这类短剑("铩"、"铤"的读音与"剑"相近)。这种短剑有柄有锋,汉代多视为矛类兵器,但它和一般的矛是不一样的,乃是刀剑的延长(类似现代步枪上的刺刀)。

图 24　汉代的翁仲

1. 河南登封嵩山中岳庙前石翁仲　2. 山东曲阜东汉乐安太守麃君墓石翁仲
3. 山东曲阜东汉鲁王墓石翁仲　4. 山东邹县东匡庄石翁仲

(5)神道翁仲(图版一—2;图24)。在一般人的印象中,佛教艺术传入前,中国似乎比较缺乏表现人物或动物形象的大型雕刻,加之隋唐佛教徒又常说佛教是从秦代传入,因此一直有人相信匈奴祭天金人就是早期佛像,这是误解②。现在随着考古发现的增多,人们的思路正在拓广。例如

---

① 《说文解字》卷十四上以"铍"为"剑如刀装"〔案:"刀"疑"矛"之误〕,"铼"是带剑格的铍,"钣"、"铤"、"锐"(今本从允)、"铊"、"釞"、"铍"、"铩"为矛类器物。《方言》卷九说"铤"、"铊"(从金从施)、"纵"是矛在"吴扬江淮南楚五湖之间"的叫法,"铩"也可以叫"铍","今江东呼大矛为铍"。《广雅·释器》也以"铍"为矛类器物。参看孙机《汉代物质文化资料图说》(文物出版社,1991年)124~127页。

② 马非百《秦集史》,中华书局,1982年,上册361~363页;汤用彤《汉魏两晋南北朝佛教史》,中华书局,1983年,上册7~10页。

早在新石器时代的红山文化,就已发现两人多高的神像[1];而上面提到的"三星堆金人"也是属于大型的神像;还有汉昆明池的牛郎织女像和都江堰的李冰像更是众所周知[2]。特别是原在山东青州和临淄古城出土的胡虏像(图版二-1),尤其值得注意。与这一问题有关,有一个现象值得讨论,这就是与东汉以来的陵寝制度有关,它们的神道石像和墓前立碑究竟是怎么出现的。特别是为什么人们正好是用始皇金人的名字即"翁仲"来称呼神道石像(东汉以来已流行这一名称)[3]。现在研究神道翁仲和墓碑的起源,我们应把目光转向汉帝国以北和以西的欧亚草原地区。因为这个地区从公元前1300年到公元1300年一直有墓前立石("鹿石"

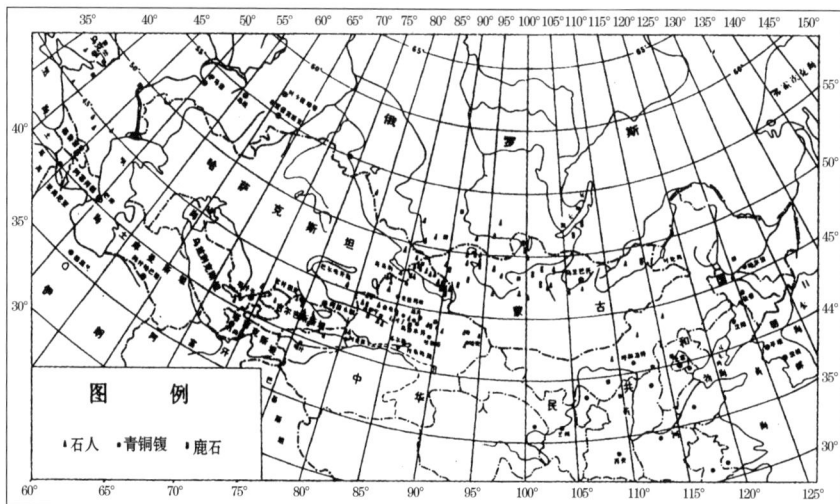

图 25　亚欧草原石人(鹿石,青铜镞)分布示意图

---

① 孙守道、郭大顺《牛河梁红山文化女神头像的发现与研究》,18~24 页。

② 王子云《陕西古代石雕刻》Ⅰ,陕西人民美术出版社,1985 年,图 1、2。

③ 蒙古语称"偶像"为 ongon,见冯承钧译《多桑蒙古史》,中华书局,1962 年,30页。林梅村先生认为此词相当突厥语的 oŋzin,义为鬼神。《后汉书·光武纪》:"光武于是命有司设坛场于鄗南千秋亭五成陌。"注引《水经注》曰:"亭南有石坛,坛有圭头碑,其阴云常山相陇西狄道冯龙所造。坛之东,枕道有两石翁仲,南北相对焉。"这是文献中的较早记载。

［olennye kameni］或"石人"）之风（图版二-2），分布极为广泛（图25），数量也相当大。〔案：这一地区还流行岩画，也与山石有关。〕其中的"石人"正与神道翁仲相似（我国学者也有称之为"翁仲"的）①。中国的墓前立石，目前最早是中山王墓的立石（图26）。中山是白狄（春秋时代活动于陕甘黄土

图26　中山王墓刻石

高原上，与北方草原民族有关）东迁，穿过山西，进入河北中部建立的国家。它和这种背景有关是可以想像的。而秦刻石比较发达（有石鼓文、诅楚文和上述秦刻石），恐怕也与秦地多戎有很大关系。特别是我们在上文提到，霍去病征匈奴，曾缴获匈奴的祭天金人，而时间非常巧合的是，现在最早的神道石像也正是出现在霍去病的墓前，其雕刻群即包括

---

① 　王博、祁小山《丝绸之路草原石人研究》，新疆人民出版社，1996年。

133

"竖石"和"石人",其石马与匈奴后裔赫连勃勃的石马非常相似①。另外,中国的神道石雕虽然是中国化的,但却颇有"异国情调",其中大象、鸵鸟是南来,狮子是西来,骆驼、马、羊是北方草原的典型动物。还有天禄、辟邪一类有翼神兽,它们不仅流行于胡汉大交融的魏晋南北朝,而且在秦汉和春秋战国时期也有很多发现。有学者考证,它们也是从匈奴传入(值得注意的是,中国的有翼神兽也发现于中山王墓的青铜器上)②。

(6)汾阴后土祠(位置见图8)。《礼记·礼运》有"地不爱宝"之说,常被后世的金石学家用作"古物出土"的代名词。古代山川时有鼎彝发现,在古人看来是地之祥瑞,因此和土地崇拜有不解之缘。汉代汾阴会出大鼎,这并不是偶然的。因为据解放后调查,山西万荣县西汾水入河处的庙前村(原属荣河县)是战国魏墓的集中分布区,常有鼎彝冲入河中③。这个地方是宋代后土祠所在,祠虽不存,尚有金天会十五年(1137年)所立庙貌碑,刻建筑平面图于其上,并附宋大中祥符四年(1011年)以前"历朝

---

① 《史记·卫将军骠骑列传》索隐引姚氏说谓"冢上有竖石,前有石马相对,又有石人"(《汉书·霍去病传》颜师古注略同),但现存石刻14件,有石人石马,无竖石,盖亡逸。参看水野清一《前汉代に於ける墓饰石雕の一群に就こて——霍去病の坟墓》,《东方学报》,第3册(1933年),324~350页;杨宽《中国古代陵寝制度史研究》,上海古籍出版社,1985年,上编第八节(72~84页);Ann Paludan, *The Chinese Spiritual Road*, Yale University Press, New Heaven & London, 1991年。案:成对的东汉翁仲有:(1)河南登封嵩山中岳庙前的翁仲,为元初五年(118年)物,高约2米;(2)山东石刻艺术博物馆藏曲阜东汉鲁王墓翁仲,高约2米(图24:3只是其中之一);(3)现存山东曲阜孔庙的东汉乐安太守麃君墓翁仲,年代约在本初元年(146年)后不久,高约2.2米。后者,一件自铭"亭长",作文官装束;一件自铭"府门之卒",作武官装束,即后世翁仲所本。单件的东汉翁仲有:(1)山东邹县东匡庄翁仲,高约1.2米;(2)山东邹县孟庙藏翁仲,高约1.48米。
② 李学勤《比较考古学随笔》,香港:中华书局,1991年,117~125页。
③ 杨富斗《山西万荣庙前村的战国墓》,《文物》1958年12期,34~35页;张颔《万荣出土错金鸟书戈铭文考释》,《文物》1962年4、5期合刊,35~36页;杨富斗《万荣县庙前村东周墓地调查发掘简讯》,《考古》1963年5期,279~280页。

立庙致祠实迹"(图 27、28)①,但未闻有人做汉代遗址的调查。20 世纪 20 年代,卫聚贤作西北考察,曾于当时万泉县(今万荣县东部)的阎子疙瘩发现一汉代遗址,地面可见带"千秋"铭文的汉砖和带"长乐未央"、"宫宜子孙"等铭文的瓦当,对照文献考为汉汾阴后土祠②,因拟发掘计划,与毕士博(C.W.Bishop)商定,由弗利尔美术馆提供经费,山西公立图书馆负责组织,派董光忠、张蔚然、聂光甫、卫聚贤四人组成考古队,于 1930 年秋做"谢里曼(Heinrich Schliemann)式"的考古发掘③。解放后,万泉县与荣河县合并成万荣县。汉后土祠究竟在该县庙前村还是在阎子疙瘩或者其他地方,情况还有待调查。

(7)秦石鼓(图 29)。古代的雍五畤,其大致范围可以估计是在今陕西凤翔南和凤翔原下的宝鸡县,但该地虽有多次发掘(主要在今凤翔县城的南面),这类遗址尚未确认。但值得注意的是,石鼓是唐代初年在天兴县(今凤翔县)南二十多里(另一说是陈仓)发现,正在这一带。铭文提到汧水,也是描写这一带④。它所歌咏的田猎,性质应与𫚉蚀壶(河北平山中山王墓出土)铭的描写相似,也是为了祭祀活动(古代祭牲往往出于亲射)⑤,估计应与雍五畤有关。

(8)秦《诅楚文》石刻(图 30)。包括《巫咸文》、《厥湫文》和《亚驼文》

----

① 王世仁《记后土祠庙貌碑》,《考古》1963 年 5 期,273～277 页。

② 卫聚贤《汉汾阴后土祠遗址的发现》(附发掘计划),《东方杂志》1919 年 29 卷 19 号,71～81 页。

③ 董光忠《山西万泉县阎子疙瘩(即汉汾阴后土祠遗址)之发掘》,太原山西公立图书馆和美国华盛顿福利尔艺术陈列馆合刊,上海 1932 年。报告附英文:*Excavation of a West Han Dynasty site at Yen -Tzu Ko -Ta*, *Wan Chuan Hsien*, *Southwestern Shansi*, printed at the Press of Kelly & Walsh, Limited, Shanghai, China, 1932,其中包括 C.W.Bishop,"Prefatory note on the worship of earth in ancient China"一文。

④ 参看 Gilbert L.Mattos, *The Stone Drums of Ch'in*, *Monumenta Serica Monograph Series*, XIX, Steyler Verlag-Wort und Werk, Nettetal, 1988, Chapter3。

⑤ 河北省文物研究所《𫚉墓》,文物出版社,1995 年,上册 7～10 页和下册图版二。

135

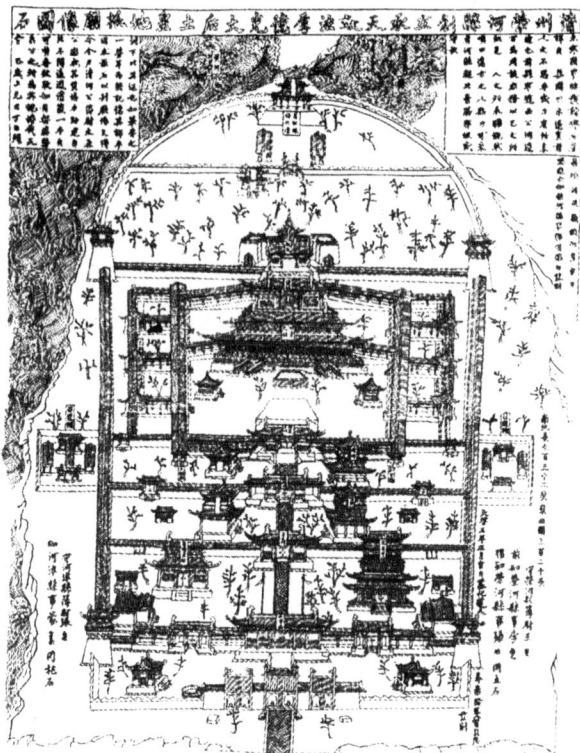

图 27　汾阴后土祠《庙像图》

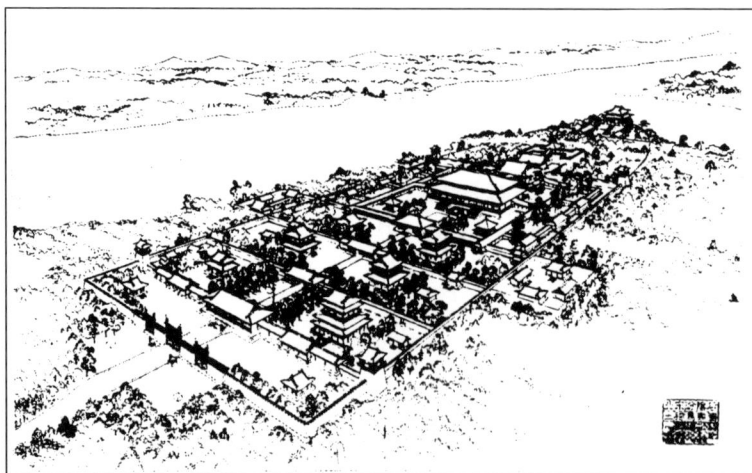

图 28　汾阴后土祠的复原图

图 29 秦石鼓

三种,原来是"箸(书)者(诸)石章",但现在只有宋刻本传世。《巫咸文》是向"大神巫咸"祝告,宋嘉祐年间(1056～1063年)出土于凤翔开元寺(在旧城北街);《厥湫文》是向"大神(或大沈)厥湫"祝告,宋治平年间(1064～1067年)出土于朝那湫渊(在今宁夏固原西南);《亚驼文》是向"大神亚驼"祝告,宋代曾藏洛阳刘忱家,出土于要册湫(今甘肃正宁东)。这些祝诅之辞和上面的石鼓和秦刻石一样,都不是一般的文字材料,而是古代祠祭遗址所出。例如这里的《巫咸文》就是发现于秦人祠畤集中的雍地,《厥湫文》的出土地也正好是秦湫渊祠所在,《亚驼文》则可能与秦代的洛渊祠有关①。

---

① 郭沫若《诅楚文考释》,收入《郭沫若全集》考古编第九卷,科学出版社,1982年,275～342页;陈昭容《从秦系文字演变的观点论〈诅楚文〉的真伪及其相关问题》,《中央研究院历史语言研究所集刊》第62本第4分(1993年4月),545～576页转602页。

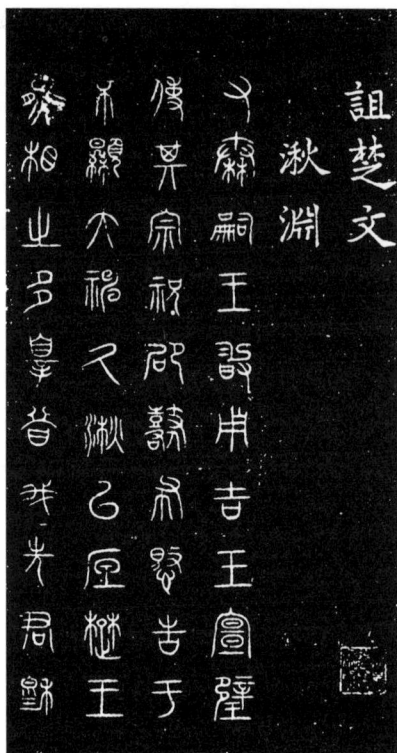

图 30　诅楚文

（9）出土竹简中的神鬼之名。《封禅书》和《郊祀志》所述祠祭对象，旧多不明所指，现在因各种占卜类竹简和日书类竹简陆续发表，已有不少找到答案。如望山和包山等地出土的楚占卜简有"太"（即太一）、"司命"、"司祸"（即"司中"）、"五佐"、"云君"、"后土"、"社"、"地主"、"五山"、"坐山"、"大水"、"二天子"等神名①，九店楚简《日书》有"武夷君"（是司兵死者的神怪）②，睡虎地《日书》有"雨师"、"杜主"和"巫咸"③，这些名称就有

---

①　《望山楚简》，中华书局，1995 年。《包山楚简》，文物出版社，1991 年。

②　湖北省文物考古研究所《江陵九店楚墓发掘报告》，科学出版社，1995 年，506～512 页。又 Donald Harper 的待刊之作："*A Warring States prayer for men who die by weapons.*"

③　刘乐贤《睡虎地秦简日书研究》，台北：文津出版社，1994 年。

不少可与二篇印证。此外,香港中文大学文物馆藏东汉巫祝简也有类似的神鬼之名①。我们相信,今后还会有不少新的名称发现,可以帮助我们的理解。

六、结语:秦皇汉武对中国宗教的贡献

在秦汉时期的宗教改革中,秦皇汉武的贡献很值得注意。他们的所作所为虽有不少个人因素在内,好像相当狂热、迷信、任意胡来,轰轰烈烈而终归于失败,但却对了解中国宗教日趋"政治化"的倾向是一个合适的观察点,上可以推求其酝酿过程,下可以寻绎其后续发展(以释、道填补其"宗教空白")。其作用正像秦始皇的"书同文,车同轨"、"壹法律度量",汉武帝的"罢黜百家,独尊儒术",都是奠后世之基,不可磨灭的。虽然秦皇汉武之后,海外寻仙没有了,大规模的巡狩封禅和郊祀也没有了,剩下的只是缩小为点状的郊祀和偶尔进行的封禅,好像微缩景观(miniature art)一样,但这种"大人国"到"小人国"的转变,前后还是分不开。

秦皇汉武的整齐宗教,其特点是衔接古今,协同上下,调和东西,折衷南北。如他们对各地原有的宗教(如西方的雍四畤和东方的八神)和民间的宗教(如各地的巫祠)都是采取兼收并蓄,分级设等,由太祝设祠官领之;郊祀与封禅也是东西并行,甚至对北方匈奴地区和南方两粤地区的宗教也加以利用。他们强调的是政治上的一元化和宗教上的多元化,这种格局的奠定对后世影响很大。现在研究中国古代文化,有人老是喜欢把各种东西全都塞进"儒家"的概念里,甚至把中国人以政治控制宗教也完全归功于儒家理性主义的价值取向,这并不正确。它不但没有考虑秦汉之际的制度创设其实多是出自秦皇汉武这类政治家的蛮干胡来(他们都很迷信),而且就连对儒家的印象很多也是相当晚起和笼统。如果我们用

---

① 饶宗颐《中文大学文物馆藏建初四年"序宁病简"与"包山简"》,中国海南省第一届国际汉学会议论文;连劭名《东汉建初四年巫祷券书与古代的册祝》,《传统文化与现代化》1996 年 6 期,28~33 页。

这样的印象来讲中国宗教,那么正像美国笑话中说的,这样的Confucianism(儒家)真是 Confusionism(一团混乱)。

1996 年 12 月 31 日写于北京蓟门里,

1997 年 2 月 6 日改定于美国西雅图。

【补记一】 据裘锡圭《诅楚文"亚驼"考》(《文物》1998 年 4 期,15～18 页)考证,诅楚文《亚驼文》中的"亚驼"应读"滹沱",但并非晋之滹沱,而是今甘肃东端泾川至正宁一带的某条河流,汉平帝时的呼池苑及《新唐书·地理志》中的要册湫均与此有关。疑裘文所说"滹沱"即《水经注·渭水》(卷十九)所说的"泥水"和"马岭水"。又关于"碣石宫"遗址,《考古》1997 年 10 期 15～60 页发表了辽宁省文物考古研究所姜女石工作站写作的三篇简报:《辽宁绥中县"姜女石"秦汉建筑群址石碑地遗址的勘探与试掘》、《辽宁绥中县石碑地秦汉宫城遗址 1993～1995 年发掘简报》、《辽宁绥中县"姜女石"秦汉建筑群址瓦子地遗址一号窑址》,81～86 页发表了华玉冰写作的《试论秦始皇东巡的"碣石"与"碣石宫"》,可参看。

【补记二】 关于径路神祠,请参看高去寻《径路神祠》,收入《包尊鹏先生纪念论文集》,台北:国立历史博物馆,1971 年,99～102 页;Kao Chü-hsün,"Ching Lu Shen Shrines of Han sword worship in Hsiung Nu religion",*Central Asiatic Journal*,Vol.V,No.3,1960 年,221～232 页。

秦汉祠畤通考①

中国早期的祭祀遗址,史籍缺略,难以详考,唯《史记·封禅书》、《汉书·郊祀志》专记其事,可作考古线索。秦之故祠以雍为多,达100余所,西(今甘肃天水)亦数十祠,合崤以东名山五、大川二、八神祠,华以西名山七、大川四,及他杂祠,估计其数,当在200所左右②。西汉所兴,孝武为盛,数倍于前,成帝时达683所(光雍祠即有303所),哀帝时达700余所,平帝即位,王莽颇改旧礼,制度为之一变。故王莽以下,当另为考证(参看《续汉书·祭祀志》和《水经注》)。今检二书所载,校以《汉书·地理志》,以时为经,以地为纬(所标地名为《汉书》旧名,先标明旧地治所,后括注今地方位),作为参考(祠名标·号者不见《地理志》,不标者见于《地理志》)。凡得秦汉故祠227所(其不详者473所,其中280所当在雍地,雍以外约有193所),述之于下:

(一)京兆尹

(1)秦孝公立:

虎候山祠。在蓝田(今陕西蓝田西)。

(2)秦代立:

• 昭明。在长安(今陕西西安西北)的丰、镐。

• 天子辟池。同上。

太华山祠。在华阴(今陕西华阴县南)。〔案:太华山也叫华山,华山为汉

---

① 参看林富士《汉代的巫者》(台北:台湾大学历史学研究所硕士论文,1987年)附表六:《〈汉书·地理志〉所见祠庙分布表》。此表所列西汉祠庙共103所。

② 马非百《秦集史》(中华书局,1982年)下册705～715页对秦汉祠庙有所讨论,考秦七庙在渭南,当计入秦祠总数内,又据《水经注·渭水》、《晋书·束皙传》、《华阳国志》补凤女、曲水、蜀主挥、白起、土羊神、王翦六祠。

代的西岳。〕

周天子祠（2所）。在湖（今河南灵宝西北）。

• 天神祠。在下邽（今陕西渭南北）。

周右将军杜主祠（祠杜伯之鬼，4所）。在杜陵（今陕西西安东北）。

〔案：《封禅书》作"于杜、亳有三社〈杜〉主之祠"。《郊祀志》两次提到杜主祠，"三"皆作"五"，《地理志》作"杜陵：故杜伯国，宣帝更名。有周右将军杜主祠四所"。疑"杜、亳"是"杜、菅"之误，合杜四菅一为五。〕

• 寿星祠（祠南极老人星）。同上。

（3）汉高祖立：

• 蚩尤祠（祠蚩尤）。在长安。

• 梁巫祠（祠天、地、天社、天水、房中、堂上等）。同上。

• 晋巫祠（祠五帝、东君、云中君、巫社、巫祠、族人、先炊等）。同上。

• 秦巫祠（祠社[杜]主、巫保、族累等）。同上。

• 荆巫祠（祠堂下、巫先、司命、施糜等）。同上。

• 九天巫祠（祠九天）。同上。

• 灵星祠（也叫赤星祠）。在长安城东十里。〔案：此为武帝太祝所领六祠之一，地点是据《封禅书》正义引《庙记》，《孝武本纪》索隐谓赤星即灵星。〕

（4）汉文帝立：

• 长门五帝坛（祠五帝）。在霸陵（今陕西西安东北）长门正北。

（5）汉武帝立：

• 神君祠（祠长陵女子以乳死者）。在长安上林苑蹏氏观。

• 亳忌太一祠（祠太一、五帝）。在长安东南郊。〔案：此亦武帝太祝所领六祠之一，"亳"亦作"薄"。〕

• 三一祠（祠天一、地一、太一）。在亳忌太一坛上。〔案：此亦武帝太祝所领六祠之一。〕

• 黄帝祠（祠黄帝）。在亳忌太一坛旁。

• 冥羊祠。同上。〔案：此亦武帝太祝所领六祠之一。〕

• 马行祠。同上。〔案：此亦武帝太祝所领六祠之一。〕

- 太一祠（祠太一）。同上。

- 泽山君祠。同上。〔案：《封禅书》作"泽山君"，《郊祀志》作"皋山山君"，"皋"是"泽"之误。〕

    - 地长祠。同上。

    - 武夷君祠。同上。

    - 阴阳使者祠。同上。

    - 寿宫神君祠（祠太一、大禁、司命等）。在长安寿宫中。

（6）汉宣帝立：

    - 白虎祠。在长安（？）。

    - 隋侯祠。在长安未央宫中。

    - 剑宝祠。同上。

    - 玉宝璧祠。同上。

    - 周康宝鼎祠。同上。

    - 岁星祠。在长安城旁。

    - 辰星祠。同上。

    - 太白祠。同上。

    - 荧惑祠。同上。

    - 南斗祠。同上。

（二）左冯翊

（1）秦献公立：

    - 畦畤（祠白帝）。在栎阳（今陕西临潼东北）。

（2）秦代立：

河水祠。在临晋（今陕西大荔东南）。〔案：汉宣帝河水祠因之。〕

（3）汉高祖立：

    - 河巫祠（祠河）。在临晋。

（4）汉武帝立：

    - 甘泉宫台室（祠三一等天神）。在云阳（今陕西淳化西北）甘泉宫中。

•甘泉太一祠(也叫太畤,祠太一、五帝、群神从者及北斗等)。在云阳甘泉宫南。〔案:《地理志》"太一"之"太"皆作"泰",甘泉太一祠合下汾阴后土祠亦为武帝太祝所领六祠之一。〕

越巫䟤(辜)鄬(禳)祠(从越人勇之言所立,3所,祠天神上帝百鬼)。同上。

•通天台。同上。〔案:《封禅书》两见,一作"通天茎台",一作"通天台",《郊祀志》无"茎"字,索隐谓"茎"字衍。〕

(5)汉宣帝立:

径路神祠(祭休屠王)。在云阳。〔案:匈奴语称刀剑为"径路"。〕

(6)年代不详:

天齐公祠。在谷口(今陕西礼县东北)。

五床山祠。同上。

仙人祠。同上。

五帝祠。同上。

休屠祠。在云阳。

金人祠。同上。〔案:金人即休屠祭天金人。〕

(三)右扶风

(1)西周晚期立:

•武畤。在吴阳(今陕西宝鸡市西北)。

好畤。在好畤(今陕西乾县东)。

(2)秦文公立:

•陈宝祠(祠陈宝)。在陈仓(今陕西宝鸡市东)北阪城。

鄜畤(祠白帝)。在陈仓一带。〔案:此为秦"雍四畤"之一。〕

(3)秦宣公立:

密畤(祠青帝)。在雍(今陕西凤翔西南)地附近的渭水南岸。〔案:此亦秦"雍四畤"之一。〕

(4)秦灵公立:

上畤(祠黄帝)。在吴阳。〔案:此亦秦"雍四畤"之一。〕

下畤(祠炎帝)。同上。〔案:此亦秦"雍四畤"之一。〕

(5)秦代立:

汧水祠。在郁夷(今陕西宝鸡县西的千渭之会)。

• 岐山祠。在美阳(今陕西岐山东北)。

• 日祠。在雍。〔案:秦在雍所立"百有余庙",可考者只有以下21所。〕

• 月祠。同上。

• 参祠。同上。

• 辰祠。同上。

• 南北斗祠。同上。

• 荧惑祠。同上。

• 太白祠。同上。

• 岁星祠。同上。

• 填星祠。同上。

• 辰星祠。同上。

• 二十八宿祠。同上。

• 风伯祠。同上。

• 雨师祠。同上。

• 四海祠。同上。

• 九臣祠。同上。

• 十四臣祠。同上。

• 诸布祠。同上。

• 诸严祠。同上。

• 诸逑祠。同上。〔案:《封禅书》作"逑",《郊祀志》作"逐",并为"逑"之误。〕

• 杜主祠。在雍地的营庙。

• 鸿冢祠。在雍。〔案:黄帝臣鬼臾区号大鸿,死葬雍,曰鸿冢。〕

• 吴山祠。在汧(今陕西陇县西南)。〔案:吴山,《封禅书》作"吴岳",《郊祀志》作"吴山"。〕

垂山祠。在武功(今陕西眉县东)。〔案:垂山古名敦物,即今太白山,《封

禅书》、《郊祀志》"垂"误"岳"。〕

- 霸水祠。在咸阳附近。

- 产水祠。同上。

- 长水祠。同上。

- 沣水祠。同上。

- 涝水祠。同上。

- 泾水祠。同上。

- 渭水祠。同上。

- 汧渊祠。疑在汧水上游。

(6)汉高祖立：

北畤(祠黑帝)。在雍。〔案：汉代的"雍五畤"是以秦"雍四畤"合此为五。〕

- 南山巫祠(祠南山秦中[即秦二世之鬼])。在陈仓南十里的仓山中(参看《史记·秦本纪》"伐南山大梓"句正义引《括地志》)。

(7)汉文帝立：

- 渭阳五帝庙。在渭城(今陕西咸阳)灞、渭之会的渭水北岸(今陕西西安长安区东北)。

(8)汉宣帝立：

- 劳谷祠。在鄠(今陕西户县北)附近。

- 五床山祠。同上。

- 日月祠。同上。

- 五帝祠。同上。

- 仙人祠。同上。

- 玉女祠。同上。

(9)年代不详：

太昊、黄帝以下祠。在雍。〔案：《地理志》："雍：秦惠公都之，有五畤，太昊、黄帝以下祠三百三所。"这303所祠应包括上面提到的秦祠21所，但"三百三所"，《郊祀志》作"本雍旧祠二百三所"。〕

黄帝子祠。在隃麋(今陕西千阳东)。

上公祠。同上。

明星祠。同上。〔案：明星即太白。〕

黄帝孙祠。同上。

舜妻育冢祠。同上。

黄帝子祠。在虢(今陕西宝鸡县)。

周文武祠。同上。

斜水祠。同上。

褒水祠。同上。

(四)河东郡

(1)秦代立：

首山(即薄山，也叫雷首山)祠。在蒲阪(今山西永济西南)。

(2)汉高祖立：

•后土庙。在汾阴(今山西万荣西)南。

(3)汉武帝立：

•后土祠。在汾阴脽丘。〔案：汾阴后土祠合上甘泉太一祠亦为武帝太祝所领六祠之一。〕

(4)年代不详：

天子庙。在大阳(今山西平陆西南)。

尧山祠。在蒲阪(今山西永济西南)。

(五)河南郡

汉武帝立：

延寿城仙人祠。在缑氏(今河南偃师东南)。

(六)东郡

(1)秦代立：

济庙。在临邑(今山东东阿)。

(2)汉宣帝立：

蚩尤祠。在寿良(今山东东平西南)西北泲水(济水)上。

(七)颍川郡

（1）秦代立：

• 太室山祠。在嵩高（今河南登封）。〔案：太室山为汉代的中岳。〕

（2）汉宣帝立：

太室山庙。在嵩高。〔案：今仍有太室阙在，见吕品《中岳汉三阙》，文物出版社，1990年。〕

少室山庙。同上。〔案：今仍有少室阙在，见吕品《中岳汉三阙》。〕

• 夏后启母石祠。在汉中岳（今河南登封）。〔案：今仍有启母阙和启母石在，见吕品《中岳汉三阙》。〕

（八）南阳郡

秦代立：

• 淮庙。在平氏（今河南桐柏西北平氏）。〔案：据《封禅书》索隐引《风俗通》。汉宣帝淮水祠因之。〕

（九）庐江郡

汉代立：

天柱山祠（天柱山即灊山）。在灊（今安徽霍山东北）。〔案：天柱山为汉代的南岳。〕

（十）济阴郡

年代不详：

尧冢灵台。在成阳（今山东菏泽东北）。

（十一）沛郡

汉高祖立：

• 枌榆社。在丰（今江苏丰县）。

（十二）常山郡

汉代立：

恒山祠。在上曲阳（今河北曲阳西）西北。〔案：恒山为汉代的北岳，武帝以来作"常山"。〕

（十三）涿郡

秦代立：

• 鸣泽祠。在容城（今河北容城北）。〔案：地点是据《封禅书》索隐和正义。〕

（十四）济南郡

（1）秦代立：

• 天主祠。在临淄（今山东淄博东北临淄北）南郊天齐渊。〔案：天主为秦"八神"之一。〕

（十五）泰山郡

（1）秦以前立：

泰山庙。在博（今山东泰安东南旧县）。〔案：泰山为汉代的东岳。〕

• 云云山祠。同上。

• 社首山祠。同上。

亭亭山祠。在钜平（今山东泰安南）。

• 石闾山祠。同上。

• 地主祠。在梁父（今山东新泰西）。〔案：地主为秦"八神"之一。〕

（2）汉武帝立：

明堂（祠太一、五帝、后土、高祖）。在奉高（今山东泰安东）西南四里汶水上。

• 高里山祠。在博（今山东泰安东南旧县）。

• 肃然山祠。在嬴（今山东莱芜西北）。

（3）年代不详：

蒙山祠。在蒙阴（今山东蒙阴西南）。

（十六）齐郡

汉宣帝立：

逢山祠（祠石社石鼓）。在临朐（今山东临朐）。〔案：《地理志》作"逢山祠"，《郊祀志》作"蓬山祠"。〕

（十七）东莱郡

（1）秦代立：

• 阴主祠。在曲城（今山东莱州东北）三山（即参山，今山东莱州北）。

149

〔案：阴主为秦"八神"之一。〕

• 阳主祠。在腄（今山东烟台）之罘山（今山东烟台北芝罘岛上）。
〔案：阳主为秦"八神"之一。〕

• 月主祠。在黄县（今山东龙口东）莱山（今山东龙口东南）。〔案：月主为秦"八神"之一。〕

• 日主祠。在不夜（今山东荣城北）成山（即盛山，今山东荣城东北）。
〔案：日主为秦"八神"之一。〕

(2)汉武帝立(?)：

万里沙祠。在曲城（今山东莱州东北）三山。

(3)汉宣帝立：

之罘山祠。在腄（今山东烟台）之罘山。

• 参山八神祠。在曲城三山。

成山日祠。在不夜成山。

• 莱山月祠。在黄县莱山。

莱山松林莱君祠。同上。

(4)年代不详：

海水祠。在临朐（今山东莱州西北）。

百支莱王祠。在崲县（今山东龙口西南）。

(十八)琅邪郡

(1)秦代立：

• 四时主祠。在琅邪（今山东胶南西南）。〔案：四时主为秦"八神"之一。〕

(2)汉武帝立：

太一祠。在不其（今山东崂山西北）。

仙人祠。同上。〔案：连上共9所。〕

明堂。同上。

(3)宣帝立：

四时祠。在琅邪。

(4)年代不详：

• 凡山祠。在朱虚(今山东临朐东南)。

三山祠。同上。

五帝祠。同上。

莱山莱王祠。在长广(今山东莱阳东)。

环山祠。在昌(今山东诸城北)。

(十九)临淮郡

江海会祠。在海陵(今江苏泰州市)。

(二〇)会稽郡

(1)楚春申君立:

历山祠。在无锡(今江苏无锡)。

(2)秦代立:

• 会稽山祠(山上有禹冢、禹井)。在山阴(今浙江绍兴)。

(二一)汉中郡

秦代立:

• 沔水祠。在南郑(今陕西汉中东)。

(二二)蜀郡

秦代立:

• 渎山祠。在湔氐道(今四川松潘北)。

• 江水祠。在成都(今四川成都市)。

(二三)越巂郡

汉宣帝立:

金马、碧鸡祠。在青蛉(今云南大姚)禺同山(今云南姚安)。

(二四)益州郡

年代不详:

黑水祠。在滇池(今云南晋宁县东北晋城镇)。

(二五)武都郡

秦文公立:

• 怒特祠。在故道(今宝鸡市西南大散关东南)。〔案:见《史记·秦本

纪》正文及集解、正义。〕

（二六）陇西郡

秦襄公立：

· 西畤。在上邽（今甘肃天水市）。〔案：《封禅书》、《郊祀志》皆云："西亦有数十祠。"〕

· 人先祠。同上。〔案：《封禅书》集解引《汉注》、索隐引《汉旧仪》说陇西西县有"人先祠"，或即西"数十祠"之一。〕

（二七）金城郡

年代不详：

西王母石室。在临羌（今青海湟源东南）西北塞外。

仙海。同上。

盐池。同上。

弱水祠。在临羌西须抵池。

昆仑山祠。同上。

（二八）安定郡

秦代立：

端旬祠（15所，胡巫祝）。在朝那（今宁夏固原东南）。

湫渊祠。同上。

（二九）上郡

（1）汉宣帝立：

五龙山仙人祠。在肤施（今陕西榆林东南）。〔案：《郊祀志》作"五龙山祠"。〕

黄帝祠。同上。

· 天神祠。同上。

原水祠。同上。〔案：《地理志》作"五龙山、帝、原水、黄帝祠四所"，《郊祀志》作"黄帝、天神、原水之属"。〕

（2）年代不详：

黄帝冢。在阳周（今陕西子长西北）桥山（今陕西黄陵北）。

（三〇）西河郡

汉宣帝立：

天封苑火井祠。在鸿门（今陕西榆林东北）。〔案：疑由天然气喷发而附会。〕

（三一）辽西郡

（1）秦代立：

• 碣石祠。在絫（今河北昌黎南）碣石山（今河北昌黎西北仙台山）。

（2）年代不详：

高庙。在且虑（今辽宁朝阳市西）。

（三二）胶东国

汉宣帝立：

天室山祠。在即墨（今山东平度东南）。〔案：《地理志》作"天室山"，《郊祀志》作"太室山"。〕

三户山祠。在下密（今山东昌邑东）。〔案：《地理志》作"三石山"，《郊祀志》作"三户山"。〕

（三三）东平国

秦代立：

• 兵主祠。在东平陆（今山东汶上西北）监乡。〔案：兵主即蚩尤，为秦"八神"之一。〕

（三四）鲁国

秦代立：

• 驺峄山祠。在驺（今山东邹县东南）。

（三五）广陵国

汉宣帝立：

江水祠。在江都（今江苏扬州市西南）。

（三六）长沙国

秦代立：

• 湘山祠。在益阳（今湖南益阳东）北（今湖南岳阳西南）。

153

（三七）地点不详

- 洛渊祠。疑在洛水上游。
- 蒲山祠。不详。
- 岳嵋山祠。不详。

汉武帝立：

- 明年祠（"明年"也叫"延年"）。在执期（今山东半岛一带）。

1996 年 12 月 31 日写于北京蓟门里，

1997 年 6 月 2 日改定于美国西雅图。

【补记一】　周振鹤《中国历史文化区域研究》，复旦大学出版社，1997 年，51～81 页；《秦汉时期宗教文化景观》对秦汉祠畤的地理分布有专门讨论。其附录一《西汉郡国祖宗庙的分布》共列西汉祖宗庙 167 所，其中太上皇庙 8 所，高庙 53 所，孝文庙 57 所，孝武庙 49 所；附录二《西汉成帝初年祠庙的分布》共收汉代祠畤 152 所，可参看。〔案：拙考所列西汉祖宗庙只有且虑之高庙，未收其他，如加上周文所考的其他 166 所，则不详者为 307 所（其中雍地占 280 所，雍以外占 27 所）。〕

【补记二】　1975～1982 年，修筑青藏铁路的工人在青海省天峻县二郎洞附近发现汉代遗址，遗址出有"长乐未央"、"常乐万亿"瓦当，学者推测即上临羌西王母石室。参看曹清景《天峻县王母洞前发现古建筑遗址》、卢耀光《天峻西王母石室和西玉母宫古遗址调查考略》，收入阿旺尖措等编《昆仑神话与西王圣母》，黄山书社，1998 年，174～197 页。

【补记三】　齐临淄故城一带多出"天齐"半瓦，应即天主祠所在天齐渊的遗物，见山东省文物管理处《山东临淄齐故城试掘简报》，《考古》1961 年 6 期，289～297 页；赵超《释"天耆"》，《考古》1983 年 1 期，66～67 页。

【补记四】 齐地的八主祠是由两部分组成，一部分是仿三才，曰天主、地主、兵主三祠，在泰山和泰山南北一带，偏西；一部分是配日月、阴阳、四时，在胶东半岛的南北两岸，偏东（日主、阳主祠在东，月主、阴主祠在西，四时主祠在南）。它们，除日主、阳主祠有早期遗址，出土瓦当、玉器等物，月主、阴主和四时主祠也有早期遗址和瓦当等物发现（而且它们多有以所当八神为名的晚期祠庙，或附始皇庙，或兼海神庙）。

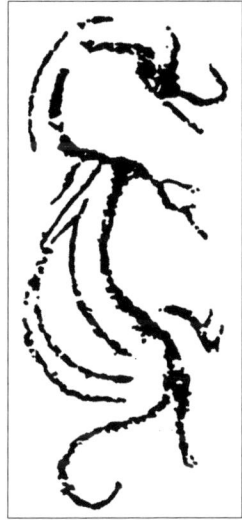

星官索隐

"太一"崇拜的考古研究

"太一"崇拜在古代的神祇崇拜和宗教仪式中地位很突出①。它与古代的天文学及占星、式法、选择等数术,还有古代哲学中的本体概念——"道"、"太极"密切相关,对古代科技史和哲学史的研究也至关重要。但是由于这一概念有太多的交叉与变形,加上年深日久,载籍缺略,它的含义和细节至今仍多不明。在这篇文章中,我们希望指出的是,现在由于新的考古发现,这一问题的研究已经取得若干突破。

一、传世文献中的"太一"崇拜②

古人明确提到"太一",最早似乎是见于战国晚期的文献,如《庄子·天下》、《荀子·礼论》、《吕氏春秋·大乐》、《鹖冠子》的《泰鸿》和《泰录》等篇③。但这些记载多是只言片语,难窥全貌,眉目比较清楚还是汉代文献,如《淮南子》的《天文》、《精神》、《本经》、《主术》、《诠言》、《要略》等篇④,《史记》的《武帝本纪》、《礼书》、《乐书》、《天官书》和《封禅书》⑤,《汉

---

① "太一"亦作"大一"、"泰一"、"泰壹"。案"大"、"太"、"泰"同源,下不再重复注明。

② 参看钱宝琮《太一考》和凌纯声《秦汉时代之時》。

③ 见《诸子集成》第三册:《庄子集解》,221页,第二册:《荀子集解》,236页,第六册:《吕氏春秋》,47页;《诸子百家丛书》(上海古籍出版社,1990年):《鹖冠子》,28、29、31、32页。

④ 见《诸子集成》第七册:《淮南子》,39、42、111、119、120、127、235、369页。

⑤ 见《史记》,456、458、459、467、469~473、475~477、480、481、485、1169、1178、1289、1386、1388、1393~1396、1398、1399、1401、1403、1438页。

书》的《礼乐志》、《郊祀志》、《天文志》和《艺文志》①，以及汉代的各种纬书②。

汉代的史料容易使人造成错觉，以为祭祀"太一"只是从汉武帝以来才有。因为《封禅书》从"自古受命帝王，曷尝不封禅"讲到武帝以前，没有一个字说及"太一"，只是到武帝时才有人把它郑重其事地提出来，摆在众神之上，仪式十分隆重，祭祀也十分频繁③。

据《封禅书》和《郊祀志》，武帝祠祭"太一"，先后立过两座太一坛：

(1)亳忌太一坛。即元光二年(公元前133年)亳人(亳在今山东曹县)谬忌奏立的太一坛，位置在汉长安城(在今陕西西安市西北)的东南郊。坛作"八觚"(八边形)，每边各有一条可供登降的阶道，叫"鬼道"，两两相对，如米字而虚其中，代表四方八位，半径为30步(约41米左右)。谬忌奏祠太一方曰："天神贵者太一，太一佐曰五帝。古者天子以春秋祭太一东南郊，用太牢，七日，为坛开八通之鬼道"，建议把"太一"当作最高的天神，而把"五帝"当作"太一"的佐神来配享，武帝准之，是为汉祭"太一"之始。后来他还采纳其他人的建议，在此坛祭祀"三一"(由"天一"、"地一"和"太一"组成的"三位一体"神)、"冥羊"、"马行"等神④。

(2)甘泉太一坛。也叫"甘泉太畤"或"甘泉太畤坛"(《郊祀志》"太"作"泰")，即元鼎五年(公元前112年)祠官(掌管祭祀的官员)宽舒等人在汉甘泉宫(在今陕西淳化县北)的南面修立的太一坛。其形式是模仿前者，可作了解前者形制的参考。坛分三层，最高一层列具"太一"之象，叫"紫坛"；中层是以青、赤、白、黑四帝居东、南、西、北，而将黄帝置于西南，叫

---

① 见《汉书》，185、263、1045、1060、1173、1218～1220、1227、1230～1233、1235、1237、1243、1244、1248、1257～1259、1264、1265、1268、1274、1547、1585、1753、1759、1763、1764、1767、1768、1772、1779、2940 页。

② 见安居香山、中村璋八《重修纬书集成》(东京：株式会社明德出版社，1978年)索引中的有关条目。

③ 参看《封禅书》，《史记》，1355～1404 页；《郊祀志》，《汉书》，1189～1272 页。

④ 《封禅书》，《史记》，1386 页；《郊祀志》，《汉书》，1218 页。

"五帝坛";下层作"四方地",配有"群神从者及北斗云",则为"群神之坛"①。《郊祀志》说此坛亦"八觚",当指坛的主体即上中两层是作八边形;它的最下一层为"四方地",则是方形。前者趋近于圆形,应是象征"天圆";后者则是象征"地方"。其"紫坛"是象征宇宙的天顶部分,即"紫微垣"或"紫微宫"。"五帝坛"把黄帝置于西南。黄帝于五行方位属土,本来应在中央,但现在既然中央已被"太一"占据,所以只好屈居西南,这和《礼记·月令》把土行配于季夏(位当西南)是一个道理。"群神之坛"所祭的"群神从者"或即亳忌太一坛兼祭的"三一"、"冥羊"、"马行"之属,而北斗属土行,配地也是合理的(详第四节)。根据史书的描述,我们可以推测其大概的形制(图31)。

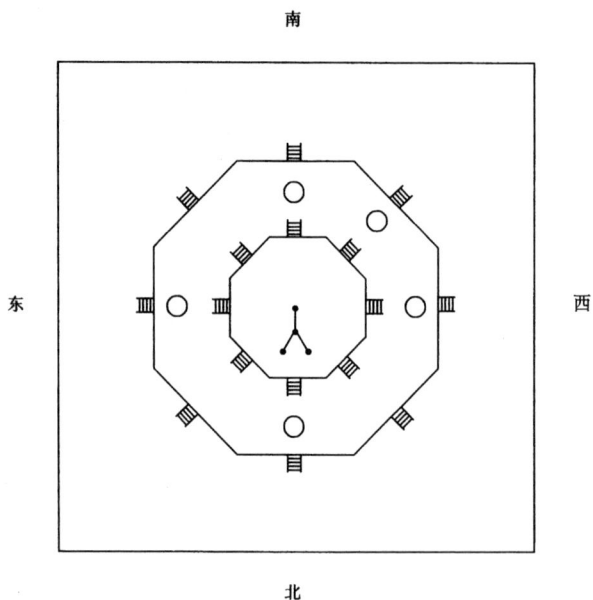

图 31　甘泉宫太一坛复原图(作者绘)

上层小八边形为"紫坛",其上的 Y 字形物为"太一"之象;中层大八边形为"五帝坛",其上的五个圆圈,从东至北依次为青、赤、黄、白、黑"五帝"之位;下层正方形为"四方地";上中两层下的"米"字形阶道为"鬼道"。

---

① 《封禅书》,《史记》,1394 页;《郊祀志》,《汉书》,1230、1256 页。

武帝所立的两个太一坛，前一个太一坛后来怎样，史无明文，但后一个太一坛一出现就取代前者而成为当时的祭天中心。甘泉宫是元狩四年（公元前119年）所立①，地点在今淳化县北的古甘泉山上。甘泉山是传说"黄帝以来圜丘祭天处"，也是匈奴祭天处②，这大概就是武帝选择该地为祭天之所的原因。武帝在元狩四年和五年（公元前119、118年）初立甘泉宫时，就已经在宫中"为台室"祠祭"太一"，但当时还没有正式立畤③。正式立畤是在元鼎五年，即武帝建汾阴后土祠（在今山西万荣县）的次年④。甘泉太畤和汾阴后土祠是武帝时新立的祭祀中心，它们一个祭天，一个祭地，正好是一对。

在汉代的祭祀制度中，封禅和郊祀都包含祭天，但"太一"之祭主要还是属于郊祀制度。司马迁说"今天子（汉武帝）初即位，尤敬鬼神之祀"⑤，武帝兴立祠祀远倍于前⑥。秦祠最有名是雍四畤（祭白、青、黄、赤四帝）和陈宝祠（祭秦文公在陈仓发现的陨星），所谓"唯雍四畤上帝为尊，其光景动人民唯陈宝"⑦。汉初，除于雍四畤旁增加北畤（祭黑帝）和吸收六国杂祠，郊祀制度多袭秦而不改，所以祭祀对象主要是五帝，祭祀之所主要是雍五畤⑧。而"今天子（汉武帝）所兴祠"，最出名的则是甘泉太畤和汾阴后土祠⑨。武帝立了甘泉太畤和汾阴后土祠，加上原来的雍五畤，汉代的郊祀制度才粲然大备。

读《封禅书》和《郊祀志》，我们可以发现，汉代的郊祀，其所谓"郊"大体相当于当时的京畿三辅，这虽不比巡狩封禅跑得那么远，但比起古书所

---

① 《封禅书》，《史记》，1387~1388页；《郊祀志》，《汉书》，1219~1220页。
② 陈直《三辅黄图校证》（陕西人民出版社，1980年）卷二《汉宫·甘泉宫》（46~50页）、卷三《甘泉宫》（67~82页）。
③ 《封禅书》，《史记》，1394~1395页；《郊祀志》，《汉书》，1219~1220页。
④ 《封禅书》，《史记》，1389页；《郊祀志》，《汉书》，1221~1222页。
⑤ 《封禅书》，《史记》，1384页；《郊祀志》，《汉书》，1215页。
⑥ 《封禅书》，《史记》，1384~1404页；《郊祀志》，《汉书》，1215~1248页。
⑦ 《封禅书》，《史记》，1376页。
⑧ 《封禅书》，《史记》，1378~1384页；《郊祀志》，《汉书》，1210~1215页。
⑨ 《封禅书》，《史记》，1403页。

说的郊祀范围却大得多。如武帝祭"太一"要北上今陕西淳化（属左冯翊）；祭"后土"要东渡黄河，到今山西万荣（属河东郡，邻左冯翊）；祭"五帝"要西去今凤翔一带（属右扶风）。若以长安为圆心，活动半径差不多有200公里，摊子铺得很大。他这个人有点像周代的穆天子，秦代的秦始皇，特别喜欢东征西讨，也特别喜欢周游天下。他在世时，求仙访药，不辞其远；封禅郊祀，不厌其烦。这既有政治考虑，也有个人偏好。然而他的这种热情却很难被他的后继者所仿效。

由于汉武帝的郊祀制度与古制不合，并且远道跋涉，多所不便，所以经过汉昭帝、宣帝和元帝，到成帝、哀帝和平帝时，遂有复古派出来加以反对。建始元年（公元前32年），汉成帝初即位，采纳儒者匡衡等人的建议，罢甘泉太畤、汾阴后土祠及雍五畤、陈宝祠等众祠，改于长安南北郊祭天地和五帝（类似亳忌太一坛），理由是：（1）天子居长安，离这些祠畤太远，跋山涉水，既险又累，且劳民伤财；（2）古代郊祀都是随王所居，行于近郊，而且祭天之所在正阳之位（南），祭地之所在大阴之位（北），今太畤在长安北，后土祠在长安东，也违反阴阳方位；（3）雍四畤和陈宝祠乃诸侯（秦）妄造，高祖所立北畤也是天下未定时仓促建立①。这几乎是把武帝的制度全都推翻了。但这以后，情况一直反反复复。汉成帝对这两套郊祀制度一直拿不定主意。永始元年（公元前16年），他因皇后无子，曾恢复武帝旧祠②，可是绥和二年（公元前7年），他前往这些地点祭祀，屡逢凶咎，又恢复长安南北郊之祭③。成帝以后的哀帝也是如此。他初即位，还是实行长安南北郊之祭，但建平三年（公元前4年），因为皇后久病不愈，他又恢复了甘泉太畤和汾阴后土祠之祭④。直到元始五年（公元5年），汉平帝采纳王莽等人的建议，才最终废除甘泉太畤和汾阴后土祠之祭，确立长安南北郊之祭。从此，置太畤于长安南郊以应天，后土祠于北郊以应地，

---

① 《郊祀志》，《汉书》，1253～1259页。

② 《郊祀志》，《汉书》，1259页。

③ 《郊祀志》，《汉书》，1262～1263页。

④ 《郊祀志》，《汉书》，1264页。

五帝時于长安四郊各如其位,称"太一"为"皇天上帝","后土"为"皇地后祇"①。这一制度为后世郊祀所祖,例如明清两代的天坛和地坛就是在北京的南北郊,其天坛的圜丘也与汉太一坛相似(图32)。

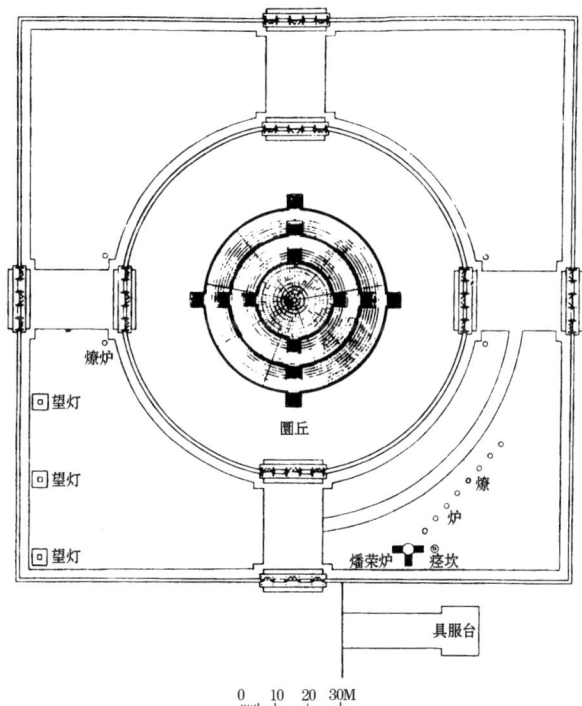

图 32　天坛圜丘

在汉代史料中,围绕两种太一坛的争论,似乎是"新制"与"古制"之争。亳忌太一坛和匡衡、王莽建议的长安南北郊之祭都是依托"古制",而甘泉太一坛则是武帝以来的新制。但是前者的"古"是"复古",它和真正的"古"到底有多大相似性? 后者的"新"是"复古"之后的"推陈出新",它是不是一种完全的"新"? 这些问题在没有发现真正的"古"之前,恐怕是没有办法说清的。

① 《郊祀志》,《汉书》,1264~1268 页。

163

二、钱宝琮的《太一考》①

在前人研究"太一"的文章中,钱宝琮的《太一考》是最具综合性也最有代表性的作品。钱先生是中国著名的天文学史专家,当然是研究此一问题的最好人选。但他的这篇文章不仅是讨论作为星象的"太一",还讨论到作为哲学本体概念和宗教崇拜对象的"太一"。特别是据作者本人讲,此文是应顾颉刚先生的邀请而作,并利用了顾先生搜集的有关材料〔案:后来顾颉刚、杨向奎发表《三皇考》〈见《古史辨》第七册(中),上海古籍出版社,1982年,20~282页〉涉及同一问题,论述更详。〕。它在许多方面都受到以顾先生为代表的疑古思潮的影响。顾先生为了证明汉代人特别喜欢作伪,总是喜欢强调汉代人太迷信,太爱造神。作者对"太一"崇拜的研究显然带有这种痕迹。

钱先生的文章共分五部分。第一部分是讲"太一"与古代哲学概念"道"的关系。他认为在道家传统中,本来"一"是"道"的别名(如《老子》和《淮南子》),后来阴阳家起,人们把"道生阴阳"比作"一分为二",才用"太一"代替"一",表示终极概念的"道"(《吕氏春秋》和《淮南子》)。这种概念的"太一"与作为星神概念的"太一"无关。另外,这种"太一"的概念还影响到儒家,如《荀子·礼论》、《礼记·礼运》都提到礼应归本于"太一"的说法。儒家传易,《系辞传上》和《易纬乾凿度》的"太极"也是"太一"的改头换面。第二部分是讲汉代的"太一"崇拜。作者认为"'太一'这个名词从阴阳未分的道演变为总理阴阳的天神,大概是西汉初期的事实"(2456页),因此否认《楚辞·九歌》中的"东皇太一"与汉代的"天神贵者太一"是同一种神,并以宋玉《高唐赋》为伪书,否认先秦时代有作为星神的"太一"存在。他认为古代数术有阴阳家和五行家二系(此说在中国学术界极为流行),武帝以前的郊祀是以祭祀五帝为主,属五行系;武帝以来的郊祀把

---

① 参看《太一考》。

五帝降为"太一之佐",是因为阴阳家压倒了五行家。从此人们才把"太一"当总领阴阳的天神,"天一"、"地一"当分任阴阳的天神,形成"三一"。第三部分是讲"太一"的星象学含义。作者认为"太一"作为星名也是汉武帝以来才有。此星在先秦时代本来是叫"北辰"。这个"北辰"是古代北极五星中的亮星,即小熊星座的β星(βUMi),2000年前,位置与今北极相近,《淮南子·天文》称之为"太帝常居",《史记·天官书》称之为"太一常居",《春秋纬》称之为"天皇大帝",《石氏星经》称之为"帝星"。两晋时期,人们才以勾陈六星中的第一星即小熊星座的α星代替原来的β星。另外,与"太一"有关,作者还对"天一"的星象学含义也做了探讨。作者指出《天官书》讲的"天一"是阴德三星,位置在北斗的斗口之上。这三颗星与后世星图的阴德同名,但位置不合。后世星图往往以"太一"、"天一"指属于天龙座的两颗小星,即 χ^{Dra} 和 ι Dra,〔案:《钱宝琮科学史论文选集》219页编者注说"天一星应为10Draco,而太一则应为其边上的一颗小星",认为钱说有误。〕显然不是《天官书》的"太一"和"天一"(图33)。其来源是《石氏星经》。"天

紫宫北斗合图

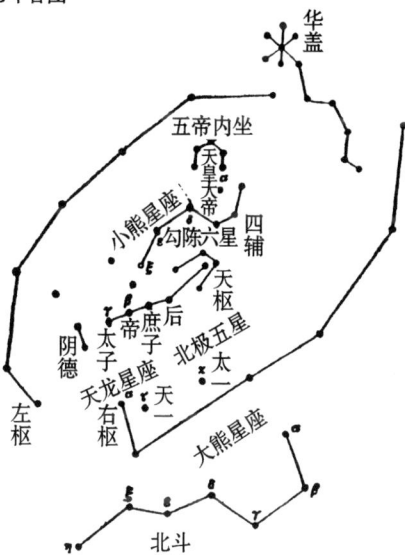

图33　钱宝琮现解的太一、天一在星图中的位置

一"的天文学功能主要在于它是代表岁星(木星)的反影,"太阴"、"青龙"、"太岁"皆其异名。第四部分是讲"太一"和古代传说中的"泰皇"、"太帝"的关系。作者指出古之所谓"三皇五帝"的"三皇"(即天皇、地皇、泰皇,见《路史·九头纪·泰皇氏》引秦丞相王绾语),是比照"天一"、"地一"、"太一"的概念而来,"泰皇"即源于"太一"。这种"泰皇"'也叫"泰帝",它在汉代传说中往往被人格化,或指黄帝(《封禅书》、《郊祀志》),或指太昊(《史记索隐》)。此外,汉代纬书《春秋合诚图》、《河图括地象》和《神农本草经》佚文还提到一位叫"太乙"或"太一子"的神人。《汉书·艺文志》也著录了不少与"泰壹"有关的兵书和数术、方技之书。作者认为,它们都是托名"太一子"的伪书。〔案:《鹖冠子·泰鸿》有"泰皇"、"泰一"问对,是把"泰皇"、"泰一"当作两个神人①。《汉志》所录"泰壹"各书可能即采取类似形式。这种书属于依托之书,但称为"伪书"不妥。〕第五部分是讲与式法有关的"太一九宫"和"天一六壬"。作者认为前者是汉人依托《说卦》,以八卦分配八方,而以太一居中,由天一代行九宫。其说见于《易纬乾凿度》、《黄帝内经》、《黄帝九宫占》、《五行大义》、《唐会要》、《太乙金镜式经》等书。《易纬乾凿度》和《黄帝内经》都是西汉就有的古书,但作者认为此说只见于前书卷下和后书第十八卷,盖出后人附益,应是东汉新起的数术。〔案:此说可商。〕而"天一六壬",则见于《道藏》所收《黄帝龙首经》、《黄帝金匮玉衡经》、《黄帝授三子玄女经》,大概也不会太早。

钱氏对与"太一"有关的问题基本上都涉及到了。此文对于我们的研究无疑是重要参考,但其致命弱点是受顾氏之说误导,把古书的"层累形成"理解为"层累作伪",因此对古书年代有许多错误估计。他的文章从发表到现在已有半个世纪,但他的结论却至今没有得到过认真的检查和批评。近来虽有学者怀疑古代文献中的"太一"并非如钱氏所说,是先指"道"而后指"星",再派生出其他概念,而很可能是一种来源相同,可以互

---

① 见《诸子百家丛书》(上海古籍出版社,1990 年):《鹖冠子》,28～32 页。

换互释的现象①,但反对的看法还缺乏坚强的支持。

三、来自考古发现的新线索

现在与"太一"有关的考古发现已有多起,它们为我们的研究带来了新的希望。这里按年代早晚介绍如下:

(一)"兵避太岁"戈(图 34)。

图 34 "兵避太岁"戈上的"太一锋"(作者拓)

① 葛兆光《众妙之门——北极与太一、道、太极》,《中国文化》3 期(1990 年 12 月),46~65 页。

1960 年湖北荆门市漳河车桥战国墓出土①。戈为巴蜀式,长 22 厘米、宽 5～6.8 厘米,无胡,援部中间起脊,近阑处有二穿,锋呈三角形,内带 T 形穿孔。戈援和戈内正背纹饰相同。援部纹饰为浮雕,作一"大"字形戎装神物,头戴分竖双羽的冠冕,疑即古代所谓的"鹖冠"(一种武士戴的冠冕)②,身披铠甲,双手和胯下各有一龙。三龙,左手所握与胯下者相同,形似蜥蜴,右手所握为双头无足龙,形状与甲骨文中的"虹"字相似③。"大"字形神物左足踏月(在右),右足踏日(在左)。内部纹饰为阴刻,是一侧首张翼之鸟。铭文在内部穿孔的两侧,正背各两字,作"兵避太岁"④,年代属战国中晚期⑤。

(二)包山楚简中的占卜类简文(图 35)。

1987 年湖北荆门市包山 2 号墓出土⑥。这种简文过去也见于 1965 年湖北江陵望山楚墓和 1978 年湖北江陵天星观楚墓出土的竹简⑦。包

① 王毓彤《荆门出土一件铜戈》,《文物》1963 年 1 期,64～65 页。

② 见李零《湖北荆门"兵避太岁"戈》,《文物天地》1992 年 3 期,22～25 页。

③ 见于省吾《甲骨文字释林》,中华书局,1979 年,2～6 页。

④ 见俞伟超、李家浩《论"兵辟太岁"戈》,收入《出土文献研究》,文物出版社,1985 年,138～145 页。

⑤ 参看俞伟超《"大武闢兵"铜戚与巴人的"大武"舞戚》(《考古》1963 年 3 期,153～155 页)和《"大武"舞戚续记》(《考古》1964 年 1 期,54～57 页);马承源《关于"大武戚"的铭文及图像》(《考古》1963 年 10 期,562～564 页)和《再论"大武舞戚"的图像》(《考古》1966 年 8 期,413～415 页);注④引俞伟超、李家浩文;李学勤《"兵避太岁"戈新证》(《江汉考古》1991 年 2 期,35～39 页);李零《湖北荆门"兵避太岁"戈》。案:李学勤先生指出此戈图像同于下《避兵图》,这是研究此戈的关键突破,但他把图像中的"大"字形神物理解为"天一"则误。后来他在《古越阁所藏青铜兵器选粹》(《文物》1993 年 4 期,18～28 页)一文中已予说改正。拙作指出此戈图像乃"太一锋","太岁"只是图中的"三龙",而非图中的"大"字形神物,图中的"大"字形神物乃是"太一"。

⑥ 湖北省荆沙铁路考古队《包山楚简》,文物出版社,1991 年,共 78 页,图版 177 幅。

⑦ 湖北省文化局文物工作队《湖北江陵三座楚墓出土大批重要文物》,《文物》1996 年 5 期,33～55 页;湖北省荆州地区博物馆《江陵天星观一号楚墓》,《考古学报》1982 年 1 期,71～116 页。

戠豬馈之，蓝吉占之曰吉。

命、司褶、大水、二天子、峚山，既皆城。

侯土、司

占之又憙。

215

图 35　包山占卜简上的"太一"

山占卜简所述往往涉及祷祠（禳除凶咎的祭祷），其祷祠对象包括许多神祇。这些神祇中列在首位的神，其名作 、 ，有时还加有示旁或从示从大，字形与古文字中的"蔡"、"叕"等字相近（图 36），应该都是从"大"字派生，表示钛钳之义（用刑具加于颈或四肢），笔者释为"太"[1]，疑即《九歌》中的"东皇太一"。简文的抄写年代为公元前 318～前 316 年，和"兵避太岁"戈年代相近[2]。

---

① 参看李零"Formulaic structure of Chu divinatory bamboo slips", *Early China*, No.15(1990)，71～86 页和《包山楚简研究（占卜类）》，《中国典籍与文化论丛（一）》，中华书局，1993 年，425～448 页。

② 同上。

169

"太一"崇拜的考古研究

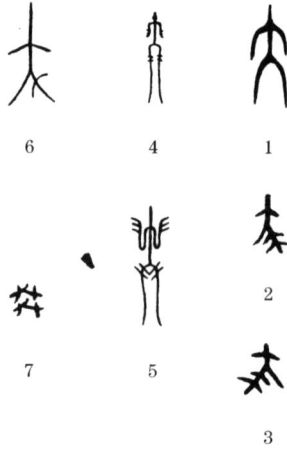

图 36 与"大"字有关的字

1. 大 2~5. 蔡 6.太 7. 叕

(三)马王堆《避兵图》(图 37)。

图 37 马王堆帛书《避兵图》

1973 年湖南长沙马王堆汉墓 3 号墓出土①,兼有图画和文字。图是用青、赤、黄、白、黑五色绘成,图像与前者类似,据题记可知是以"太一"循行的方位来避兵。图的上部正中也有"大"字形神物,其身体为赤色,头亦戴"鹬冠"(但双羽变形作波磔形),上衣模糊不清,裤为青色(或黑色),左腋下标"社"字(用圆圈圈起),据题记即"大(太)一"。图的下部也有三龙,但形状、位置略有不同,三龙皆为双角鳞身四足之龙,手中的双龙移至图的下方:左手下方为前爪捧持火炉的黄龙(题记作"黄龙持鑪[炉]"),龙作赤首黄身,炉作赤色;右手下方为前爪捧持水瓮的青龙(题记作"青龙奉容",疑"容"读"瓮")②,龙作黄首青身,瓮作青色(或黑色);胯下之龙,无题记,也作黄首青身。另外,此图还多出其他一些神物。一是在"大"字形神物的上身两侧多出的神物,左肩一侧的神物(在右),据题记是"雨巿(师)",仅存头;右肩一侧的神物(在左),据题记是"雷公",上着赤衣,下着带黑、白、青三色条纹的裳。二是在"大"字形神物的下身两侧多出的神物,据题记为四个"武弟子",他们从右到左,第一人身体为赤色,头戴"山"字型冠(青色?),青衣(?)赤裳,持戈③;第二人身体亦赤色,冠同上,上衣颜色不清,裳的形制和颜色同"雷公",持剑;第三人身体亦赤色,冠不清,似着赤色的连体紧身衣(注意:其上叠印有第一人的痕迹,并非着青衣),据题记是着裹衣,可以避弓矢,故手中无兵器;第四人身体为黄色,冠同"太一",衣似同于前者,持戟。帛书的抄写年代约在公元前 179～前 168 年之间④。

---

① 周世荣《马王堆汉墓的"神祇图"帛画》,《考古》1990 年 10 期,925～928 页;《马王堆汉墓文物》,湖南出版社,1992 年,35 页。

② 上引周世荣文所附摹本把"容"字误摹为"熨"。关于汉代瓮的形制,可参看孙机《汉代物质文化资料图说》,文物出版社,1991 年,327 页,图版 83:17。

③ 此戈在上引周世荣文所附摹本上看不清。

④ 参看李零《马王堆汉墓的"神祇图"应属避兵图》,《考古》1991 年 10 期,940～942 页;陈松长《马王堆汉墓帛画"神祇图"辨正》,《江汉考古》1993 年 1 期,88～92 页;李家浩《论〈太一避兵图〉》,收入袁行霈主编的《国学研究》第 1 卷,北京大学出版社,1993 年,277～292 页。案:上引周世荣《马王堆汉墓的"神祇图"帛画》未能理解此图是用于避兵,李学勤《"兵避太岁"戈新证》、李零《湖北荆门"兵避太岁"戈》论(转下页)

171

(四)汉甘泉宫遗址(图38)。

图 38　甘泉山一带的汉代遗址

　　1978～1986 年,陕西淳化县文化馆多次对该县北 25 公里处的古甘泉山(今名好花圪塔)及周围地区的秦汉建筑遗址进行调查①。这些遗址

(接上页)之。李学勤文把"兵避太岁"戈中的"大"字形神物理解为"太岁"即"天一",所以把此图中的"大"字形神物旁题记中的"大(太)一"误释为"天一"(以为"大"字上泐去横画)。李零《马王堆汉墓的"神祇图"应属避兵图》虽指出此图中的"大"字形神物是居中宫的"太一",但当时尚未意识到图中所绘即"一星在后,三星在前"的"太一锋"(陈松长、李家浩文也未指出这一点),李零《湖北荆门"兵避太岁"戈》始及之,并纠正李学勤文的误释。

　　①　姚生民《汉甘泉宫遗址勘查记》,《考古与文物》1980 年 2 期,51～60 页;王根权、姚生民《淳化县古甘泉山发现秦汉建筑遗址群》,《考古与文物》1990 年 2期,1～4 页。

中最重要的是甘泉山主峰和其正南山脚下的两个遗址,主峰遗址在甘泉山的峰顶、南坡和东坡。峰顶有一圆锥形夯土冢,南坡为呈梯形的三层平台,东坡也有一层平台,占地约 35000 平方米。其正南山脚下的遗址在今梁武帝村、城前头村和董家村一带,为一东西约 880～890 米,南北约 1948～1950 米的小城,城内有若干建筑基址和水道遗迹。两遗址内散落着许多铺地砖、空心砖、板瓦、筒瓦和陶片等物,其中尤以带"甘林"铭文的瓦当最值得注意。它可以证明汉代的甘泉宫就在这一带①。另外,沿穿越峰顶的秦直道,还有其他若干遗址。

(五)曹氏墓解谪瓶上的朱符(图 39)。

图 39　曹氏朱符

1972 年陕西户县朱家堡曹氏墓出土②。其符缀于铭末,作左右排列。右边一符,上半为"土"字;下半的右边为"斗"和"鬼"两字;下半的中间为"月"字;"土"字的两横之间和下半的右边是五个"日"字。左边一符,外边所围是一类似篆书"允"字的符号,里边有一由四颗星组成,形状如 Y 的符号,符号上标"大天一"三字,左右两边书"主逐煞□鬼□□"。其书写年

---

① 参看王根权《甘泉宫考辨》,《考古与文物》1990 年 1 期,84～89 页;姚生民《关于汉甘泉宫主体建筑位置问题》,《考古与文物》1992 年 2 期,93～98 转 67 页。
② 禚振西《陕西户县的两座汉墓》,《考古与文物》创刊号,44～48 页。

「太一」崇拜的考古研究

代为汉顺帝阳嘉二年(公元 133 年)[①]。

(六)唐敦煌星图(图 40、41)。

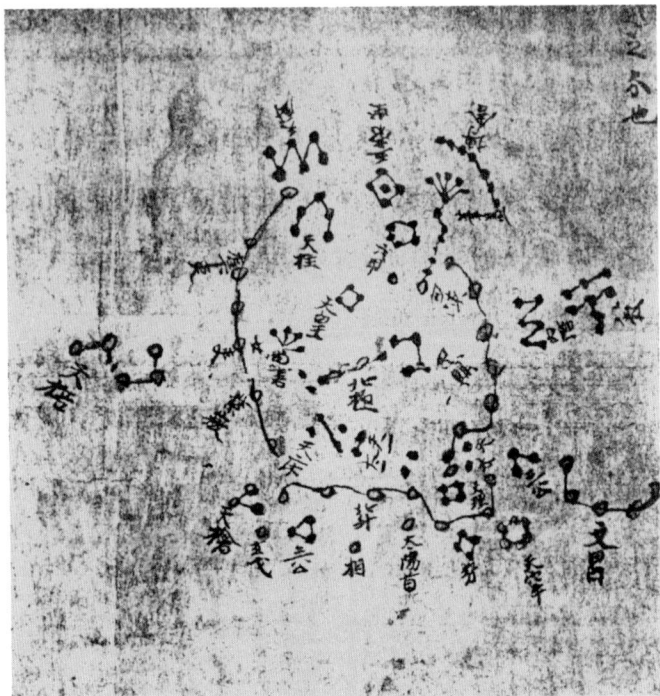

图 40 敦煌星图甲本

有甲、乙二本。甲本是 1907 年斯坦因所得,现藏大英博物馆,编号 S.3326;乙本是 1944 年向达先生在敦煌发现,现藏甘肃敦煌县文化馆,编号写经类 58 号[②]。这两幅星图的紫微宫,甲本在北极五星和斗柄间标"太一"、"天一"各一星,在紫微右垣外和斗口上方标"太"、"天"各一星。乙本也有"太一"、"天一",位置与甲本相似,但斗口上方残缺。甲本抄写年代

---

① 参看王育成《东汉道符释例》,《考古学报》1991 年 1 期,45~56 页。此文指出曹氏朱符的第二符,其中作 Y 字形的四星即"太一锋",实为卓见。又拙作《湖北荆门"兵避太岁"戈》也有讨论。

② 见中国社会科学院考古研究所《中国古代天文文物论集》,文物出版社,1989年,图版一(甲本)和图版一二(乙本)。

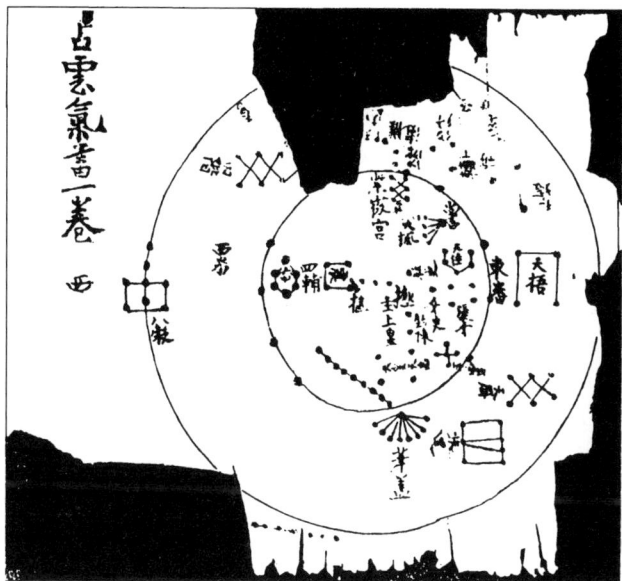

图 41　敦煌星图乙本

约在公元 705~710 年之间,乙本抄写年代约在公元 900 年左右①。

上述材料涉及到"太一"概念从战国中晚期到两汉和唐代的发展,对于重新检验以往的研究无疑很重要。

四、分析与讨论

上述出土发现对我们的启发并不都是直截了当,有些要同文献对比才能看得比较清楚。

首先,经与《史记》、《汉书》对比,我们意外地发现,上述"兵避太岁"戈、《避兵图》的图像和曹氏朱符的第二符就是汉代所谓的"太一锋"。《史记·封禅书》说汉武帝既立甘泉太畤,于同年(公元前 112 年)秋,"为伐南

---

① 参看上页注②引书:181~194 页,席泽宗《敦煌星图》;195~198 页,马世长《"敦煌星图"的年代》;199~210 页,马世长《敦煌写本紫微垣星图》;211~222 页,夏鼐《另一件敦煌星图写本——〈敦煌星图乙本〉》。

越,告祷太一。以牡荆画幡日月、北斗、登龙,以象太(天)一三星,为太一锋,命曰'灵旗'。为兵祷,则太史奉以指所伐国",即用画有"太一锋"的"灵旗"摄护其军,直指敌国,祈求出兵能"旗开得胜"。这种"灵旗",上面画有"北斗"、"日月"和"登龙"。"北斗"见于曹氏朱符的第一符(作"斗"、"鬼〈魁〉"等字),"日月"见于"兵避太岁"戈(作图形)和曹氏朱符的第一符(作"日"、"月"等字),"登龙"见于"兵避太岁"戈和《避兵图》(皆作三龙)。"太一锋",据《汉书·郊祀志》晋灼注是"一星在后,三星在前",与曹氏朱符的第二符作 Y 形的四星正好相合,对比可知,"一星在后"即"兵避太岁"戈和《避兵图》中的"大"字形神物;"三星在前"即"兵避太岁"戈和《避兵图》中的三龙。另外,《避兵图》中的"太一"何以要在腋下标"社"字,曹氏朱符何以要把"土"字与"斗"、"鬼(魁)"二字并书,这点也很值得注意。我们理解,这是因为"太一"和北斗皆居中宫,中宫于五行方位当土位("社"字从土,为土地之神)。在出土物中,曾侯乙墓出土的漆箱盖所绘青龙、白虎和北斗二十八宿,其中的北斗也是由"土"、"斗"二字组成①;汉汝阴侯墓出土的六壬式于地门书"土斗戊"②,也是类似之例。

"太一锋"星象结构的发现对重新理解以《史记·天官书》为代表的早期天文学体系很重要。这个体系是以"太一"、"北斗"、"二十八宿"和"日月五星"为框架,按中、东、南、西、北的顺序,从里向外讲。"太一"叙在最前,指北极五星中的亮星("中宫天极星,其一明者,太一常居也");其次为"天一",则是位于斗口和北极之间的三颗星,形状如三角形,顶角朝向北极,亮度较差("前列直斗口三星,随北端兑,若见若不,曰阴德,或曰天一")。它们是最重要的一组。另一组是"北斗"和与"北斗"有关的文昌六星和招摇、天锋(玄戈)。这些是中宫(紫微宫)最重要的星。再下来是讲分属于东、南、西、北四宫的"二十八宿"。再下来是讲"日月五星"。如果

---

① 见《曾侯乙墓》,文物出版社,1989 年,上册,356 页,图二一六,彩版一三,图版一二一、一二二。

② 见安徽省文物工作队等《阜阳双古堆西汉汝阴侯墓发掘简报》,《文物》1978 年 8 期,12~31 页,图一○。

我们把这种宇宙模式比作钟表,那么"太一"、"北斗"就是指针,"二十八宿"就是刻度。例如古代的占卜工具——式就是模仿这种钟表,它们都有两套指针。如太乙、遁甲等九宫类的式都是以太一为枢,天一为针,循行九宫为特点;六壬式是以北斗居中,玉衡为枢,斗柄为针,循行十二位为特点。并且前者虽然是以太一行九宫为特点,但也常以古人视为斗枢的"招摇"居于中心,代替"太一"(如汉汝阴侯墓出土的九宫类古式和《灵枢·九宫八风》就是以招摇居中,表示太一)①,后者虽以斗行十二位为主,但其值神有"天乙"、"青龙"、"太阴",皆"天一"之别名,则与"太一"有关。子弹库楚帛书也是以十二月左行,青、赤、白、黑四木右行,表示这两类指针的循环。过去大家比较熟悉"北斗"类指针,而对"太一"类指针不详,考古发现正好填补了这方面的空白。

其次,对于探讨"太一"一词的来源和"太一"与"道"、"太极"一类概念的关系,这些考古发现也很重要。如包山楚简提到"太一",其名作"太",这点就很值得注意。由此,我们发现了许多相关的现象。例如:(1)"兵避太岁"戈和《避兵图》中的"太一"神都是用形如"大"字的人形来表示,实际是以"大"字代指"太一";(2)曹氏朱符的第二符把"太一锋"叫做"大、天一",虽然我们可以把"大"理解为"大(太)一"之省,但也可能是以"大"代指"太一";(3)《老子》除常以"一"称"道",也有以"大"称"道"的例子,如其第二十五章说"有物混成,先天地生。寂兮寥兮,独立不改,周行而不殆,可以为天下母。吾不知其名,字之曰'道',强为之名曰'大'"②,对比于《吕氏春秋·大乐》"道也者,至精也,不可为形,不可为名,强为之名,谓之'太一'"③,可见"大"正指"太一";(4)《礼记·祭法》:"燔柴于泰坛,祭天也;瘗埋于泰折,

---

① 前者见安徽省文物工作队等《阜阳双古堆汝阴侯墓发掘简报》的 25 页图九;后者见《灵枢经》,人民卫生出版社,1963 年,142~144 页。又参看《吴子·治兵》(《诸子集成》第六册:《吴子》,6 页)和《礼记·曲礼上》(《十三经注疏》下册,1250 页上)。《汉书·礼乐志》引《郊祀歌·惟泰玄》,颜师古注(《汉书》,1057 页)说"招摇"也是"灵旗"所画。

② 见《诸子集成》第三册《老子注》,14 页。

③ 见《诸子集成》第六册《吕氏春秋》,47 页。

祭地也"①,称祭天之坛为"泰坛",汉武帝立甘泉宫太一坛也把"太一坛"称为"太畤"。这些现象似表明"太一"的概念本来就可用"大"、"太"或"泰"来表示。另外,楚占卜简把"太一"当作首神,并提到"云君"(相当《九歌》的"云中君")、"司命"(疑即《九歌》的"大司命")、"司祸(过)"(即司中,疑即《九歌》的"少司命")等神②,这点与《九歌》其实很相似。过去钱宝琮先生受疑古派影响太深,总以为先秦文献中的"太一"与汉代的"太一"完全是两码事,得此可知其非。《九歌》把"太一"叫"东皇太一",《文选》卷三二吕向注说"太一,星名,天之尊神,祠在楚东,以配东帝,故云东皇。"③过去,钱先生以为此神既配东帝,则必非总领群神的至上神④。其实这种把"太一"放在某一方向的做法同汉代的制度并无矛盾。例如我们在上文已经提到,汉武帝初兴太一坛,地点在长安东南郊,据谬忌说就是根据古制。后来匡衡和王莽等人主张在长安东南郊祭"太一"也是援《礼记·祭法》为说,托之于古。甘泉太畤则把居中宫的黄帝置于西南。而且"泰帝"既可以是黄帝也可以是太昊(见上第二节),后者正是东方之帝。可见《九歌》把"太一"称为"东皇太一"是不足为怪的,它和汉代的"太一"恐怕还是有关。

再次,"太一"和"北斗"不仅是古代天文体系和式法中的重要指示物,在古人看来,其顺逆向背,还有避兵的作用。上面提到的"兵避太岁"戈和《避兵图》就是起这种作用。曹氏朱符表明,这种图解的"太一锋"还具有符书的作用。古代的避兵符是以太一、北斗和日月为主,如曹氏朱符的第一符是以北斗、日月为主。第二符是以太一和天一为主。"兵避太岁"戈和《避兵图》的图像虽然是以"太一"和"天一"为主,但后者的题记也提到"北斗为正"。在传世文献中,《抱朴子·杂应》也提到"辟五兵之道"的各

---

① 《十三经注疏》下册,1588 页上。

② 参看李零"Formulaic structure of Chu divinatory bamboo slips"和《包山楚简研究(占卜类)》。

③ 见《六臣注文选》(中华书局,1987 年),616 页。

④ 见《太一考》,2454~2455 页。

种符,如所谓"但知书北斗及日月字,便不畏兵刃"①,正合于曹氏朱符的第一符;所谓"但诵五兵名,亦有验。刀名大房,虚星主之;弓名曲张,氐星主之;矢名彷徨,荧惑星主之;剑名失伤,角星主之;弩名远望,张星主之;戟名大将,参星主之"②,《避兵图》也有执戈、执剑、着避弓矢之眼和执戟的四神。他们应当也是代表星象,并与四方或四時相配。

最后,关于"太一"和"天一"在古代星图中的位置,这点也很值得讨论。过去钱宝琮先生已指出,"太一"应即北极五星中的北极或帝星③。这点大概不会有什么问题,但"天一"的位置却值得讨论。《天官书》说"天一"是阴德三星,位置在斗口上方,形状作三角形,如同《避兵图》和曹氏朱符的第二符所绘。敦煌星图上的"太一"和"天一"有两套,一套在斗柄的玉衡、天权二星(εUMa 和 δUMa)之上,一套在斗口上方(距北极较远)。在《晋书·天文志》和《隋书·天文志》中前者叫"太一"、"天一",后者叫"阳德"、"阴德"④。另外《石氏星经》说"阴德二星在紫微宫内,尚书西"⑤,它们都和《天官书》不合,应是后起的一种变化。"阴德"的位置和星数发生变化,原因可能在于它与"太一"总是形影相随,会随天极的位置变化而变化。上文既然已经提到古代天极有从小熊星座的 β 星向 α 星的换位,那么"阴德"可能也有对应的变化。当然这一变化到底应当怎样理解;恐怕还要做进一步推算。

最后,我们还想顺便讲一下,学者在讨论"兵避太岁"戈和《避兵图》时,因为未能认出二图表现的图像就是古书中的"太一锋",曾根据"太一"

① 《诸子集成》第八册:《抱朴子》,67 页。
② 同上。
③ 见《太一考》,2459～2460 页。
④ 中国社会科学院考古研究所《中国古代天文文物论集》引夏鼐文 212～213 页列有《晋书·天文志》、《隋书·天文志》和《敦煌星图》甲、乙本的对照表,其中(13)、(14)项甲本栏中的"天"、"太"是"天一"、"太一"之误,而(19)项甲本栏中的"天一"、"太一"是"天"、"太"之误,二者应互倒。
⑤ 见张守节《史记正义》引《石氏星经》,《史记》,1290～1291 页。

左右的"雷公"、"雨师"以定它们的置图方向(上北下南或上南下北)①,其实在我们意识到它们表现的就是"太一锋"后,这种争论也就可以化解。因为"太一锋"是一种与北斗相似,可以旋转的指针,正如我们不能说"北斗"应当指北还是指南,我们也不能说"太一"有什么固定的方向。特别是曹氏朱符的第二符,它所表现的"太一锋"是作三星在上,一星在下,同"兵避太岁"戈和《避兵图》作一星在上、三星在下正好相反。这也足以证明,"方向之争"是无谓之争。

五、总结

通过上述讨论,我们可以试做总结:

(一)虽然现在我们还无从得知"太一"崇拜究竟起源于何时,因此也无法直接断定"太一"与"道"、"太极"这类哲学概念到底是什么关系,但是我们至少可以证明"太一"在先秦时代就已经是一种兼有星、神和终极物三重含义的概念。它说明,钱宝琮先生认为"太一"在先秦时代是哲学概念,只是到汉代才演变为星名,然后再发展为天神中的至尊者,发展为天帝,并派生出与之有关的各种式法,等等,这种估计其实并不正确。

(二)由于作为宇宙本体和原始创造力的"道"和"太极",天象中的极星,以及天神中的至尊者,不仅在战国时代是一种共时的现象,而且它们在发生原理上也是属于可以互换互释的相关现象,所以我们更倾向于认为它们是"同出而异名",而不是象钱先生判断的那样,是由本来毫不相干的东西一层层加上去,最后混为一谈。

这样的澄清,我想对古代思想史的研究意义是很大的。

1994 年 1 月 22 日写于北京蓟门里

---

① 参看李零《马王堆汉墓的"神祇图"应属避兵图》;陈松长《马王堆汉墓帛画"神祇图"辨正》;李家浩《论〈太一避兵图〉》。案:李家浩文与拙作商榷,但未提及拙作《湖北荆门"兵避大岁"戈》。

本文常用参考文献的版本：

(1)司马迁《史记》，中华书局，1959 年。

(2)班固《汉书》，中华书局，1962 年。

(3)钱宝琮《太一考》，《燕京学报》12 期(1932 年)，2449～2478 页。又收入《钱宝琮科学史论文选集》(科学出版社，1983 年)，207～234 页。后书对旧作有少许修改。

(4)凌纯声《秦汉时代之畤》，《民族研究所集刊》18 期，113～143 页。

(5)国学整理社《诸子集成》，中华书局，1954 年。

(6)阮元校刻《十三经注疏》，中华书局，1980 年。

【补记】　此文初以英文发表（"An archaeological study of *Taiyi* (Grand One) worship", translated by Donald Harper, *Early Medieval China*, Vol.2(1995～1996)，1～39 页）。案：学者对"兵避太岁"戈和马王堆帛书《避兵图》的讨论仍多分歧，这里所论只是众说之一。拙见于戈铭是取俞伟超、李家浩释，图像之解则受李学勤、王育成启发。李家浩先生专以我为批判对象（于李、王之说不置一辞），除上所引，又有新作，曰《再论"兵避太岁"戈》（《考古与文物》1996 年 4 期，28～35 页），请参看。

「太一」崇拜的考古研究

"三一"考

在汉代的神祇崇拜中,太一崇拜最重要。与"太一"的研究有关,"三一"是个向乏明说、迄无确解的大问题。本文以饶宗颐先生的想法为基础[①],对这一问题试做探讨,不妥之处概由笔者负责。

一

《史记·封禅书》记汉武帝立长安太一祠(约前 133～前 122 年左右),所祭神祇有三套:一套是采用亳人谬忌的"太一方",是祭"太一"("天神贵者")和"五帝"("太一佐"),在坛上,最尊;一套献方者佚名,是祭"三一"("天一"、"地一"、"太一"),也在坛上,其次;一套亦不知何人所献,是祭"黄帝"、"冥羊"、"马行"、"太一"、"泽山君"、"地长"、"武夷君"、"阴阳使者"("黄帝"与第一套的"五帝"重;"太一"亦重;"泽山君"可能是"绎山君";"地长"可能与"八神"中的"地主"有关;"武夷君"见九店楚简,是"司兵死者"的神;"阴阳使者"可能与"八神"中的"阴主"、"阳主"有关)[②],在坛旁,又其次。它们的共同点是都有"太一"。

上述神祇,献方者都说是"古者"就有,但在疑古风气下,学者多认为这是汉代造神运动的杰作,是"方士化的儒生"为了配合"三皇五帝"的造

---

① 饶宗颐《图诗与辞赋——马王堆新出〈太一出行图〉私见》,收入湖南省博物馆《湖南省博物馆四十周年纪念论文集》,湖南教育出版社,1996 年,79～82 页。

② "泽山君",《汉书·郊祀志》作"皋山山君"。"八神"见《史记·封禅书》,为天主、地主、兵主、阴主、阳主、月主、日主、四时主。"武夷君"见九店楚简,作"武夷","夷"字从弓从土,参看湖南省考古文物研究所《江陵九店东周墓》,506 页;简 43。

作特意编造出来的①。近年来,随着考古材料的增多,很多问题都得重新考虑。关于太一崇拜,我们曾做过专门讨论②。笔者的看法是,楚占卜简中居众神之首的"太"应即"太一";"兵避太岁"戈、马王堆帛书《避兵图》上的图形是图解"太一"和"天一";其中的"大"字人形是"太一",三龙是"天一"("天一三星")③;而曹氏朱符中的"Y"字形符号,上面标注"大、天一"三字,则是这类图形的简化(但方向相反)。这些发现可以证明,太一崇拜早在战国时代就已流行。现在剩下一个大问题是,"三一"既然同祠祭"太一"有关,本身也包含"太一",它和"太一"到底是什么关系。

关于"三一",学者多认为它与"三皇"有关,这是没有问题的④。但过去大家说"三一"就是从"三皇"派生⑤,这个假设却并不一定能成立。因为"三皇"的出现虽比《封禅书》要早,可是《封禅书》却并不一定就是"三一"的上限。

古人讲"三皇",似以《周礼·春官·外史》和《吕氏春秋·禁塞》为早,但它们只以"三皇五帝"为称,并未详举其目;明言其目者,似以《史记·秦始皇本纪》为早。《始皇本纪》引王绾、冯劫、李斯奏,谓"古有天皇,有地皇,有泰皇,泰皇最贵",索隐说"泰皇"就是"人皇","盖三皇已前称泰皇",是以"泰皇"为"人皇"的另一种说法。"人皇"而称"泰皇",殆因"泰"字有至大至上之义,是以"人皇"为"最贵"的意思("天地之间人为贵"的思想在

---

① 顾颉刚、杨向奎《三皇考》(有童书业序、翁独健跋),蒙文通、缪凤林《三皇五帝说探源》,吕思勉《三皇五帝考》,《古史辨》第七册(中),上海古籍出版社,1982年,20～282、314～381页。又杨宽《中国上古史导论》第四篇"三皇传说之起源及其演变",《古史辨》第七册(上),上海古籍出版社,1982年,175～189页。

② Li Ling, "An archaeological study of *Taiyi* (Grand One) worship", translated by Donald Harper, *Early Medieval China*, Vol.2 (1995～1996), 1～39页。

③ 《史记·封禅书》作"太一三星",《孝武本纪》作"天一三星",王先谦《汉书补注》卷二五上(中华书局,1983年)以后者为是。李家浩《再论"兵避太岁"戈》(《考古与文物》1996年4期)指出此点,很正确。

④ 顾颉刚、杨向奎《三皇考》(童书业序、翁独健跋),蒙文通、缪凤林《三皇五帝说探源》,吕思勉《三皇五帝考》。又杨宽《中国上古史导论》第四篇"三皇传说之起源及其演变"。

⑤ 同上。

古代很流行)①。"三皇"即"天皇"、"地皇"、"人皇",其说见于许多古书,这是古人本来的讲法。比照"三皇"的"泰皇","三一"的"太一"也应是与"人"有关的概念。《鹖冠子·泰鸿》有"泰皇"与"泰一"的应对问答。《神农本草经》佚文也有"神农"与"太一小子"(或"太一子")的应对问答(《北堂书钞》卷一五八、《路史·炎帝纪》、《太平御览》卷七八、九八四引),其中的"泰一"和"太一小子"都是神化的人物。

这是我们讨论"三一"之前,先要讲一下的有关情况。

<h1 style="text-align:center">二</h1>

研究"三一",从表面上看,似乎还没有什么线索。因为在出土材料中,我们好像并没有发现"三一"这样的字眼。但是近来饶宗颐先生有个想法很有意思,我想把它介绍一下。

饶先生的意见是发表于一篇题为《图诗与辞赋——马王堆新出〈太一出行图〉私见》的文章中。他讨论的《太一出行图》即我称之为《避兵图》的同一帛书。饶先生的理解和我有点不同,特别是他认为"图的主题是用兵不是避兵",更是专门批评我,这里不必辩解。我想说的一点是,文章第五节《青龙与黄龙》对我很有启发。我认为,这对整个研究是重大突破。

《青龙与黄龙》节,它的讨论对象主要是图中的"三龙"。这三条龙,青龙在左下,标注"青龙奉容";〔案:"容"字,饶文释"熨",乃袭周世荣释,原件作"容"。〕②黄龙在右下,标注"黄龙持鑪(炉)";黄首青身龙在上,无图注。其论证可摘要如下:

(1)青龙和黄龙是秦汉之际的祥瑞,如伯希和藏敦煌本孙柔之《瑞应图》(2683页)就提到"青龙,水之精也,乘云雨而上下,不处渊泉,王者有仁则

---

① 《孟子·公孙丑下》:"天时不如地利,地利不如人和。"《孝经·圣治》:"天地之性(生)人为贵。"《列子·天瑞》:"荣启期曰:'天生万物,唯人为贵……'"

② 见周世荣《马王堆汉墓的"神祇图"帛画》,《考古》1990年10期,925~928页。案:笔者核对原件,"熨"乃"容"字之误。

出"，"黄龙，四龙之长也。〔德〕至渊泉，则黄龙游于池"。此外，黄龙作为祥瑞还见于《史记·封禅书》和伏侯《古今注》。〔案：孙柔之《瑞应图》为齐梁古书，马国翰《玉函山房辑佚书》卷七七有辑本，略有不同。饶文于《瑞应图》后注"2683页"，原文应作"P.2683"，P是伯希和名的缩写，非页码。《瑞应图》既说青龙是兴云作雨主水的神灵，又不住在地上的渊泉里，当然是天上的龙；而黄龙以色主土，为青、赤、白、黑四龙之长，和青龙相反，是以渊泉为归，游于池沼，也很明显是地上的龙。〕

（2）此图青龙注"青龙奉熨"，黄龙注"黄龙持炉"，其义亦可得而说。青龙所奉之"熨"指熨斗，王莽威斗盖仿之而作，故图记称"北斗为正"；黄龙所持之"炉"是冶炉，语与《越绝书》卷十一《外传·记宝剑》"蛟龙捧炉"合。"青龙"即苍龙，即太岁。黄龙即地龙，即地螾。马王堆帛书《刑德》乙本有《天一图》，图中"青龙"作"青能"，"地龙"作"地能"，应即青龙和黄龙。〔案：《刑德》乙本乃《阴阳五行》乙本之误。饶先生称为《天一图》者，"青龙"是外圈二十八神中的南方第四神，其"龙"字原作"龍"，不作"能"；"地能"有米字线为隔，应分读为"地"、"能"，乃内圈九神中的南方二神，不是地龙。"熨"字是"容"字之误。〕

饶先生的看法在细节上容有可商，但他以《瑞应图》为证，指出图中"三龙"即"三一"：青龙是天龙，代表"天一"；黄龙是地龙，代表"地一"；黄首青身龙则是"太一"的象征，我完全赞同。

三

饶先生的看法，对我来说，最重要的是，它把"太一"和"三一"联系了起来。

在上述图符中，"大"字人形有《避兵图》的题记为证，可以肯定就是"太一"，但三龙到底是什么？它除去代表"天一三星"是不是还有其他含义？过去并不清楚。这里以饶先生的看法为线索，再做进一步讨论，我们的看法是：

（1）在《避兵图》中，青龙、黄龙不仅是天龙、地龙，也是木、土之象（青为木色，黄为土色）或水、火之象（"容"读"瓮"为水之象，"炉"为火之象）。图中没有金象，应是寓金于土，由黄龙来代表（炉为冶器，乃铸金之具）。〔案："兵避太岁"戈于"大"字人形的两足下标日、月，可能有类似含义。〕此外，"青

185

龙"为"太岁"的别名,与《淮南子·天文》表示"大时"的"咸池"有关;《天官书》说"轩辕"是"黄龙体"。它们还与"咸池"、"轩辕"有对应关系。青龙、黄龙是代表"天一"、"地一"。这是图解"太一出两仪,两仪出阴阳"(《吕氏春秋·大乐》)的概念。《周易·系辞上》"易有太极,是生两仪。两仪生四象,四象生八卦"是类似表达①。图中的黄首青身龙,从颜色看,显然是合并青、黄二龙之色,即由前两种龙派生,是为"太一"("三一"的"太一")。三者的关系当是比照"天地合气,命之曰人"(《素问·宝命全形论》)、"天地之性(生)人为贵"(《孝经·圣治》)的说法,即属于"两仪生三才"的概念。这种"三一"所含的"太一"和代表本体的"太一"是不太一样的,它是按"天"第一、"地"第二、"人"第三的顺序排列,"天一"、"地一"是正题和反题,"太一"是合题。"三一"和"太一"构成的图形与宋代的《太极图》在设计上有相似之处,也是用来图解中国传统的哲学概念,用来讲宇宙创辟、万物生化的大道理(当然不一定有直接的传承关系)。

(2)古代式法选择有"太一行九宫"或"天一行九宫"之术,分"大时"和"小时"两种②,"太一"居中为枢,"天一三星"围它绕行,巡行于九宫。古

---

① "太极"又见《墨子·非攻下》和《庄子·大宗师》。今本《周易·系辞》的"太极",马王堆帛书本作"太恒"(见傅举有、陈松长《马王堆汉墓文物》(湖南出版社,1992年)123页:二十三行下),二者孰是,学者有不同看法。如王葆玹《从马王堆帛书本看〈系辞〉与老子学派的关系》(《道家文化研究》第1辑,上海古籍出版社,1992年,175~187页)、饶宗颐《帛书〈系辞传〉"大恒"说》(《道家文化研究》第3辑,上海古籍出版社,1993年,6~19页)以为"恒"是正字(案:《道家文化研究》第3辑所收张岱年、余敦康、楼宇烈、许抗生、陈鼓应、黄沛荣、李定生文同其说),廖名春《帛书〈系辞〉释文校补》(《香港中文大学中国文化研究所学报》新2期,1~10页)、张政烺《马王堆帛书〈周易·系辞〉校读》(《道家文化研究》第3辑,27~35页)、朱伯崑《帛书本〈系辞〉文读后》(同上,36~46页)以为"恒"是"极"字之误。

② 见《太平御览》卷三四八引《太公兵法》、《易纬乾凿度》及郑玄注(安居香山、中村璋八《纬书集成》,河北人民出版社,1994年,上册,32~33页)和《五行大义·论诸神》引《甘氏星经》、《黄帝九宫经》。参看钱宝琮《太一考》"太一九宫和天一六壬"节,《燕京学报》第12期,2471~2478页;顾颉刚、杨向奎《三皇考》,《古史辨》第七册(中)第二三节"太一下行九宫和太一的分化",上海古籍出版社,1982年,189~203页;马克(Marc Kalinowski)《马王堆帛书〈刑德〉试探》,《华学》第1辑,中山大学出版社,1995年,82~110页。

人把这种"前三后一"的四颗星叫作"太一锋"(《史记·封禅书》)。"天一"本指"天一三星"的第一星,即《避兵图》中用青龙代表的"天一",所以古人也以"青龙"作它的别名。此外,"天一"主杀伐,古人还把这三颗星叫"阴德"或"太阴",并以"太阴"为岁星反影,呼为"太岁"(《史记·封禅书》、《淮南子·天文》、《广雅·释天》)。古人以专指的"天一"作"天一三星"的总称,这和"太一锋"本来有四颗星,"太一"只是其中之首,因而用作这四星的总称是一个道理。《晋书·天文志》以来,古代星图把"天一三星"省为一星,我们估计就是以专指的"天一"代替泛指的"天一",而淘汰了"地一"和"太一"。早期的"天一"为什么要用三星?这个问题也值得研究。我们怀疑,这很可能与它的"大小时"有关。因为三星可兼一正二奇:"大时"行四位(四正),可以三星中的"太一"当之;"小时"行十二位(四正八奇),则以三星全部当之。两者可用同一套指示物来表示。

　　总之,有了这样的认识,我们对"太一"的了解比从前又进了一大步。以前我们就有一个看法,古代星象除天文的功用,往往还有占卜或宗教、哲学的功用。在后一方面,"太一"、"天一"比"北斗七星"、"二十八宿"和"日月五星"更突出。它们比所有其他星象有更多的观念色彩,因此很难以纯粹的天文学眼光求之(如"天一"为暗星,就很难确指)①。"三一"使我们的印象得到了进一步证实。

---

　　① 《史记·天官书》以"太一"、"天一"为众星之首。它讲"太一",说"中宫天极星,其一明者,太一常居也",是以天极星(UMi α)附近的亮星为"太一"所在。此星即北极五星中最亮的 UMi β,应无问题,但《天官书》讲"天一",说"前列直(值)斗口,随北端兑(锐),若见若不,曰阴德,或曰天一",则存在争论。学者或以后世的"太一"、"天一"或阴德当之,不一定对。因为我们从原文的描述看,"天一"正好是在"太一"(UMi β)和斗口二星(Dra α、δ)之间,一星在近于北极的一端,两星在它前面,正对斗口,作三角形分布(顶角在北),亮度较差,若隐若现(这一带无亮星)。其位置应在 Dra μ 和 Dra4、6、7、8、9 一带,即后世的"太一"、"天一"和"阴德"之间。

187

四

研究"三一",我们不难发现,它是一种"三位一体"概念①。这种概念在战国秦汉很流行,其典型说法是天、地、人"三才"(也叫"三仪"、"三极"、"三元")。笔者认为,"三一"和"三皇"都不是源头式的东西,它们都是"三才"的派生物。"太一"(或"道")是"两仪"("天"、"地")的源头,"两仪"是"万物"或"人"的源头,这是中国自然哲学的传统表达。

古人讲宇宙创辟、万物生化有很多不同讲法。在这些讲法中,除"气"的重要性②,"水"也是活跃因素。

例如,最近发表的郭店楚简《太一生水》篇,其中就提到"太一"和"水"的关系(以下释文用宽式,凡通假字皆直接用破读字代替,缺文补在○号内,脱文补在【】号内)③:

> 大一生水,水反辅大一,是以成天。天反辅大一,是以成地。天地〔复相辅〕也,是以成神明。神明复相辅也,是以成阴阳。阴阳复相辅也,是以成四时。四时复【相】辅也,是以成寒热。寒热复相辅也,是以成湿燥。湿燥复相辅也,成岁而止。故岁者,湿燥之所生也。湿燥者,寒热之所生也。寒热者【,四时之所生也】。四时者,阴阳之所生【也】。阴阳者,神明之所生也。神明者,天地之所生也。天地者,大一之所生也。是故大一藏于水,行于时,周而又〔始,以己为〕万物母;一缺一盈,以己为万物经。

这段话是以"太一"为天地万物之源:"太一"首先生出的是"水"。有了"水"才有"天",有了"天"才有"地",有了"地"才有"神明",有了"神明"

---

① 这里指"一分为三"或"合三为一"的概念。唐《大秦景教流行中国碑颂序》曾以"三一"翻译基督教的"三位一体"(圣父、圣子、圣灵)概念,两者并不一样。

② 参看裘锡圭《稷下道家精气说研究》、《〈稷下道家精气说研究〉补正》,收入所著《文史丛稿》,上海远东出版社,1996年,16~50、51~58页。

③ 荆门市博物馆《郭店楚墓竹简》,文物出版社,1998年,124~126页。

才有"阴阳"、"四时"、"寒热'、"湿燥",有了"阴阳"、"四时"、"寒热"、"湿燥"才有"岁"。〔案:"寒热"原作"仓然",《说文》等古书或以"仓"、"沧"、"沧"字表示寒义,使人以为属于同义换用,但战国楚文字"寒"、"仓"字形相近,二者也可能是形近混用。〕"水"的地位是介于"太一"之下,"天"、"地"、"人"之上。这同《避兵图》以"水"配"天一",然后为"地一",然后为"太一"有点相似。

古人尚水,比较有名的,还有《管子·水地》。但《水地》的说法和上面这段话有点不同,它更强调出是:

> 地者,万物之本原,诸生之根菀也。美恶、贤不肖、愚俊之所生也。水者,地之血气,如筋脉之通流者也,故日水具材也。……人,水也。男女精气合,而水流形。三月如咀,咀者何? 日五味。五味者何? 日五藏。酸主脾,咸主肺,辛主肾,苦主肝,甘主心。五藏已具,而后生肉。脾生隔,肺生骨,肾生脑,肝生革,心生肉。五肉已具,而后发为九窍。脾发为鼻,肝发为目,肾发为耳,肺发为窍。五月而成,十月而生。生而目视耳听心虑。目之所以视,非特山陵之见也,察于荒忽。耳之所听,非特雷鼓之闻也,察于淑湫。心之所虑,非特知于麤粗也,察于微眇,故修要之精。

《水地》讲的不是"太一生水",而是"地生水,水生人"。它是把"水"当作"地"与"人"的中间环节。

在《老子》一书中,"水"是道家"贵柔"之说的象征。后世道教对"水"也特别重视,如东汉道教有所谓天、地、水"三官"(也叫"三官帝君"、"三官大帝"、"三元大帝")。"三官"是不是与"三才"有关? 这是一个耐人寻味的问题。

五

最后,同"太一"和"三一"的概念有关,还有几个概念值得注意。

(一)"三气"和"九皇"。

189

《易纬乾凿度》、《白虎通·天地》等古书有太初、太始、太素"三气"说①,学者多以为是汉代的创造。但认真考察起来,战国古书特别是道家的书都不止一次出现这类概念。如"太初"(或"泰初")见于《庄子》的《天地》、《列御寇》及《列子·天瑞》,"泰始"见于《鹖冠子》。此外,《庄子·列御寇》还有寓言人物是以"泰清"和"无始"为名,似乎也与这类概念有关。特别是《鹖冠子》,它有两篇是讲"泰一",其中不仅提到"泰始",还提到"泰鸿"、"泰皇"和"九皇",显然都与"泰一"有关。其文曰:

> 泰一者,执大同之制,调泰鸿之气,正神明之位也。故九皇受傅,以索其然之所生。……九皇殊制,而政莫不效焉,故曰泰一。泰皇问泰一曰:"天、地、人事,三者孰急?"泰一曰:"爱精养神内端者,所以希天。天也者,神明之所根也。醇化四时,陶埏无形,刻镂未萌,离文将然者也。地者,承天之演,备载以宁者也。吾将告汝神明之极。天、地、人事三者复一也……(《泰鸿》)

> 入论泰鸿之内,出观神明之外,定制泰一之衷,以为物稽。天有九鸿,地有九州。泰一之道,九皇之傅,请成于泰始之末……(《泰录》)

文中"泰鸿之气"可能是"太初"的别名。《易纬乾凿度》讲"三气",说"太初"是"气之始","太始"是"形之始","太素"是"质之始",皆天地未分、万物未生时的混沌之气。《淮南子·天文》把天地未形称为"太昭"。"太昭"恐怕也是"太初"的别名("昭"与"鸿"含义相近)②。又"泰皇"与"九皇"同时出现,这也很有意思。因为"泰皇"是"人皇"的别名,"九皇"也是"人皇"的别名,它们都与"三一"有关。前人以为这种叫法是汉代才有,看来也要重新考虑。

(二)"黄泉"。

"黄泉"是指地下的泉水。《淮南子》往往以"九天"对"黄泉"(《修务》)

---

① 前者,见安居香山、中村璋八《纬书集成》上册,11、29 页。

② 《吕氏春秋·执一》:"彭祖以寿,三代以昌,五帝以昭,神农以鸿。"高诱注:"昭,明;鸿,盛也。"

或"黄垆"(《览冥》《兵略》),其义与"九野"同(《原道》)。可见"黄泉"的"黄"是与"地"有关。《淮南子·地形》说"黄龙入藏生黄泉",可见"黄龙"与"黄泉"也有关。楚帛书有"黄脂(渊)",应即"黄泉"的本字①。古书以"泉"代"渊"例子很多,皆避唐高祖讳改字。如《淮南子·天文》说"日入于虞渊之汜",唐代类书《艺文类聚》卷一、《初学记》卷一引"虞渊"皆作"虞泉"。汉代于朝那(今宁夏固原)设湫渊祠(《史记·封禅书》),今本《说文解字》卷十一上"湫"字和《水经注·河水二》"湫渊"皆作"湫泉",就都是经唐人改字。类似的例子还有很多。

(三)"三天"和"三清"。

古书常见"九天",是一种九宫图式的平面布局。古人如何表示其高下层次? 这是个值得研究的问题。楚帛书有"三天",林巳奈夫指出道教也有"三天"②。道教的"三天",一说是"玉清""太清""上清",即"三清";一说是"大赤天""禹余天""清微天"。《抱朴子·杂应》有飞升之法,云乘"飞车","上升四十里,名曰太清",是以"太清"为四十里之高。道教黄白术有"禹余粮"和"太一禹余粮"(后者或作"太一余粮"),亦以"禹余"为名③。

(四)"泰山"。

古人称天地万物之始为"太极",天神之尊为"太一"(或"泰一"),人祖之尊为"泰皇"。泰山为五岳之尊,称"泰"是同一道理④。

1998 年 2 月 10 日写于北京蓟门里,

1998 年 5 月 1 日改定于北京蓟门里。

---

① 古书只有"黄泉"没有"黄脂",故商承祚释"脂"读"泉",见所著《战国楚帛书述略》,《文物》1964 年 9 期,8～20 页。拙作《长沙子弹库战国楚帛书研究》(中华书局,1985 年)从之,应纠正。

② 林巳奈夫《长沙出土战国帛书考》,《东方学报》36 卷(1964 年),53～97 页。

③ 见马继兴主编《神农本草经辑注》,人民卫生出版社,1995 年。

④ 泰山,见《诗·鲁颂·闵宫》《左传》隐公八年、《论语·八佾》等先秦古籍。

【补记】 本文引用郭店楚简《太一生水》篇,最初是据崔仁义《荆门楚墓出土的竹简〈老子〉初探》(《荆门社会科学》1997 年 5 期,31～35 页),当时正式释文尚未发表。现在《郭店楚墓竹简》已经出版,我们对这段引文有所修正。

地书发微

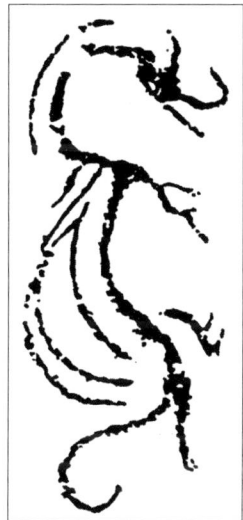

中国古代地理的大视野

中国早期的地理观念,直观性和整体性很强,给我留下深刻印象,这里以"大视野"三字概之,讲一点粗浅体会:

(一)天地相应的概念。

《易·系辞下》:"仰则观象于天,俯则观法于地。"这个"俯"和"仰"关系很大。古人观天,直观印象是天作球形悬转;而察地,直观印象是地作平面延伸。前者同后者相切,只有半个球面可以让立在地面上的人看到。所以他们把天看作覆碗状,比喻成车盖或穹庐;地看作方板,比喻成车箱或棋盘,叫"天覆地载"。〔案:所以"地"也叫"舆地","地图"也叫"舆图",参《淮南子·原道》。〕中国古代的天论(即宇宙模式)有所谓"三家"或"六家",但早期真正流行的是"盖天说"。"盖天说"的"天"和"地"有一定矛盾,前者圆隆,后者方平,两相扣合,四角不掩,但古人仍按投影关系把二者整合在同一坐标体系内。例如古人模仿"盖天说"做成的占卜工具——六壬式就是把天地做成磨盘的样子:圆形的天盘是扣在方形的地盘上,沿着固定的轴旋转,二者有对应的干支和星宿(出土古式,天盘多作圆饼状,但上海博物馆藏六朝铜式的天盘是隆起的)①。特别是《淮南子》的《原道》和《天文》还把天宇和地面同样按九宫格来划分,称前者为"九天",后者为"九野",〔案:《天文》的"天有九野,地有九州"是抄《吕氏春秋·有始览》。它以"九天"和"九野"相套,表示星野的概念,但并不是说"九天"等于"九野"。〕连方圆的差异都可忽略不计。过去,我读《孙子·形》,不懂它讲的"九天"、"九地"是什么意思,以为是九重天、九层地,后来才明白它就是《淮南子》讲的"九天"、"九野",

---

① 参看拙作《中国方术考》,中华书局,2019年,69～140页。

其实是平面概念。同样,遁甲式的"九天"、"九地"也是这个意思①。二者是对应安排。古人讲地理虽可自成体系,但其认识背景是天文,东西是靠昼观日景,南北是靠夜观极星。他们是在"天"的背景底下讲"地",所以"地"的总称是"天下"。

(二)四方和极至的概念。

古人讲天、地、人"三才",人是介于天、地之间。但天是神的世界,地是人的世界。人与地比人与天关系更密切。古人讲地理,从来都是人文地理。凡与"人"有关的活动(如农业、土木工程和军事)多与"地"有关。例如古代兵家有个传统,为将者要上知天文(明习式法、风角等术),下知地理。可是古代战争主要是在地面上进行,"地"的重要性自然比"天"大。《孙子·计》讲庙算有"五事七计","天"、"地"皆在其中,但书中讲"天"没有专篇,讲"地"则有《行军》、《地形》、《九地》三篇,占了很大篇幅。它所说的"地者,高下、广陕(狭)、远近、险易、死生也"(此据银雀山竹简本,今本无"高下"),其中除"死生"是兵家特有的概念,其他都是一般地理学所常用。"远近"是长度,"广狭"是宽度,"高下"和"险易",是高度和倾斜度。

如果撇开"天"不谈,光说"地",我们首先要注意的一个问题是,这个"地"是由两条射线穿越观察点作十字交叉,向四个方向作平面延伸(没有曲率)。这两条射线,古人叫"二绳";四个方向,古人叫"四方"(方有旁、侧之义)。与"四方"的概念配套,古人还把"四方"之间的平分线叫"四维"("维"也是绳索之义),并把"四方"代表的方向叫"四正","四维"代表的方向叫"四隅"("隅"是夹角之义),由此构成米字形的"四方八位"(现在也叫"四面八方")。"四方八位"在世界上是一种普遍概念,不仅中国有,西方也有。例如美国西雅图的街道名往往就是按"四方八位"来标识,即以它的市中心(downtown)为中宫,把周围分成东、东南、南、西南、西、西北、北、东北八块,组成一个九宫图。中国古代讲"四

---

① 参看拙作《〈孙子〉古本研究》,北京大学出版社,1995 年,306～310 页。

方"，最典型的图式是"钩绳图"①。"四正"是由子午(南北向)和卯酉(东西向)"二绳"来表示，"四隅"是由"四钩"，即东北、东南、西南、西北四个夹角来表示。

与"四方"的概念有关，古人还有许多与"四"字有关的地理概念，如"四郊"、"四野"、"四国"、"四土"、"四望"、"四陲"、"四封"、"四裔"、"四海"、"四荒"，等等。这类概念的四个方向都是以观察者的眼睛所在为中心。古人把观察者的眼睛所在视为一种"极"(端的意思)，而把他由近及远望出去的眼界范围视为另一种"极"，称为"四极"，所以"四位"同时也是"五位"，"八位"同时也是"九位"。这种"极"和电视上讲李乐诗登"三极"(南极、北极、珠峰)的"极"不同，完全是平面上的"极"。古人用以表示视野范围，除"四极"之外还有一个词是"四至"。例如《左传》僖公四年讲"齐太公之命"，就是用"四至"表示征伐范围，西周铜器铭文讲土地诉讼也是用"四至"表示田界范围。这种"四至"虽然总是讲"东至于某，西至于某，南至于某，北至于某"，强调的是"四正"，但实际上却常常是用立于"四隅"的"四封"(封土堆)来标识。也就是说是用四个角来卡定四条边。

(三)九宫和空间的概念。

古人为什么要讲"天圆地方"？这个问题很值得研究。因为虽然"天圆"比较直观，但"地方"却不一定。人所看到的地平线其实也是圆的，并没折角。从道理上讲，由二绳、四维构成的地平面，我们既可以把它画成方形，也可以把它画成圆形。画成圆形，可与天图密合，没有四角不掩的问题，本来更直观也更方便，但古人为什么还要把地理解成方形呢？我想这大概与视野的表现形式有关。熟悉绘画的人都知道，我们的视野可以用焦点透视，也可以用散点透视。比如中国的山水画就有散点透视的传统。我们观天，因为是仰观，视野比较开阔，焦点透视比较方便；但察地可就不一样了，你立在地面上看，必然看不远，看见的只是一小片，大面积的

---

① 法国学者马克(Marc Kalinowski)的《马王堆帛书〈刑德〉试探》把这种图称为"钩绳图"，见《华学》第 1 期，中山大学出版社，1995 年，82～110 页。

观察,如果不借助于抽象,只能一小片一小片往起拼,采用散点透视。焦点透视,只有一个十字坐标,视野是辐射状的圆图,其远近距离和层次感是用同心圆,大圆圈套小圆圈来表现,而面积分割也是像切蛋糕那样,作扇形分割,这在实际使用上是不大方便的。而散点透视就不一样,一个十字坐标可以变成很多十字坐标,很多十字坐标也可以变成一个十字坐标,便于分割,便于拼接,也便于计算。它的特点是化线为块,化圆为方。中国古代的方块图形是从上面讲过的十字图或米字图发展而来。比如十字图用块图代替线图是"四方"加"中央"的五位图,米字图用块图代替线图是"八位"加"中央"的九宫图。后者包含前者,就是一种很典型的图。例如邹衍的"大小九州",小九州是九宫图,大九州也是九宫图,内外都是九。还有《周礼》等古书讲到的里制,它是以方里为基础。古人说的方里和井田是一回事,它是由一井九顷之地构成的一个九宫图,但方里以上有两种拼联法,一种是按四进制,也就是所谓井、邑、丘、甸、县、都的制度;还有一种是十进制(即方 1 里等于 1×1 平方里,方 10 里等于 10×10 平方里,等等),则是所谓井、通、成、终、同、封、畿的制度①。还有古书中的国野制和畿服制,古人也习惯于把它想象成大方块套小方块,而不是同心圆。所有这些考虑都是以"计里画方"(语出胡渭《禹贡锥指》)为基础,局部是"方",整体也是"方"。它对土地面积的测量、计算都很方便。例如《九章算术》头一章就是讲"方田",它是以"方田术"作基础来研究其他形状的田,如"圭田"(等边三角形)、"邪田"(直角三角形)、"箕田"(梯形)、"圆田"(圆形)、"宛田"(球冠形)、"弧田"(弓形)、"环田"(圆环形),有一整套化圆为方的计算方法。方形比圆形好计算,那是十分显然的。中国古代的地面设计,不但田是方的,房子是方的,城郭是方的,计算土地面积的单位是方的,而且用以绘制地图的网格也是方的(参装秀"制图六体")。所以也就难怪古人要把地平面想象成一个大方块。

---

① 参看拙作《中国古代居民组织的两大类型及其不同来源》,《文史》第 28 辑,59~75 页;《西周金文中的土地制度》,《学人》第 2 辑,江苏文艺出版社,1992 年,224~256 页。

中国古代地理的大视野

(四)山海的概念。

《山海经》把地平面划分为"山"、"海"两大类,"海外"包"海内","海内"包"山","大荒"和"海外"意思相同。有人以为"山"就是指山地,"海"就是指海洋,其实并不准确。

因为第一,古人所说的"海"初义并不是"海洋"之"海"(即《说文》称为"天池"的那种"海")。在古书中,"海"训晦(《释名·释水》、《广雅·释水》),本来是指"昏晦无所睹"(《尚书考灵曜》)、"荒晦绝远之地"(《荀子·王制》注),引申为"海洋"之"海",只是因为古人观海,极目远眺,空阔无边,正是这样的荒远之地。例如楚帛书"山川四海"就是把"海"写成晦;《山海经·海外南经》"四海之内",《淮南子·地形》引作"四极之内";齐楚召陵之役,楚成王说"君处北海,寡人处南海"(《左传》僖公四年);《尔雅·释地》以四方蛮夷戎狄之地为"四海"。这些"海"就不是我们现在说的"海"。同样,《山海经》的"海",细读原书可知,也不是我们现在说的"海",而只是表示荒远之地。"海洋"之"海",即百川所归之"海",古人多称为"沧海"或"瀛海","沧"以象其色(字通"苍"),"瀛"以状其大。例如邹衍讲"大小九州",环绕"小九州"有"裨海"(小海),环绕"大九州"有"大瀛海"(大海),就是这样的"海"。当然,古人所说的"海",既有亲眼所见,也有推导而得。例如齐威、宣、燕昭和秦皇、汉武派人入海求仙的"海"主要是今天的渤海或黄海、日本海这一带,而孙权派人入海求亶州、夷州的"海"则是今天的东海或南海一带,再晚如法显、郑和等人的航海则更远,还包括南至马来群岛,西抵非洲东岸的广大海域。但中国早期文献讲的"海"主要是环绕中国大陆东部和南部的"海",对其他两面的"海"毫无所知。邹衍设想的四面环绕大陆的"大瀛海",西、北两面都是按对称原理推出来的。

第二,古人所说的"山"也不简单就是山地,而是有两重含义。一是与"海"("海洋"的"海")相对,代表大陆,就像古人把蓬莱、方丈、瀛洲三岛叫"三神山",是指高出海面的陆地部分。二是与"水"(河流)相对,像日月星辰代表"天"之"文",它是代表"地"之"理"。古人讲"地理"(重点是内陆),主要是两条,一条是"山",一条是"水",《禹贡》主水(《河渠书》、《沟洫志》、

《水经注》亦侧重于水),《山海经》主山,但讲"山"必及于"水",讲"水"也必及于"山"。二者互为表里,不仅可以反映地形的平面分布,也涉及其立体的"高下"和"险易"。古人对"地"的认识虽然主要是平面概念,地表以下,他们因打井和采矿才略有涉及,知道的只是"黄泉"一类地下水和各种矿物,对地壳的构造不能深入了解。但地形分类的概念,古人还是很重视。例如《管子·地员》和《尔雅》的《释地》、《释丘》、《释山》、《释水》等篇就对高山、丘陵、原隰和川谷做了详细分类,"山"者概其高,"水"者括其下,是一种提纲挈领的东西。另外,像《淮南子·天文》说"昔者共工与颛顼争为帝,怒而触不周之山,天柱折,地维绝。天倾西北,故日月星辰移焉;地不满东南,故水潦尘埃归焉",还以神话形式生动表达出他们对中国大陆的总体印象(西北高而东南低,河水多东流而注海)。

(五)九州的概念。

"九州"是古代华夏民族对中国大陆的"核心部分"即其活动范围的一种板块划分。这种划分有双重考虑,一是按山水走向把它划分为九个不同的自然地理单元,二是按职贡朝服把它划分为九个不同的行政区划。"州"字,《说文》的解释是"水中可居曰州。水周绕其旁,从重川。昔尧遭洪水,民居水中高土,故曰九州",《禹贡》讲大禹治水有所谓"导九河","九州"就是配对于"九河"。这样的"九州"应与九宫图式的设计有关,但要把上述两种考虑纳入同一体系,并且严格按九宫图来划分,实际做不到,只能看作寓含这类设计的一种弹性网格。在古书中真正按九宫图划分"九州"的只有《淮南子·地形》,这种"九州",名称与《禹贡》不同,如果上应天星,则与"九野"的概念相同。

古人所说的"九州"也叫"禹迹",所谓"芒芒(茫茫)禹迹,画为九州"(《左传》襄公四年魏绛引《虞人之箴》)。"禹迹"这个词,古书极为常见,不仅商人的后代追述其族源要说自己的先祖是住在"禹迹"(《诗·商颂·长发》),周人的后代也一样(《诗·大雅·文王有声》、《书·立政》和《逸周书·商誓》)。特别是春秋时期的铜器铭文如秦公簋和叔弓镈也分别提到"禹迹"和"九州",早为王国维所注意。他说:"举此二器,知春秋之世东西

中国古代地理的大视野

中国古代地理的大视野

二大国〔案:指齐、秦。〕无不信禹为古之帝王,且先汤而有天下也",批评疑古派"乃并尧、舜、禹之人物而亦疑之"在方法上有问题①。

"禹迹"或"九州",有出土发现为证,不仅绝不是战国才有的概念,可以上溯于春秋时代,而且还藉商、周二族的史诗和书传可以上溯到更早,显然是一种"三代"相承的地理概念。这种地理概念是一种有弹性的概念,虽然夏、商、周或齐、秦等国,它们的活动中心或活动范围很不一样,但它们都说自己是住在"禹迹",这点很值得注意。它说明"九州"的大小和界划并不重要。并且从古文字材料我们已经知道,古书所说的"雅"字,比如《诗经》中《大雅》、《小雅》的"雅",本来都是写成"夏"②。可见"夏"不仅是一种地域狭小、为时短暂的国族之名,而且还成为后继类似地域集团在文化上加以认同的典范,同时代表着典雅和正统(雅可训正),与代表"野蛮"的"夷"这个概念形成对照,为古代"文明"的代名词。春秋时代,中原"诸夏"强调"尊王攘夷",使"夷夏"的概念更加深入人心。在这方面,秦是一个好例子。这个国家,不但其贵族本来和山东境内或淮水流域的夷人是一家,而且族众也是西戎土著,一直到战国中期的秦孝公时仍很落后,"僻在雍州,不与中国之会盟,夷狄视之"(《史记·秦本纪》),但有趣的是,就连他们也是以"夏"自居。证据有二,一是上面提到的秦公簋,二是睡虎地秦简《法律答问》。后者涉及秦的归化制度(即现在的移民法),规定秦的原住民叫"夏",归化民叫"真",只有母亲是秦人,孩子才算"夏子",如果母亲不是秦人或出生于外国则只能叫"真"不能叫"夏"。所以"九州"不仅是一种地理概念,也是一种文化概念。

(六)中轴线的概念。

这个问题主要与城市规划有关。古代城邑聚落的分布,本来是一种

---

① 王国维《古史新证》第一、二章,收入《古史辨》,上海古籍出版社,1982年,第一册,264～267页。

② 古书"夏"字和"雅"字通假的例子很多,如《荀子·荣辱》"譬之越人安越,楚人安楚,君子安雅",同书《儒效》有类似语句,作"居楚而楚,居越而越,居夏而夏",《左传》中齐国的公孙灶字"子雅",《韩非子·外储说右上》作"子夏"。

自然发展的过程,往往都是沿山川道路的走向作点线延伸,初疏而后密;城市本身的规划,也不见得都是事先设计好的,完全像《考工记》所述,九经九纬十二门,四四方方,整整齐齐。但在古人的心目中,这种非尽人为、不尽整齐的背后还是有四方、九宫一类的考虑隐为其枢。中轴线的概念就是这种考虑的体现。

中轴线,从表面看也就是确定城市基址的一条南北线,即"二绳"中的子午线,但实际上却是代表整个城市坐标的一个"大十字"。只不过它是先把南北基线定下来,才在这条基线上截取一点(可能偏北偏南,不一定正好是平分点),作为城市中心,在那里建宫城一类中心建筑。古人重"面背"胜于"左右",所以总是先南北(即"面背")而后东西(即"左右")。〔案:中国古代常以面南背北、左东右西为正。〕中国现代城市有时是以一个十字形大街为中心向外拓展,把这种大街叫"大十字",如西宁(甚至很多小村子,比如我的家乡,都有这样的中心,也叫"十字")。古代城市也有类似设计,但不一定有明显的卯酉线,即穿越中心点的东西大道。现在讲中轴线,大家都拿北京当范例。北京的中轴线是起正阳门或永定门,穿天安门和故宫,直抵鼓楼。最近发表的材料还表明,汉长安城也有一条大中轴线,穿越长安城,向南向北延伸,南起子午谷,北抵天齐祠,全长 74 公里(图 42)。据研究者推测,它甚至可能与更大范围的空间坐标有关[①]。可见这类设计早已有之。《书·召诰》讲周公营建洛邑,有"相宅"、"卜宅"和"攻位"等程序,我们怀疑书中的"攻位"就是属于确定基线。

古代的国都规划体现的是"四方之极"(《诗·商颂·殷武》)[②],"四方之极"的"极"也就是东、西、南、北、中的"中"。古人认为国都(古代叫"国")同时也是国土(古代叫"邦")之"中",外面不仅有四郊、四野,还有四土、四方,本身就是一个"大十字"的中点。例如《史记·周本纪》讲周公营

---

① 秦建明、张在明、杨政《陕西发现以汉长安城为中心的西汉南北向超长建筑基线》,《文物》1995 年 3 期,4～15 页。

② 参看唐晓峰、齐慕实《〈四方之极〉一书简介》,《中国历史研究动态》1984 年 2 期,27～30 页。

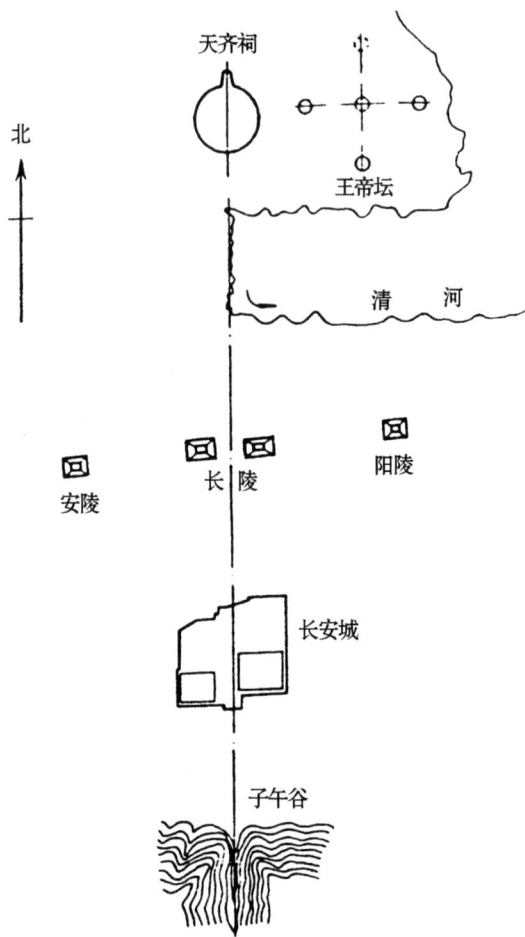

图 42　汉长安城的中轴线

建洛邑,他曾说"此天下之中,四方入贡道里均"(犹西语所谓"条条大路通罗马");出土西周铜器何尊的铭文也说,早在周人克商之初,武王就已打算营建洛邑,说是"余其宅兹中国,自之乂民"。〔案:古代"邦"是国家,"国"是首都,汉以来改"邦"为"国"造成混乱,但"中国"是本来的叫法。它不是"中央国家"的意思,而只是"中心城市"的意思,和"天下之中"是同义语。〕可见在古人看来,这种中轴线,它所代表的不仅是城市本身的坐标,也是整个国土的坐标,城里边的"大十字"同时也是城外边的"大十字"。

202

（七）古代帝王的"周行天下"。

上面所说的"地理大视野"，并不是闭门造车，而是结合着实地考察、地志记录和舆图绘制，靠人"跑"出来的。我们在上面讲过，它不是通过一个点来认识，而是通过很多点来认识。人们是带着眼睛到处跑或集合很多人的眼睛，才拼出全景。中国古代的旅行，最简单的一种是靠步履，如相传大禹治水就是靠步行。他的步法很特别，据说因为"三过家门而不入"，过于辛苦和劳累，造成"四肢不用家大乱"（见马王堆帛书《养生方》），不但性功能出了障碍，而且走起路来像个瘸子。后世的方士还专门学他这种步法，叫"禹步"或"步罡"。他脚丫子走过的地方，也像好莱坞影星踩下的脚印，金贵得很，上面已经提到，是叫"禹迹"。还有是靠车马舟楫，例如《穆天子传》讲周穆王驾八骏，北绝流沙，西登昆仑，就是靠车马；而齐威、宣以来的航海则是靠舟楫。据出土发现，至少商代已有车马，秦代已有大船。所以无论陆地还是海洋，古人都能走得很远。

古代旅行，很可注意的是帝王的旅行。这样的"周行天下"，从穆王西游、昭王南征到秦皇、汉武的巡游，以至于乾隆下江南，等等，都不是兜风解闷寻开心，而是和国土控御有关。中国的"大一统"很有传统，在行政效率不足的古代，控制广大地面得有特殊办法，君王视察是重要一着。他们的巡狩不光是"检查工作"，还往往登名山、涉大川，在山头水边祭祀。比如《山海经》里面的那些祭祀（用牲牢圭璧沉埋等等）就是属于这类祭祀。而在这类祭祀中，祭山比祭水更重要。名山是国土"四望"中的制高点，可以让人有一种"登临出世"、"与天齐一"的感觉。古人把在名山上筑坛祭天和在名山下除地祭地叫"封禅"，《史记》的《封禅书》就是以讲这类活动为主，并包括比五岳封禅范围更大的海外寻仙，以及比五岳封禅范围更小的郊祀。海外寻仙，不光是求仙访药，还是为了发现"新大陆"或"新边疆"（这等于那时的"地理大发现"或登月探险），从李少君的话可知，其实是扩大了的封禅。这是最大的一圈，其次一圈是五岳封禅，再次一圈是郊祀。古代的海外寻仙有三次浪潮，第一次是战国中期以来齐、燕等国的寻仙，第二次是秦始皇时代的寻仙，第三次是汉武帝时代的寻仙。汉武帝以后，

中国古代地理的大视野

203

这种海外寻仙才开始衰落,到孙权派人寻仙已是尾声。李白说"海客谈瀛洲,烟涛微茫信难求。越人语天姥,云霞明灭或可睹"(《梦游天姥吟留别》),"五岳寻仙不辞远,一生好入名山游"(《庐山谣寄卢侍御虚舟》),魏晋以来,人们对入海求仙已失去信心,觉得虚无缥缈,不如"山"来得近便,所以大家一股脑儿全改入山求仙。比如葛洪的《抱朴子》就是老讲入山的各种要领,如何避鬼魅,如何防虎狼,如何忍饥渴,等等。汉代的郊祀很有意思,本来的郊祀,比如载籍所讲的先秦古制只是在城郊附近祭祀,但汉武帝时,他的地盘太大,首都也跟着膨胀,长安城外的三辅比现在连郊区县在内的整个北京市还大,他祭天(太一)要北走山路跑到今陕西淳化县甘泉山上的甘泉宫,祭地(后土)要东渡黄河跑到今山西万荣县的汾阴后土祠,祭五帝和陈宝要西行到今陕西凤翔、宝鸡一带,活动半径将近200公里。汉武帝死后,皇帝都懒了,于是不断有人倡议恢复古制,停止这种远距离的郊祀。结果时罢时复,直到汉平帝时才由王莽建议彻底废除。汉武帝之后,不但海外寻仙不再吃香,五岳封禅少有人跑,就连原来的郊祀范围也被大大缩小,所以《汉书》干脆把《封禅书》改叫《郊祀志》,最后只剩下类似明清天、地坛的那种郊祀,古代帝王"周行天下"的精神早已荡然无存。〔案:每个朝代只有盛世的皇帝才爱到处乱跑。〕

(八)绝域之行。

古代长距离、大范围的旅行,除帝王外,还有帝王派出的使者、贸易商旅和求法僧人(和尚比道士跑得远),远远超出国土之外。中国古代的域外探险范围很大,过去大家习惯说中国人的特点就是喜欢封闭,吃亏就吃亏在不航海。这个印象本身就是一个"海外奇谈"。其实,至少在地理大发现以前,我们的域外探险还是很发达。比如《穆天子传》,即使作战国文献看,我们西行已经很远,后来张骞、班超、法显、玄奘等人也跑过很多地方,几乎整个亚洲大陆都被穿行,西边已接近南欧。而航海,我们也起步很早,战国时代已很发达,它的范围不仅包括现在的整个中国海域,早就到达朝鲜、琉球、台湾一带,而且还向南到达马来群岛、东南亚、印度和非洲东岸,除好望角以西,中国海以东,还有南边的澳洲,也是该去的地方都

204

去了。眼界范围包括一大洲两大洋，一点也不比同时的西方逊色①。

(九)中国古代地理思维中的模式化倾向。

从上述(一)至(六)条，我们不难看出，中国古代的地理思维有一种倾向，这就是它总喜欢把事实上边缘很不整齐、内部差异很大的东西塞进一种方方正正、具有几何对称性的图案之中。这很容易使人感觉好像削足适履，勉强得很。但我理解，古人的头脑还不至如此简单，连真实的东西和模式化的东西都分不清。实际上，他们的作法只是想用一种抽象的东西来化简差异，控制变化，使其直观性和整体性能够统一起来。所以尽管古人在心里揣着不少理想设计，但在实际操作上还是该怎么办就怎么办，并不会把二者等同起来。

总之一句话，中国人不仅会"跑"，而且会"想"。

1995 年 10 月 10 日写于北京蓟门里

---

① 参看中国科学院自然科学史研究所地学史组《中国古代地理学史》，科学出版社，1984 年，第十章《边疆和域外地理的考察研究》；章巽《我国古代的海上交通》，商务印书馆，1986 年。

说早期地图的方向

一

古人用图画表现空间概念,总是离不开方向。天图有天图的方向,地图有地图的方向,山陵原野,江河湖海,城郭宫室,田亩葬地,凡有空间概念要用图来表达,差不多都有方向的问题存在。

方向的问题表面上是外在于人,有固定标准,但实际上却是随观察者的眼睛随时变化。"天"的方向是相对于"地","地"的方向是相对于"人"。"人"仰观俯察而有"上下",面向背对而有"前后","左右"也是以双手而定。"南北东西"虽然是固定的,画在图上,好像与人无关,但这个图怎么摆,是"上南下北"还是"上北下南","上东下西"还是"上西下东",这和"人"还是分不开(比如"北"字本身就是表示人背对的方向,"败北"也是指掉转头朝背对的方向逃跑)①。

古代的图,凡与"天"有关,即以星象表现或与星象有关的图,其方向都是相对于"地",是像式盘表现的那样,地在下不动,天在上旋转。要讲"天"的方向,只能是"天"在某一时刻相对于"地"的方向。古人虽然昼观日景,夜观极星,用这类天象标志"地"的方向。但斗转星回,整个天宇相

---

① "东"字,《说文》引官溥说谓"从日在木中",一般学者都认为是表示日之所出。"西"字,《说文》以为像日落之后鸟栖于巢,或体作"栖"(原从木从妻)。但从古文字材料看,"西"字并非鸟巢的象形字,而是"妻"字所从,像女子束发之笄(西、妻、笄三字古音相近),用为方向乃是假借字。"南",《说文》以南方为夏位,当夏之时草木枝叶繁茂,称为"有枝任"。"任"是长养之义,南、任古音相近,也是用音训为说,但从古文字字形看,我们还不大明白"南"字的本义到底是什么。"北",《说文》以为像二人相背,实即"背"的本字。这四个方向字,"东"字和"北"字含义最明确,"西"字和"南"字大概都是假借字。

对于地面的位置并不固定,很难用静止的方向来表达,古人往往要把它表现为旋转状,寓动于静。例如曾侯乙墓出土的漆箱盖,画面中心为北斗,内圈是青龙白虎,头尾相接,作左旋排列;外圈是二十八宿,作右旋排列,就是一种旋转的图。整个图从哪个方向看都可以。还有楚帛书,其中心是上下颠倒的两篇文字,阅读时必须左旋或右旋;周边十二短章(分别讲一年十二月每个月的宜忌,每个短章各附该月值神)是按左旋排列,四隅神树则作右旋排列。这很明显也是按旋转的方式来设计。过去学者一定要讲它是"上北下南"或"上南下北",争得不亦乐乎。后来我们从经纬线看,其画幅延伸和大家的想像全然不同,原来是按上春下秋、左冬右夏书写,如果一定要讲方向,反而是属于"上东下西"①。现已发现的早期星图(如洛阳卜千秋墓和西安交大壁画墓的星图)和从星图派生而被我们称之为"式图"(即式盘上的图式)②,以及从"式图"派生而与"式图"相似的很多数术书的插图,其设计也多半如此。

古代的方向,严格讲起来,主要还是和"地"有关。这种学问,现在属地理学,但在古代却是和看风水的学问在一起,和相法的概念分不开。例如《汉书·艺文志·数术略》分六类,其最后一类叫"形法",就是讲这类学问(其中包括《山海经》),它是以"大举九州之势以立城郭室舍形,人及六畜骨法之度数,器物之形容,以求其声气贵贱吉凶"为特点,所谓"九州之势"是山川形势,就是讲地理。城郭室舍的"形法",人畜器物的"形法",和九州山川的"形法"是一个道理。这同我们现在的理解是不太一样的。

由于这些原因,研究古代地理,阅读古代地图,数术之书和数术之书的插图,有时也是必要的参考。

二

古代地图的方向,从可能性讲,本来应当有四种,即"上南下北"、"上

---

① 李零《楚帛书的再认识》,《中国文化》第 10 期(1994 年 8 月),42～62 页。

② 李零《中国方术考》,中华书局,2019 年,69 页。

北下南"、"上东下西"、"上西下东",或者再加上兼包四种的"旋转式",一共有五种。现代地图是以"上北下南"为正,这不完全是从西方传入。因为我国古代的地图,从碑图实物考察,唐代以来也是以"上北下南"为主流。过去一般都认为,我国的地图传统是以"上北下南"为特点,但后来地下出土了许多早期的地图和数术书的插图,情况并不如此。例如平山中山王墓出土的《兆域图》,马王堆汉墓出土的《地形图》、《驻军图》、《禹藏图》和《阴阳五行》的插图等等,它们就都是以"上南下北"为正。这使很多学者的思路来了个一百八十度,大家又转而相信,中国早期的地图是以"上南下北"为特点①。

中国古代方向有"上南下北"一说,严格讲,这并不是一个新发现。因为"上下"的概念一直是与"面背"有关。中国的建筑,无论房屋还是城郭,一向都是以面南背北即背阴向阳为正(这和我国所处纬度范围内的采光条件有关)。读西周册命金文,我们常常可以碰到王"各(格)于某庙或某室,南乡(向)",受命官员"入门,即立(位),立中廷,北乡(向)"一类话,古书也把天子端坐庙堂,南面听朝,叫"君人南面之术",而臣民朝见君王,脸要对着北面,则叫"北面事之"。这其实就是属于"上南下北"。同样,明清北京城,"前门"(正阳门)在南,"后门"(钟鼓楼一带)在北,左安门在东,右安门在西,方位概念也是一样(崇文门、文华殿在中轴线以东,宣武门、武英殿在中轴线以西,按"左文右武"的说法,也是属于"左东右西")。

三

不过,尽管"上南下北"在古代一直是个很有影响的传统,很多战国秦汉时期的出土物也证实,早期地图确有不少都是采用这一方向,但是我们却不能认为这是早期地图的惟一方向;或中国地图的传统是前后两截,早期是"上南下北",晚期是"上北下南"。在《中国方术考》中,我们曾举放马

---

① 李零《中国方术考》,106～110 页。

滩秦墓 M1 出土的古地图为例,说明情况也有例外(107~110 页)。这件地图,据已故地图史专家曹婉如先生考证,就是以"上北下南"为正[1]。这里不妨再举几个例子,它们都是从数术书和数术类的文物中挑出来的:

(一)睡虎地秦简《日书》甲种和乙种的《视罗图》(见《中国方术考》,162 页,图 3-6)。

睡虎地秦简《日书》中的图都是书的插图。这两幅图也是如此,它们都是《视罗》篇的插图。两图图式相同,但乙本比甲本更完整,更准确。乙本《视罗图》是用纵三横三六条线把一个方形分割为十六块(简 206~218:贰),中间四格,外圈十二格,然后自内向外在各个空格内依次填注四时十二月,状如螺壳旋转。原书所说"视罗"也许就是指这种螺旋排列("罗"可读为"螺"):

(1)"正月"至"三月"(春三月)。属东方,从中间四格左下角的"寅"位开始,右旋至右上角的"辰"位,"东方"标在外圈左边四格的第二格("十二月"后,"正月"前)。

(2)"四月"至"六月"(夏三月)。属南方,从中间四格左上角的"巳"位开始,依次进入外圈的"午"位,然后左旋至"未"位,"南方"标在外圈上边四格的第二格("六月"后)。

(3)"七月"至"九月"(秋三月)。属西方,从"申"位开始,左旋至"戌"位,"西方"标在外圈右边四格的第二格("八月"后)。

(4)"十月"至"十二月"。属北方,从"亥"位开始,左旋至"丑"位,"北方"标在外圈下边四格的第二格("十月"后)。

对比乙本,我们不难发现,甲本《视罗图》(简 83~90 背)和它属于同样的图式。只不过甲本有省略和错误,一是漏画三条纵线的中间一条线(也有可能是画在两简之间,因在简边而泐损),二是相当于"东方"、"南方"、"西方"、"北方"的四格皆空白不书,三是"丑"位应与右边的空格互

---

[1] 曹婉如《有关天水放马滩秦墓出土地图的几个问题》,《文物》1989 年 12 期,78~85 页。

换。这两幅图,功用相同,形式相似,但方向并不一样,甲本作"上西下东",乙本作"上南下北"。

（二）睡虎地秦简《日书》甲种的《置室门图》（见《中国方术考》,166页,图 3-8）。

这幅图是《直（置）室门》篇的插图,画面表现的是一个东西窄而南北长的大宅院,院子四面有很多门。篇题"直（置）室门","置"是安置之义,"室门"即图中之门,意思是按方位吉凶起盖或翻修"室门"。其阅读顺序,根据篇文所述,是作:

（1）南面。有六座门,从右到左依次为:寡门、仓门、南门、辟门、大伍门、则光门;

（2）西面。有五座门,从下到上依次为:屈门、大吉门、失行门、云门、不周门;

（3）北面。有六座门,从左到右依次为:食过门、曲门、北门、鹊门、起门、徙门;

（4）东面。有五座门,从上到下依次为:刑门、获门、东门、货门、高门。

院子里面,根据文字题记,北面是一大殿,大殿左后方是一羊圈,右面是一猪圈,猪圈前边是一圆形粮仓。其南北两面是由两条纵线来分割,一条连接曲门与辟门,一条连接起门与仓门,北门在没有画出的子午线的西侧,南门在没有画出的子午线的东侧;东西两面是由卯酉线来分割,西门叫"失行门",就是由这条线与东门相连。另外,还有两条线是用来连接四隅。

图中的 22 门,吉凶宜忌,各有所主,应是起盖或翻修室门可供选择的方位,而不一定真有这么多的门。刘乐贤先生指出,"可以肯定这是一篇古代的相宅书,而且是专相门的"[①]。传世相宅之书,如《黄帝宅经》,其所附图式（除以八卦定位,几乎全同"式图"）往往是取"上南下北"之势,但此图北门在上（偏西）,南门在下（偏东）,东门在左（正西）,西门（失行门）在右（正东）,却是作"上北下南"。

---

① 刘乐贤《睡虎地秦简日书研究》,台北:文津出版社,1994 年,151 页。

（三）马王堆帛书《避兵图》和曹氏朱符中的"太一锋"（见图 37、39）。

马王堆帛书《避兵图》是起避兵符作用的图画。画幅上方的"大"字人形，有文字题记为证，应即太一神；中间的四个神像是避兵之神，文字题记称为"武弟子"；下面三条龙，一条是黄龙，一条是青龙，一条是黄首青身龙。我们认为，此图主题是"一神三龙"，它们就是《史记·封禅书》提到的"太一锋"。"大"字人形代表的是《史记·天官书》开头讲的"太一"，"三龙"则是《天官书》在"太一"后面讲的"前列直（值）斗口三星，随北端兑（锐），若见若不"的"天一"①。据李学勤先生考证，同样主题也见于湖北荆门车桥出土的"兵避太岁"戈②。

在陕西户县朱家堡汉墓出土的解谪瓶上，我们也发现了性质相同的符书，形状如拉丁字母 Y 字形，并在 Y 字形的叉口内标注"大天一"三字，用指"大（太）一"和"天一"。王育成先生早已指出，这种用点线表现的符书，从符书的传统看应是代表星象，即《汉书·郊祀志》注所说"一星在后，三星在前"的"太一锋"③。

比较《避兵图》和上述符书中的"太一锋"，我们不难发现，两者也是可以互证的同类之物，但前者是作倒 Y 字形，和后者正好相反。可见这样的符书并没有固定的方向。过去，有些学者以为这样的图是"上北下南"或"上南下北"，现在看来是求之过深④。

四

古代方向，追根溯源，都是以视觉角度而定。远的不说，光是我国境

---

① 李零《马王堆汉墓"神祇图"应属辟兵图》，《考古》1991 年 10 期，940～942 页；李零《湖北荆门"兵避太岁"戈》，《文物天地》1992 年 3 期，22～25 页；Li Ling, "Anarchaeological study of *Taiyi* (Grand One) worship", *Early Medieval China*, Vol. 2(1995～1996)，1～39 页。

② 李学勤《"兵避太岁"戈新证》，《江汉考古》1991 年 2 期，35～39 页。

③ 王育成《东汉道符释例》，《考古学报》1991 年 1 期，45～56 页。

④ 参看拙作《湖北荆门"兵避太岁"戈》和李家浩《论〈太一避兵图〉》，收入《国学研究》第 1 卷，北京大学出版社，1993 年。

内的北方草原地区,就有不少这方面的例子。如《史记·匈奴列传》讲匈奴,除与中原相似的背北面南之俗,还有坐西朝东的习惯(如其"右方"在西,"左方"在东,"单于朝出营,拜日之始生,夕拜月。其坐,长左而北乡")。其墓葬之序的排列,墓前石人、鹿石的面向,从出土发现看,也多半是朝东。还有与匈奴的传统有关,年代相当于唐代的古突厥碑铭也经常讲到其国土四至和邻国方位,如①:

(1)暾欲谷碑:"英明的暾欲谷——裴罗莫贺达干同颉跌利施可汗一起,南边把中国人,东边把契丹人,北边把乌古斯人杀死了很多很多"(西6~7行),"我不知道到底有两千还是三千支军队东面来自契丹,南面来自中国,西面来自西突厥,北面来自乌古斯"(南7行),"……南边的人民及西边、北边、东边的人民都来〔臣服〕了"(南10行)。

(2)阙特勤碑:"前面(东面)到日出,右面(南面)到日中,后面(西面)到日落,左面(北面)到夜半,四至范围内的人民全都臣附于我"(南2行),"我曾前(东)征山东平原,几乎达到海〔滨〕。我曾右(南)征九姓焉耆,几乎达到吐番。并且后(西)征珍珠河外的铁门,左(北)征拔野古的领土"(南3行),"为了中国人的利益,他们曾征伐位于日出之方的莫离可汗的领土,并且西至于铁门"(东8行),"……北面对付乌古斯人民,东面对付契丹人和奚人,南面对付中国人……"(东28行)。

(3)毗伽可汗碑:"我使见所未见、闻所未闻的(意为无数的)人民〔住在〕东到日出,南到〔中国?〕,西到……"(北11行)。

(4)翁金碑:"突厥人民〔曾征服过〕东到日出,西到日落,南到中国,北到山林……"(前2行)。

其方位概念是以"日出"之方即东方为前,"日落"之方即西方为后,"日中"之方即南方为右,"夜半"之方即北方为左,即以"上东下西,左北右南"为正。契丹在东,当其前;中国在南,当其右;西突厥在西,当其后;乌

① 译文是据 Talêat Tekin, *A Grammar of Orkhon Turkic*, Uralic and Altaic Seris, Vol.69, Indiana University, 1968,并参考了耿世民《突厥碑铭译文》,收入林幹《突厥史》,内蒙古人民出版社,1988 年,245~286 页。

古斯在北，当其左。其方位概念正与匈奴的传统相合①。契丹系统的辽也是如此，其建筑往往都是坐西朝东。

五

古代方位概念的多样性不仅见于早期，晚期也是如此。

例如唐晓峰先生在其考证梵蒂冈收藏的一幅中国清代长城图时就已发现，这幅地图有两个特点，一是其"图面基本是上南下北，但因长城总是横贯画面，故宁夏一段约为上东下西"（即采取了化曲为直的近似画法）；二是其观图方向"好像是站在塞外向塞内看"，画面于城外夷人"衣服状貌风俗生活"描写极为详尽，而城内则全无一人。他说"这在为数不少的九边长城图中很是罕见。不过从《事林广记》北宋东京城图，自城外向城内看的画法，以及《西域水道记》的上南下北的方向来看，方向问题在古人做图时本不是严格的"②。还有，近来李孝聪先生也讨论过中国古代地图方向的"灵活性"③。他指出"中国地图采用不同的方位，是中国制图工匠从使用目的出发的方位观"。例如他以中国传统的海图为例，讲到完全相反的两种方位。一种以长卷式《郑和航海图》或《七省沿海图》为代表，地图的具体方位从不固定，是随图卷展开，不断变换，但不管方向怎么变，陆地总在画卷上方（类似上述长城图的画法），因为船在海上，是取自海观陆之势。另一种是沿海各省区的海防军事营汛图，因为重在海防，则多取自陆观海之势。"前者似主要服务于沿海岸航行的船只，后者则用于在陆地驻防的军队"。它们和现代制图学惯用的地理坐标定位是不太一样的。另外，他还提到中国古代的某些城市图，"图上的文字注记一律采取由城市中心的各个城门观测的

---

① 据汉文《阙特勤碑》"被（彼）君长者，本□□□裔也，首自中国，雄飞北荒，来朝甘泉，愿保光禄，则恩好之深旧矣"，唐人是以突厥为匈奴之苗裔。

② 唐晓峰《梵蒂冈所藏中国清代长城图》，《文物》1996 年 2 期，84～88 页。

③ 李孝聪《古代中国地图的启示》，《读书》1997 年 7 期，140～144 页。

角度题记。当某一城门处于图的上方时,有关这座城门的注记文字对读者来说是正的,可以读;其他城门的注记文字则是倒置或横写。所以,必须把地图拿在手中旋转着看,才能阅读图上的全部文字"。〔案:上文提到的《置室门图》也是这样书写各门的位置。〕这些例子虽然年代偏晚,但其方向随视角转移和古代是同一个道理。

我相信,无论早期还是晚期,方向"反常"的地图今后一定还会有不少新发现。

1997 年 9 月 27 日写于北京蓟门里

【附录】 曹婉如等编《中国古代地图集(战国—元)》(文物出版社,1990 年)中的地图方向

此书共收古地图 147 幅(图版 1～205):

(1)战国地图(图版 1～17)。8 幅,其中《兆域图》(图版 1、2)为上南下北,放马滩一号秦墓出土地图第五种(图版 12、13)为上北下南,余不明。

(2)西汉地图(图版 18～29)。4 幅,其中《地形图》、《驻军图》(图版 20～27)为上南下北,余不明。

(3)东汉地图(图版 30～36)。4 幅,《市井图》为上北下南,余不明。

(4)唐代地图(图版 37～41)。只有《五台山图》1 幅,是五代画师据唐代流传的底稿绘制,方向为上北下南。

(5)伊斯兰地图(图版 42～44)。2 幅,方向不明。

(6)宋元地图(图版 45～205)。128 幅,其中绝大多数是上北下南,但《唐都城内坊里古要迹图》、《汉唐都城要水图》、《郦道元张掖黑水图》、《今定黑水图》、《九夫为井之图》、《黄河源图》、《江宁县图》、《河源之图》(图版 105、106、110、111、122、168、192、205)为上南下北,《皇朝建康府境之图》、《茅山图》(图版 189、194)为上东下西,《九州山川实证总要图》、《今定禹河汉河对出图》、《历代大河误正图》(图版 107～109)为上西下东,《元经

214

世大典地理图》(图版 179)为左上南、右下北。

【补记】 关于突厥碑铭,近有芮传明《古突厥碑铭研究》(上海古籍出版社,1998 年)一书出版,可参看。

数术丛谈

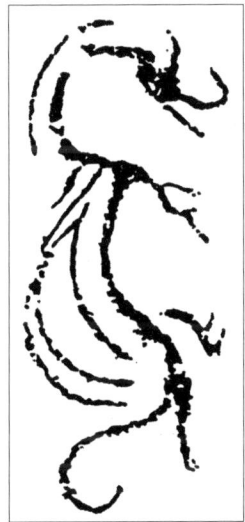

"南龟北骨"说的再认识

本文是篇读书札记,因为时间仓促,讨论不够深入,这里只能讲点肤浅的印象。

一

在中国古代的占卜中,"卜筮"是最古老的一类。在"卜筮"中,"卜"又比"筮"更古老(至少从考古发现看)①。研究没有文字的史前史,从实物讲思想,一向被考古学家视为畏途(或称"考古学的局限性")②。但"卜"与原始信仰有关,与早期人类的思想有关,不但可同历史时期的发现作对比,也可由晚近的人类学调查来印证,却是不难识别的一类。如俞伟超先生讲"考古学研究中探索精神领域活动的问题",就是拿"卜"作为例证③。

说起"卜"的历史,过去我们满脑子全是殷墟甲骨,前边是空白,后边也是空白。这是因为那时的发现太少,我们注意的太少。现在发现多了我们才知道,不仅殷墟以后还有西周甲骨、东周甲骨④,殷墟以前还有二里冈甲骨、台西甲骨(图43)⑤,而且时间跨度更大,地理范围更广,西有马

---

① 李零《中国方术考》,中华书局,2019年,198~215页。

② 陈星灿《公众需要什么样的考古学》,《读书》1996年12期,26~31页。

③ 俞伟超《含山凌家滩玉器和考古学中研究精神领域的问题》,《文物研究》第5辑,黄山书社,1989年,57~63页。案:该文又经删节,以《考古学研究中探索精神领域活动的问题》为题,收入他的《考古学是什么》(中国社会科学出版社,1996年)137~142页。

④ 《中国方术考》,185~191页。

⑤ 河南省文化局工作队《郑州二里冈》,科学出版社,1959年,37页;河北省文物研究所《藁城台西商代遗址》,文物出版社,1985年,87~88、143~145、189~192页。

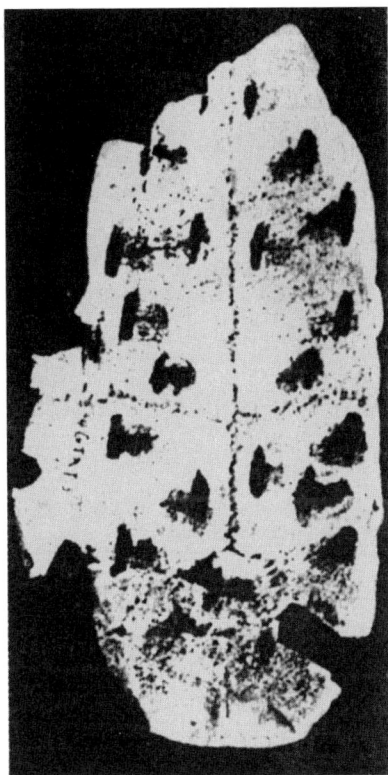

图 43　台西甲骨

家窑、齐家文化,中有仰韶、龙山、二里头文化,东有龙山、岳石文化,北有富河文化,很多有关发现都在不断露头,线索越追越早。情况表明,"卜"是新石器时代晚期和整个青铜时代都很重要的考古现象,商周以后也有很长的延续。特别是近年来,与"卜"有关,又有两个发现很值得注意:

(1)1996～1997 年,山东桓台县史家遗址出土了两件岳石文化的羊卜骨,卜骨残缺,但有"字迹"(图 44:1),是难得的发现[①];

(2)1997 年在中国历史博物馆举办的三峡出土文物展上展出过一件唐代卜龟(图 45),卜龟为腹甲,有 86 个圆钻,明显有别于商周甲骨,是晚

---

① 淄博市文物局《山东桓台史家遗址岳石文化木构架祭祀器物坑的发掘》,《考古》1997 年 11 期,1～18 页,图版五。

219

期龟卜的见证（龟卜汉以后衰落，但一直沿用到明清）①。

图 44　岳石卜骨

1～3. 史家卜骨　4. 尹家城卜骨

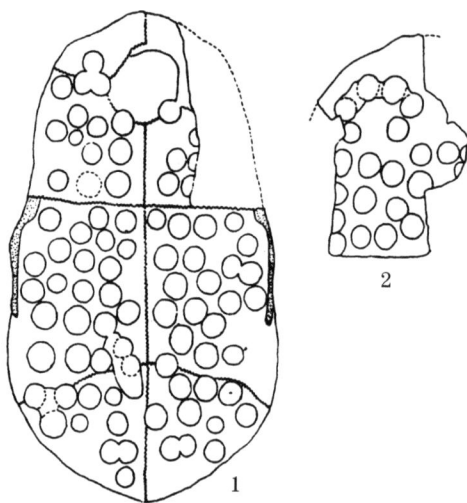

图 45　唐代卜龟

① 承俞伟超先生告，此龟是 1994 年四川云阳县明月坝遗址出土，现藏云阳县文管所，长 15.6 厘米。案：展览图录《长江三峡文物存真》2000 年由重庆出版社出版。又，宋镇豪《夏商社会生活史》（中国社会科学出版社，1994 年）515 页说"春秋战国以降"是甲骨占卜的"末声"，可商。

总之,从各方面看,有关发现已经到了一个应当认真总结的时刻。

二

研究中国古代占卜,我们应有开阔的视野,不能随便讲"中国特色"。一定要讲,必须先有比较。

在《中国方术考》一书中,我们曾提到,用动物的肩胛骨占卜(scapulimacy)在全世界是一种延续长而分布广的习俗。这类占卜分"冷卜"(apyro-scapulimacy)和"热卜"(pyro-scapulimacy)两种,从分布情况看,是"东热西冷"。"冷卜"主要流行于旧大陆的西部,"热卜"主要流行于旧大陆的东部和新大陆(43～44 页)[1]。我们中国的"卜"是"热卜",即灼骨成兆的一种。这是一般印象。其实严格讲,中国的卜材并不限于胛骨,还包括肋骨[2];不仅包括兽骨,还包括龟甲。龟卜在世界其他地方好像没有(是不是绝对没有,还可以做进一步调查)[3],商代的"卜"是龟、骨并用,龟的地位渐优于骨(前者的数量大于后者)[4],汉以下且取代骨卜成为主流,它比骨卜更有中国特色,恐怕谁也不会怀疑。

研究中国的卜法,学者有一种印象,骨卜主要是北方的传统,龟卜主要是南方的传统,是谓"南龟北骨"说[5]。这样的印象只是一种模糊的看法。事实上,不可能做截然的划分。因为我们都知道,中国的卜骨有很多

---

① 参看 David N.Keightley,*Sources of Shang History*,University of California Press,1978,3 页引 John M.Cooper 说;李学勤《比较考古学随笔》,香港:中华书局,1991 年,139～150 页。

② 注①引李学勤书指出东北亚(如日本、朝鲜)的"热卜"除用胛骨,也用肋骨,并且商代卜辞也有刻于肋骨者。案:商代甲骨所用动物的种类和骨头的部位有很多种,但有些不是用于占卜。

③ 日本的龟卜是唐代从中国传入,见 *Oracles and Divination*,edited by Michael Loewe and Carmen Blacker,chapter3:Japan,by Carmen Blacker,64～72 页。

④ 注①引 Keightley 书对龟、骨的数量比例有所讨论,参看该书 Appendix1:Identification of the inscribed turtle shells of Shang,by Jamess F.Berry,157～164 页。

⑤ 注①引 Keightley 书,7 页。

种,野生有鹿,家养有牛、羊、豕①。这些动物,鹿骨是东北亚(我国东北、朝鲜、日本和东西伯利亚)和美洲很古老也很流行的卜材②,但我国的中原地区也有出土③。牛、羊、豕三种,真正属于北方特别是西北的动物是羊,整个新石器时代,南方遗址都不出羊骨④,后世羊骨卜也主要流行于西北⑤。但牛分黄牛(*Bos exiguus Matsumoto*)、水牛(*Bubalus mephistopheles Hopwood*),台西甲骨、殷墟甲骨都是兼而用之⑥。黄牛当然是北方的,水牛却是南方的,豕也是南北方共养⑦。这是卜骨分布的复杂性。同样,古代的卜龟也有多种,如商代卜龟有四种,其中亚洲大陆龟(*Testudo emys*)是从很远的南方进贡,花龟(*Ocadia sinensis*)、水龟(*Clemmys mutics*)也是中国南方的特产,但金龟(*Geoclemys reevsii*,也叫乌龟)却在北方有广泛分布⑧。如果再加上贸易的影响,南北的界线更乱。

三

中国的骨卜和龟卜是什么关系? 光从物种的生态分布讲,恐怕讲不清。占卜是人类活动,考古材料更重要。我们先讲骨卜。

---

① 陈梦家《殷虚卜辞综述》,科学出版社,1956 年,4～9 页。案:陈氏所论"牛骨卜"条的"蹄占"不一定是用牛骨占卜。

② 参看《比较考古学随笔》的介绍。

③ 如邢台曹演庄商代遗址所出,见河北省文物管理委员会《邢台曹演庄遗址发掘报告》,《考古学报》1958 年 4 期,43～50 页。

④ 中国社会科学院考古研究所《新中国的考古发现和研究》,文物出版社,1984 年,194～198 页。

⑤ 宋元时期,羊骨卜仍流行于西北地区,并且后世纳西族也有此俗。见陈梦家《殷虚卜辞综述》,5～6 页。

⑥ 《殷虚卜辞综述》,5 页;《藁城台西商代遗址》,143～145 页。

⑦ 《新中国的考古发现和研究》,194～198 页。

⑧ 前页注①引 Keightley 书,Appendix 1:Identification of the inscribed turtle shells of Shang, by Jamess F.Berry,157～164 页;《藁城台西商代遗址》,附录二:藁城台西商代遗址中的龟甲,189～192 页。

研究骨卜的起源，近来有篇文章值得推荐。这就是谢端琚先生的《中国原始卜骨》(《文物天地》1993 年 6 期，14～16 页)。谢先生是长期从事西北考古的专家，所见多广，他所提供的信息和见解非常重要。

谢先生说：

> 卜骨常见于新石器时代晚期龙山文化与铜石并用时代的齐家文化。据笔者不完全统计，在河南、山西、山东、河北、辽宁、内蒙古、陕西与甘肃等 8 个省共有 35 处遗址出土原始卜骨，其中，有 31 处出土的卜骨均有具体数目，合计 187 件。除齐家文化 73 件与富河文化 1 件外，其余 113 件都是属于不同地区的龙山文化系统。出土卜骨数量最多者为甘肃武威皇娘娘台遗址，共出卜骨 39 件；其次是陕西临潼康家遗址，共出卜骨 19 件；再次为甘肃灵台桥村遗址，出卜骨 17 件。少者为河南渑池仰韶村与孟津小潘沟、浚县大赉店、郾城郝家台、山西襄汾陶寺、夏县东下冯、山东曹县莘冢集、河北磁县下潘汪、永年台口村以及内蒙古昭乌达盟富河沟门等 10 处遗址，均仅出 1 件卜骨。卜骨的用料已鉴定者均是动物的肩胛骨，共 133 件。以羊的肩胛骨占多数，共 74 件，占卜骨总数的 55.6%；其次是猪肩胛骨，共 28 件，占 21.5%；再次为牛肩胛骨，共 21 件，占 15.7%；鹿肩胛骨 10 件，比例较少，仅占 7.2%。这里值得注意的是，羊骨卜在甘肃地区占的比例特别大，共 53 件，占羊卜骨总数的 71%。

此外，除这 187 件，谢先生还特别介绍了 1992 年甘肃武山县傅家门遗址(属马家窑文化石岭下类型)出土的 6 件卜骨(图 46)，分羊、猪、牛三种。如果加上这 6 件(他认为这几件卜骨年代最早)，数目可达 193 件。

我们从这些材料看，骨卜起源于北方特别是西北，似可成立[①]。

---

① 这些材料中的品种比例，羊多于猪，猪多于牛，和殷墟正好相反。这可能与地区差异和礼制差异有关。殷墟多牛是礼制需要，因为牛是"大牢"，在祭礼上地位最尊，王可以比较多地杀牛为祭。但中国农村，牛是耕畜，轻易不杀(古代法律常有禁杀耕牛的规定)，普通吃肉，还是猪、羊为主。

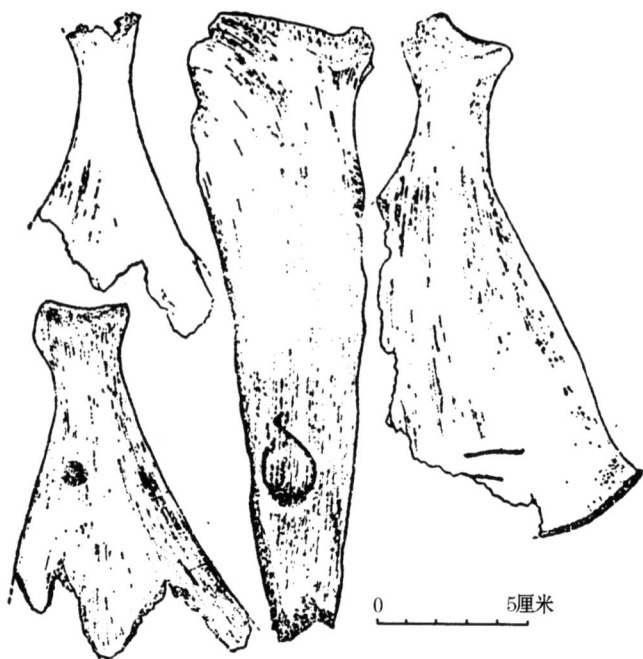

图 46　傅家门书骨

四

　　同骨卜相比,中国的龟卜似乎要年轻得多。因为如果我们所说的"龟卜"是指在龟甲上施火为兆、视兆而问的占卜方式,这样的占卜,其最早的标本只能早到商代[1]。

　　研究龟卜的起源,当然还可以向上追溯。例如学者往往提到的所谓"龟灵崇拜"的葬俗就很值得注意。这种葬俗是以龟壳随葬。龟壳上下剖分,背甲、腹甲穿孔,以绳缀合,多数置于腰间,少数放在头部,或胸部,或腿部。背甲前端往往有四个穿孔,腹甲前端往往有一个穿孔,内盛骨针、骨锥或石子(图 47)。这种葬俗,过去发现主要是在大汶口文化分布区的

----

　　① 　河南省文化局工作队《郑州二里冈》,37 页。

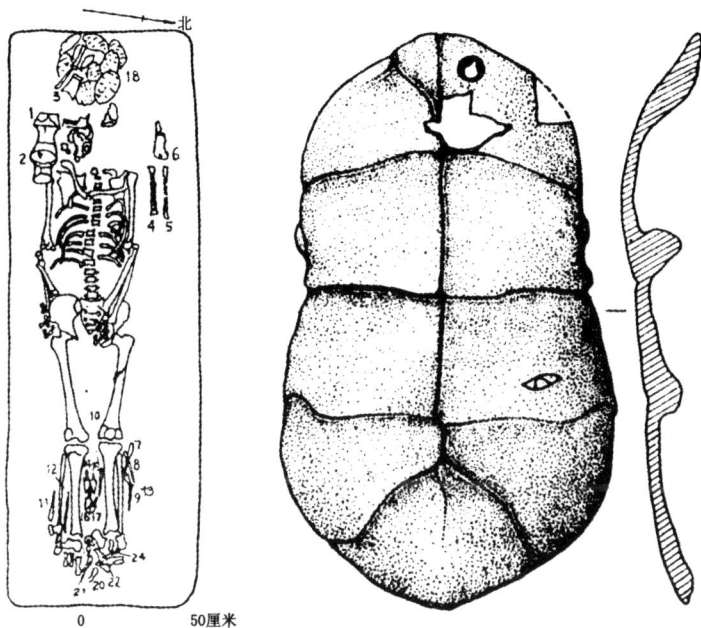

图 47　贾湖葬龟

南部,即江苏的淮北及山东的中南部,并零星见于河南淅川下王岗(仰韶
文化半坡类型)、四川巫山大溪(大溪文化)、江苏武进圩墩(马家浜文化)
等地的新石器时代遗址①。1983～1987 年,河南省文物研究所在河南舞
阳贾湖遗址(相当裴李岗时期)发掘墓葬 300 多座。在这批墓葬中,"龟甲
往往成组出现,龟甲内往往装有数量不等、大小不均、颜色不一、形状各异
的小石子。有的龟甲、骨器或石器上有契刻符号"②。从发表图像看,它

————————

　　①　高广仁、邵望平《中国史前时代的龟灵与犬牲》,收入《中国考古学研究》,文
物出版社,1986 年,57～70 页。
　　②　河南省文物研究所《舞阳贾湖遗址的试掘》,《华夏考古》1988 年 2 期,1～20
转 75 页;河南省文物研究所《河南舞阳贾湖新石器时代遗址第二至六次发掘简报》,
《文物》1989 年 1 期,1～14 转 47 页。

们似乎也有类似的穿孔。这一发现为上述葬俗提供了更早的例证①。

与上述葬俗可能有关,在中国早期的玉器中,有一种模仿葬龟的玉龟也很值得注意。如:

(1)1989年辽宁建平牛河梁第二地点一号冢 M21(属红山文化)出土的青玉小龟(M21:10)。这件玉龟(图版三-1;图48:1)长5.3厘米、宽4.1厘米、高2.7厘米,作龟壳状,腹甲中心有一圆凹窝,凹窝壁上前后各有一个圆孔②。与 M21 同冢的 M1 出土"玉龟"两件(M1:6、7),其实是玉鳖。〔案:在新石器时代到商周时期的考古发现中,玉龟与玉鳖或同出,但龟多作龟壳形,而鳖是全形,从体形上不难区别。〕③

(2)1985年安徽含山凌家滩 M4(属当地的原始文化)出土的灰玉小龟(M4:29、35)。这件玉龟(图48:2),长9.4厘米、宽7.5厘米、高4.6厘米,背甲和腹甲剖分,两侧有孔,以绳缀合,腹甲前端四孔,背甲前端一孔,同大汶口葬龟不仅年代相近,而且形制也相似④。

(3)1975年河南安阳小屯村北出土的墨玉双联小龟(F11:4)。这件玉龟(图48:3),长3厘米、宽5厘米,发现于房基填土中,同出还有玉鳖(F11:5)、石鳖(F11:18)各一。与牛河梁所出的玉龟、玉鳖是类似之物⑤。

(4)1974~1977年北京房山琉璃河西周大墓 M202 出土的青玉小龟

---

① 这些葬龟的种属似还缺乏系统鉴定,但值得注意的是大汶口葬龟有一标本,经鉴定是属于地平龟(*Terrapene culturalia*, sp. nov.)。这种龟在美洲以外还从未发现,学者推测是在更新世晚期从美洲传入。见山东省文物管理处等《大汶口》,文物出版社,1974年,159~163页,附录二;叶祥奎《中国首次发现的地平龟甲壳》,《古脊椎动物与古人类》,1961年第1期。

② 辽宁省文物考古研究所《辽宁牛河梁第二地点一号冢 21 号墓发掘简报》,《文物》1997年8期,9~14页,封内:3,11页;图三:1。

③ 辽宁省文物考古研究所《辽宁牛河梁第五地点一号冢中心大墓(M1)发掘简报》,《文物》1997年8期,4~8页。

④ 安徽省文物考古研究所《安徽含山凌家滩新石器时代墓地发掘简报》,《文物》1989年4期,1~9转30页,图版一:1、2、6页;图一五。关于玉龟穿孔的研究,参看王育成《含山玉龟及玉片八角形来源考》,《文物》1992年4期,56~61页。

⑤ 中国科学院考古研究所安阳发掘队《1975年安阳殷墟的新发掘》,《考古》1976年4期,264~272页转263页,图版七:1,269页:图一一:2。

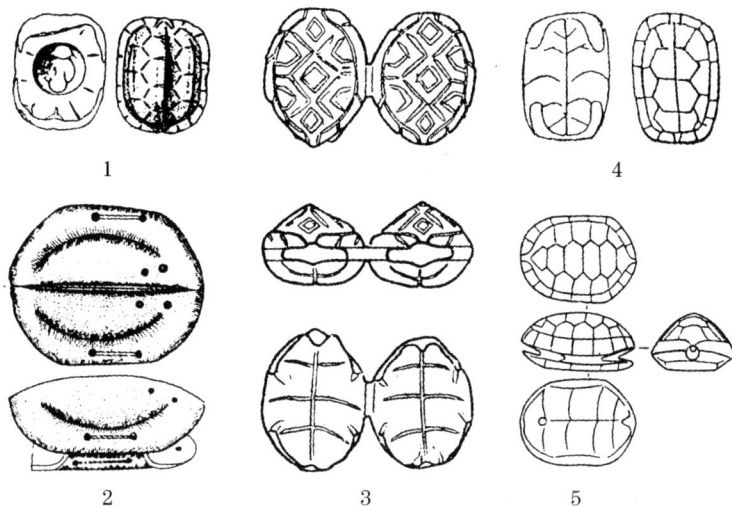

图 48 玉龟

1. 牛河梁玉龟　2. 凌家滩玉龟　3. 殷墟玉龟
4. 琉璃河玉龟　5. 晋侯墓地 M63 玉龟

(M202：4)。这件玉龟(图 48：4)，长仅 2.4 厘米，"中部有一穿孔，与红山玉龟酷为相似[①]，疑与红山玉龟有渊源关系。

(5)1993 年山西曲沃北赵晋侯墓地 M63 出土的青玉小龟(I11M63：90～10)。这件玉龟(图版三-2；图 48：5)，长 5.4 厘米，"两端穿孔贯通首尾"[②]。

这些考古发现主要集中于中国新石器时代晚期聚落遗址最发达、玉器也最发达的东南沿海及东南沿海的邻近地区，葬龟分布区与玉器分布区似乎有某种重叠。

---

　　① 北京市文物研究所《琉璃河西周燕国墓地(1973～1977)》，文物出版社，1995年，233 页，图版一〇一：5，235 页：图一四四：1、2。
　　② 山西省考古研究所、北京大学考古系《天马—曲村遗址北赵晋侯墓地第四次发掘》，《文物》1994 年 8 期，4～21 页，19 页：图二八：1。

「南龟北骨」说的再认识

五

上面所说的葬龟和模仿葬龟的玉龟究竟是干什么用的,现在还值得探讨。关于后者,俞伟超先生有一种推测。他说:

> 凌家滩遗存的龟卜方法大概是先由巫师(或祭司)当众口念占卜的内容,然后在玉龟空腹内放入特定的占卜物品,固定玉龟,加以摇晃,再分开玉龟,倾倒出放入的占卜物品,观其存在的形式,以测吉凶。可以认为,这是一种最早期的龟卜方法①。

这是把凌家滩玉龟视为"摇彩"式的占卜工具。很多学者都采用这一解释。如李学勤先生就引用这一假说,推论早期的葬龟也是同样的东西②。还有学者把葬龟类型的遗物解释成"冷卜"的法器③。

除去这类推测,值得注意的是,北美印第安人也有做法相似的龟壳。比如1995年夏,我到西雅图探亲,当时有个以"成吉思汗"为名的中国东北和内蒙古地区的出土文物展(*Empires Beyond the Great Wall*:*the Heritage of Genghis Khan*)正在加拿大的维多利亚举行。我去看展览,顺便到温哥华一游。在温哥华的街上,有许多出售印第安艺术品的商店。其中一家就摆着许多大大小小的龟壳。这些龟壳,颜色是碧绿,髹以清漆,闪闪发光。龟壳内盛鹿皮小囊,有绳索系口,穿过龟壳,可供悬挂。我正纳闷它们是干什么用的,碰巧有个印第安人进来,脖子上挂着个小龟壳。他解释说,这些龟壳都是"护身符",小者挂于脖颈,大者悬于腰侧。一边说,一边把囊中的东西倒出来让我看,原来是些石子和硬币。他说他们相信,这些小东西会给他们带来运气——当然最好是细小的水晶条,他补充说。

我的印象,印第安的龟壳和我们的葬龟很像。这是不是亚美文化联结的一种远古遗存? 希望今后能做进一步调查。

---

① 俞伟超《含山凌家滩玉器和考古学中研究精神领域的问题》。
② 李学勤《比较考古学随笔》,139~150页。
③ 宋镇豪《夏商社会生活史》,515~517页。

六

对于研究骨卜、龟卜各自的起源和它们的相互关系，上述考古发现的年代序列很重要，这里不妨试作排比：

（一）卜骨。中国最早的卜骨，过去都认为是 1962 年内蒙古巴林左旗富河沟门出土的鹿卜骨（见《中国方术考》，43 页，图 1-3），其 ^{14}C 年代为公元前 3510～前 3107 年[①]。但谢端琚先生在《中国原始卜骨》一文中说中国最早的卜骨不是这件，而是 1992 年中国社会科学院考古研究所甘青队在甘肃武山县傅家门遗址出土的 6 件卜骨。谢先生的文章是发表于《文物天地》1993 年 6 期，发掘简报是发表于《考古》1995 年 4 期[②]，当时遗址年代还未测定，所用年代是参照甘肃甘谷县灰地儿遗址的年代。灰地儿遗址，^{14}C 年代是公元前 3980～前 3697 年[③]，确实比富河沟门早。但傅家门遗址的 ^{14}C 年代，后来公布的正式数据是公元前 3352～前 3036 年[④]，还是比富河沟门晚。骨卜的延续，以中原地区而论，至少可以晚到西周（如周原甲骨就有卜骨）[⑤]。

（二）葬龟。中国最早的葬龟是舞阳贾湖遗址所出。贾湖遗址分三期，目前已测出的 ^{14}C 数据有五个，"属一期的两个：H1 木炭为距今 7920±150 年，H82 泥炭为距今 7561±125 年（树轮校正为距今 8063±125 年）。二期两个：H39 泥炭为距今 7137±128 年（树轮校正为距今 7762±

---

① 中国社会科学院考古研究所《中国考古学中碳十四年代数据集（1965—1991 年）》，文物出版社，1992 年，55 页。

② 中国社会科学院考古研究所甘青工作队《甘肃武山傅家门史前遗址发掘简报》，《考古》1995 年 4 期，289～296 转 304 页。

③ 注①引书，276 页。

④ 中国社会科学院考古研究所实验室《放射性碳素测定年代报告（二二）》，《考古》1995 年 7 期，655～659 页。

⑤ 陈全方《周原与周文化》，上海人民出版社，1988 年；徐锡台《周原甲骨文综述》，三秦出版社，1987 年。

229

128 年),H29 泥炭为距今 7105±122 年(树轮校正为距今 7737±122 年)。三期一个:H55 泥炭为距今 7017±131 年(树轮校正为距今 7669±131 年)"[1]。其最早的 ^{14}C 数据是公元前 6680~前 6420 年[2],比年代最早的卜骨还要早。葬龟的延续,到龙山时期似乎中断。山东泗水尹家城的龙山灰坑(H795:4)虽然出土过一件龟腹甲,但性质还有待研究[3]。

(三)玉龟。中国最早的玉龟(模仿葬龟的玉龟)是建平牛河梁第二地点一号冢 M21 所出。其年代应与一号冢的 M8 相近。M8 的 ^{14}C 年代为公元前 3360~前 2920 年[4]。其次,是含山凌家滩 M4 所出。M4 的热释光年代为距今 4600±400 年[5],约与大汶口文化的年代相当。小屯村北的房基是商代晚期的房基[6],琉璃河 M202 是西周早期墓,它们所出的玉龟年代比较晚[7]。

(四)卜龟。中国最早的卜龟,目前所知,似乎还是二里冈所出[8]。商代以前,二里头有没有卜龟? 岳石有没有卜龟? 龙山有没有卜龟? 它们和龙山以前的葬龟是什么关系? 这中间尚有缺环。龟卜,商代、西周极为发达。汉以后衰落,传统发生变化,但并非绝后,一直可以拖到明清。

七

上面的时间表可以澄清过去的一些认识。如有学者说中国最早的卜

---

[1] 河南省文物研究所《河南舞阳贾湖新石器时代遗址第二至六次发掘简报》。

[2] 注[1]引书,180 页。

[3] 山东大学历史系考古专业教研室《泗水尹家城》,文物出版社,1990 年,156 页,图版六九:1。案:泗水尹家城龙山期的 ^{14}C 年代有两个标本,一个是公元前 2577~前 2404 年,一个是公元前 2470~前 2140 年,见宋镇豪《夏商社会生活史》,139~140 页。宋先生说此甲"火灼透过龟版,正面犹可见到灼焦痕",见所著《夏商社会生活史》,519 页,但我们从照片上很难看出这一点。

[4] 《中国考古学中碳十四年代数据集(1965—1991 年)》,67 页。

[5] 安徽省文物考古研究所《安徽含山凌家滩新石器时代墓地发掘简报》。

[6] 《1975 年安阳殷墟的新发掘》。

[7] 《琉璃河西周燕国墓地(1973~1977)》,73 页。

[8] 《郑州二里冈》,37 页。

骨是淅川下王岗三期的卜骨,中国最早的卜龟是南京北阴阳营出土的卜甲。其实它们的年代都不是最早的[①]。

从上面的时间表我们不难看出,中国最早的龟卜,我是说狭义的龟卜,它比中国最早的骨卜要晚得多,两者之间有近 2000 年的时间差。同样,中国最早的骨卜比中国最早的葬龟也要晚得多,两者之间也有 3000 多年的时间差。现在我们的知识,中国的葬龟与中国的龟卜,两者之间仍有缺环。中国的龟卜与骨卜共时目前只能追到商代,并且刚一出现就有相似的钻凿。这些钻凿,它们在龟甲上的出现很突然,但在骨卜的发展序列里却有很长的渐变过程:中国的骨卜,早期无钻无凿,只有灼烧痕迹,钻的出现是在岳石文化时期(图 44:2)[②],凿的出现是在商代[③]。从这些情况看,我很怀疑,中国的龟卜虽与早期葬龟可能有某种历史联系,但未必就是葬龟的直接延续。它很可能是骨卜在商代或比商代略早的一段时间里(龙山晚期或岳石文化期)才移用于龟甲。这也就是说,“南龟”可能只是“北骨”在中国东南地区的一个变种。

1998 年 4 月 6 日写于北京蓟门里

---

① 宋镇豪《夏商社会生活史》515 页说:“目前所知最早的卜骨,是豫西地区淅川下王岗遗址出土的仰韶三期羊肩胛骨,上有烧灼痕,距今约 6000 年左右。最早的卜龟,出诸南京北阴阳营遗址,为一块大龟的腹甲,背面有火烧过的痕迹,正面有坼纹,距今约五六千年前。”案:下王岗遗址三期出土的卜骨,见《淅川下王岗》,文物出版社,1989 年,200 页,图版五三:8;北阴阳营商代遗址出土的卜甲,见《北阴阳营》,157 页,图版七〇:1,2,158 页:图六七:4。前者的 ^{14}C 年代是公元前 2920~前 2491 年,晚于富河沟门;后者的 ^{14}C 年代是公元前 1440~前 1168 年,晚于郑州二里冈。参看《中国考古学中碳十四年代数据集(1965—1991 年)》,102、150 页。

② 如泗水尹家城出土的岳石卜骨(T232⑦:39、42)即有钻有灼,见《泗水尹家城》,197 页,图版七八,198 页:图一三四:20。

③ 《中国方术考》,184~186 页;宋镇豪《夏商社会生活史》,517~520 页。

「南龟北骨」说的再认识

【附录】

卜 法 的 发 展

	骨 卜	葬 龟	玉 龟	龟 卜
约 8500～7500 年前		贾湖葬龟		
约 5500～4500 年前	富河、马家窑卜骨 （有灼，无钻凿）	大汶口葬龟	红山、含山玉龟	
约 4500～4000 年前	龙山、齐家卜骨 （有灼，无钻凿）			
约 4000～3500 年前	二里头、岳石卜骨 （有钻无凿）			
约 3500～3000 年前	商代卜骨 （有钻有凿）		商代玉龟	商代卜甲 （有钻有凿）
约 3000～2700 年前	西周卜骨 （有钻有凿）		西周玉龟	西周卜甲 （有钻有凿）
约 2700～2200 年前				东周卜甲 （有钻有凿）
约 2200～200 年前				秦汉和秦汉 以后的卜甲

【补记一】　承陈星灿先生告，北美印第安人还有以龟甲为摇鼓之俗。他于 4 月 7 日来信说："关于龟甲使用方法，北美颇多可供参考之例。Greek 人每年在广场上举行宗教仪式舞蹈时，妇女们将小石子装入龟壳内作成摇鼓绑在腿上跳舞。在易洛魁人（Iroquois）的宗教舞蹈中，男人和妇女摇着龟制手摇鼓跳舞。易洛魁人居住的地区不产龟，因此这些龟甲都是从其他地区远程交换来的。Seminole 人的腿摇鼓是由若干系在一起的小龟甲组成，龟甲上都有小孔（见 Liu Li，1994，*Development of Chiefdom Societies in the Middle and Lower Yellow River Valley in Neolithic China—A Study of the Longshan Culture from the Perspective of the Settlement Patterns*，Ph. D. dissertation，Department of Anthropology，Harvard University，Cambridge，Mass.）。"录此备考，并志感谢。（1998 年 4 月 10 日）

232

【补记二】　承山东大学考古系栾丰实先生告（由北京大学考古系李水城先生转告），泗水尹家城所出的龙山龟甲并无钻孔或灼烧痕迹，山东境内所出龙山卜骨皆有灼无钻。（1998 年 4 月 26 日）

【补记三】　记录贾湖葬龟的发掘报告近已出版，见河南省文物考古研究所编著的《舞阳贾湖》（上、下卷），科学出版社，1999 年 2 月。上卷第六章第五节"龟鳖及其他动物骨骼"之第一小节"龟鳖类"，分别介绍了所出龟、鳖的埋藏状态、龟甲上的人工痕迹、龟内石子。下卷第一章第二节"动物群落"之第三小节"爬行类和鱼类"，则介绍了贾湖遗址中龟鳖类甲壳的种属。下卷第七章较多地讨论了贾湖遗址的"龟灵崇拜"、"龟祭"、"龟腹石子与卜筮的起源"。龟甲及内装石子见于彩版四一至四三。契刻符号见于彩版四七至四八。

【补记四】　除洛阳等地，侯马铸铜遗址也出土了东周卜甲六片，见山西省考古研究所《侯马铸铜遗址》，文物出版社，1993 年，上册，425 页，图二二六:13;下册:图版三〇四:3。又该书 426 页指出"卜甲应与铸铜生产中的卜筮习惯有关"。

跳出《周易》看《周易》

——"数字卦"的再认识

一

在中国古代的占卜中,卜筮是自成一类。卜用龟(或骨)而筮用策(或蓍),这是两者的基本区别。在《中国方术考》中,我曾专门讨论过这个类别,指出卜、筮在商周时期地位很高,二者本来是结合在一起;卜衰筮显,分道扬镳,只剩"三易"中的《周易》广为人知,那是汉代和汉代以后的局面。它和《周易》作为儒籍地位不断提高有关。当时,为了勾画古代筮占的总体轮廓,我曾强调,在《周易》之前,还有一个"前《周易》"的发展时期;《周易》之外,也有《连山》和《归藏》,古代筮占绝不止《周易》一种。这些都是受考古发现启发①。

考古发现对我们既有知识的突破,主要是现在已为大家熟知,流行于商代到战国,见于多种书写材料,用数字符号表示的"数字卦"。这样的"数字卦",过去有不少学者做过搜集,彼此略有出入,释读和理解也有一些差异,但大家对这类符号的性质却有高度一致的看法。大家都认为它是一种与《周易》类似的卦画②。

现在我们能够认识"数字卦",这有一个过程。李学勤先生和唐兰先生都有贡献,但功劳最大还得属张政烺先生。70 年代末和 80 年代初,学界对"数字卦"达成共识,几乎所有研究都是追随张先生③。回顾以往的研究,我

---

① 李零《中国方术考》,中华书局,2019 年,48～51、198～237 页。
② 见《中国方术考》198～204 页引用的各家说法。
③ 见《中国方术考》198～204 页对这一研究过程的描述。

们不难发现,学者破译"数字卦",《周易》是突破口①。例如早在 1956 年,李学勤先生就已猜测西周甲骨上的这类符号似与《周易》的九、六之数有关②;而 1978 年,张政烺先生对这类符号做全面论述,出发点也是"文王演周易"③。由于大家的思路老是围着《周易》转,所以自然而然地,他们往往都把出土发现的"数字卦"直接转写为《周易》的卦画。例如张政烺先生就是把出土"数字卦"化简,一、五、七归为阳爻,六、八归为阴爻(当时尚未发现数字九),按《周易》转写,列为表格,分别注明其对应的"经卦"和"别卦"(如"数字卦"六八——五一,"经卦"为乾下震上,"别卦"为大壮)④;李学勤先生考证中方鼎,也是把铭末所缀的重卦"七八六六六六"和"八七六六六六"理解为坤下艮上的剥卦和坤下坎上的比卦,并按《左》、《国》筮例定为"遇剥之比"⑤。

在这篇短文中,我想讨论的是,学界认为与《周易》类似的"数字卦",它们和《周易》到底是什么关系? 或者也可以说得更具体一点,即它们是不是就是早期的《周易》? 如果不是,有没有可能是《连山》或《归藏》? 或者就连《连山》和《归藏》也不是,而是"三易"以前或以外的筮占?

我想,对上面这些问题,现在还不可能有最后的结论,但从近几年的考古发现看,有不少线索已经表明,大家把所有"数字卦"都归入《周易》的范畴是不大合适的,整个思路还有待拓广。

下面先讲材料。

二

上面所说的"近几年的考古发现"主要是指《中国方术考》出版后又发

---

① 见《吉林大学古文字学术讨论会纪要》(收入《古文字研究》第 1 辑,中华书局,1979 年,1～8 页)所记张政烺先生的发言。

② 李学勤《谈安阳小屯以外出土的有字甲骨》,《文物参考资料》1956 年 11 期,16～17 页。

③ 张政烺《试释周初青铜器铭文中的易卦》,《考古学报》1980 年 4 期,403～416 页。

④ 同上。

⑤ 李学勤《周易经传溯源》,长春出版社,1992 年,153～160 页。

表的新材料①。

在《中国方术考》中，我对截至 1993 年已经发表的"数字卦"进行搜集，经过核实，共得 94 例。通过对这些实例的研究，我的印象是：第一，现已发表的"数字卦"尚未发现早于商代晚期的实例，过去学者引用属于新石器时代的例子（如江苏海安青墩遗址所出和辛店陶器上的纹饰），其实都并不可靠；第二，这些"数字卦"是以刻铸于甲骨和铜器为最多，其次是书于或刻于陶、石、玉、骨和竹简等物，甲骨刻卦似与卜筮并用有关，而铜器上的卦则可能是用来为铸器择日，可见施用甚广；第三，其用数包括一、五、六、七、八、九，过去学者以为商数用八，周数用九②，就发现实例而言，情况正好相反（小屯南地卜甲上有"九"，淳化陶罐上的"九"实为"八"），所缺者唯二、三、四（因竖写会发生混淆而省去）和十；第四，现已发表的"数字卦"，年代较晚的实例是见于战国楚占卜简（发表者仅限于天星观楚简和包山楚简），其卦画包括一、六、七、八、九，除未发现五，和商代西周的实例基本上是一样的；第五，现已发现的《周易》古本有马王堆帛书本和双古堆竹简本，两种都是西汉早期的写本，其卦画阳爻作"一"，阴爻作"八"③，年代更晚于上述材料。

对重新检验上述认识，近年来有三大发现很值得注意：

（一）商周"数字卦"中数字"十"的发现。

1993 年后，又有一些新的"数字卦"被发现，其中尤以曹定云先生揭

---

① 《中国方术考》出版后，笔者又见到一些新材料和新著作。参看曹定云《新发现的殷周"易卦"及其意义》（《考古与文物》1994 年 1 期，46～51 页），徐锡台《淳化出土西周陶罐刻划奇偶图形画研讨》（同上，52～56 页）。又张政烺《试释周初青铜器铭文中的易卦》补记提到 40 年代四川理县板岩墓出土双耳罐右耳上有卦画作"一八七一八九"，拙作失收，李学勤《周易经传溯源》173～178 页论之，定为西汉前期之物，认为卦画的第一个"一"字也可能是"九"字。这是现知年代最晚的"十位数字卦"，应当补入。

② 张政烺《帛书六十四卦跋》（《文物》1984 年 3 期，9～14 页）曾有此说，李学勤《周易经传溯源》167～168 页把淳化出土西周筮数陶罐上的"八"字解释为"九"就是受此说影响。笔者在《中国方术考》203 页已指出商代甲骨有"九"字。案：河南三门峡也出土过一件类似的筮数陶罐，惜尚未发表。

③ 学者曾把"八"误释为"六"，参看《中国方术考》204 页。

示的四例最重要(图 49)①。它们是：

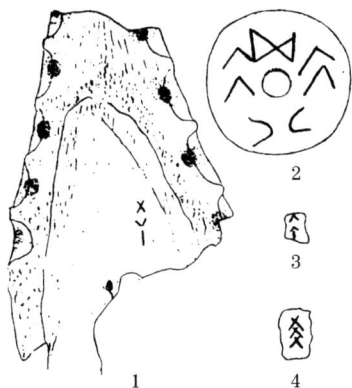

图 49　商周数字卦中的"十"

(1)1973 年河南安阳殷墟小屯南地出土的卜骨(《小屯南地甲骨》4352,中华书局,1980 年),铭文作"十六五"(倒书)(图 49:1)。

(2)1969～1977 年河南安阳殷墟西区墓葬出土的铜爵(M354:2)。铭文作"五五五"(图 49:4)。

(3)1955～1957 年陕西长安沣西西周遗址出土的陶纺轮(T105:4:12)。铭文作"六六五六六八"(图 49:2)。

(4)1977 年,陕西岐山凤雏村甲组宫殿基址出土的卜甲(H11:235)。铭文作"六六十"(图 49:3)。

这四个例子,前两例属于商代,后两例属于西周,其中属于商代的例(1)和属于西周的例(4)都有数字"十",这是重要发现。它说明无论商代还是西周,其"数字卦"都是省去二、三、四的"十位数字卦",学者以统计方法总结的用数规律,现在看来应重新考虑。

(二)战国楚简《周易》的发现。

近年来,有一批楚简自大陆(估计是湖北荆门)盗掘出土,流失海外,被上海博物馆从香港购回。这批楚简,年代可能与 1993 年湖北荆门郭店

---

　　①　见曹定云《新发现的殷周"易卦"及其意义》。

237

楚墓出土的竹简相近,即大约在战国中期①。现在这批竹简仍在整理之中,尚未公开发表,但个别实物在今年全面开馆的上海博物馆的中国历代书法馆中已先期展出,其中包含竹书《周易》"豫"、"大畜"两卦每卦的第一简。另外,此书尚有部分残简流落香港,如最近饶宗颐先生披露的一枚残简,就是属于《周易》的"睽"卦,同上博楚简《周易》为同书②。

这三条简文虽非全帙,但仍可借以窥见楚简《周易》的大致面貌。我们的印象是:

(1)简文只有经文,即卦形、卦名和卦爻辞,不包括传文;

(2)简文的卦形是以"一"表示阳爻,"八"表示阴爻,形式完全同于马王堆帛书本和双古堆竹简本的《周易》;

(3)简文分卦书写,以不同的章句符号相区别,自为起讫,内容与今本大同小异,所不同者只是个别文字,而且多半都是属于文字假读方面的差异。

它说明《周易》一书至少在战国中期就已定型,具有和今本相似的面貌。《周易》的卦爻从战国到西汉一脉相承,都是采取"一"、"八"字样,这对探讨今本《周易》卦爻的来源很有帮助。关于今本《周易》卦爻的来源,过去有两种看法,一种认为它的原形是数字,前身是上面说的"数字卦"(张政烺先生和多数学者的看法)③;一种认为它的原形和今本一样,阴爻作八分式样,乃是因为竹简或帛书行栏狭窄,如作中间断开的直线,易于模糊混淆,从而有所变通,和数字恐无联系(金景芳先生和李学勤先生的看法)④。就现已发现的材料看,我们更倾向于前一种看法。因为第一,

---

① 湖北省荆门市博物馆《荆门郭店一号楚墓》,《文物》1997 年 7 期,35~48 页。简报把郭店楚墓的年代定在战国中期的晚段,即约公元前 350~前 300 年左右。

② 饶宗颐《在开拓中的训诂学——从楚简易经谈到新编〈经典释文〉的建议》,《第一届国际训诂学研讨会论文》,高雄:国立中山大学中国文学系,1997 年,1~5 页。

③ 上引张政烺《帛书六十四卦跋》。

④ 金景芳《学易四种》,吉林文史出版社,1987 年,196 页;李学勤《周易经传溯源》,215 页。又张亚初、刘雨《从商周八卦数字符号谈筮法的几个问题》(《考古》1981年 2 期,155~163 转 154 页)举商末周初铜器和战国玺印铭文中类似《太玄经》的"几何直线符号"为说,认为这些符号与八卦同源不同流,是年代最早的卦画。

至今我们还没有发现任何早于古本《周易》(战国一种,西汉两种)而与今本卦爻相似的材料;第二,与这些古本年代相近的简本《归藏》(详下),其阳爻作"一",阴爻作"六"或"八",形式也非常相似;第三,这样理解也便于和早期的"数字卦"相互衔接。

(三)王家台秦简《归藏》的发现。

1993年,荆州地区博物馆在湖北江陵王家台发掘了十五座秦墓,其中的王家台15号秦墓,共出土竹简800余枚,包括《效律》、《日书》、《易占》和讲邦国灾异的一种[①]。据简报介绍,此墓与江陵地区历年发掘的大部分秦墓相似,年代上限不早于公元前278年(白起拔郢的年代),下限不晚于公元前221年(秦始皇元年)。简文抄写年代大约在战国晚期。其中的《易占》共包括五十余卦,卦名有"同人"、"旅"、"兑"、"师"、"丽(离)"、"臣(颐)"、"蛊"、"节"等(原文40页所说"人"卦是"同人"之误),卦画是以"一"表示阳爻,"六"、"八"表示阴爻(二者似是混用)。简报发表释文三简(简213、198、182),照片两简(简号未发表,据下王、李二文为"劳"和"大过"两卦),未讨论其性质。现在经学者研究,此书实即"三易"中的《归藏》。其有关论著有:

(1)王明钦《试论〈归藏〉的几个问题》(收入古方等编《一剑集》,中国妇女出版社,1996年10月,101~112页)。此文以古书引用《归藏》(有严可均《全上古三代秦汉三国六朝文》和马国翰《玉函山房辑佚书》等书所收辑本)与王家台秦简《易占》比较,指出简文应即《归藏》。作者是王家台秦简《归藏》的整理者,此文共发表简文二十四条(简194、213、536、470、339、336、333、304、550、196、482、491、560、215、473、455、259、204、538、471、563,以及漏印简号的三枚残简),包括简报释文中的简213、198(此文作简194,疑简报有误),以及照片中属于"劳"卦的一简(此文作简536),但没有提到简报释文中的另一简(简182)和照片中属于"大过"卦的另一简(简号不详),增加卦名"明夷"、"劳"、"菁(晋)"、"丰"、"夜(蛊)"、

---

① 荆州地区博物馆《江陵王家台15号秦墓》,《文物》1995年1期,37~43页。

"复"、"毋亡(妄)"、"比"①,使我们对简文的了解又增进了一步。但可惜的是文章印刷不够理想,很多卦画都看不清楚,有些甚至漏印。

(2)连劭名《江陵王家台秦简与〈归藏〉》(《江汉考古》1996 年 4 期,66～68 页)。此文与上文发表时间相近(从见书时间看要早于前者),论点论据大体相同。其所用简文仅限于简报发表的三简。

(3)李家浩《王家台秦简"易占"为〈归藏〉》(《传统文化与现代化》1997 年 1 期,46～52 页)。此文发表稍晚,论点论据亦大体相同。其所用简文仅限于简报发表的五简(作者所说与"比"卦相当的"闭"卦,从照片看,卦名笔画不清,卦画似作"六一六六一六"或"六一六六一八",相当《归藏》"荦"卦,王文所揭释文作"劳"卦,释"闭"恐误)。

这三篇文章都是以前人所辑《归藏》佚文论定王家台秦简《易占》就是战国晚期的《归藏》,从而证明前人的疑伪之说(主要是以著录的存佚有无和时间先后为说)实不可信。这不仅对我们重新认识《归藏》本身很重要,而且对进一步考虑整个"三易"以及"三易"以前或以外的筮占也很有意义。

三

上面提到的考古发现,其意义何在? 在众多学者精彩研究的基础上,我想讲一点我个人的看法。

(一)今本《周易》是东汉魏晋以来整理定型的本子,它同马王堆和双古堆出土的西汉写本的《周易》相比,同上海博物馆收藏的战国楚写本的《周易》相比,当然会有一些字句差异(主要是文字通假和个别字的出入),卦序排列有时也不太一样(如与马王堆帛书本不同)。但从大的方面讲,我们不应夸大其差异。因为从卦形、卦名和卦爻辞的内容讲,我们必须承

---

① 饶宗颐《殷代易卦及有关占卜诸问题》(《文史》第 20 辑,中华书局,1983 年,1～13 页)所附《周易》《归藏》对照表是以《周易》"蛊"卦相当《归藏》"蜀"卦,《周易》"姤"卦相当《归藏》"夜"卦,其实从这几个字的古音看,二者的关系正好应当倒过来,王明钦文以"夜"卦相当"蛊"卦是正确的。

认,它们在总体特征上还是比较接近。这也就是说,至少从战国到西汉早期,其形式相对稳定,很明显是一种连续的发展,在当时的筮占中乃自成一类。这种类型的筮占,它是用"一"、"八"二字来表示卦形,显然不同于商周时期流行的"十位数字卦",文字内容同下面所说的《连山》、《归藏》也有区别。

(二)古代筮占形式多样,在《周易》流行的时间范围里,《周易》与《连山》、《归藏》曾长期并存,合称"三易","三易并占"确为制度。如《周礼·春官·大卜》说大卜"掌三易之法,一曰《连山》,二曰《归藏》,三曰《周易》";《书·洪范》说"立时人作卜筮,三人占,则从二人之言",贾公彦疏说"盖筮时《连山》、《归藏》、《周易》并用";《礼记·礼运》引孔子说有《坤乾》、《夏时》之说,郑玄注以《坤乾》为《归藏》;还有《左传》、《国语》所见筮例,除属于《周易》系统的例子,尚有所谓"泰之八"(《国语·晋语四》)、"艮之八"(《左传》襄公九年),以及"得贞屯悔豫,皆八也"(《国语·晋语四》)等说法,据《左传》襄公九年杜预注,这些筮例都是属于《连山》或《归藏》的系统。但《连山》、《归藏》,班志不载①,或云汉初已亡,东汉魏晋反而出现(如桓谭《新论》、《晋中经簿》和隋唐史志所载),且有伪本续作②,令人滋疑。现在《归藏》佚文的可靠性已由王家台秦简的发现得到澄清,《连山》

① 《汉书·艺文志·六艺略》易类虽无《连山》、《归藏》之名,但仅凭书名,不能断定必无其书,且《数术略》筮龟类有《大筮衍义》二十八卷和《大次杂易》三十卷,亦属谈易之书,或收之。余嘉锡《古书通例》(上海古籍出版社,1985 年)尝言"故就史志以考古书之真伪完阙,虽为不易之法,然得之者固十之七八,失之者亦不免二三"(3 页),指出历代史志于当时之书多有阙漏不收,佚而复出乃寻常之事。

② 《连山》、《归藏》的西汉传本,史无明文,不能具论,但桓谭《新论》有所谓"《连山》藏于兰台,《归藏》藏于太卜"之说,皇甫谧《帝王世纪》、郦道元《水经注》等书俱引之,则东汉魏晋南北朝,二书固存于世。前书,或者亡佚略早,《隋书·经籍志·经部》易类只有《归藏》没有《连山》,《子部》五行类有梁元帝《连山》三十卷,疑为续作;又《北史·刘炫传》有刘炫本《连山》,《郡斋读书志》有《三坟》本《连山》,学者断为伪作。后书,《隋书·经籍志·经部》易类有晋太尉参军薛贞注本,共十三卷,小序说"《归藏》汉初已亡,案《中经》有之。唯载卜筮,不似圣人之旨,以本卦尚存,故取贯于《周易》之首,以备《殷易》之缺",所谓"汉初已亡",以桓谭所见,可知纯属推测;"圣人之旨",也是以《周易》为准,太多偏见,现在看来,并不可信。

疑伪,情况类似,恐怕也应重新考虑。

（三）现存《连山》佚文,数量较少,有些佚文的归属也有争议,但魏晋以降,古人引用,不能完全抹杀,如《帝王世纪》引《连山易》"禹娶涂山之子,名曰攸女,生启",《水经注》卷二二《颍水注》"(颍水)东南历大陵西,连山亦(易)曰'启筮,享神于大陵之上',即钧台也",卷三十《淮水注》"故《连山易》曰:有崇伯鲧伏于羽山之野是也",《史记·夏本纪》索隐引《连山易》"鲧封于崇",等等。这类佚文中的有些条,如《水经注》卷二二引,或以为《归藏》,或以为《连山》,或以为《连山》、《归藏》共有,尚有争议,但不能说所有佚文都是伪造①。从现存佚文看,《连山》同《归藏》比较接近,而与《周易》的区别稍微大一点。例如:

（1）《连山》的卦名虽不可考,但繇辞与《归藏》相像,同样是依托传说的帝王和圣贤;

（2）据《左传》襄公九年"遇艮之八"杜预注和孔颖达疏,《连山》、《归藏》都是用七八,以不变为占,这和《周易》用九六,以变为占是不太一样的;

（3）《连山》、《归藏》的卦序与《周易》也不一样,例如《连山》首艮,《归藏》首坤,《周易》首乾,就是差别②。

（四）《连山》、《归藏》,从简文和古书佚文看,其繇辞多依托古代传说人物,有女娲、夸父、黄帝、炎帝、蚩尤、共工、羲和、后羿、嫦娥、舜、皋陶、鲧、禹、启、桀,以及殷王、巫咸、耆老、周武王、周穆王,等等。战国秦汉多称二书为夏、商之易或羲(伏羲)、黄(黄帝)之易,也许就是根据繇辞的内容,但其实际年代还有待研究(古代数术之书有不断改写的习惯,准确定

---

① 古书真伪存佚往往有疑似之间虽离娄之明不能决者,故前人辑佚多取宽式,效史迁心法,信以传信,疑以传疑。昔容庚先生尝言:"以伪为真,去之尚易;以真为伪,补之则难,故于诸器非灼知其伪者辄为收入"(《秦汉金文录》序,北平,1931年)。李家浩文为排除王家台秦简《归藏》有可能是《连山》,对《连山》佚文只挑存在争议者(两条)为说,摒其余不论,可商。

② 见《周礼·春官·大卜》贾公彦疏。

点无异刻舟求剑,我们只能求其大致的时间范围)。例如现在发现的王家台秦简《归藏》和前人所辑《归藏》佚文,其繇辞提到周武王和周穆王,当然不会是商代的内容。我们怀疑,所谓"三易并占",很可能是以年代、国别不同的筮占系统合并为一,它们在共时关系里还是比较接近,在占法上有许多可以相互沟通的地方。例如:

(1)据《大卜》篇文,《连山》、《归藏》、《周易》"其经卦皆八,其别皆六十有四",三者在卦数上是一致的;

(2)《连山》卦名虽无可考,但《归藏》六十四卦,经学者比较,除去异体、通假和加字等差异,真正不同者只占一小部分[1];

(3)《连山》、《归藏》用"七八",《周易》用"九六",虽有不同,但都没有超出"七八九六"的范围,它们似乎都是以"大衍之数"或类似于"大衍之数"的策数和分组方法为基础。

不仅如此,我们还应注意的是,"三易"与"三易"以外的其他占卜可能也有某种关系。例如李学勤先生就已指出,《周礼·春官·大卜》讲卜、筮、梦,卜有"三兆",筮有"三易",梦有"三梦",彼此可能有对应关系[2]。另外,值得注意的是,在《左传》一书中,我们可以读到许多卜筮并用的例子,其中有些卜辞与《连山》、《归藏》相似,如《左传》僖公二十五年记晋国卜偃卜纳襄王,其卜辞曰"吉。遇黄帝战于阪泉之兆",对比《归藏》佚文"昔黄帝与炎神争斗涿鹿之野,将战,筮于巫咸。巫咸曰:果哉而有咎"(《太平御览》卷九七引),就是类似的辞例。也许以传说人物为占,正是早期占卜的重要特征。

(五)现已发现的"数字卦",商代西周似乎是以十数为占者为主体。战国时期,这种"十位数字卦"仍在使用(见于楚占卜简),但与同时的"三

---

① 参看饶宗颐《殷代易卦及有关占卜诸问题》所附《周易》、《归藏》对照表。案:饶先生以"荧惑"、"耆老"、"大明"为卦名,相当《周易》的"贲"、"大壮"、"中孚",王明钦文和李家浩文已根据王家台秦简《归藏》,指出它们都是繇辞中的人物或辞语,并非卦名。

② 见《周易经传溯源》,28~42页。

易"似有所区别。这个时期的《连山》尚未发现,但估计是与《归藏》、《周易》比较接近。王家台秦简《归藏》以"一"为阳爻,"六"、"八"为阴爻,上海博物馆藏《周易》以"一"为阳爻,"八"为阴爻,当然有可能是从"十位数字卦"简化。即前者有可能是"三易"或"三易"中的某一种或某几种的前身。但前者的延续(可以晚到西汉,见 236 页注①)可与后者共时,而形式有别,应慎重对待。我们不能简单说在"十位数字卦"中,"一"与"五"、"七"、"九"无别,"六"、"八"也是一样(否则何必还要不辞惮烦地把这么多的数字全都写出来呢)。况且按通常理解的"大衍之数",我们也不可能得到"十位数字卦"。所以,就目前能够掌握的材料而言,我们认为,最好还是按直观特征把它们分为两大类,一类是"十位数字卦"(是否可以称"易"还有待证明),一类是"两位数字卦"("三易")。后一类又分两小类(《连山》、《归藏》为一类,《周易》为一类)或三小类(《连山》、《归藏》、《周易》各为一类)。

　　在前辈学者的研究中,对《周易》适用性的怀疑其实早就存在。例如张政烺先生就已坦承,由于从一到八数字太多,他对周初筮法的拟测,"顾此失彼,无法弥缝",根本算不上复原①。李学勤先生也说出土发现的数字卦"使用数字不限于七、八、九、六,便是有异于《左》、《国》筮例的明证,因此,在商周遗物上出现的数字符号,虽然看来是与《易》卦有关,可是属于《易》的哪一种,还是需要论证的问题"②。

　　我们对"数字卦"的再讨论可以说是对这些怀疑的进一步论证。

1997 年 9 月 22 日写于北京蓟门里

---

① 见张政烺《试释周初青铜器铭文中的易卦》。
② 见《周易经传溯源》,154 页。

【附录】

筮法的发展

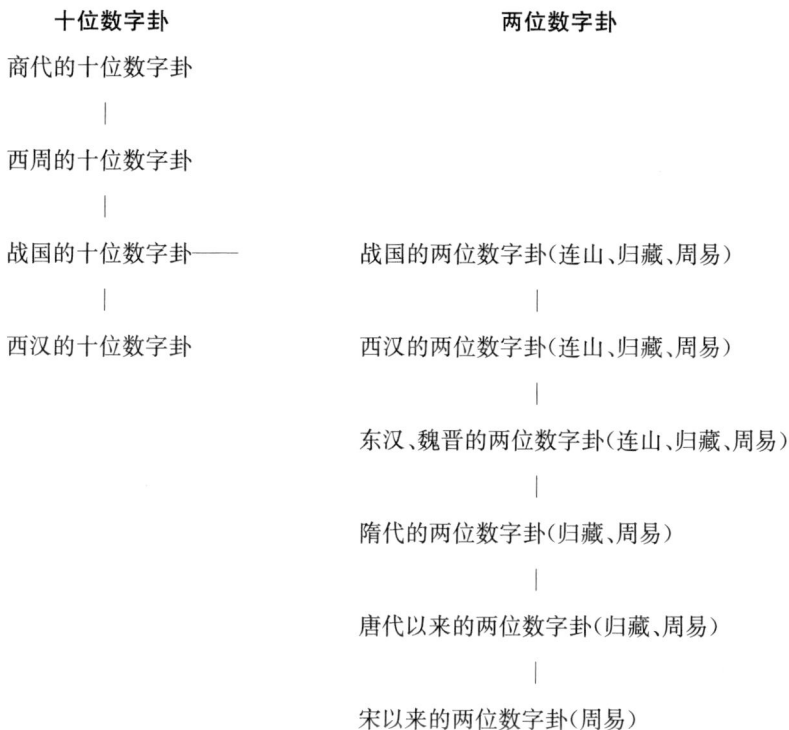

十位数字卦	两位数字卦
商代的十位数字卦 |	
西周的十位数字卦 |	
战国的十位数字卦—— |	战国的两位数字卦（连山、归藏、周易） |
西汉的十位数字卦	西汉的两位数字卦（连山、归藏、周易） |
	东汉、魏晋的两位数字卦（连山、归藏、周易） |
	隋代的两位数字卦（归藏、周易） |
	唐代以来的两位数字卦（归藏、周易） |
	宋以来的两位数字卦（周易）

跳出《周易》看《周易》

读几种出土发现的选择类古书

择日之术,后世叫"选择",自汉以降为数术大宗,传统从未断绝。其术出于星历、式法,向有建除、丛辰、太一、天一、刑德、堪舆、风角、五音等众多分支,名称也有"阴阳"、"五行"、"时令"、"月令"、"日书"、"历书"、"历注"、"历忌"等不同叫法①。现在讲这类数术,出土之书日增,然发表早而讨论多,唯睡虎地《日书》②。由于此书有自题书名,学者往往把类似古书统称"日书",但对不太一样的书则无以名之,内容结构的分析也还存在不少问题,很有必要做汇总研究。在《中国方术考》(中华书局,2019 年)中,我已扼要分析过子弹库帛书和放马滩、睡虎地、旱滩坡出土的日书,这里是对其他材料的进一步讨论。

一、子弹库楚帛书的残片③

中国早期的选择书,"阴阳"、"五行"是模糊说法,"历注"、"历忌"也是笼统名称。王充把它们分为"岁月之传"和"日禁之书"(《论衡·讥日》),出土发现也有这两类,如楚帛书就是属于前者。

子弹库帛书是 1942 年出土于湖南长沙,原为蔡季襄收藏,1946 年由柯强带到美国。帛书原来不只一件,但长期以来,大家讨论全是赛克勒藏

---

① 参看《史记·日者列传》所述汉武帝所聚占家及《汉书·艺文志》、《隋书·经籍志》等史志的有关著录。

② 张强《近年来秦简〈日书〉研究评介》,《简帛研究》第 2 辑,法律出版社,1996 年,415～427 页;刘乐贤《睡虎地秦简〈日书〉研究二十年》,《中国史研究动态》1996 年 10 期,2～10 页。

③ 李零《楚帛书的再认识》,《中国文化》第 10 期,1994 年 8 月,42～62 页。

比较完整的一件；其他残片只是近年才为人所知。前者，学者习称为"楚帛书"，这是不知道帛书还有其他残片。现在有了这些残片，应当各自命名。

子弹库帛书，完帛是按"四时十二月"来组织画面：十二月神分成四组，各居四方十二位，按左旋排列；四隅是以四色木相隔，按右旋排列，与"式图"属于同类设计。文字，也是围绕着四时十二月，中间两篇，是讲"岁"、"时"，边文是讲"月"。关于此篇，我们已多次讨论，这里不必再讲。现在只着重讲一下其他帛书。

正在整理的子弹库残帛，已经揭开的残片，大约占总量的三分之二，从内容上看，它们包含以下四类：

（1）朱栏黑色小字类。它包含一幅图画（图50），图画由两个同心圆组成，圆圈的外缘是黑色，内缘是红色，沿两个圆圈的内侧各书楚国的十二月名。两套同样的月名，彼此相差五位。图的下面画有朱丝栏，栏内文

图 50　子弹库楚帛书《月名图》（作者绘）

字是以红色粗短横分章,按"居木如何"、"居火如何"(尚未发现)、"居金如何"(尚未发现)、"居水如何"、"居土如何",分别讲其配色配物,如"亓备(服)某色"、"乘某色车"、"亓味某"、"亓畜某"、"树某某某"、"亓皿某"、"亓色某"、"亓虫某"、"亓兵某"、"亓绋(绶)某玉",以及时令禁忌等。商承祚先生旧藏的帛书残片(10片)就是属于这一类①。

(2)无栏黑色大字类。分别书于四方,格式作"穿(掩)某方,从干支某某以至干支某某"。另有一些文字则提到"逆之曰生气,从之曰死气"等辞。

(3)钩形符号(作直角形)标干支类。钩形符号用红色画成,干支为墨书。如其中一片是标"甲□"于折角外、"乙亥"于折角内,一片是标"□□"于折角外、"丙□"于折角内,两片是标"丁未"于折角外,而另书文字(两字)于折角内,甚至还有不书文字者。形式似与下面的尹湾《博局占》相似。

(4)其他。还有朱栏红色大字、墨栏黑色小字的若干残片。

由于上述帛书尚未揭完,已揭残片难以拼复,现在还无法判断这四类是什么关系。但我们的模糊印象是,子弹库帛书是属于"岁月之传":完帛与《月令》类古书(如《逸周书·时训》、《大戴礼·夏小正》、《礼记·月令》、《吕氏春秋》十二纪)相似,似可定名为《四时令》;残帛与《玄宫》类古书(如《管子》的《幼官》和《幼官图》)相似,似可定名为《五行令》。从《淮南子·时则》我们不难发现,古代时令正好是由这两个系统构成。它们和下述日书不同的地方是,它们是以"时"、"月"和节气的划分为主,并不落实到"日",因而也就没有后者那种复杂的干支排列②。参考王充的说法,我们不妨称之为"时令类古书"。

---

① 商志𬱟《记商承祚教授藏长沙子弹库楚国残帛书》,《文物》1992 年 11 期,32~33 页转 35 页。

② 李零《读银雀山汉简〈三十时〉》,《简帛研究》第 2 辑,法律出版社,1996 年,194~210 页。

二、九店楚简《日书》^①

现已发现的选择书,除上所述,还有不少是属于"日禁类古书",即通常所说的"日书"。过去我以为,这种古书主要是由建除或丛辰类的历忌总表(以日类忌)和按选择事项分类排列的杂忌而构成(以忌类日),现在看来还有不少门类值得推敲。它们或以星别(如岁、斗、玄戈、二十八宿、天李、天陷),或以历异(如朔望弦晦、朝夕启闭和反支),有时还以占梦、相宅、厌劾、祠襄等术插附其中。如1981年湖北江陵九店楚墓(M56)出土的日书就是年代较早的标本。它的抄写年代不晚于战国晚期的早段,内容形式与放马滩和睡虎地出土的秦日书相似,可以相互比勘。

九店《日书》的历忌总表分两种,一种是按"建"、"鼛(陷)"、"敄(破)"、"坪(平)"、"宁"、"工"、"坐"、"盍(盖)"、"城(成)"、"复"、"菀(宛)"、"敳(微)"排列,一种是按"秀"、"结"、"阳"、"交"、"□(害)"、"阴"、"达"、"外阳"、"外害"、"外阴"、"绝"、"光"排列。这两套日名见于睡虎地《日书》,都是放在讲建除的部分,使人以为是建除术。但拙见以为睡虎地《日书》的历忌是分四种:

(一)建除。

(1)楚除。即甲种《除》篇的第一套日名和乙种首篇复合日名的前一半名称;

(2)秦除。即甲种《秦除》和乙种《徐(除)》篇的日名。

(二)丛辰。

(1)楚辰。即甲种《除》篇的第二套日名和乙种首篇复合日名的后一半名称(是以丛辰与建除对照);

① 湖北省文物考古研究所《江陵九店东周墓》,科学出版社,1995年,附录二:李家浩《江陵九店五十六号墓竹简释文》(506~511页)。案:关于简文释读,我有《读九店楚简〈日书〉》一文(见本书附录二)作专门讨论,这里只讲一般印象。

（2）秦辰。即甲种《稷（丛）辰》和乙种《秦》篇的日名。对比睡虎地《日书》，我们认为，九店《日书》的两套日名，"建"字类是楚国的建除，"秀"字类是楚国的丛辰。

除历忌总表，九店《日书》还有几个小类是与岁徙和岁徙的方向吉凶有关。这也是秦代日书所有：

（1）四时吉凶。是以四时配四方，按太岁所在的迎背左右讲十二支吉凶（从"五子"到"五亥"），即所当方和左方为"不吉"（相当于"大凶"和"小凶"），右方为"吉"（相当于"小吉"），对方为"成"（相当于"成"）。

（2）相宅。是讲屋舍布局的方向吉凶。

（3）朝夕启闭。是以朝夕启闭占方向吉凶、逃、入、疾、眚。

（4）岁。是讲岁徙的辰位组合和出入移徙的吉凶。

（5）行。是讲出行的吉凶。

这类数术与修筑起盖（动土）、出入移徙关系最大，与一般杂忌有别。我们怀疑，它们或与汉代的太一术或天一术有关。

在九店《日书》中，真正属于杂忌，只有讲"裁衣"的一段简文。

此外，简文中还有讲"阴阳死生"的一种，类似后世讲"四时休王"的数术，以及祷告武夷君的一段祝辞。

三、马王堆帛书中的有关材料[①]

马王堆帛书是1973～1974年出土于湖南长沙马王堆西汉墓（M3），帛书抄写于秦汉之际，下限不晚于汉文帝十三年（前168年）。其中与选择有关，主要是以下两种：

（1）《阴阳五行》。分甲、乙两种，发表者为两本的局部；

（2）《刑德》。分甲、乙、丙三种，发表者为乙本。

《阴阳五行》，甲本局部为五行上朔顺逆干支表，乙本局部为一九宫图

---

① 傅举有、陈松长《马王堆汉墓文物》，132～145页。

（图51）。九宫图是以米字线表示九宫，"天一"居中，四周为八神和二十八神。内圈八神为：北方"十二支"、"上奇"，东方"天湄"、"地湄"，南方"地"、"能"，西方"天枢"、"䕫"。外圈二十八神为：北方"汹（文）昌"、"四其"、"北海"、"三奇"、"除衞"、"天臽（陷）"、"天狱"，东方"天李"、"伏灵"、"耕能"、"句叔"、"與（舆）鬼"、"大（泰）山"、"天维"，南方"句陈"、"恒陈"、"日月"、"青龙"、"白虎"、"虹宫"、"上立"，西方"刑"、"德"、"小崴"、"斗䰠"、"大一"、"大阴"、"大阳"。图中界线以五色别（照片是黑白片）：东青，南赤，西白，北黑，中黄。

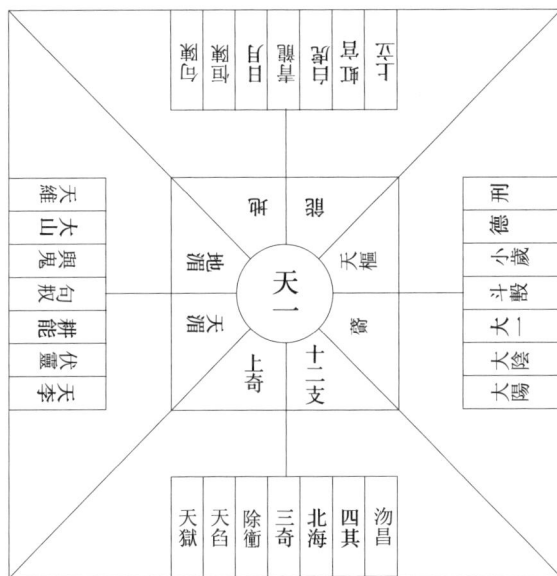

图 51　马王堆帛书《阴阳五行》乙本附图（作者绘）

　　案："八神"是九宫之神；"十二支"，或即地支十二；"上奇"，《史记·天官书》有"骑官"（后世叫"骑星"）；"天湄"、"地湄"，下字右半从网从目，可能是"盲"字的异体，疑读"天网"、"地网"，"天网"即"天罗"；"地网"，疑即《天官书》"地侯"（"镇星"的别名）；"能"，疑即《天官书》"能星"（"兔星"的七种别名之一）；"天枢"，即北斗第一星；"䕫"，疑即《天官书》"天厕"。"二十八神"是对应于二十八宿："汹昌"，读为"文昌"（"汹"是明母物部字，

251

"文"是明母文部字）；"四其"，不详；"北海"，居北，与下"大山"是类似名称；"三奇"，遁甲式有"三奇四仪"；"除衝"，六壬十二神有"太衝"；"天臽"，读为"天陷"，睡虎地《日书》甲种有《天阎》篇，篇中"天阎"作"天臽"，即此[①]；"天狱"，《天官书》叫"贱人之牢"；"天李"，即"天理"，《天官书》叫"贵人之牢"，睡虎地《日书》甲种有《天李》篇[②]；"伏灵"，见《晋书·天文志》，是一种彗星（据说是从太白散出）；"耕能"，《天官书》有"三能"（即"三台"）；"舆鬼"，即朱鸟七星中的"舆鬼"；"大山"，居东，应即"泰山"；"天维"，疑即《天官书》"天睢"；"句陈"、"恒陈"，六壬十二神有"钩陈"；"日月"、"青龙"、"白虎"，皆常见星官；"虹宫"，《天官书》有"宫星"；"上立"，不详；"刑"、"德"，即刑德术的"刑"、"德"；"大一"、"大阴"、"大阳"，疑即"天一三星"[③]。

《刑德》乙本是讲太阴的刑德大游和刑德小游[④]。此书也有一幅九宫图（图52）：中宫为圆图，二分再五分圆面，黄色，代表土行，字迹残泐。周围八宫，则是四分再二分，各以方图标于米字线的八个方向：北方二宫，黑色，标"水"字于子位；东方二宫，青色，标"木"字于卯位；南方二宫，赤色，标"火"字于午位；西方二宫，白色，标"金"字于酉位（照片缺）。其图配五帝、五神。五帝，"湍（颛）玉（顼）"在北，"大（太）皋（昊）"在东，"炎帝"在南，"少皋（昊）"在西（"少"误"大"），"黄帝"应在中宫（省略掉）。五神，八宫皆具，为"丰隆"、"风柏（伯）"、"大音"、"雷公"、"雨师"。此外四正标"刑德"、"大天、夏至"、

---

① 《孙子·行军》也有"天陷"，为五种凶煞之地的一种，但银雀山汉简《孙子兵法·行军》、《孙子兵法》佚篇《地形二》和《孙膑兵法·地葆》相当于"天陷"的"陷"字皆从召作。

② 刘乐贤《睡虎地秦简日书研究》（台北：文津出版社，1994年）99页引郑刚说以为"天狱"即"天李"，可商。

③ 马王堆帛书《避兵图》上的三龙是"天一三星"，三星相当"三一"，即青龙为"天一"，黄龙为"地一"，黄首青身龙为"太一"。我们怀疑，这里的"大一"即"太一"，"大阳"即"天一"，"大阴"即"地一"。参看饶宗颐《图诗与辞赋——马王堆新出〈太一出行图〉私见》（收入《湖南省博物馆四十周年纪念论文集》，湖南教育出版社，1996年，79～82页）。

④ 马克（Marc Kalinowski）《马王堆帛书〈刑德〉试探》，《华学》第1期，中山大学出版社，1995年，82～110页。

"北昌、冬至"和钩绳图，四隅标"刑"，东北标"予强"、东南标"青澡"、西南标"聂（摄）氏（提）"和"司闢、西北标"青澡"和"气云"①。

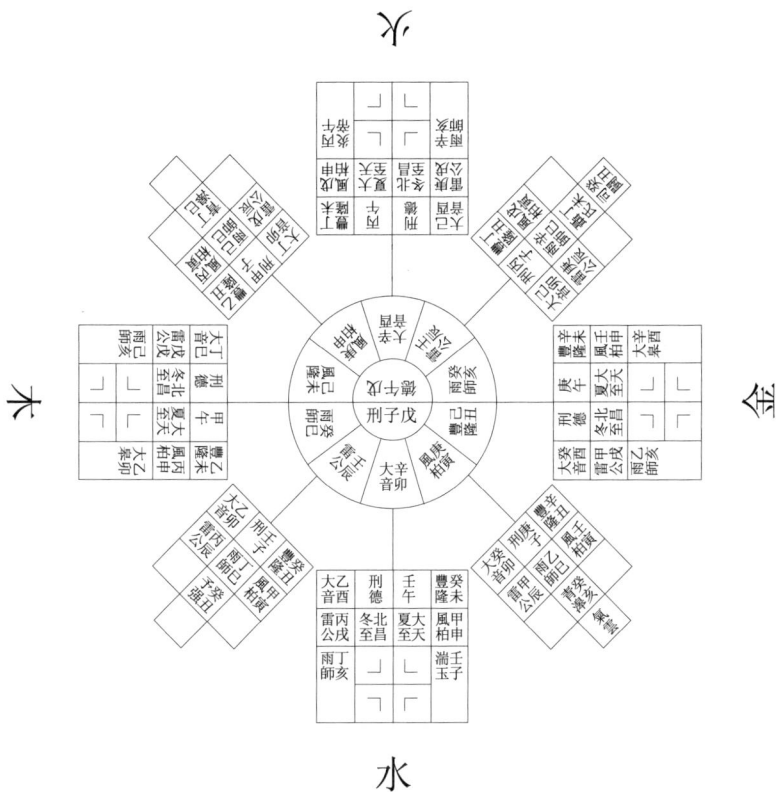

图 52　马王堆帛书《刑德》附图（作者绘）

　　案："大音"，《天官书》："涒滩岁：岁阴在申，星居未。以七月与东井、舆鬼晨出，曰大音。"似非此所当②。道教有风、云、雷、电、雨"五神"，是与金、木、水、火、土"五行"对应，如中国历史博物馆藏道教玉牌，上为"风"、"云"、"雷"、"电"、"雨"，下为"金"、"木"、"水"、"火"、"土"，左右为二十八

---

　　①　饶宗颐《马王堆〈刑德〉乙本九宫图诸神释》，《江汉考古》1993 年 1 期，84～87 页。案：饶文"北昌"作"扑昌"，东南"青澡"作"青皋"，西南"青澡"作"言三"，此不同。

　　②　上引马克文 95 页引《天官书》此条，谓"我们几乎对大音一无所知"，"饶宗颐先生认为大音可能仅是太阴的一个异称，但缺乏足够的证据"。

宿名。疑"大音"即电神①。"大天"或即"大一"、"天一"之省,"北昌"或即
"北斗"、"文昌"之省。"青滜",《天官书》"其色大圜黄滜",《集解》谓末字
音"泽",盖形近易混。

四、其他有关材料

(一)银雀山汉简。

这批竹简是 1972 年出土于山东临沂银雀山汉墓(M1),简文抄写于
西汉初年的文、景时期,下限不晚于汉武帝元狩六年(前 118 年)。简文包
含与数术有关的书十二种②。这十二种古书,其中与选择有关,主要是以
下五种:

(1)《禁》(篇题存)。是以木、火、金、水配四时,土配季夏、季冬,讲四
时禁忌。

(2)《三十时》(篇题存)。是以六日为一节,十二日为一时,讲三十
时节。

(3)《迎四时》(篇题补加)。是讲天子于东、南、西、北四堂分迎四时,
属古"明堂月令"之说。

(4)《四时令》(篇题补加)。是讲天子命四辅授时于民,亦古"明堂月
令"之说。

(5)《五令》(篇题补加)。是以德、义、惠、威、罚"五令"配鳞(木)、羽
(火)、嬴(土)、毛(金)、介(水)"五虫",讲五行生克,互为德刑。

这五种书都是"时令类古书"。其中(1)(3)(4)是一类,属"四时令";
(2)(5)是另一类,属"五行令"。它们是楚帛书之后的重要标本。

---

① 王育成《中国古代道教奇异符牌考论》,《中国历史博物馆馆刊》,1997 年 2
期,25~50 页。

② 整理本尚未发表。我们只能从吴九龙《银雀山汉简释文》(文物出版社,1985
年)发表的按简号排列的简文试为钩稽。拙作《读银雀山汉简〈三十时〉》是专论这 12
种古书中的《三十时》,并对其他 11 种也做了介绍。

（二）尹湾简牍。

这批竹简和木牍是 1993 年出土于江苏连云港尹湾汉墓（M6），简文抄写于西汉成帝永始、元延年间（前 16～前 9 年）。简文包含数术书六种，其中与选择有关，主要是以下五种[①]：

（1）《神龟占》（篇题补加）。书于 9 号木牍正面的上部，下附神龟图（图 53），是以神龟的头尾、四肢和两胁表示米字形的八方，从左后足（东

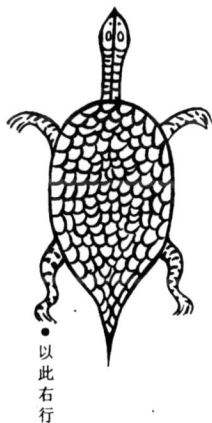

●用神龜之法以月晝以後左足而右行至今日之日止問
直右脅者可得姓朱民名長正西
且後右足者易得為王氏名劉西北
直尾者自歸為莊氏名餘正北
直後左足者可得為朝氏名歐東北
直左脅者可得為鄭氏名趙正東
直前左足者難得為車民名多東南
直頭者毋来也不可得為張氏正南
直前右足者難得為陳氏名安正〈西〉南

以此右行

图 53　尹湾汉简《神龟占》附图

① 连云港市博物馆《尹湾汉墓简牍》，中华书局，1997 年，123～126、145～147 页。刘乐贤《尹湾汉墓出土数术文献初探》（收入连云港博物馆等编《尹湾汉墓简牍综论》，科学出版社，1999 年，175～186 页）对这五种数术书有很好的讨论，拙作此节是参考该文而略作补充。

北)始,以该位为月朔,右行数日,依次经尾(北)、右后足(西北)、右胁(西)、右前足(西南)、头(南)、左前足(东南)、左胁(东),每八日为一圈,至今日止,问亡盗得与不得、姓名和所之方向(即所至之位的方向)。其有关规定是按左行的顺序条列,不与数日之法同。

(2)《六甲占雨》(篇题补加)。书于9号木牍正面的下部,只有略如龟形的六十甲子图(图54)和"占雨"二字,缺占雨之辞。

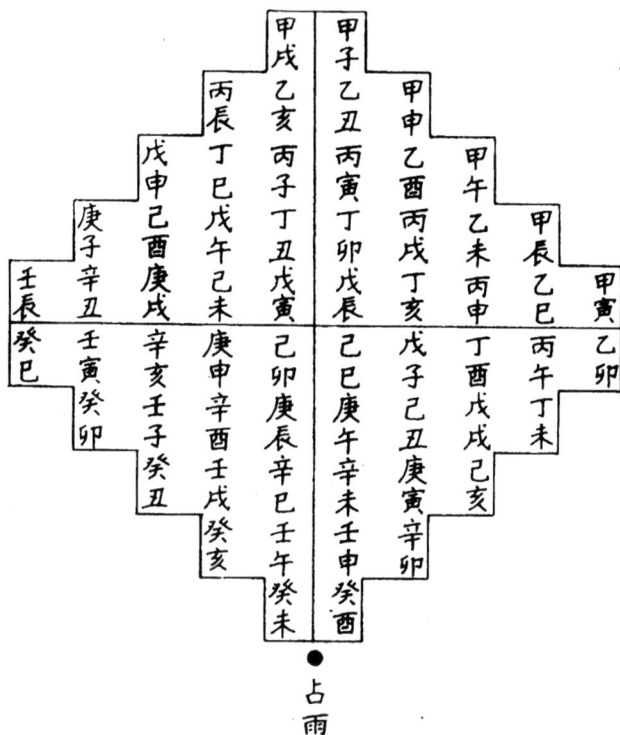

占雨

图 54　尹湾汉简《六甲占雨》表

(3)《博局占》(篇题补加)。书于 9 号木牍的背面,上面是博局图(图55),下面是占文。博局图分内外两层。内层为一方框,中标"方"字,外有四组 T 形线(代表四方);外层省去方框,内标 L 形线于四正,V 形线于四隅(代表八方)。内外两层之间形成一条走廊,外层四隅与内层四隅有线相连,书六十甲子于各条线的内外两侧(抄写有个别错误)。占文分五栏

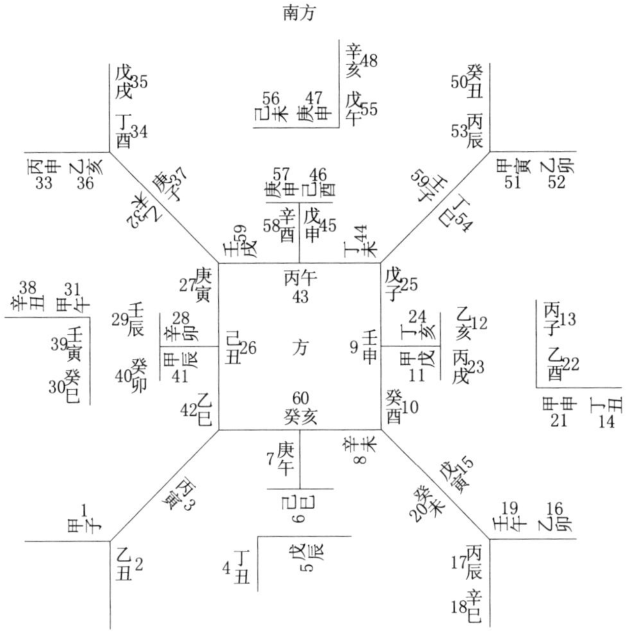

图 55　尹湾汉简《博局占》附图复原

十行,其中第一行是每栏的占问项目,作"占娶妇嫁女"、"问行者"、"问殴(系)者"、"问病者"、"问亡者",其他九行都是以"方"、"廉"、"褐"、"道"、"张"、"曲"、"诎"、"长"、"高"起首,横竖互为经纬。李学勤先生指出这里的九名相当许博昌口诀的"方"、"畔"、"揭"、"道"、"张"、"究"、"屈"、"玄"、"高"①,甚确。它们的位置,我怀疑,"方"即标注"方"字的方框内侧("方"指方形),"廉"即方框外侧(古代算家称方形的边为"廉",角为"隅","廉"与"畔"同义),"褐"即 T 形线的纵线("褐"是植木为表,此象其形,"揭"是通假字),"道"即 T 形线的横线(线外有道),"张"即 形线的横线,"曲"即 L 形线的纵线,"诎"即四隅连线,"长"、"高"即外层四隅的 V 形线(象其高长,"玄"有远义,与"长"含义相近)。

(4)《刑德行时》(篇题存)。书于竹简。简文是按"端"、"令"、"罚"、

---

①　李学勤《〈博局占〉与规矩纹》,《文物》1997 年 1 期,49～51 页。

读几种出土发现的选择类古书

"刑"、"德"占"请谒见人"、"行"、"殷(系)者"、"疾者"、"生子"五事,形式与银雀山汉简《五令》相近。

(5)《行道吉凶》(篇题存)。书于竹简。简文是按六十甲子占行道吉凶,每日皆注"得几阴几阳"("三阳"、"三阴"、"二阳一阴"、"二阴一阳")和"得某方之门"。前者可能是所当卦气,后者则是所出之门。

这五种古书,除(4)可归入"时令类古书",其他都是"日禁类古书"。其占问形式(如神龟占、博局占)颇具特色,但所问事项不多,只是杂忌式的短篇。

1998 年 4 月 11 日写于北京蓟门里

方技琐语

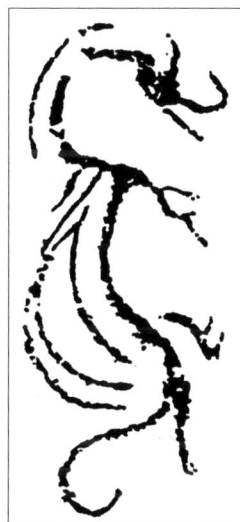

五石考

一

魏晋时期,由正始名士何晏带头,在文人士大夫阶层中,服食"五石散"(也叫"寒食散")曾风靡一时,吃死过很多人。清人郝懿行、俞正燮和近人余嘉锡都曾做专门讨论①。特别是鲁迅先生 70 年前在广州做过一篇演讲,把这种药和魏晋文学放在一起讲,使它大出其名,研究文学史的人几乎无人不知②。

"五石散"是什么? 据说是出自张仲景《金匮要略》,分"草方"和"石方"两种(见隋巢元方《诸病源候总论》卷六《寒食散发候》篇引皇甫谧说)。这两个方子是:

(1)《侯氏黑散方》(即"草方")。"治大风,四肢烦重,心中恶寒不足者",包括十四味:菊花、白术、细辛、茯苓、牡蛎、桔梗、防风、人参、礜石、黄芩、当归、干姜、芎䓖、桂枝(《金匮要略》卷上《中风历节脉证并治第五》)。

(2)《紫石寒食散方》(即"石方")。"治伤寒令愈不复",包括十三味:紫石英、白石英、赤石脂、钟乳、栝蒌根、防风、桔梗、文蛤、鬼臼、太一余粮、干姜、附子、桂枝(《金匮要略》卷下《杂疗方》)。

上述二方原来是治风、寒之症,何晏加以改造,乃有"五石散"。学者考何晏所服,即孙思邈《千金翼方》卷二三所录《五石更生散方》。其方"治

---

① 郝懿行《晋宋书故》,收入《郝氏遗书》;俞正燮《癸巳存稿》卷七,有《丛书集成初编》本;余嘉锡《寒食散考》,收入《余嘉锡论学杂著》,中华书局,1963 年,上册,181～226 页。

② 鲁迅《魏晋风度及文章与药及酒之关系》,收入《而已集》,《鲁迅全集》第 3 卷,人民文学出版社,1963 年,379～395 页。

男子五痨七伤,虚羸著床",包括十五味:紫石英、白石英、赤石脂、钟乳、石硫黄、海蛤、防风、栝蒌、白术、人参、桔梗、细辛、干姜、桂心、附子。此方后面注明"方出何侯",显然就是孙思邈在《千金要方》卷二四《解五石毒第三》中所说"汉末何侯"(即何晏)和"皇甫士安"(即皇甫谧)所服的《寒食五石更生散方》。大家都认为"五石散"的"五石"应即紫石英、白石英、赤石脂、钟乳、石硫黄。80年代,化学史专家王奎克先生始提出怀疑:第一,孙思邈说"五石散"乃"大大猛毒,不可不慎"(《千金要方》卷二四),但"白石英是二氧化硅,紫石英是含锰的二氧化硅,石钟乳是碳酸钙,赤石脂是含铁的陶土(硅酸铝),石硫黄是天然产的硫磺","余如人参、附子等都是普通药材"(原注:"附子含乌头碱,有毒;但此方用量只有三分,远在中毒量以下"),实在看不出有什么"大大猛毒";第二,孙思邈对"五石散"深恶痛绝,尝言"宁食野葛,不服五石","有识者遇此方即须焚之,勿久留也"(《千金要方》卷二四),"但是,我们翻开他后来编撰的《千金翼方》,五石更生散方赫然在目,后面注有'方出何侯'的话,说明正是他在《要方》中加以痛斥的五石更生散! 这使我们感到十分奇怪,一代名医如孙思邈,为什么前后言行矛盾如此"[1]。

据王氏考证,何晏《寒食五石更生散方》是合张仲景"草"、"石"二方而成;其主药"五石"原来是指"草方"的"礜石"和"石方"的"紫石英"、"白石英"、"赤石脂"、"钟乳";〔案:其他草药,除"文蛤"作"海蛤",也全部见于仲景二方。〕"五石"中的"礬石"是"礜石"之误(古代医方混用之例甚多);礜石是无机砷化合物,含有剧毒,"小量服用,可以起促进消化机能、改善血象、强健神经等有益的作用。超过一定的剂量,则会引起轻重不等的砷中毒。由长期小量服用引起的慢性中毒,会先后引起消化机能减退、某些炎症、皮肤干燥发疹以致溃烂、神经中毒、知觉运动障碍等,最后因极度衰弱和心肌麻痹而死;由大量服用引起的急性中毒则迅速引起全身麻痹和神识

① 王奎克《"五石散"新考》,收入赵匡华主编《中国古代化学史研究》,北京大学出版社,1985年,80~87页。案:王育成《东汉道符释例》(《考古学报》1991年1期,45~56页)也指出"礬石"和"礜石"容易混淆。

昏迷,或引起严重的腹泻,很快导致死亡",正与魏晋名士服散之症相合,这才是"五石"中的"大毒";古代服散,方中固有礜石(可由魏晋书帖证之),孙思邈以其有毒,故易之以无毒的石硫黄,但他在《千金要方》卷二四讲"五石主对",除方中"五石"还提到"礜石",仍然留下了痕迹①。

"五石散"的"五石"应以王氏所考为是。

<h1 style="text-align:center">二</h1>

何晏"五石散"的"五石"本来是由礜石、紫石英、白石英、赤石脂、钟乳构成,已如上述。现在我们要讨论的是古代文献中的其他记述:

(一)外丹黄白术中的"五石"。

古代外丹黄白之术,所用石材种类非一,有"五金"、"五石"、"八石"等名目,陈国符先生考之,曰:

> 《九丹经》卷下第二页:"八石者,八砂、越砂、雄黄、雌黄、曾青、礜石、磁石、石胆八物……"又第四页五石:"雄黄、雌黄、曾青、礜石、磁石。"

> 《太古土兑经序》:"金、银、铜、铁、锡,谓之五石","朱、汞、鹏(硼)、硇、硝、盐、礬、胆,命云八石。"

> 《诸家丹法》卷三第十页引《孙真人丹经》内五金八石章:"五金:朱砂、水银、雄黄、雌黄、硫黄。八石:曾青、空青、石胆、砒霜、硇砂、白盐、白礬、牙硝。五金逢汞死。八石遇硝亡。(按例如:朱砂与汞转炼则死,曾青与焰硝转炼则死。)……"又卷四第六页:"五金八石,若能制之善,能点化服饵,可以延年耐寒暑。"此章所述皆系用此诸药以制药金银之法②。

陈氏所引,"五金"或称"五石"(《太古土兑经序》),"五石"或称"五金"

---

① 王奎克《"五石散"新考》。

② 陈国符《中国外丹黄白法词谊考录》,收入所著《道藏源流续考》,台北:明文书局,1983 年,208～209 页。

《孙真人丹经》），即使同为"五石"、"八石"，也往往名同实异，可见是在一个大致确定的范围里有多种不同的选择。

（二）作为"五色石"的"五石"。

作为外丹黄白术的"五石"，见之载籍，其实还有更早的说法。如《抱朴子·金丹》就是以丹砂、雄黄、白礜、曾青、磁石为"五石"。这五种矿石，丹砂是赤色，雄黄是黄色，白礜是白色，曾青是青色，磁石是黑色，正好合于古代五行说的"五色"①。我们以这种"五石"反观刚才讲过的"五石"，不难看出其种类仍很相似。这里不妨按颜色分类，对上面提到的"五石"和"八石"试加归纳：

（1）赤色类。如朱砂（八砂、越砂），及其派生物汞或水银；

（2）黄色类。如雄黄、雌黄、硫黄；

（3）青色类。如曾青、空青、石胆；

（4）白色类。如礜石、砒霜、硼砂、硇砂、白盐、白礜、牙硝；

（5）黑色类。如磁石。

中国传统绘画是以矿物颜料为主，除使用最多的墨，很多都是取自上述矿石。如古人习以"丹青"代指绘事，所谓"丹"指朱砂，"青"指石青、石绿类矿石，就与上述赤、青两类重合。其他颜色，也有不少是用矿物（如铅白和赭石）。故"五石"之名虽有多种构成，但选择种类鲜能出于"五色石"的概念。

在中国古代神话中，有一则神话是众所周知，这就是女娲炼"五色石"补苍天的故事。其说见于《淮南子·览冥》，作：

> 往古之时，四极废，九州裂，天不兼覆，地不周载，火爁炎而不灭，
> 水浩洋而不息，猛兽食颛民，鸷鸟攫老弱。于是女娲炼五色石以补苍

---

① Wang Tao,"Colour terms in Shang oracle bone inscriptions",*Bulletin of the School of Oriental and African Studies*,University of London,Vol.LIX,part 1,1996, 63～101 页。该文说殷墟卜辞中的颜色字有"赤"、"黄"、"白"、"黑"四种正色和其他四种间色，缺乏"青"色。案：出土发现的商代"调色器"，一般作四管，内盛颜料，也只有四色。

天,断鳌足以立四极,杀黑龙以济冀州,积芦灰以止淫水。苍天补,四
极正,淫水涸,冀州平,狡虫死,颛民生。

《览冥》所说"五色石"是什么,高诱无注,但王充在《论衡·谈天》中说:

> 天地,含气之自然也。从始立以来,年岁甚多,则天地相去,广狭
> 远近,不可复计。儒书之言,殆有所见。然其言触不周山而折天柱,
> 绝地维,销炼五石补苍天,断鳌之足以立四极,犹为虚也。何则?山
> 虽动,共工之力不能折也。岂天地始分之时,山小而人反大乎?何以
> 能触而动之?以五色石补天,尚可谓五石若药石治病之状。至其断
> 鳌之足以立四极,难论言也。从女娲以来久矣,四极之立自若鳌之
> 足乎?

他却是以医家治病的"五石"来解释"五色石"。可见古人固有以"五色石"
为"五石"之成说。

(三)医家治病之"五石"。

医家以"五石"治病,最早见于《周礼·天官·疡医》。原文说"凡疗
疡,以五毒攻之",郑玄注说:

> 止病曰疗。攻,治也。五毒,五药之有毒者。今医方有五毒之
> 药,作之,合黄堥,置石胆、丹沙、雄黄、礜石、慈石其中,烧之三日三
> 夜,其烟上著,以鸡羽埽取之。以注创,恶肉破,骨则尽出。

注文所说"五毒",对比葛洪"五石",除易曾青为石胆(二者都是石青、石绿
类铜矿石),大体相同。孙诒让《周礼正义》卷九说"郑据汉时疡医有此注
药,即古五毒之遗法也"。郑氏与葛洪相去不足百年,宜其说法相近。这
是讲用"五石"作外科用药。

古人以"五石"入药,还用于治疗寒症,如《史记·扁鹊仓公列传》讲淳
于意(仓公)治病故事,录其自述,曰:

> 齐王侍医遂病,自练(炼)五石服之。臣意往过之,遂谓意曰:"不
> 肖有病,幸诊遂也。"臣意即诊之,告曰:"公病中热。论曰'中热不溲
> 者,不可服五石'。石之为药精悍,公服之不得数溲,亟勿服。色将发
> 臃。"遂曰:"扁鹊曰'阴石以治阴病,阳石以治阳病'。夫药石者有阴

阳水火之齐,故中热,即为阴石柔齐治之;中寒,即为阳石刚齐治之。"臣意曰:"公所论远矣。扁鹊虽言若是,然必审诊,起度量,立规矩,称权衡,合色脉表里有余不足顺逆之法,参其人动静与息相应,乃可以论。论曰'阳疾处内,阴形应外者,不加悍药及镵石'。夫悍药入中,则邪气辟矣,而宛气愈深。诊法曰'二阴应外,一阳接内者,不可以刚药'。刚药入则动阳,阴病益衰,阳病益著,邪气流行,为重困于俞,忿发为疽。"意告之后百余日,果为疽发乳上,入缺盆,死。此谓论之大体也,必有经纪。拙工有一不习,文理阴阳失矣。

传文未述"五石"之目,其用石之法见于医遂说者云出扁鹊,盖《扁鹊医经》中语。经分石药为"阴石柔齐"、"阳石刚齐"两类,"阴石"治热,"阳石"治寒,各有所主。"五石"属于"阳石",本属治寒之药,医遂自炼五石以应寒症,导致死亡,非由不明经说,只缘不审病候,不识寒热有表里深浅和程度差异。淳于意诊之,以为外寒内热,不可服五石,"五石"为悍药,服之则内热不得出,必发为痈疽(这同魏晋服散多发痈而死是一样的)。可见"五石"治寒早已有之,仲景之方似即脱胎于《扁鹊医经》。

三

总结上述,我们不难看出,"五石"之名由来已久,孙思邈的《五石更生散方》是从何晏的《寒石五石更生散方》改造,何晏之方又是合并张仲景的"草"、"石"二方而成,仲景之方的源头则可能是《扁鹊医经》,从战国秦汉到魏晋隋唐,有连续性的发展。其种类组合虽有多种选择,但皆由"五色石"派生。"五石"不仅是炼丹的石材,也用作绘画的颜料,并被医家采以入药,治疗外伤和寒症。这类"五石"之药,其典型组合或如郑玄、葛洪所述,是以朱砂、雄黄、白矾、曾青(或石胆)、磁石组成(它们除磁石皆有大毒,古人也叫"五毒"),但也可能增减其味(如加进水银、石胆、雌黄、硫黄等以代替其中的某些种类),成为新的组合,甚至有可能从中任选一种,配以毒性较小的其他石材。例如何晏"五石散"就是以"五石"中的矾石加上

五石考

紫石英、白石英、赤石脂、钟乳而配成。这样的"五石"虽然在颜色和种类的组合上和典型的"五石"都有所不同，但它和年代较早的"五石"还是有明显的联系。

1997 年 10 月 6 日写于北京蓟门里

【补记一】 近检广州市文物管理委员会等编《西汉南越王墓》（文物出版社，1991 年）上册 141 页和下册彩版三○:3，书中有该墓所出"五色药石"（C212），包括紫水晶、硫磺、雄黄、赭石、绿松石。《汉书·王莽传》："〔天凤四年〕是岁八月，莽亲之南郊，铸作威斗。威斗者，以五石铜为之。"李奇注："以五色药石及铜为之。"报告所用"五色药石"一词本此。其种类与上述"五石"又有不同。（1997 年 11 月 19 日）

【补记二】 承夏德安（Donald J. Harper）教授告，西方学者也有人对五石作专门讨论，如：Carole Morgan, "Inscribed Stone: A Note on a Tang and Song Dynasty Burial Rite", *T'oung Pao*, LXXXⅡ, E. J. Brill, Leiden, 1996, 317~348 页。

东汉魏晋南北朝
房中经典流派考（上）

　　东汉晚期和魏晋南北朝时期是中国宗教史上的重要阶段，释之入、道之兴几乎同时，相互借鉴模仿之迹甚多。当时道教与房中密切相关，为治道教史者不可忽视。而佛教初入，也有类似传授，对研究密教的早期发展也极为重要。惜史料缺佚，学者留心措意者少，很多基本情况都昧而不明。笔者因研究马王堆房中书对这一时期曾有所涉猎，发现蛛丝马迹仍保存于载籍之中，故不揣浅陋，试将有关线索粗作梳理，略加案断，考证如下。

一、房中七经考

　　房中七经是道教盛称的房中经典。陈国符《道藏源流考》（中华书局，1963 年）下册附录四《南北朝天师道考长编》"房中第八"（365～369 页）述之，作：

　　　　《洞真太上说智慧消魔经》曰："阴丹内御房中之术，黄道赤气交接之益，七九朝精吐纳之要，六一回丹雌雄之法。"《太真玉帝四极明科经》卷一曰："黄书赤界真一之道"，"交接之小术"。又卷五"有夫妻之对，亦得修行七经之道，气节应数"。《洞真太上太霄琅书》卷九曰："七经之道：玄、素、黄帝、容成、彭铿、巫咸、陈赦，学习七经，演述阴阳"，"天门子、玉子皆传斯道"。天门子、玉子，见葛洪《神仙传》卷八。

陈氏所引七经只有简称，未能详其著述源流，这里试为考证如下：

　　（一）"玄"。即《抱朴子·遐览》著录的《玄女经》。"玄女"是数术方技之书常见的依托人物，后世称"九天玄女"或"九天娘娘"，乃道教著名神祇。"九天"见于《孙子·形》和《淮南子·天文》等书,《史记·封禅书》记汉高祖立"九天巫祠",亦有祭"九天"之俗,但早期古书和马王堆房中书均未见"玄女"。"玄女"见于古书主要是同黄帝君臣的传说有关,同托名于他们的技术传统有关,如《抱朴子·极言》说"昔黄帝生而能言,役使百灵,可谓天授自然之体者也,犹复不能端坐而得道。故陟王屋而受丹经,到鼎湖而飞流珠,登崆峒而问广成,之具茨而事大隗,适东岳而奉中黄,入金谷而诹涓子,论道养则资玄、素二女,精推步则访山稽、力牧,讲占候则询风后,著体诊则受雷、岐,审攻战则纳五音之策,穷神奸则记白泽之辞,相地理则书青鸟之说,救伤残则缀金冶之术",主要是以养生交接之术托之玄、素二女;而《黄帝、玄女三宫战法》(《艺文类聚》卷二、《太平御览》卷十五引)和《黄帝授三子玄女经》(收入《道藏·洞真部》众术类)等书则以玄女与式法的发明相联(遁甲式有"九天",六壬式也叫"玄女式")。此书常与下书合称"玄素之法","玄"在前而"素"在后,只是读起来比较顺嘴,并不意味着"玄"早于"素"。此书流行于隋唐时期,据《隋书·经籍志》,《玄女经》是附于《素女秘道经》(《素女经》的别名)内,一卷,但《日本国见在书目》和两《唐志》均不载此书,只有《素女经》和《玉房秘诀》,估计是附于《素女经》或抄入《玉房秘诀》。今《医心方》卷二八《房内》收其佚文(共5条),〔案:我已辑入《中国方术考》(中华书局,2019年)的附录。〕其中第一条显然是该书的开头,作《玄女经》曰:黄帝问玄女曰:'吾受素女阴阳之术自有法矣,愿复命之,以悉其道。'可以证明《玄女经》是《素女经》的续作。过去叶德辉《双梅景闇丛书》辑《素女经》佚文,合《玄》、《素》为一书,这虽合于《隋志》著录,但在《医心方》中它们却是各自为书。又叶氏以《玄》、《素》之书属之隋唐时代,亦误。研究二书年代,《列仙传》卷下《女丸传》有段话值得注意。〔案:"丸"是"几"之误。〕其传文曰:"女丸者,陈市上沽酒妇人也。作酒常美,遇仙人过其家,饮酒,以素书五卷为质,丸开视其书,乃养性交接之术。丸私写其文要,更设房室,纳诸年少,饮美酒,与止宿,行文书之法。如此三十年,颜色更如二十时。仙人数岁复往来过,笑谓丸曰:'盗道无私,有翅不飞。'遂弃家追仙人去,莫知所之云。"传后附赞语:"玄素有要,近取诸身。彭聃得之,五卷已陈。女丸蕴妙,仙客来臻。倾书开引,双飞绝尘。"其"玄素"显然是指玄女和素女,"彭聃"则指彭祖和老聃,所述"素书五卷"似即合玄女、素女、彭祖、老聃之术而成,年代早于隋唐。《列仙传》旧题刘向作,宋以来多疑为东汉作品,余嘉锡甚至推断"此书盖明帝以后顺帝以前人之所作也"①。其书虽不必为向之亲作,但所述人物仍可能是东汉以前人,这就像《神仙传》是成于西晋而所述人物仍以东汉方士为主,两者在体例上是一致的(后者是模仿前者)。其赞语,《隋书·经籍志》有《列仙传赞》三卷,题刘向撰,鬷续,孙绰赞,又《列仙传赞》二卷,题刘向撰,晋郭元祖赞,两种皆出汉以后。但张陵《老子想尔注》已明确提到《玄女经》,可以证明《玄女经》绝不晚于东汉。

(二)"素",即《遐览》著录的《素女经》。"素女",见于《史记·封禅书》,汉武帝元封二年(前109年)议兴郊祀乐舞,公卿或曰"太帝使素女鼓五十弦瑟,悲,帝不能止,故破其瑟为二十五弦",〔案:"太帝"指黄帝。〕其说出自《世本》(见《尔雅·释乐》疏等书引,又《山海经·海内经》也提到"素女"),可见"素女"之名早已有之,不但可以早到汉,还能上溯于战国。房中之书托名素女,除上《列仙传》赞,还见于东汉张衡(78~139年)的《同声歌》,其中提到"衣解巾粉卸,列图陈枕张。素女为我师,仪态盈万方。众夫所稀见,天老教轩皇",说明东汉时期已流行此书。《素女经》见于《隋书·经籍志》,作《素女秘道经》,一卷。《日本国见在书目》有《素女问》十卷,《素女经》一卷,但两《唐志》不载,估计是抄入《玉房秘诀》。其佚文见于《房内》(共23条),〔案:亦辑入《中国方术考》附录。〕多出自《玉房秘诀》,似可印证这一点。

(三)"黄帝",此书应与黄帝有关,但有别于《玄女经》、《素女经》和《容成经》。因为后三种虽与黄帝有关,但皆独立成书。战国秦汉时期流行黄帝书,早期房中书多依托黄帝。如马王堆房中书《十问》有十组问对,其中就有四组与黄帝有关,一组是与天师(即岐伯)问对,一组是与大成(不详)

---

① 余嘉锡《四库提要辨证》,中华书局,1980年,1202~1214页。

269

问对,一组是与曹敖(不详)问对,一组是与容成("黄帝七辅"之一)问对。《汉志》也有两种房中书与黄帝有关,一种是《容成阴道》二十六卷,一种是《天老杂子阴道》二十五卷("天老"亦"黄帝七辅"之一,"杂子"是其他对话者,类似《十问》)。《同声歌》也提到"天老教轩皇"("轩皇"即黄帝)。还有上面提到的《玄女经》和《素女经》,也都是与黄帝有关的房中书。但《老子想尔注》提到"今世间伪技诈称道,托黄帝、玄女、龚子、容成之文相教",〔案:"龚子"不详。〕则是以"黄帝"之书单称,与"玄女、龚子、容成之文"有别,可见是自为一书。我们怀疑,此书可能与《天老杂子阴道》有关〔案:《天老杂子阴道》已佚,但《博物志》卷五有天老食黄精之说,作"黄帝问天老曰:'天地所生,岂有食之令人不死者乎?'天老曰:'太阳之草,名曰黄精,饵而食之,可以长生。太阴之草,名曰钩吻,不可食,入口立死。人信钩吻之杀人,不信黄精之益寿,不亦惑乎?'"〕,或者类似《十问》,恐怕是包含很多对话者的黄帝书(否则它会以单独对话者之名题书)。但《遐览》所列道经,其中与房中有关,似乎只有《玄女经》、《素女经》、《彭祖经》、《陈赦经》、《子都经》、《张虚经》、《天门子经》、《容成经》八书,似无一书可以当之。疑此书先亡,汉代以后未闻也。

(四)"容成",即《遐览》著录的《容成经》,其前身或即《汉志》著录的《容成阴道》。容成是"黄帝七辅"之一,在马王堆房中书《十问》中是与黄帝问对的重要人物。此书不仅见于《汉志·方技略》,也被《列仙传》、《老子想尔注》等书提到,显然是两汉都很流行的房中书。据《博物志》、《神仙传》和《后汉书·方术列传》等书,东汉末传容成之术有甘始、左慈、冷寿光、东郭延年和封衡,在当时是著名流派,但其书魏晋以后湮没无闻,《隋志》不载,《医心方》也未见其佚文。《列仙传》卷上《容成公传》曰:"容成公者,自称黄帝师,见于周穆王,能善补导之事,取精于玄牝。其要谷神不死,守生养气者也,发白更黑,齿落更生,事与老子同,亦云老子师也。"〔案:"补导"指"补养导引"。〕《广汉魏丛书》本《神仙传》卷十《封衡传》说封衡侍者所负书笈,中有《容成养气术》十二卷(此条为通行本所无)。其术虽不可考,然自马王堆房中书《十问》和容成术的后世传授看,应与行气导引有密切关系。另外,它不仅是依托黄帝传说,而且与老子传说也有关系,〔案:上引《女丸传》赞也以"彭(祖)"、"(老)聃"并说。〕应属黄老派的房中书。

（五）"彭铿",即《遐览》著录的《彭祖经》。此书或与《汉志·方技略》著录的《汤盘庚阴道》有关。彭铿,也叫篯铿,相传是"祝融八姓"中的彭姓之祖,故称"彭祖"。彭祖是古代有名的老寿星,古书屡道其名,但彭祖与房中的关系旧多不明。《列仙传》卷上有《彭祖传》,谓"彭祖者,殷大夫也,姓篯名铿,帝颛顼之孙陆终氏之中子,历夏至殷末八百余岁,常食桂芝,善导引行气,历阳有彭祖仙室,前世祷请风雨,莫不辄应,常有两虎在祠左右,祠讫地即有虎迹云,后升仙而去",并不涉于房中。古书明言彭祖传房中术,要以《神仙传》卷一《彭祖传》最详,其中提到"又有采女者,亦少得道,知养形之方。年二百七十岁,视之年如十五六。王奉事之,于掖庭为立华屋紫阁,饰以金玉。乃令采女乘轻辇而往,问道于彭祖。采女再拜,请问延年益寿之法。彭祖曰:'欲举形升天,上补仙官者,当用金丹。此元君太一所服,白日升天也。然此道至大,非君王所为。其次当爱精养神,服饵至药,可以长生,但不能役使鬼神,乘虚飞行耳。不知交接之道,虽服药无益也。采女能养阴阳者也,阴阳之意可推而得,但不思之耳,何足枉问耶?'"认为"人道当食甘旨,服轻丽,通阴阳,处官秩",劝殷王不必放弃人间欢乐,最好学地仙之术,但行男女交接、行气导引之法,求延年不死,长在人间。其述房中主要有两段话。一段是"故上士别床,中士异被。服药千裹,不如独卧。五色令人目盲,五味令人口爽。苟能节宣其宜适,抑扬其通塞者,不减年算"。这段话又重见于陶弘景《养生延命录·御女损益》。另一段是"凡远思强记伤人……阴阳不交伤人。所伤人者甚众,而独责于房室,不亦惑哉!男女相成,犹天地相生也,所以导养神气,使人不失其和。天地得交接之道,故无终竟之限;人失交接之道,故有残折之期。能避众伤之事,得阴阳之术,则不死之道也。天地昼合而夜离,一岁三百六十交,而精气和合者有四,故能生育万物,不知穷极。人能则之,可以长存",则见于《房内·至理》引用。此外,传文还提到"(彭祖曰)'吾先师初著《九都》、《节解》、《韬形》、《隐遁》、《无为》、《开明》、《四极》、《九室》诸经万三千首,为以示始涉门庭者耳。'采女具受诸要以教王",似即其书之目。

《彭祖经》佚文见于《房内》引用(共 11 条),〔案:亦辑入《中国方术考》附录。〕正是殷王遣采女问道彭祖之书,《玉房秘诀》说"故帝轩之问素女,彭铿之酬殷王"(《房内·至理》引),上句是说《素女经》,下句就是讲《彭祖经》。《彭祖经》,年代亦不晚于东汉。过去叶德辉把《彭祖经》佚文的一部分并入《素女经》,一部分留在《玉房秘诀》内,以《素女经》为黄帝与素女、玄女、采女三女问对,造成误解,是应当加以纠正的。彭祖养生之说屡见于出土竹简,如马王堆房中书《十问》有"王子巧父问彭祖"章是讲"养朘气",张家山汉简《引书》述"彭祖之道"则论导引。古代的行气导引与男女交接往往是结合在一起。另外,《十问》有"帝盘庚问于耇老"章,据其他出土文献,耇老与彭祖有密切关系。我们在上文提到《汤、盘庚阴道》可能与《彭祖经》有关,但这也并不排斥另一种可能,即它是汤、盘庚与耇老的问对,或他们与彭祖、耇老两人的问对。

(六)"巫咸",并非商代名臣巫咸,而是汉代的巫炎。明《修真演义》自称"汉元封三年,巫咸进《修真语录》于武帝……余演其义为二十章",所说"巫咸"亦巫炎。其书即《遐览》著录的《子都经》。《神仙传》卷八《巫炎传》曰:"巫炎者,字子都,北海人也。汉武帝出,见子都于渭桥,其头上郁郁有紫气,高丈余。帝召而问之:'君年几何?所得何术而有异气乎?'子都答曰:'臣年今已百三十八岁,亦无所得。'将行,帝召东方朔,使相此君有何道术,朔对曰:'此君有阴术。'武帝屏左右而问之,子都对曰:'臣昔年六十五时,苦腰脊疼痛,脚冷不能自温,口中干苦,舌燥涕出,百节四肢,各各疼痛,又足痹不能久立。得此道以来,已七十三年,有子三十六人,身体强健,无所病患,气力乃如壮时,无所忧患。'帝曰:'卿不仁,有道而不闻于朕,非忠臣也。'子都顿首曰:'臣诚知此道为真,然阴阳之事,公(宫)中之私,臣子所难言也,又行之皆逆人情,能为之者少,故不敢以闻。'帝曰:'勿谢,戏君耳。'遂受其法。子都年二百余岁,服饵水银,白日升天。武帝后颇行其法,不能尽用之,然得寿最,胜他帝远矣。"《子都经》与上述各书不同,所托人物为西汉武帝,是年代晚近的人物,但其成书亦不晚于东汉。东汉应劭《风俗通》佚文(《通志·氏族略》第四引)"(巫氏)又有巫都,著

《养性经》"可为证明。其佚文亦见《房内》引用(共 4 条),〔案:亦辑入《中国方术考》附录。〕第一条同《巫炎传》引而稍略,似即该书开头。

(七)"陈赦",即《遐览》著录的《陈赦经》。陈赦,《列仙传》、《神仙传》均不载,待考。

案上"七经"虽为天师道传习之书,但并非天师道所独有。张陵既言"今世间伪技诈称道,托黄帝、玄女、容成、龚子之文相教",则其书必为许多道教流派所共享。而葛洪说"玄、素、子都、容成公、彭祖之属,盖载其粗事,终不以至要者著于纸上也",也不把这类读物视为高深,反以口诀传授为秘要。

二、东汉房中流派考

东汉时期的房中流派很多,史籍可考者有:

(一)出自《容成经》的流派。

《容成经》见于上节所述。东汉末传容成之术者有甘始、左慈、冷寿光、东郭延年、封衡,皆操所畜,列"魏武十六方士"中。这五人都见于《博物志》、《神仙传》和《后汉书·方术列传》,而以《博物志》为最详,可撮述于下:

(1)甘始。《博物志》称始甘陵人,能行气导引,擅长幻术,"王仲统云:甘始、左元放、东郭延年行容成御妇人法,并为丞相所录,间行其术,亦得其验"。其说多摘自曹植《辩道论》和曹丕《典论》(见《方术列传》注引)。《辩道论》云:"甘始者,老而有少容,自诸术士咸共归之。然始辞繁寡实,颇切怪言。余尝辟左右独与之言,问其所行。温言以诱之,美辞以导之。始语余:'吾本师姓韩字雅,尝与师于南海作金,前后数四,投数万斤金于海。'又言:'诸梁时,西域胡来献香罽腰带割玉刀,时悔不取也。'又言:'车师之西国,儿生劈背出脾,欲其食少而怒行也。'又言:'取鲤鱼五寸一双,令其一著药投沸膏中,有药奋尾鼓鳃,游行沉浮,有若处渊,其一者已孰(熟)可啖。'余时问言:'宁可试不?'言:'是药去此逾万里,当出塞,始不自行不能得也。’言不尽于此，颇难悉载，故粗举其巨怪者。始若遭秦始皇、汉武帝，则复徐市、栾大之徒也。”知其学西域幻术，名重当时。《典论》云："颍川郤俭能辟谷，饵伏苓；甘陵甘始名善行气，老有少容；庐江左慈知补导之术，并为军吏。初，俭至之所伏苓价暴贵数倍。议郎安平、李覃学其辟谷，食伏苓，饮寒水，水寒中泄利，殆至陨命。后始来，众人无不鸱视狼顾，呼吸吐纳。军祭酒弘农董芬为之过差，气闭不通，良久乃苏。左慈到，又竞受其补导之术。至寺人严峻往从问受，奄竖真无事于斯术也，人之逐声，乃至于是。"《神仙传》卷十《甘始传》以甘始为太原人，与《博物志》异，谓始"善行气，不饮食，又服天门冬，行房中之事，依容成、玄、素之法，更演益之，为一卷，用之甚有近效，治病不用针灸汤药"，则始有房中书传世可知。《方术列传》以甘始、东郭延年和封衡并叙，称"三人者，皆方士也。率能行容成御妇人术，或饮小便，或自倒悬，爱啬精气，不极视大言"。

（2）左慈。《博物志》称慈字元放，庐江人，"晓房中之术"，"寺人严峻就左慈学补导之术，阉竖真无事于斯，而逐声若此"（亦摘引《典论》之说）。又有服食大豆之法，"善辟谷不食"。《神仙传》卷八《左慈传》称慈"少明五经，兼通星纬"，"尤明六甲，能役使鬼神，坐致行厨。精思于天柱山中，得石室内《九丹金液经》，能变化万端，不可胜纪"，备道曹操、刘表、孙权杀慈而不能，甚详，重点是讲他的分身变化之术。《方术列传》分两条述之，一条是讲左慈为曹操表演坐致行厨，当场变出松江鲈鱼、蜀中生姜；一条是讲操欲杀慈，慈分身化羊事，略同《神仙传》所述。

（3）泠寿光。《博物志》作"冷寿光"，只录其名，里籍事迹不详。《神仙传》卷七《灵寿光传》作"灵寿光"，传极简略，只说"灵寿光者，扶风人也。年七十时得朱英丸方，合服之，转更少壮，如二十时，至建安元年已二百二十岁矣"。《方术列传》作"泠寿光"，以泠寿光、唐虞、鲁女生并叙，称三人"皆与华佗同时"，"寿光年可百五六十岁，行容成公御妇人法，常屈颈鹈息，须发尽白，而色理如三四十时，死于江陵"。古有泠氏和灵氏，"泠"或讹为"冷"，应以作"泠"为是。

（4）东郭延年。《博物志》云东郭延年"行容成御妇人法"已见上引，未

274

言其里籍。《神仙传》卷七《东郭延传》无"年"字，称"东郭延，字公游，山阳人也"，从李少君授《五帝六甲左右灵飞》之术、《游虚招真》十二事，汉建安二十一年，辞家诣昆仑台，临去先以《神丹方》、《五帝灵飞秘要》传尹先生（即尹轨）云。《方术列传》以东郭延年与甘始、封君达并叙，见上引。

（5）封衡。《博物志》称"陇西封君达"，云"皇甫隆遇青牛道士姓封名君达，其余（论）养性法即（则）可放用，大略云：'体欲常〔劳，食欲常〕少，劳无过〔极，少无过〕虚，食去肥浓，节酸咸，减思虑，损喜怒，除驰逐，慎房室。〔春夏〕施泻，秋冬闭藏。'〔详〕别篇，武帝行之有效"。《神仙传》卷十《封君达传》云："封君达者，陇西人也，服黄精五十余年。又入鸟鼠山，服炼水银百余岁，往来乡里，视之如三十许人。常骑青牛，闻有人疾病时死者便过，与药治之，应手皆愈，不以姓字语人，世人识其乘青牛，故号为'青牛道士'。后二百余年，入玄丘山仙去也。"《方术列传》以封君达与甘始、东郭延年并叙，见上引。其注文引《汉武帝内传》与《神仙传》略同，学者多以《内传》出葛洪，宜其相似。〔案：《广汉魏丛书》本《神仙传》卷十《封衡传》与此略异，提到封衡有二侍者，"一负书笈，一负药筒"，书笈内"有《容成养气术》十二卷"。〕《房内·养阳》引《玉房秘诀》云"青牛道士曰：数数御女则益多，一夕易十人以上尤佳。常御一女，女精气转弱，不能大益人，亦使女瘦瘠也"，又《云笈七签》卷四五引青牛道士《存日月诀》云"暮卧，存日存额上，月在脐下，上辟千鬼万邪，致玉童玉女来降，万祸伏击，甚秘险"，皆其遗说。

（二）出自《彭祖经》的流派。

《彭祖经》见上述，《神仙传》卷一有《彭祖传》，后面有《白石生传》和《黄山君传》，应是相关人物，可摘述如下：

（1）白石生。《白石生传》曰："白石生者，中黄丈人弟子也。至彭祖之时，已年二千余岁矣，不肯修升仙之道，但取于不死而已，不失人间之乐。其所据行者，正以交接之道为主，而金液之药为上也。初患家贫身贱，不能得药，乃养猪牧羊十数年，约衣节用，致货万金，乃买药服之，常煮白石为粮。因就白石山居，时人号曰白石生。亦时食脯饮酒，亦时食谷，日能行三四百里，视之色如三十许人。性好朝拜存神，又好读《仙经》及《太素

275

传》,彭祖问之:'何以不服药升天乎?'答曰:'天上无复能乐于此间耶,但莫能使老死耳。天上多有至尊相奉事,更苦人间耳。'故时人号白石生为隐遁仙人,以其不汲汲于升天为仙官,而不求闻达故也。"传文虽以白石生与彭祖同时,但很可能仍是东汉人。其耽情享乐、重视房中正与《彭祖经》同。

(2)黄山君。《黄山君传》曰:"黄山君者,修彭祖之术,年数百岁,犹有少容,亦治地仙,不取飞升。彭祖既去,乃追论其言,为《彭祖经》。得《彭祖经》者,便为木中之松柏也。"据此可知,《彭祖经》即出于黄山君之手。

(三)出自《墨子五行记》的流派。

《神仙传》卷四有墨子、刘政、孙博、班孟、玉子、天门子、九灵子、北极子、绝洞子、太阳子、太阳女、太阴女、太玄女、南极子、黄卢子十五人,多与"墨子之术"有关。其《墨子传》述墨子于救宋之役后,从神人授"素书《朱英丸方》、《道灵教戒五行变化》,凡二十五卷","撰集其要,以为《五行记》五卷",虽属方士依托,但《墨子五行记》见于《遐览》著录(作"《墨子枕中五行记》五卷"),乃道家重要经典。这一派别或长于幻化,或长于房中,似有不同,但共同点是都以五行之术为本。如下述玉子、天门子等人就是属于与房中有关的一支:

(1)玉子。即上所引传授房中七经的玉子。《玉子传》曰:"玉子者,姓张名震,南郡人也。少学众经,周幽王征之不起,乃叹曰:'人居世间,日失一日,去生转远,去死转近,而贪富贵,不知养性,命尽气绝即死。位为王侯,金玉如山,何益于是为灰土乎?独有神仙度世可以无穷耳。'乃师事长桑子,受其众术,乃造一家之法,著道书百余篇。其术以务魁为主,而精于五行之意,演其微妙以养性治病,消灾散祸,能起飘风,发木折屋,作云雷雨雾,以草芥瓦石为六畜龙虎,立便能行,分形为数百千人。又能涉行江汉,含水喷之,立成珠玉,遂不复变也。或时闭气不息,举之不起,推之不动,屈之不曲,伸之不直,如此数十日,乃复起如故。每与诸弟子行,各丸泥为马与之,皆令闭目。须臾,皆乘大马,乘之一日千里。又能吐五色气起数丈,见飞鸟过,指之堕地。又临渊投符召鱼鳖,鱼鳖皆走上岸。又能使诸弟子举眼即见千里外物,亦不能久也。其务魁时,以器盛水,著两魁之间,吹而嘘之,水上立有赤光,绕之晔晔而起。又以此水治百病,在内者饮之,在外者浴之,皆使立愈。后入崆峒山合丹,丹成白日升天也。"《遐览》有《张虚经》,位置在《子都经》后、《容成经》前,显然是房中书,"震"、"虚"形近易误,疑即玉子之书。

(2)天门子。即上所引传授房中七经的天门子。《天门子传》曰:"天门子者,姓王名纲,尤明补养之要。故其经曰:'阳生立于寅,纯木之精。阴生立于申,纯金之精。夫以木投金,无往不伤。故阴能溲阳也。阴人著脂粉者,法金之白也。是以真人道士莫不留心驻意,精其微妙,审其盛衰。我行青龙,彼行白虎;彼前朱雀,我后玄武,不死之道也。又阴人之情也,有急于阳,然能外自戕抑不肯请阳者,明金不为木屈也。阳性气刚躁,志节疏略,至于游晏,则声气和柔,言辞卑下,明木之畏金也。'"《遐览》有《天门子经》,其书在《子都经》后、《容成经》前,显然是房中书,传文所述即其佚文。其"阳寅阴申"、"青龙白虎"等说与《黄书》相似,是值得注意的地方。

(3)北极子。《北极子传》曰:"北极子者,姓阴名恒,其经曰:'治身之道,爱神为宝。养性之术,死入生出。常能行之,与天地毕。因生求生真生矣。以铁治铁之谓真,以人治人之谓神。'后服神丹而仙焉。"其人亦有房中书,传文所述即其佚文。"死入生出",《房内·临御》引《洞玄子》"女当津液流溢,男即须还,必须生返。如死出,大损于男,持(特)宜慎之"是类似说法。"以铁治铁"、"以人治人",则与后世内丹家所谓的"竹破竹补,人破人补"同。

(4)绝洞子。《绝洞子传》曰:"绝洞子者,姓李名修,其经曰:'弱能制强,阴能弊阳,常若临深履危,御奔乘驾,长生之道也。'年四百余岁,颜色不衰,著书十四篇,名曰《道源》,服丹升天也。"其房中书曰《道源》,传文所述即其佚文。"临深履危,御奔乘驾",《房内·至理》引《素女经》"御女当如朽索御奔马,如临深坑下有刃,恐堕其中"是类似说法。

(5)太阳子。《太阳子传》曰:"太阳子者,姓离名明,本玉子同年之亲友也。玉子学道已成,太阳子乃师事玉子,尽弟子之礼,不敢懈怠。然玉子特亲爱之,有门人三十余人,莫与其比也。而好酒恒醉,颇以此见责,然

277

善为五行之道,虽鬓发斑白,而肌肤丰盛,面目光华,三百余岁犹自不改。玉子谓之曰:'汝当理身养性而为众贤法司,而低迷大醉,功业不修,大药不合,虽得千岁,犹未足以免死,况数百岁者乎? 此凡庸所不为,况于达者乎?'对曰:'晚学性刚,俗态未除,故以酒自驱。'其骄慢如此。著《七宝之术》,深得道要,服丹得仙,时时在世间,五百岁中,面如少童,多酒,其鬓须皓白也。"传文虽未直接谈到房中,但据下《太阴女传》,亦精于房中之人,所著《七宝之术》已佚,或存房中之说,未可知也"。〔案:《西京杂记》卷一有"七宝綦履"、"同心七宝钗",卷二有"七宝床","七宝"是佛教术语(sapta-ratna),此书用"七宝"为名,值得注意。〕

(6)太阳女。《太阳女传》曰:"太阳女者,姓朱名翼。敷演五行之道,加思增益,致为微妙,行用其道,甚验甚速,年二百八十岁,色如桃花,口如含丹,肌肤充泽,眉鬓如画,有如十七八也。奉事绝洞子,丹成以赐之,亦得仙升天也。"其人为绝洞子弟子,号"太阳女",适与上"太阳子"、下"太阴女"相对,疑亦擅长房中之人。

(7)太阴女。《太阴女传》曰:"太阴女者,姓卢名全,为人聪达,知(智)慧过人,好玉子之道,颇得其法,未能精妙。时无名师,乃当道沽酒,密欲求贤。积年累久,未得胜己者。会太阳子过之,饮酒,见女礼节恭修,言词间雅。太阳子喟然叹曰:'彼行白虎螣蛇,我行青龙玄武。天下悠悠,知我者谁?'女闻之大喜,使妹问客:'土数为几?'对曰:'不知也。但南三北五,东七西七,中一耳。'妹还报曰:'客大贤者,至德道人也。我始问一,已知五矣。'遂请入道室,改进妙馔,盛设嘉珍而享之,以自陈讫。太阳子曰:'共事天帝之朝,俱饮神光之水,身登玉子之魁,体有五行之宝,唯贤是亲,岂有所怪?'遂授补道(导)之要,授以蒸丹之方,合符得仙,时年已二百岁,而有少童之色也。"太阴女"当道沽酒,密欲求贤"与《女丸传》相似,太阳子所对"南三北五,东七西七,中一耳","东七西七"当是"东七西九"之误,盖以一、三、五、七、九"五天数"配中、南、北、东、西五方位;"彼行白虎螣蛇,我行青龙玄武"者,则女以西、南对男东、北。其说以阴阳五行、方位配数讲男女交接,这点亦与《黄书》相似。

此外,"太阴女"后还有"太玄女",亦治玉子之术;有"南极子",与上"北极子"相对,可能亦长于房中。

(四)其他。

(1)刘京。《神仙传》卷七《刘京传》曰:"刘京,字太玄,南阳人也,汉孝文帝侍郎也。后弃世从邯郸张君学道,受饵朱英丸方合服之,百三十岁,视之如三十许人。后师事蓟子训,子训授京《五帝灵飞六甲》十二事、《神仙十洲真形》诸秘要。京按诀行之甚效,能役使鬼神,立起风雨,召致行厨,坐在立亡,而知吉凶期日。又能为人祭天益命,或得十年,到期皆死;其不信者,到期亦死。周流名山五岳,与王真俱行悉遍也。魏武帝时,故游行诸弟子家。皇甫隆闻其有道,乃随事之,以云母九子及交接之道二方教隆。隆按合行服之,色理日少,发不白,齿不落,年三百余岁,不知能得度世不耳。魏黄初三年,京入衡山中去,遂不复见。京语皇甫隆曰:'治身之要,当朝朝服玉泉,使人丁壮有颜色,去三虫而坚齿也。玉泉者,口中液也。朝来起早,漱液满口,乃吞之,啄齿二七过,如此者三乃止,名曰炼精,使人长生也。夫交接之道至难,非上士不能行之,乘奔牛惊马未足喻其崄坠矣。卿性多淫,得无当用此自戒乎?'如京言,虑隆不得度世也。"其人应亦汉末之人,所谓"汉武帝侍郎"者乃神仙之说。刘京之书今佚,《房内·和志》引《玉房指要》云:"道人刘京言:凡御女之道,务欲先徐徐嬉戏,使神和意感,良久乃可交接,弱而内之,坚强急退,进退之间,欲令疏迟,亦无高自投掷,颠倒五藏,伤绝络脉,致生百病也。但接而勿施,能一日一夕数十交而不失精者,诸病甚愈,年寿日益。"又《房内·施写》引《养生要集》云:"道人刘京云:春天三日一施精,及秋当一月再施精,冬当闭精勿施。夫天道冬藏其阳,人能法之,故得长生。冬一施当春百。"皆其遗说。

(2)上成公。《博物志》列"魏武十六方士"有"河南卜式",但其下文作"河南密县有〔上〕成公,其人出行,不知所至,复来还,语其家云:'我得仙。'因与家人辞诀而去,其步渐高,良久乃没而不见。至今密县传其仙去"。其人也见于《方术列传》,作"上成公者,密县人也",事迹略同。《抱朴子·至理》作"河南密县有卜成者"云,事迹亦略同。知"卜式"、"成公"、

"上成公"为一人，"上成"乃古代复姓，"卜"是"上"之误，"式"是"成"之误。今《房内·禁忌》引《养生要集》"卜先生云：妇人月事未尽而与交接，既病女人，生子或面上有赤色凝如手者，或令在身体，又男子得白驳病"，疑此"卜先生"即"上成公"讹为"卜式"者。

案：上述流派，容成派和彭祖派皆源自房中七经，要算东汉房中术的古典派，然玉子派异军突起，却是新的流派，它和天师道的房中术应有密切关系。

东汉魏晋南北朝
房中经典流派考(下)

三、天师道房中术考(甲)^①

天师道的房中术主要保存于张陵《黄书》和《老子想尔注》内。其说为后人所知,主要是因为它在南北朝和隋唐时期备受佛教攻击,例如:

(1)东晋道安《二教论》:"妄造《黄书》,咒癞无端。乃开命门,抱真人,婴儿回,龙虎戏,备如《黄书》所说。三五七九,天罗地网,士女溷漫,不异禽兽,用消灾祸,其可然乎?"(《广弘明集》卷八)

(2)北周甄鸾《笑道论》:"《真人内朝律》云:'真人日礼男女,至朔望日先斋三日,入私房,诣师所,立功德,阴阳并进,日夜六时。'此诸猥杂,不可闻说。又《道律》云:'行气以次,不得任意排丑近好,抄(超)截越次。'又《玄子》云:'不鬲戾,得度世;不嫉妒,世可度。阴阳合,乘龙去'云云。臣笑曰:臣年二十之时,好道术,就观学,先教臣《黄书》合气、三五七九男女交接之道,四目两舌正对,行道在于丹田,有行者度厄延年。教夫易妇,唯色为初,父兄立前,不知羞耻,自称中气真术。今道士常行此法,以之求道,有所未净。"(《广弘明集》卷九)

(3)唐法琳《辨正论》:"寻汉安元年岁在壬午,道士张陵分别《黄书》,云男女有和合之法、三五七九交接之道,其道真决(诀),在于丹田。丹田,

---

① Marc Kalinowski,"La transmission du dispositif des meuf palais sous les Six-dynasties", *Melarsges Chinois et Bouddhigues*,Vol.22(1985),773~881 页。王卡:《〈黄书〉考源》,"海峡两岸中国文化与中国宗教学术研讨会"论文(1996 年 9 月,成都)。

玉门也。唯以禁秘为急,不许泄于道路。道路,溺孔也,呼为师友父母臭根之名。又云女儿未嫁者,十四已上有决明之道,故注《五千文》云:'道可道者,谓朝食美也。非常道者,谓暮成屎也。两者同出而异名,谓人根出溺,溺出精也。玄之又玄者,谓鼻与口也。'陵美此术,子孙三世相继行之。……《黄书》云:'开命门,抱真人,婴儿回,龙虎戴(戏),三五七九,天罗地网。开朱门,进玉柱,阳思阴母白如玉,阴思阳父手摩捉。'……既学长生,汝恒对妇。亲慕李氏,皆须养儿。但李耳之宗,人人娶妇;张陵张鲁,世世畜妻。故有男官女官之两名、系师嗣师之别号。魏晋已来,馆中生子;陈梁之日,静内养儿。唤妇女为朱门,呼丈夫为玉柱。淫欲猥浊,出自道家,外假清虚,内专浊泄,可耻之甚矣!"(《广弘明集》卷十四)

《黄书》,相传是张陵于汉顺帝汉安元年(142年,岁在壬午)受自老子,并于次年(143年,岁在癸未)口授弟子赵升、王长、王稚、王英。全书包括《赤气三气》一卷,〔案:"气",原作"炁",下文一律用"气"代替,不再注。〕《九符七符》一卷,《玄策》一卷,《混成》一卷,《中章》三卷,《神策》一卷,共八卷。其中第八卷是秘经要言,又由赵升等人授三夫人(张陵、张衡、张鲁三师的妻子)于"庄山北望治"(见《洞真黄书》的第一章第一节和第三、四章)①。

东汉以后,《黄书》不仅受佛教攻击,在道教内部也受到排斥。寇谦之于北魏神瑞二年(415年)"清整道教,除去三张伪法、租米钱税及男女合气之术"(《魏书·释老志》),是考察其流行下限的坐标点(虽然其改革只是限制了《黄书》的流传范围,还不是其最后终结)②。我们从道安(314~385年)等人的年代和这一年代可以大致估计,此书主要是流行于公元三、四世纪左右。今《道藏》正一部阶字号有《上清黄书过度仪》,〔案:此书见于《宋史·艺文志》著录。〕广字号有《洞真黄书》,是其遗说。二书虽不必为《黄书》之旧,但内容则相沿有自,仍可借以考见天师道房中术的许多重要

① 陈国符《道藏源流考》,中华书局,1963年,下册,330~339页。
② 王卡《〈黄书〉考源》,"海峡两岸中国文化与中国宗教学术研讨会"论文(1996年9月,成都)。

细节。惜二书多舛,内容晦涩,这里只能略加订正,述其大义。

我们先讲《上清黄书过度仪》(下简称"《过度仪》")。

此书是讲弟子在"师治"受道,行"过度"仪式。〔案:天师道称其布道场所为"师治",广嗣延生的入道仪式为"过度"。〕参加仪式者有师一人(或男或女),弟子二人(一男一女),共三人。师,男称臣,女称妾;弟子,男称阳称臣,女称阴称妾,名则率以甲乙别。过度者年龄在二十以(上)〔下〕。仪式分四段二十步(称"便"),依次为:〔案:题目(一)至(四)是笔者所加,(1)至(20)是原书所有。〕

(一)入静(准备活动一,以存想为主)。

(1)入靖(静)。弟子入于靖(静)室,各立九宫坛场之一侧,男在东方寅位,女在西方申位,向师行礼,求乞过度。师允其请,引之东向。

(2)存吏兵。继上,弟子俱东向立,男左女右,叉手(男以右手第二指插女左手第二三指间),各鸣鼓(两掌掩耳叩脑后)十二遍,存想所佩符箓上之"功曹使者、将军吏兵"环立前后左右,一遍。

(3)思白气。思丹田白气,出两眉间,遍布全身,一遍。

(4)思王气。各依时令,思"四方生气"(语见"存吏兵"章)。气以五色分,互为王相。如春思东方青气,赤气相之;夏思南方赤气,黄气相之;秋思西方白气,黑气相之;冬思北方黑气,青气相之;四季(四时的最后一月)思中央黄气,白气相之。仰头吸之,低头咽之,下至丹田(腹部的下丹田),上至昆仑(头),三遍。

(5)咽三宫。思天、地、水"三宫生气"(亦称"三元生气"),仰头吸之,低头咽之,下至丹田(腹部的下丹田),上至泥丸(头部的上丹田),一遍。

(二)告神(准备活动二,以祝告为主)。

(6)启事。指以事告神。弟子俱东向长跪,各鸣鼓十二遍,师为之告神,思"功曹使者、将军吏兵"列其前后,受其所告,上达诸神,求乞过度。

(7)地网天罗。分两小节,第一小节是"越地网",第二小节是"释天罗"。〔案:"越地网"、"释天罗"指解脱生死之限,类似佛教的"解脱轮回",《二教论》、《辨正论》所谓"天罗地网"者即此。〕弟子合掌,念咒语各三遍,一呼"左无上",

二呼"右玄老",三呼"太上"(下简称"三天尊")。求"越地网",辞曰"慈父圣母,解脱罗网,除我死籍,上我生录"。求"释天罗",辞曰"生我者,甲子王文卿师父康;怀(活)我者,甲午卫上卿师母妞。生我活我,事在大道与父母"。"甲子王文卿师父康"、"甲午卫上卿师母妞"见下"四尊"、"十神"、"十二尊",是六甲中当子、午二位的神君。子、午二位于先天图为天地之位,或即称为"地网天罗"之义。

(8)四尊。男女叉手,随师旋转,跪拜四尊。先至寅位,呼"甲寅明文章道父赞(贸)";次至申位,呼"甲申扈文长道母阐(阉)";再至子位,呼"甲子王文卿师父康";终于午位,呼"甲午卫上卿师母〔妞〕",依次向诸神求乞过度,一遍。此"四尊"是代表四方的神君(但东西用二孟,不用二仲),甲子、甲午二神见下"十神",甲寅、甲申、甲子、甲午四神见下"十二尊"。

(9)存思。男在寅位,女在申位,盘腿对坐。女两手置膝上,掌心向上;男两手相叉,掌心向下。各啄齿十二遍,存思"三气",一曰"无上气"(正青),二曰"玄老气"(正黄),三曰"太上气"(正白),三气混一,下至丹田,一遍。

(10)十神。按甲、乙、丙、丁、戊分为两组。男先思"甲午卫上卿"、"乙未杜仲阳"、"丙申朱伯众"、"丁酉臧文公"、"戊戌范少卿"五神,再思"甲子王文卿"、"乙丑龙季卿"、"丙寅张仲卿"、"丁卯司马卿"、"戊辰季楚卿"五神。女反之,先甲子至戊辰,后甲午至戊戌。男女皆求"十神",上达"三天尊"。

(11)配甲。即以六甲、六乙配"十二尊",依次祝告。"十二尊"为"甲寅明文章道父赞(贸)"(厥又、纵厥、十某〔切〕)、"甲申扈文章道母阐(阉)"(揎尤、戎拘〔切〕)、"甲子王文卿师父康"(可囊、夏堂切)、"甲午卫上卿师母妞"(乃丑切)、"乙亥庞明心道父橐"(颠托切)、"乙巳唐文卿道母阎"(该罢切)、"乙卯戴公阳道父契"(欺制切)、"乙酉孔利公道母嬛"(慈卒、慈律二切)、"甲辰孟非卿道父杵"(祇藻、东实〔宝〕切)、"甲戌展子江道母婕"(知御切)、"乙丑龙季卿道父挈"(挐)(宁琦、男瓦切)、"乙未杜仲阳道母嫂"。〔案:原文道父道母之名皆注反切,正文并注字颇有误,如甲寅"道父赞",反切下字为"又"、"某",《洞真黄书》第四章图四和第五章符注并作"牟",疑是"贸"之误;甲申"道母闾",反切下字为"尤"、"拘",下"婴儿回"章"蹑时"节作"留",《洞真黄书》第五节符注作"门留",乃将一字误分为二,疑此字从门从留,讹为"闾","乙未"句且遗注。上"四尊"章反切同此。〕以上干支配神只是局部,全套神名共六十(男神三十,女神三十,两两相配),见《道藏》正一部《元辰章醮立成历》卷下"次推六甲神名及从官数"节及《六十甲子本命元辰历》(但二书只有前面的三字之名,没有后面的道父、道母之名)。又宋《景祐遁甲符应经》卷中述六甲、十干、六丁配神,其中十干配神有类似名称,甲神作"王文卿",乙神作"龙文卿",丙神作"唐仲卿",丁神作"季田往",戊神作"司马羊",己神作"纪游卿",庚神作"邹元阳",辛神作"高子张",壬神作"王禄卿",癸神作"受子光"。

(12)五神。思"五神",即太岁神、月神、本命神、行年神、今日神,求其上达"三天尊",二遍。〔案:以上各章告神之语略同,多作"师言:'谨有某郡县乡里男女生某甲,年若干岁,今来诣臣(或妾),求乞过度。'弟子言:'臣妾今从师某乙乞丐,更相过度。共奉行道德,乞丐阴阳,和合生气,布流臣妾身中,精神专固,各得无他,当为臣妾解除三官考逮,解脱罗网,撤除死籍,著名长生玉历,过度九厄,得为后世种民。'"〕

(三)合气(行男女交接之事)。

(13)八生。《黄书》多以"天地大度八生之法"自称,"八生"本指阴阳生气各四,男四气,女四气,二者按九宫坛场的八位,两两相对,各自配合。〔案:参《洞真黄书》第一章第一节。〕这里是指男女按坛场八位做各种爱抚动作。其法分八节,即:"第一戏龙虎"(疑是"龙虎戏"之倒)、"第二转关"(疑脱一字)、"第三龙虎交"、"第四龙虎校"、"第五龙虎推"、"第六龙虎荡"、"第七龙虎张"、"第八揖真人"。八节各乘上中下"三元",得"二十四气"。操作时,男于坛场居寅位,在东方,以青龙代指;女于坛场居申位,在西方,以白虎代指,故称"龙虎"。〔案:《二教论》、《辨正论》引《黄书》所谓"抱真人"、"龙虎戏"者即此。〕

(14)解结食。"解"指"解衣带","结"指"结散发","食"指"食生气,吐死气"。其法,男左女右,两手相叉,俱向西("西"原误"王"),三卧三坐,吸进生气,吐出死气。

(15)九宫。述九宫坛场的画法。其图作"二四为肩,三七为腰,戴九履一,五为腹实",即二九四在上三宫,七五三在中三宫,六一八在下三宫。该图并与五行八卦相配,即坎一为水,居北;艮八为山(属土),居东北;震三为木,居东;巽四为草(属木),居东南;离九为火,居南;坤二为土,居西南;兑七为泽(属金),居西;乾六为金石(属金),居西北;五居中央。其中坎、离作水、火相对(南北相对),震、巽和兑、乾作木、金相对(东西相对),艮、坤作土行(由中宫散出),则连中宫斜行,居于东北、西南一线。〔案:参《洞真黄书》第一章第三节。〕这种九宫图是一种幻方,相连三宫,无论纵横斜相加,和数皆为十五,故巽四从乾六借一各为五,坤二从艮八借三各为五,震三从兑七借二各为五,坎一从离九借四各为五。平均起来,九宫之数各为五,每宫与五气相配,适得四十五气。〔案:原文"九位成"至"不分位成"是按"水流归末"(艮、坎)、"木落归本"(乾、震)、"金刚火强"(坤、兑)、"火强炎上"(巽、离)、"土王四季"(中)排列,"又命土至(王)四季"应作"又命火强炎上"(下接"分四王〔至〕已")。"又命土至(王)四季"当移"还思中官五藏"上。"言巽四"下应补"还作离九,阴以左手伸四指,阳横右手五指掩阴指上,言离九"。"各窍言中官五"应与"自处其乡"相接。〕

(16)蹑纪。分四小节,第一小节是"蹑纪","蹑纪"属步罡术。即以禹步,依斗形,男左旋(从寅位起),女右转(从申位起),行于坛场。〔案:《黄书》多"男左旋,女右转"之说,《医心方》卷二八《房内·和志》引《洞玄子》"夫天左旋而地右回,春夏谢而秋冬袭。……故必须男左转而女右回,男下冲女上接,以此合会,乃谓天平地成矣"是类似说法。〕男所行叫"阳蹑纪",女所行叫"阴蹑纪",二者又按左右卧分为两种,每种又分三步,即"第一阳(或阴)蹑纪"、"第二散步"、"第三散步"。其每一步都包括叉手(男女叉手)、摩心(以足摩对方之心)、念咒(呼"中央戊己百节君吏")和绕行(男左旋,女右转)。绕行三周回到原地,然后"起乘魁上",〔案:疑玉子"务魁术"即此。〕三取三元气,咽之。〔案:此节多舛,章题缺,疑即下章"支干数"节"六咽"句后"蹑纪下","下"是衍文。又"阳蹑纪左卧"节下脱"阴卧纪左卧"节,其后所接"阴蹑纪右卧"和"阳蹑纪右卧"节错在下章"支干数"节内。又节末"甲因起"以下是从下"自导"节窜入。〕第二小节是"思三气"(同上"存思"章"三气")。第三小节是"思一宫",即思"太清玄元气"(青)、"太素气"(白)、"太始气"(黄)、"肝气"(正青)、"肺气"(正白)、"心气"(正赤)、"脾气"(正黑)、"肾气"(正黑)、"下丹田中真人气"(色不详),九气各当一宫,依次为之。第四小节是"自导",即"思气神都毕",用左右手交替,分三条线路为对方按摩,一条是从左乳至左足,呼"左无上";一条是从右乳至右足,呼"右玄老";一条是从"昆仑"(头,"泥丸"所在)经"绛宫"(两乳间心区)到"命门"(脐下),呼"太上"。〔案:形式类似马王堆房中书《合阴阳》所述"戏道"。〕然后"乘魁起,不受三五,龙行上复(覆),以右手摩下丹田三便,诣生门,以右手开金门,左手挺玉龠,注生门上。又以左手扶昆仑,右手摩命门,纵横三,言:'水东流,云西归。阴养阳,气微微。玄精滋液,上诣师门。'甲又咒:'神男持关,玉女开户。配气从阴,以气施我。'乙咒:'阴阳施化,万物滋生。天覆地载,愿以气施臣妾身。'""龙行上覆"即男上位。〔案:《玄女经》"九法"作"龙翻",下文作"龙覆"。〕"生门"即阴户。〔案:《辨正论》有"开朱门",下文亦有"朱门","生"、"朱"形近,或字之误。〕"金门"即阴唇。"玉龠"即阴茎。〔案:《辨正论》称"玉柱"。〕"左手扶昆仑,右手摩命门,纵横三"是重复上述动作。"持关"指男不泻精,"开户"指女开阴户。其按摩动作重复多遍,每遍都是终于命门。〔案:上"蹑纪"节"甲因起"以下应移入本节"愿以气施臣妾身"后。《二教论》、《辨正论》所谓"开命门"者即此。〕

(17)甲乙咒法。分两小节,第一小节是"甲乙咒法","甲乙"指男女,"咒法"指交接时所念咒语。男曰"吾欲乘天纲,入地纪,四时五行各自当……",女曰"吾欲偃地承天合阴阳,四时五行各自当……"(示男上女下合阴阳),呼"天尊"、"子丹"之号,是交接前所行。男曰"天道行",女曰"地道行",呼"柳君"、"妞君"之号,"便,进入生门中,令半首","径进渊底","小退,还半首",则是进入交接。男曰"天道毕",女曰"地道毕",呼"太初"、"太素"、"太始"之号,"小退"、"又小退"、"又退"、"出朱门,便龙倒",则是退出交接。交接前后皆依三五七九之数(先三气,次五气,次七气,次九气)行二十四气(三、五、七、九相加为二十四)。〔案:《二教论》、《笑道论》、《辨正论》所谓"三五七九"者即此。〕"名曰桃康,舍止北极,号曰'子丹'",是中丹田的别名。"柳君"、"妞君",疑即上"甲申扈文章道母阐(阘)"、"甲午卫上卿师母妞"。"朱门"即阴门。〔案:《辨正论》有"开朱门"。〕"龙倒"是男女合练的一种导引动作,详"婴儿回"章"断死"节。〔案:此节"度甲,先行始生气"应移入下节"次行三五七九"句前。下"支干数"节末尾"甲言天道毕"至"二十四气都毕"应移入此节末尾。〕第二小节是"支干数",指男女按"天始生气"和"地始生气"相互配合,即甲子旬,丙寅配壬申;甲戌旬,丙子配壬午;甲申旬,丙戌配壬辰;甲午旬,丙申配壬寅;甲辰旬,丙午配壬子;甲寅旬,丙辰配壬戌。然后按此关系,男先行三五七九,次行二四六八,次行五气(六咽);女先行二四六八,次行三五七九,次行三气(三咽)。

(18)还神。指过度者思还气神于五脏六腑,文中也叫"解气"。一种是"三气",即无上气(正青,还左肾中,数三)、玄老气(正黄,还脾中,数二)和太上气(正白,还右肾中,数五)。一种是"五气",即脾气(正黄,还脾中,数四)、肾气(正黑,还肾中,数七)、肺气(正白,还肺中,数六)、心气(正赤,还心中,数九)、肝气(正青,还肝中,数十)。〔案:"肝气"原错在"泰始气"下。〕一种是"七气",即脾气(泰始气,正黄,还玉堂宫或明堂宫中,数八)、胆气(太素气,正白,还长命宫中,数不详)、心气(太初气,正赤,还绛宫中,数不详)、肾气(分为二气:太清玄元气,正青,还左肾中;太素气,正白,还右肾中,合称"双合使者",数不详)、肝气(太清气,正青,还高宫或紫微宫中,数不详)、肺气(别名、色不详,还华盖宫中,数不详)、胃气(别名、色不详,还太仓宫中,数不祥)。〔案:作为肾气的"太素气"与作为胆气的"太素气"重。上"蹑纪"章"思一宫"节述九宫气与此相似,唯少"太素气",多"下丹田中真人气"。〕章尾说"五城十二楼,常与赤子俱,各还吾宫室中",疑"五城"即"五气"之宫,"十二城"则合"五气"与"七气"或合"三气"与"九气"之宫。〔案:"三气"、"五气"、"七气"、"九气",适合"三五七九"之数。〕"赤子"是男性生殖器的隐语。

(19)王气。指与四时五方相应的五脏之气。过度者春思肝气(当紫微宫,色青,数九),夏思心气(当绛宫,色赤,数八)秋思肺气(当华盖宫,色白,数六),冬思肾气(当双合使者,色黑,数五),四季(四时的最后一月)思脾气(当黄庭宫,色黄,数三),各送五脏之气从鼻出,覆面盖身。〔案:配数是据气出如镜大小而推。〕然后引气,从两足经两胫至关元穴,再夹脊上行至泥丸,复从泥丸下行至两足,如此三遍,收气于下丹田。

(四)谢神(结束,以告神为主)。

(20)婴儿回。分六小节,第一小节是"婴儿回"(模仿婴儿嬉戏,作回旋状),动作是男女盘腿坐,各引下足令旋转(男引左足左旋,女引右足右旋),然后以双足相抵,一往一还如蹬车状,并默念"三天尊",三遍。〔案:《二教论》《辨正论》所谓"婴儿回"者即此。〕第二小节是"断死"(却死之义),即男女对坐,互望"元元"(头?),〔案:疑即《笑道论》"四目两舌正对"。〕男以两手抚额至足,引足大指坐,历膝,称"断死路",经丹田、命门至"玉父"(男阴),摩面,举手过头,下望"玉室"(女阴);然后女卧,男双手后举("蝶翅"),下覆其上("腾天踏地"),对叉双手,作前滚翻,三遍,称"龙倒";然后重复"越地网"、"释天罗"。第三小节是"蹑时",即男女在九宫坛场上相对而立,从寅/申之位经巳/亥之位回到寅/申之位,绕行一周,祝告师父康、师母妞,如斗行十二时。第四小节是"谢生",即从寅位开始,依次呼"十二尊"(从甲寅、乙卯到甲子、乙亥)之名,谢其赐生。第五、六小节是"言功",即向各种"功曹使者、将军吏兵"报告功德。

四、天师道房中术考(乙)

下面,我们再讲一下《洞真黄书》。

原书以《黄书》第八卷《神策》为"秘经"、"要言","勿妄传"。似此书即出《黄书》第八卷[1]。

此书侧重于讲天师道房中仪轨的图数和符契。原书共分八章,每章以"师曰"开头,无小题:

(一)第一章。包括四个小节:〔案:以下四节的题目是笔者所加。〕

(1)气数。是讲男女合气的"天地大度八生之法",即男女合气是仿天

---

① 王卡《〈黄书〉考源》。

地合气,天地各有四方,男女各有四气,男四气,女四气,构成对应于九宫八位的八气("天地大度八生"指此)。天地合气,六甲至六癸,为六十甲子,是为六合。人也有六合,男三合,女三合,辰位皆相对。男三合是从六甲中的甲子、甲辰、甲寅开始,终于六癸中的癸亥;女三合是从六甲中的甲午、甲戌、甲申开始,终于六癸中的癸巳。男女各四气,三合而得十二气(对应于十二位),六合而得二十四气(对应于二十四向)。其施气之数,东方寅卯辰为九,南方巳午未为八,西方申酉戌为六,北方亥子丑为五,相合为二十八。节末述《黄书》的授受源流。

(2)五行。是讲男女合气的五行生克,即东方配甲乙,为木行;南方配丙丁,为火行;中央配戊己,为土行;西方配庚辛,为金行;北方配壬癸,为水行。其中金克木,水克火,土克水,木克土,火克金,庚乙、壬丁、戊癸、甲己、丙辛为夫妻。

(3)八卦。是讲男女合气的八卦九宫,即八卦与天相配,乾为天一,坤为摄提,震为丰隆,巽为招摇,坎为咸池,离为轩辕,艮为形时,兑为呈时;〔案:下节图二作"吴时"。〕与地相配,乾为金石,坤为土,震为木,巽为草,坎为水,离为火,艮为山,兑为泽;与人相配,乾为父为头,坤为母为腹,震为长男为足,巽为长女为鼻(或股),坎为中男为脑(或耳),离为中女为目,艮为少男为手,兑为少女为口。〔案:原文有缺,据本节文义和下第四章图二补。〕八卦的九宫配数同《过度仪》,也是以四十五筹按"二四为肩,六八为足,左三右七,戴九履一,五在中宫"排列。下附九宫图,依次为丹田宫(子一坎)、转冲宫(丑八艮)、〔案:"冲"似从三弓。〕绛宫(卯三震)、太素宫(巳四巽)、华盖宫(午九离)、太极宫(未二坤)、紫宫(酉七兑)、黄宫(亥六乾)和中宫。

(4)日程。是讲每月三十日内男女合气的日数、气数和施泻禁忌,即每月一至九日(共九日),行九九数(从一九到九九),可一泻;十至十五日(共六日),日行三五七九之数,不可妄施;十六至二十三日(共八日),行八八数(从八八到一八),可一泻;二十四至三十日,为"戊己"之日,〔案:盖以二十四日分配甲乙、丙丁、庚辛、壬癸,各六日,而以最后六天为戊己。〕行七八数,不可妄施。〔案:书中称施气为"风",泻精为"雨"。〕文中附图,一标九宫配数(两

290

套),一标上节所述配卦(图文有缺)。

(二)第二章。也是讲每月三十日内男女合气的日数、气数和施泻禁忌,即每月一至九日,可一泻;十至十五日,但施气不泻精,胎息千二百气;十六至二十四日,"三气下",可一泻;二十四至三十日,亦但施气不泻精。六甲之日行三五:甲子五气,甲申六气,甲午八气,甲戌六气,甲辰九气,甲寅九气。六癸之日行七九(?):癸酉六气("阴气多"),癸卯九气("阳气多"),癸巳八气("阴气多"),癸亥五气("阳气多"),癸丑五气("阳气多"),癸未八气("阳〔阴〕气多")。〔案:六癸之数是据第一章第一节推论。〕书中以男四气、女四气与九宫八卦相配为"八风",以男女"六合"(按六甲到六癸合气)月二施(一年共二十四施)为"二十四雨",以癸卯(为老阳之数)、癸酉(为老阴之数)相配为"阴阳大度",并以"三五七九"(相合为二十四)与"二十四神"(应亦甲子诸神的一部分)相应,"三五"与"三天尊"相应,以"胎息千二百气"治大病,"三五七九"治小病,认为"〔三气〕五气最为真,七气九气疾病灾子"。

(三)第三章。文义难解,除重复上章所述,还提到"天地未立,分别黄白,共施九九八十一气。气如二,两半成一。左无上一,右玄老二,中太上三,九九八十一。故令男女先二后三,即是三五。子共三思《中章》腹目,明三生。三起为三生,三卧为三死"。文后附图一,是以"左无上"、"右玄老"、"中太上"居中,与"九一"相配;三"五"居左,与"二二"、"七二"、"八一"相配;"三"、"五"、"七、九"居右,与"三一"、"四一"、"五一"相配。文中也提到《黄书》的授受源流。

(四)第四章。也是讲男女合气的日数、气数和施泻禁忌,一部分略同上述,即每月一至九日,行九九数,可一泻(原文漏写气数和施泻规定);十至十五日,日行三五七九之数,不可妄施;十六至二十三日,行八八数,可一泻;二十四日以后,行七八数,只可施气,不可泻精。但上所述,只笼统说二十四日后为"戊己"之日,不可施泻,这里则说"二十八日当止,子不能共施三五,但行三五七九,与二十四神相应,不与左无上、右玄老、中太上相应",它是把二十四至二十八日与每月的最后两天分开,即按本书第一章第一节所述东九、南八、西六、北五之数分配每月的前二十八日。另外，文中除讲月，还讲年，有"十二月配阴阳大度八生之法"，其法"先具甲子诸神，次具二十四神"，从正月一日起至十二月底止，按日名号，日呼一神。"甲子诸神"六十，包括阳神三十，阴神三十，"二十四神"也包括阳神十二和阴神十二。"男神王文卿、周左右松，女神卫上卿、周史公来"，"王文卿"、"卫上卿"已见上《过度仪》"四尊"、"十神"、"十二尊"，但"周左右松"和"周史公来"则是新出。文中提到"男官乘六十神，加（假）令得阴神日，可质（置）使之；加（假）令得阳神日，亦可质（置）使。阳神五日在阴家，阴神五日在阳家，以故两相含"，皆遁甲用语。章末亦述《黄书》的授受源流。文中附图，图一至图三皆九宫图：图一只标卦名（左上艮卦注"长女，合号"）；图二与第一章第三节所附九宫图相似，但不作米字形，"华盖宫"作"皇盖九重宫"，"太极宫"作"泰始宫"；图三作"真一丹田宫"（一）、"司命宫"（八）、"伏羲宫"（三）、"明堂宫"（四）、"泥丸丹田宫"（九）、"洞房宫"（二）、"女娲宫"（七）、"司录宫"（六）、"大宫"（五）。图四为十二尊图，标"甲子庚（康）"、"乙丑挈"、"甲寅牟"（"牟"字作"𠂤"）、"乙卯契"、"甲辰杵"、"乙巳阎"、"甲午妞"、"乙未媤"、"甲申阐（阗）"、"乙酉嫣"、"甲戌□（从女，右半不清）"、"乙亥索（橐）"。图五是六癸图，子、午、癸卯、癸酉居四正，癸丑、癸巳、癸未、癸亥居四隅，卯、午有连线，子、酉有连线，中画北斗，书"老子生于六癸"。图六亦为十二尊图，周边十二位书其名（但不标道父、道母之名），中画南北二斗。图七亦为九宫图，上三宫从左到右作"左无上"（八）、"泰清玄元"（三）、"右玄老"（五），中三宫从左到右作"天帝君"（不标数）、"上三天无极大道"（七）、"等百千万重道"（九），下三宫从左到右作"千二百官君"（六）。上中下三宫，各自相加，其和数皆为十六。

（五）第五章。是对上文的总结，包括图符各一。图是提示要领，第一栏作"三一：前二后二（三）"（指"三元生气"）、"三五七九"（指"二十四气"）、"千二百（气）"，第二栏作"两共合一"（指男气女气合一）、"出入（八）极"（指出入八卦之位）、"望元元"，第三栏作"过度戊己"、"龙倒"、"婴儿徊（回）传（转）"，第四栏作"一仰一俯，三"（指"龙倒"的动作）、"一来一往，

292

三"(指"婴儿回"的动作)、"思神十二",第五栏作"散神十二"、"天气三"、"人气三"、"地气三"(指"三五七九"的"三"),第六栏作"天气五"、"人气五"、"地气五"(指"三五七九"的"五"),第七栏作"天气七"、"人气七"、"地气七"(指"三五七九"的"七"),第八栏作"天气九"、"人气九"、"地气九"(指"三五七九"的"九")。符由二"天"字构成,上书"泰清玄元上三天君列上"。第一"天"字下为"其生","其生"下为四方的"三气君",作一横排书,曰"东三气:太清、太明、太素;南三气:太赤、太明、太平;西三气:太白、太明、太帝;北三气:太黑、太明、太极"。第二"天"字下亦为"其生","其生"下为四方的"十二时君",〔案:《过度仪》作"十二尊"。〕作四横排书,"东九夷"配"明文章"(甲寅)、"戴公阳"(乙卯)、"孟非卿"(甲辰),行九九八十一气;"南八蛮"配"唐上卿"(乙巳)、〔案:《过度仪》作"唐文卿"。〕"卫上卿"(甲午)、"杜仲阳"(乙未),行八八六十四气;"西六戎"配"扈公阳"(甲申)、〔案:《过度仪》作"扈文章"。〕"孔利公"(乙酉)、"展子江"(甲戌),配六六三十六气;"北五狄"配"庞明心"(乙亥)、"王文卿"(甲子)、"庞季卿"(乙丑),〔案:《过度仪》作"龙季卿"。〕行五五二十五气,每方右侧皆注"左男右女三气"。符右是说明文字。

最后,我们再讲一下《老子想尔注》①。

此书只有敦煌本(S.6825),书中多以房中解老,如:

(1)"谷神不死,是谓玄牝。"注:"谷者,欲也。精结为神,欲令神不死,当结精自守。牝者,地也,体性安,女像之,故不掣。男欲结精,心当像地似女,勿为事先。"

(2)"玄牝门,天地根。"注:"牝,地也,女像之。阴孔为门,死生之官也,最要,故名根。男茶亦名根。"

(3)"绵绵若存,"注:"阴阳之道,以若结精为生。年以知命,当名自止。年少之时,虽有,当闲省之。绵绵者,微也,从其微少。若少年则长存

---

① 饶宗颐《老子想尔注校证》,上海古籍出版社,1991 年。Stephen P. Bokenkamp, "Traces of early celestial master physiological practice in the Xiang'er Commentary", *Taoist Resources*, Vol. 4, No. 2(December 1993),37～51 页。

矣。今此乃为大害,道造之何? 道重继祠,种类不绝,欲令合精产生,故教之。年少微省不绝,不教之勤力也。勤力之计出愚人之心耳,岂可怨道乎? 上德之人,志操坚强,能不恋结产生,少时便绝。又善神早成,言此者道精也。故令天地无祠,龙无子,仙人妻,玉女无夫,其大信也。"

(4)"用之不勤。"注:"能用此道,应得仙筹。男女之事,不可不勤也。"

(5)"持而满之,不若其已。揣而悦之,不可长宝。"注:"道教人结精成神。今世间伪伎诈称道,托黄帝、玄女、龚子、容成之文相教,从女不施,思还精补脑,心神不一,失其所守,为揣悦(锐)不可长宝。若,如也。不如,直自然如也。"

(6)"天地开阖而为雌。"注:"男女阴阳孔也,男当法地似女,前章已说矣。"

(7)"知白守其黑,为天下式。"注:"精白与元气同,同色,黑,太阴中也,于人在贤(肾),精藏之。安知不用为守黑,天下常法式也。"

(8)"常德不贷,复归于无极。"注:"知守黑者,道德常在,不从人贷,必当偿之,不如自有也。行《玄女经》、龚子、容成之法,悉欲贷,何人主当贷若者乎? 故令不得也。唯有自守,绝心闭念者,大无极也。"

(9)"国有利器,不可以视(示)人。"注:"宝精勿费,令行缺也。……"

另外,此本缺首章,而《辨正论》引张陵《老子五千文》注为敦煌本所无,据饶宗颐先生考证,这段佚文正好就是其首章所遗。

五、昙无谶传密教房中术考[①]

昔荷兰学者高罗佩(R. H. van Gulik,1910~1967 年)作《中国古代房内考》(*Sexual Life in Ancient China*, Leiden:Brill,1961),曾提出中印房中术可能存在互传的假说(见该书附录一:《印度和中国的房中秘术》)。他认为佛教金刚乘(Vajrayāna)和印度教性力派(Śaiva Śākta)的房中秘

---

① 此节引用《魏书·沮渠蒙逊传》是经林梅村先生提示,特此申谢。

术,其男女合气的气道(夹脊的左右二脉)和段位(六朵莲花),从形式上看,同孙思邈在《千金药方》卷二七《房中补益》中讲的御女法酷为相似,孙氏所述可能是来源于印度,但印度的这类技术又可能是中国道教房中术传入印度后再回传的结果。它传入中国分两次,一次是唐代,一次是元代(以喇嘛教的形式传入)。

现在高氏去世已三十多年,从新的考古发现看,我们有这样的认识:(1)中国的房中术发达甚早,马王堆房书从术语到系统都已具备后世房中书的基本特征,应有自己独立的起源;(2)孙氏《房中补益》所述出自《仙经》,《仙经》是西晋古书,要早于唐代。但值得注意的是:(1)中国的房中术似乎是到东汉晚期才演化为道教仪轨,备如《黄书》所述;(2)《黄书》所述仪轨是与九宫坛场相配,具有类似密教曼荼罗(mandala)的设计;(3)东汉晚期,与道教兴起相先后,佛教也传入中国,二者确有许多相互影响(例如早期道教无偶像,其偶像是仿佛像为之)。因此在这一时间范围内,中印房中术的相互影响还是值得讨论的问题。

据高氏考证,印度房中术之传入中国主要是通过大乘佛教中的密宗,因为古典印度教和小乘佛教的教义都是反对房中活动的。《广林奥义书》(Brhadāranyaka upanishad)卷六第四节虽然也提到房中,梵文房中书《欲经》(Kāma-sūtra)也成书较早,但它们皆属实用书籍,没有以此作超度手段。另外,早期到过印度的法显、玄奘和义净,他们也没有提到这类活动。真正使密教早期形式的金刚乘形成中国佛教之组成部分,其代表人物是公元8世纪到中国传经的善无畏、不空金刚和金刚智("开元三大士")。因此他把早期密教经典的年代定在公元七八世纪。这种看法现在是值得重新考虑的。因为就现存文献记载看,不仅密教的很多技术,其年代要早于这一时期,而且就连房中一项,其传入年代也不始于唐,而至少可以上溯到南北朝时期。例如昙无谶在中国传房中术就是较早的一例。

昙无谶是早期来中国传经,以咒术著称的印度僧人。据梁慧皎《高僧传》卷二《晋河西昙无谶传》(他书所载大同小异),谶本中天竺人,幼从达摩耶舍诵经读咒,初学小乘,兼览五明,后遇白头禅师,授树皮《涅槃经》

本,从此专攻大乘。年二十,诵大小乘经二百余万言。谶明解咒术,所向皆验,西域号为"大咒师",尝以咒术使枯石出水,王悦其道术,深加恩宠。顷之王意稍歇,待之渐薄。谶赍《大涅槃前分》十卷,并《菩萨戒经》《菩萨戒本》等奔龟兹(西域国名,在今新疆库车一带),而龟兹多学小乘,不信《涅槃》,遂至姑臧(北凉所都,在今甘肃武威)。河西王沮渠蒙逊闻谶名,呼与相见,接待甚厚。蒙逊欲请出其经本,谶以未参土言,又无传译,学语三年,翻为汉言,自玄始三年至十年(414～421年),先后译出《涅槃初分》《中分》《后分》,以及《大集》《大云》《悲华》《地持》《优婆塞戒》《金光明》《海龙王》《菩萨戒本》等经。八年中,曾一返故国、两至于阗(西域国名,在今新疆和田一带),更求经本。谶尝为蒙逊驱鬼甚验,逊待之益厚,会北魏太武帝拓跋焘闻其道术,遣使迎请,且告逊曰"若不遣谶,便即加兵",逊惜谶不遣,又迫魏之强,乃密图害谶,伪以资粮发遣,厚赠宝货,遣刺客害之于路。时为蒙逊在位之末年(433年),谶卒仅四十九岁。

《昙无谶传》只言谶擅咒术而不及房中术,但《魏书·沮渠蒙逊传》云:

胡沮渠蒙逊,本出临松卢水,其先为匈奴左沮渠,遂以官为氏。……

……

……蒙逊性淫忌,忍于刑戮,闺庭之中,略无风礼。

第三子牧犍统任,自称河西王,遣使请朝命。

先是,世祖遣李顺迎蒙逊女为夫人,会蒙逊死,牧犍受蒙逊遗意,送妹于京师,拜右昭仪。改称承和元年。……牧犍尚世祖妹武威公主……

太延五年,世祖遣尚书贺多罗使凉州,且观虚实。以牧犍虽称蕃致贡,而内多乖悖,于是亲征之。诏公卿为书责让之曰:"……既婚帝室,宠逾功旧,方恣欲情,蒸淫其嫂,罪十也。既违伉俪之体,不笃婚姻之义,公行鸩毒,规害公主,罪十一也。……

……

……牧犍淫嫂李氏,兄弟三人传嬖之。李与牧犍姊共毒公主,上

296

遣解毒医乘传救公主得愈。上征李氏,牧犍不遣,厚送居于酒泉,上大怒。……

初,官军未入之间,牧犍使人研开府库,取金银珠玉及珍奇器物,不更封闭。小民因之入盗,巨细荡尽。有司求贼不得。真君八年,其所亲人及守藏者告之,上乃穷竟其事,搜其家中,悉得所藏器物。又告牧犍父子多蓄毒药,前后隐窃杀人乃有百数;姊妹皆为左道,朋行淫佚,曾无愧颜。始罽宾沙门曰昙无谶,东入鄯善,自云“能使鬼治病,令妇人多子”,与鄯善王妹曼头陀林私通。发觉,亡奔凉州。蒙逊宠之,号曰“圣人”。昙无谶以男女交接之术教授妇人,蒙逊诸女、子妇皆往受法。世祖闻诸行人,言昙无谶之术,乃召昙无谶。蒙逊不遣,遂发露其事,拷讯杀之。至此,帝知之,于是赐昭仪沮渠氏死,诛其宗族,唯万年及祖以前先降得免。……

《沮渠蒙逊传》谓谶“罽宾沙门”与上异,“罽宾”(西域国名,在今克什米尔境内)在天竺北,与龟兹近,为谶所经行,非其母国。谶去罽宾,先经龟兹,再至鄯善(西域国名,在今新疆若羌一带),自鄯善东行,乃至凉州(即姑藏),可补《昙无谶传》之缺。蒙逊在位当公元401~432年。“承和元年”、“太延五年”、“真君八年”乃北魏太武帝年号,分别相当公元433年、439年和447年,皆蒙逊死后。传述蒙逊父子蓄毒杀人、诸女子妇行淫与无谶授法有关,亦《昙无谶传》所无。推传文之义,“昙无谶以男女交接之术教授妇人”盖先行于鄯善,后行于北凉,故有与鄯善王妹私通事发而亡奔凉州之事。〔案:汤用彤考谶入凉州前曾居敦煌,见所著《汉魏两晋南北朝佛教史》,北京:中华书局,1983年,上册,280页。〕蒙逊受法,似极秘密,拓跋焘召之,竟杀人灭口。其事之发在蒙逊死后七年(牧犍时),真相大白在蒙逊死后十五年(安周时),所述谶法出于追述,似兼咒术、毒蛊术与房中术。这是印度房中术(可能还杂有西域房中术)传入中国的最早记录。

我们在上文提到,南北朝之际的中国僧人曾借“淫乱”为名大肆攻击道教,孰不知佛教传入中国也有类似传授。所不同者,唯其术行于宫闱,相当隐秘,远不如道教之术广为人知耳。

297

印度密教传入中国,有中日学者称为"杂密"的早期阶段,即公元 2 世纪上半叶至 8 世纪中叶这一段。当时印度来华僧侣多以传陀罗尼(dhāranī)经著称,天文图谶、针药方技是其所长。其技术传授同由"开元三大士"标志的"纯密"阶段有前后相继的关系,这是比较明显的①。但"纯密"阶段的房中这一项在早期是不是也有,则是值得讨论的问题。昔周一良先生著《中国密宗》对这一时期曾有所讨论②,他指出佛教密宗同早期婆罗门教的传统有关,经咒和坛场是重要特点。〔案:值得注意的是,经咒和坛场也是《黄书》过度仪式的特点。〕例如他举出的魏晋南北朝到隋代的"密宗佛教在中国的最早的宣教者",即竺律炎、竺法护、涉公、昙无谶、昙曜、智通、义净等人,他们就是以此为特点。周先生提到:

> 来自中亚的僧人涉公(卒于 380 年)由于能够呼龙降雨,得到了符坚的信从。这是佛僧在中国祈雨的最早例子。后来的密宗大师们都被指望能任此事。昙无谶(卒于公元 433 年)熟习陀罗尼,并且通过使水从一块石头中喷涌出来显示其法力。……

> 被认为是创建大同石窟的僧人昙曜与印度僧人合作,在公元 462 年翻译了《大吉义神咒经》,描述了制坛的方法,佛像在其中以圆形环列,接受信徒们的供养。此坛似乎是曼荼罗(mandala)雏形,其结构在后来的经典中得以传授。……

他不但把昙无谶列入"前密教经典时期"的早期代表人物之一,还指出了他的擅长咒术是与陀罗尼经咒有关。

关于密教房中术在中国的传播,周先生在《中国密宗》一文的附录十八曾引李复言《续玄怪录》佚文作为印证:

> 昔延州有妇女,白皙颇有姿貌。年可二十四五,孤行城市,年少之子悉与之游,狎昵荐枕,一无所却。数年而殁,州人莫不悲惜,共醵

---

① 吕建福《中国密教史》,中国社会科学出版社,1995 年,1～57、100～153 页。

② Chou I-liang,"Tantrism in China",*Harvard Journal of Asiatic Studies*,vol. Ⅷ(March,1945),No.3 and 4,中译本收入周一良《唐代密宗》,钱文忠译,上海远东出版社,1996 年,1～125 页。

丧具为之葬焉。以其无家,瘗于道左。大历中,忽有胡僧自西域来,见墓,遂趺坐具,敬礼焚香,围绕赞叹。数日,人见谓曰:"此一纵淫女子,人尽夫也,以其无属,故瘗于此,和尚何敬也?"僧曰:"非檀越所知,斯乃大圣,慈悲喜舍,世俗之欲,无不徇焉,此即锁骨菩萨,顺缘已尽,圣者云耳。不信即启以验之。"众人即开墓,视遍身之骨,钩结皆如锁状,果如僧言。州人异之,为设大斋,起塔焉。

他指出这一传奇既托之唐大历年间(766～779年),显然"是在密宗佛教的环境中产生"(他并把这个故事与志磐《佛祖统纪》的一则故事做了比较,认为后一故事是模仿前一故事,惟易"延州妇"作"马氏妇",疑即后世以"马郎妇观音"称女身观音所本),极为重要①。但这一记载和他所说"早期宣教者"的活动年代有一段距离,当时经咒已有,坛场也有,缺的只是房中术。我以为《沮渠蒙逊传》的重要性就在于,它补上了这一缺环。

关于早期印度房中术传入中国的路线,现在看来也值得重新讨论。昔高罗佩论中印房中术的早期交流,他曾提出三种可能,即:(1)东线:中国—东南亚—印度;(2)北线:中国—中亚—印度;(3)南线:中国—海路—印度,并把最大可能寄托于东线,即把从印度东部的阿萨姆邦到缅甸到中国云南的路线当作主要路线。然而现在看来,联结中印度和中国的北线,即经罽宾、龟兹、鄯善和于阗的西域丝路也许更值得注意。昙无谶走北线入华是经西域各国,这还提出一个问题,即他传授的房中术是否还融入了西域各国的传统。当然所有这些问题,光有一个例子是不够的。更多的秘密仍埋藏于西域丝路,还有待于新的考古发现。

---

① 高罗佩(《中国古代房内考》中译本,474页)说:"现代中国学者周一良在谈到中国人对密教文献著作的删改时说:'性力崇拜在中国从未流行,中国的儒家禁止男人和女人之间有任何密切来往'(《TIC》327页)。我相信本书记载的事实足以证明杜齐和周一良是把十三世纪之前还没有立足之地的压抑和社会习俗错误地安到了唐代中国人的身上。"但周书虽提到宋代可能禁止这种崇拜,却指出密宗"也许曾持续起过作用"。他举出的两个故事就是为了证明此点(见钱译周书114页)。编者按:周书即周一良所撰《中国密教》(Tantrism in China),载《哈佛东亚学报》(*Harvard Journal of Asiatic Studies*)卷八,1944—1945年。

六、总结

综上所述,我们可以得出以下印象:

(1)本文第一节讨论的房中七经是东汉最流行的一批房中书。它们上承西汉,下启魏晋南北朝和隋唐,是道教房中术的经典著作。

(2)本文第二节讨论的房中流派,其中的容成派和彭祖派是直接派生自房中七经,属于"继往";而玉子派的房中术源自《墨子五行记》,则属"开来"。后者开启了专以五行数术讲房中的流派,同东汉末年的道教运动有密切关系。

(3)本文第三、四两节讨论的东汉末年到魏晋南北朝时期天师道的房中经典《黄书》和有关著作《老子想尔注》,它们是以阴阳数术制定符契仪轨,故坛场设计、气数日程多据遁甲而定,明显有别于中国日用房中书的传统,具有浓厚的宗教色彩。

(4)本文第五节讨论的昙无谶来华传授印度房中术一事,它与天师道房中术的流行时间非常接近。这一实例不仅为学者探讨密教房中术的起源以及它与中国房中术的关系提供了新的线索,而且对重新考虑当时的释道关系也极为重要。

1997 年 6 月 12 日写于北京蓟门里

读银雀山汉简《三十时》

数术书在古代是"流行读物",出土简帛多有之,银雀山汉简也不例外。但这批汉简是以吴、齐两种《孙子》著称,数术书排在最后,出版最慢,二十年过去,正式整理本仍未公布,现在我们只能利用吴九龙《银雀山汉简释文》(文物出版社,1985 年,下简称"吴书")中按出土号排列、未经拼联的简文试做讨论。

这里我想先对银雀山数术书做点介绍,然后着重分析一下其中的《三十时》。

一

银雀山数术书在"吴书"中是列入"阴阳时令占候之类",共包括十二种:

(一)《曹氏阴阳》。篇题存,是曹氏所授的一种阴阳书。内容是讲天地四时(日月星辰、山川丘陵、年月日时)和万物(草木、鸟兽虫鱼、五谷六畜、人)的阴阳,以及阴中有阳,阳中有阴,相生相克,互为德刑的关系。曹氏其人,于史无考。

(二)《阴阳散》。篇题存,仅存二简,简 0505 为书题,简 0684 作"阳散,有死之徒也躬(穷)",大约是讲阴散为生、阳散为死一类内容,盖亦古阴阳书之一种。

(三)《禁》。篇题存,是按阴阳五行讲四时禁忌。如简文说"故守国无禁,必伤于民。土无禁则年不长,木无禁则百体短,火无禁则勿(物)不绛(丰),金无禁则筋〔□□,水无禁则□□□〕"(简 0331、0339),规定"春毋伐木……，夏毋犯火……，秋毋犯金……，冬毋犯水……，阳毋犯鸟……，阴毋犯兽……，雨毋犯虫……"（简 0260、0619），（定春□□，……，毋以）聚众举斧柯伐木；若以举斧柯伐木，其乡曲瘁。定夏大暑，蚤治，毋以聚众鼓卢（炉）乐（铄）金；若以聚众鼓卢（炉）乐（铄）金，遗火亥，国台庙将有焚者，君大堵亥焉。定秋下霜……毋以聚众凿山出金石；若以聚众凿山出金石，贤人死，哲士亡。定冬水冰，血气堇凝，毋以聚众央（决）川利泽通水；若以聚众〔决川利泽通〕水，其乡曲瘁。定夏大暑，蚤治，毋以聚众醤（凿）土；若以聚众凿土，是谓攻气，国大瘁。定冬水冰，血气堇凝，毋以聚众凿土；若以聚众凿土，是谓攻臧（藏），国大瘁"（简 1929、0365、0609、3406、1503、3476、2008、3487、3421、3037、0980、0348、0342）。简文所说"定春"、"定夏"、"定秋"、"定冬"，缀以"□□"、"大暑"、"下霜"、"水冰"，从所当节气看，相当季春、季夏、季秋、季冬。作者是以木、火、金、水配四时，并把土行之忌安排在季夏和季冬。其书应属时令历忌类。

（四）《三十时》。篇题存，是一种以六日为一节，十二日为一时，分一年三百六十日为"三十时"的时令书，详下讨论。

（五）《〔迎四时〕》。篇题是补加，篇幅很短，内容是讲天子于东、南、西、北四堂分迎四时，形式与《月令》等书常讲的天子春居青阳，迎春于东郊；夏居明堂，迎夏于南郊；秋居总章，迎秋于西郊；冬居玄堂[①]，迎冬于北郊相合。其书应属古"明堂月令"之说。

（六）《〔四时令〕》。篇题是补加，篇幅很短，内容是讲"天子出令"，命"四辅"（东辅、南辅、西辅、北辅）"入御令"，授时于民，定其宜忌。"四辅"见于《书·洛诰》，无说，秦汉儒者定为疑、承、辅、弼四职（《尚书大传》、贾谊《新书》）。此书以"四辅"配四方，盖亦古"明堂月令"之说。

（七）《〔五令〕》。篇题是补加，篇幅很短，是以德、义、惠、威、罚"五令"与鳞（当木行）、羽（当火行）、赢（当土行）、毛（当金行）、介（当水行）"五虫"相配，讲五行生克和阴阳德刑。如简文说"故德令失则羽虫为灾，义令失

---

① 《管子》有《幼官》、《幼官图》，"幼官"是"玄宫"之误，"玄宫"即"玄堂"。

则毛虫为灾,惠令失则赢(赢)虫为灾,威令失则界(介)虫为灾,罚〔令失则鳞虫为灾〕"(0732、0819、2003),就是按五行相生之序排列(木生火、火生金、金生水、水生木,但土生土)。而简文说"〔鳞虫为〕灾则发罚令,界(介)虫为灾则发义令,羽虫为灾则发威令,此顺天道"(简0235),则是以德、义为阳为德,威、罚为阴为刑,两两相克。另外,简2475提到"赢(赢)虫为灾则发德令",则是讲介于这两类的土行之令(图56)。

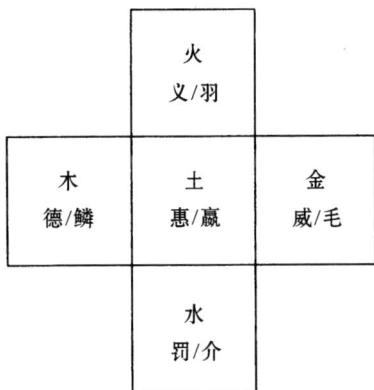

图 56 《五令》篇示意图

(八)《〔不时之令〕》。篇题是补加,篇幅很短,内容是讲不顺令合时会带来什么凶咎,属于古灾异之说。它把一年的四时十二月,每个季节分为"六时",于各个季节历述"一不时"至"六不时"有何灾变,可见是用二十四节气。

(九)《〔为政不善之应〕》。篇题是补加,篇幅很短,内容是讲为政贪暴、苛扰百姓会带来什么凶咎,亦古灾异之说。如简0292"为正(政)壹暴则胞,再则如垸(丸),三则盈握,四则穿屋,五则如杬,六则兵作,七则君猝",格式率多如此。

(十)《〔人君不善之应〕》。篇题是补加,篇幅很短,内容是讲人君骄奢淫佚、荒怠政事会带来什么凶咎,亦古灾异之说。如简0247、0786,"·人君好垂卢(炉)橐,扽金卢(炉),反山破石。曆(历)二时,五谷椅桥;曆(历)

四时,天火焚臧(藏);曆(历)六时则林有□者矣;曆(历)八时而国亡",简0171"……□□为男为女,处君三年而国亡",疑"二时"者半年,"四时"者一年,"六时"者一年半,"八时"者二年,皆"三年"以下之应,其最高限是三年。参《三十时》简2516"卒岁必有死亡之忧",简2159"不出三年,必有死〔亡之罪〕"。

(十一)《天地八风五行客主五音之居》。篇题存,是一种风角五音之说。其中"八风"是指与"四方八位"相配的八种季节风,即所谓生风、柔风、弱风、周风、刚风、皙风、大刚风、凶风(从东、东南到北、东北顺数),大体合于《灵枢经·九宫八风》及《五行大义·八卦八风》引《太公兵书》所记;"五音"则指与"五行"相配的宫、商、角、徵、羽五个音阶,以及与"五音"相应的宫风、商风、角风、徵风、羽风。全书是按风角五音讲用兵的主客形势之便,属于古兵阴阳说。古代用兵与推律有关,所谓"师出以律"(《易·师》)、"望敌知吉凶,闻声效胜负"(褚少孙补《史记·律书》。《律书》原名《兵书》)。银雀山汉简中的兵阴阳书,除去此篇,还有收入"论政论兵之类"的《地典》①。二书一讲"天时",一讲"地利",都是研究古兵阴阳说的宝贵资料。

(十二)《〔占书〕》。书题是补加,内容是讲祲祥(晕、彗、反景、字蚀、星月并出、星贯月等)和分野,与马王堆帛书《天文气象杂占》接近。传世古书如《开元占经》和《乙巳占》等书也有不少这类内容。

这十二种古书,(一)(二)为一类,即整理者所谓"阴阳";(三)至(七)为一类,即整理者所谓"时令";(八)至(十)为一类,是讲灾异,从类名看不出;(十一)是兵阴阳书,似应归入"论政论兵之类";(十二)即整理者所谓"占候",也与灾异有关,严格讲是属于汉代数术家所谓的"星气"②。

---

① 《地典》见《汉书·艺文志·兵书略》"阴阳"类著录,久佚。地典是"黄帝七辅"(黄帝身边最著名的七个大臣)之一,此书是依托黄帝、地典问对讲用兵地形,参看李零主编《中国兵书名著今译》(军事译文出版社,1992年)278~280页所收《地典》辑本(辑自"吴书")。

② 《史记·佞幸列传》:"北宫伯子以爱人长者,而赵同以星气幸。"

银雀山汉简,各类古书往往有篇题木牍伴出。其四号木牍有残存文字,是作:

……	阴□散	□言
□□	□	□子
曹氏	禁	
……	□	

木牍上的十个篇题,就是上述简文的目录(但可能不包括(十一),并且(五)与(六)或(九)与(十)原来也许是一书),其中《曹氏》即简文中的《曹氏阴阳》,《阴□散》即简文中的《阴阳散》,《禁》即简文中的《禁》,余无可考。

这批简文,过去只有罗福颐先生做过简略介绍[①],近来则有饶宗颐先生考证《天地八风五行客主五音之居》[②],加拿大学者叶山(Robin D.S. Yates)试做英译[③]。另外,我在《中国方术考》中也偶有涉及[④]。看来可以开掘的地方仍很多。

<h1 style="text-align:center">二</h1>

下面,我想选择上述"时令"类五书中篇幅最长,内容也最重要的《三十时》做一点探讨。

关于中国古代的时令书,过去我们曾指出,它是分为"四时时令"和"五行时令"两个系统[⑤]。前者是按四分的系统,把一年360日(12个朔望月)平均分为四时,每时分为6个节气,每个节气各含15日,见于《汉书·

---

① 罗福颐《临沂汉简概述》,《文物》1974年2期,32~35页;又《临沂汉简所见古籍概略》,《古文字研究》第11辑,中华书局,1985年,10~51页。

② 饶宗颐《谈银雀山简〈天地八风五行客主五音之居〉》,《简帛研究》第1辑,法律出版社,1993年,113~119页。

③ 1994年7月承作者以手稿见示。

④ 李零《中国方术考》,中华书局,2019年,42、129页。

⑤ 李零《管子〉三十时节与二十四节气》,《管子学刊》1988年2期,18~24页;又《中国方术考》,127~130页。

律历志下》①,即后世农历沿用的二十四节气。后者是按五分的系统,把一年 360 日平均分为五行,每行各含 6 时 72 日,则见于《管子》一书的《玄宫》《玄宫图》和《五行》等篇②,后世不传,古人称为"三十时节"。我们这里要谈的《三十时》就是与《管子》这些篇属于同一系统,形式相近,可以相互比较,相互发明。

为了讨论的方便,我们先把"三十时节"与"二十四节气"列表比较如下:

四 时	顺 序	三十时节			二十四节气
春	1	地气发(正)	春	1	立春(正)
	2	小卯(正)		2	雨水(正)
	3	天气下(正、二)			
	4	义(养)气至(二)		3	惊蛰(二)
	5	清明(二)		4	春分(二)
	6	始卯(三)		5	清明(三)
	7	中卯(三)			
	8	下卯(三、四)		6	谷雨(三)
夏	9	小郢(盈)(四)	夏	7	立夏(四)
	10	绝气下(四)		8	小满(四)
	11	中郢(盈)(五)		9	芒种(五)
	12	中绝(五)		10	夏至(五)
	13	大暑至(五、六)		11	小暑(六)
	14	中暑(六)		12	大暑(六)
	15	小暑终(六)			

---

① 这些节气名也见于月令系统的早期文献,如《夏小正》《月令》《吕氏春秋》十二纪等书,但都是零星提到,全套名称是见于《汉书·律历志下》。

② 《玄宫》《玄宫图》原作《幼官》《幼官图》,"幼官"乃"玄宫"之讹,本文用改正后的篇名。又《淮南子·天文》兼有这两种系统,其《天文》所说五行各 72 日是"五行时令",而《时则》所述是"四时时令"。前者是本之《管子·五行》,后者是本之《吕氏春秋》十二纪。

四时	顺序	三十时节春			二十四节气	
秋	16	期(朗)风至(七)	秋	13	立秋(七)	
	17	小酉(七)		14	处暑(七)	
	18	白露下(七、八)		15	白露(八)	
	19	复理(八)				
	20	始前(八)		16	秋分(八)	
	21	始酉(九)		17	寒露(九)	
	22	中酉(九)				
	23	下酉(九、十)		18	霜降(九)	
冬	24	始寒(十)	冬	19	立冬(十)	
	25	小榆(十)		20	小雪(十)	
	26	中寒(十一)		21	大雪(十一)	
	27	中榆(十一)				
	28	寒至(十一、十二)		22	冬至(十一)	
	29	大寒之阴(十二)		23	小寒(十二)	
	30	大寒终(十二)		24	大寒(十二)	

通过比较，我们可以看出，二者既有对应关系，又有不少差异，甚至存在很大矛盾。"二十四节气"，支撑点是"分、至、启、闭"(《左传》僖公五年)。"分"是"春分"、"秋分"，"至"是"夏至"、"冬至"，"启"是"立春"、"立夏"，"闭"是"立秋"、"立冬"。〔案："启"、"闭"于式的图式当天、地、人、鬼四门，正是象其门户开闭之义。〕其他节气可分三类，一类是取物候为名，如"雨水"、"惊蛰"、"白露"、"寒露"、"霜降"、"小雪"、"大雪"；一类是取风气为名，如"清明"为风名(《淮南子·天文》的"八风"是以"清明风"为东南风)，"小满"是阳气开始满盈之义，"大暑"、"小暑"、"处暑"是暑气之别，"小寒"、"大寒"是寒气之别；一类是取农时为名，如"谷雨"、"芒种"。"三十时节"，支撑点是"卯酉"、"寒暑"。"卯酉"是"二绳"(子午线和卯酉线)中表示东西方向的横轴，代表"春秋"。"始卯"略当春分，早于"始卯"有"小卯"，晚于"始卯"有"中卯"、"下卯"；"始酉"略当秋分，早于"始酉"有"小酉"，晚于"始酉"有"中酉"、"下酉"。这套节名是一组，另一套是"寒暑"。"寒暑"是寒气和暑气，相当"二绳"中表示南北方向的纵轴，代表"夏冬"。"夏至"叫

"大暑至",早于"大暑至"有"小郢"、"中郢",是表示阳气初满和中满("郢"读为"盈","小盈"即"小满")①,"绝气下"、"中绝"是表示阴气初绝和中绝,为配套概念;晚于"大暑至"有"中暑"、"小暑终",是表示暑气渐衰(相当二十四节气的"大暑"、"小暑")。"冬至"叫"寒至",早于"寒至"有"始寒"、"中寒",是表示寒气初起和渐盛,有"小榆"、"中榆",疑是"小肃"、"中肃"之误,指杀气初起和渐盛,也是配套概念;晚于"寒至"有"大寒之阴"和"大寒终",是表示寒气渐盛(相当二十四节气的"小寒"、"大寒")。二十四节气的暑气是从大到小,寒气是从小到大,三十时节也是如此。剩下的时节,有些也是取风气为名,如"地气发"即《吕氏春秋》十二纪孟春的"地气上腾";"天气下"即《吕氏春秋》十二纪孟春的"天气下降";"义气至"疑是"养气至"之误,"养气"与"杀气"是对应概念;"清明"亦指"清明风";"期风至"疑是"朗(凉)风至"之误(《淮南子·天文》的"八风"是以"凉风"为西南风);"复理"疑指阴气复起。作为物候名,比较明显只有"白露下"。农时名则未见。

这两种时令系统,节气时点必然有对应关系,但它们因划分方法不同,存在很大矛盾。首先,二十四节气是按四时划分,三十时节是按五行划分,四、五无法通约,本身就无法套合。其次,若是硬要套合,情况也必然很别扭。例如四时时令虽然也配五行,但古人于这一时令系统通常是以春、夏、秋、冬配木、火、金、水,一对一的结果是没有给土行留下余地;一定要把土行加进来,只能把土行置于季夏或孟秋(一如五行时令所安排)②,这不但等于凭空加进一段,而且会同火行、金行重叠。而五行时令配四时,情况也同样麻烦,因为三十时节四分的话根本除不尽,平均数是7 又 1/2,即使把春、秋拉长一点,定为 8 个时节,冬、夏缩短一点,定为 7 个时节,也没法与五行对号入座,每个季节都必然跨着五行中的两个。

---

① "盈"改"满"是避汉惠帝讳。

② 《月令》和《吕氏春秋》十二纪都是把土行安排在季夏,《史记·封禅书》记汉武帝甘泉太一坛也是把与土行相配的黄帝之位安排在西南(季夏、孟秋当西南)。

三

　　银雀山汉简《三十时》，从大的系统上讲，应属上面讲到的"五行时令"，同《管子》的"三十时节"性质相近，但它们在形式上和细节上仍有一定差异。通过排比简文，我们把它所描述的"三十时"也列成表格，并把排比的依据附注于表后，以便检验：

五行	四时	十二月	积时积日	时节名	气名及其他
木	春	春一月	4时48日	作春	始解〔1〕
			5时60日	少受	起生气〔2〕
		春二月	6时72日	乃生	生气也〔3〕
			7时84日	华实	生气也〔4〕
			8时96日	—	—〔5〕
		春三月	9时108日	□□	生气也〔6〕
			10时120日	中生	生气也〔7〕
			11时132日	春没	上六刑、下六生〔8〕
火	夏	夏一月	12时144日	始夏	生气也〔9〕
			13时156日	渿/绝气	柔气〔10〕
		夏二月	14时168日	音	闭气也〔11〕
			15时180日	中绝	—〔12〕
			16时192日	夏至	—〔13〕
		夏三月	17时204日	—	盛气也〔14〕
			18时216日	夏没	上六生，下六刑〔15〕
金	秋	秋一月	19时228日	〔作秋〕/凉风	杀气也〔16〕
			20时240日	—	—〔17〕
		秋二月	21时252日	帛（白）洛（露）	—〔18〕
			22时264日	—	—〔19〕
			23时276日	霜气	杀气也〔20〕
		秋三月	24时288日	秋乱	生气也〔21〕
			25时300日	—	—〔22〕
			26时312日	秋没	上六生，下六刑〔23〕

（续上表）

五行	四时	十二月	积时积日	时节名	气名及其他
水	冬	冬一月	27时324日	始寒	刚气也〔24〕
			28时336日	贼气	杀气〔25〕
		冬二月	29时348日	〔中寒〕	—〔26〕
			30时360日	—	—〔27〕
			1时12日	冬至/大寒始阻	—〔28〕
		冬三月	2时24日	大寒之隆	刚气电〔29〕
			3时36日	冬没	上六刑,下六生〔30〕

表注(简文"为"往往作"夕",下一律作"为";重文也一律直接按两字录写)：

(1)据简0669"〔·四时〕,卅八日,作春,始解,可使人旁国……"。

(2)据简1743"·五时,六十日,少受,起生气……"。

(3)据简760、4790"……廿四曰(日),乃生,生气也。以战,客败。得人之一里赏(偿)以十里,得人之将赏(偿)以长子……",疑述"作春"后24日事。

(4)据简1227"〔·七时,八十〕四日,华实,生气也。以战,客败。可……"。

(5)缺,相当二十四节气的"春分",《玄宫》作"清明"。

(6)据简2543"〔·九时〕,百八日,□□,生气也。以战,客败。不可……"。

(7)据简2355"·十时,百廿日,中生,生气也……"。

(8)据简2608、0243"……〔卅六〕日春没。上六刑,以伐,客胜。下六生,以战,客败。不可以举事,事成而身废,吏以(已)免者不复置。春没之时也,可嫁"。"卅六"是参简1682"夏没"条补。"春没"在"春分"36日后。"上六刑""下六生",是指此12日前6日为"刑",后6日为"生",阴衰阳起。

(9)据简1959"〔·十〕二时,百卅四日,始夏,生气也……"。

(10)据简1385"〔·十三时,百〕五十六日,渎,柔气也。以战,客败……"。又简0785提到"绝气、中绝、帛(白)洛(露)、霜气",应是时节名。《玄宫》列"绝气"于此,似即"浅"之别名。

(11)据简1931"〔·〕十四时,百六十八日,音,闭气也。民人居……"。

(12)简0785提到的四个时节名内有"中绝",《玄宫》列"中绝"于此。

(13)据简1977"〔·十六时,百九十二日〕,……也。日夏至,地成,不可……"。

(14)简0927"……盛气也。以战,客败。不可攻回(围),可为百丈千丈、冠带剑……"疑当此时。

(15)据简1682"……卅六日,夏没。上六生,下六刑。可为啬夫……"。"夏没"在"中绝"36日后。"上六生,下六刑",与"春没"相反。

(16)据简0240"……〔四〕时,卅八日,凉风,杀气也。以战,客胜。可始脩(修)田野沟,可始入人之地,不可亟刃,亟刃有央(殃),壹得而三其央(殃),利奋甲于外,以嫁女"。"凉风"在"中绝"48日后,相当《玄宫》的"期(朗)风至",于二十四节气为"立秋"。简文"立春"作"作春","立秋"自宜相应作"作秋"。"凉风"盖"作秋"之别名。

(17)缺。

(18)简0785提到的四个时节名内有"帛(白)洛(露)",《玄宫》列"白露下"于此。

(19)缺。

(20)据简0372"……〔八〕时,九十六日,霜气也,杀气也。以战,客胜。攻城城不取,邑疫,可以回(围)众绝道,遏人要塞,可以为百丈千丈城,攻敌人之地"。"八时"亦接"中绝"而数。简0785提到的四个时节名内也有"霜气"。二十四节气于此为"秋分","霜气"盖"秋分"之别名。

(21)据简2950"……〔九〕时,百八日,秋乱,生气也"。"九时"亦接"中绝"而数。

(22)缺。

(23)据简2272、0789、0924"……〔卅六日〕,秋没。上六生,以战,客

败。可为啬夫,嫁女取妇,祷祠。下六刑,以战,客胜。以入人之地胜,不巫去后者且及吏,以辟(避)舍不复……”。“卅六日”是参简1682“夏没”条补,“秋没”在“霜气”36日后。

(24)据简1203、0383“……不可以立,此朝开莫(暮)闭之时也。始寒,刚气也。以战,客胜,用入人之地胜,攻城城取。此冬首杀也,此吾……”。

(25)据简2718“……〔十三〕时,百五十六日,贼气,杀气……”。“十三时”亦接“中绝”而数。

(26)缺。《玄宫》列“中寒”于此,“中寒”是与“始寒”、“大寒”配套的概念,据补。

(27)缺。

(28)据简1728“〔·一时,十〕二日,大寒始陞。日冬至,□……”。“大寒始陞”是“冬至”的别名。陞,不识,疑是陞(昇)字的异写。

(29)据简1698“〔·二时,廿〕四日,大寒之隆,刚气也。不可为……”。《玄宫》列“大寒之阴”于此,据简文,“阴”可能是“隆”字之误。

(30)据简3087“……冬没气,此欲……”,又简0947“……为啬夫,多罪不可用。下六生,可以嫁女取妇……”。疑“为”字上缺文作“卅六日,冬没。上六刑,可”,同上“春没”、“夏没”、“秋没”各条。

四

简文除“三十时”的积时积日、节名气名,还讲到以下几类内容:

(一)各时节的物候

往往可与《夏小正》、《月令》、《吕氏春秋》十二纪、《淮南子·时则》、《四民月令》等书对照参看。如简4865“涷(冻)始泽”,《夏小正》“正月:……寒日涤冻涂。涤也者,变而暖也,冻涂也者,冻下而泽上多也”,《月令》“孟春之月:……东风解冻……”;简0683“桃李华,食榆夹(荚)”,《月令》“仲春之月:……桃始华……”,《四民月令》:“二月:……是月也,榆荚成……”;简0955“燕始下”,《夏小正》“二月:……来降燕……”,《月令》

312

"仲春之月，……是月也，玄鸟至……"；简 1419"木堇（槿）华"，《月令》"仲夏之月：……木堇（槿）荣……"；简 2210"蛊（蝉）鸣"，《夏小正》"五月：……良蜩鸣……唐蜩鸣……"，《月令》"仲夏之月：……蝉始鸣……"；简 2102"霜霅（露）下"，《月令》"季秋之月：……是月也，霜始降……"；简 0273"西风始下苴（叶）"，《月令》"季秋之月：……是月也，草木黄落……"；简 0749"以入蛰虫"，《月令》"季秋之月：……蛰虫咸俯在内，皆墐其户……"；简 0917"雒（鹊）居巢"，《月令》"季冬之月：……鹊始巢……"。

（二）各时节的宜忌

有不少是表示选择事项的套语，为古日者之书所通用，如"嫁女取妇"、"冠带剑"、"为啬夫"、"祷祠"、"鼓舞"、"葬埋、分异、祓除"、"徙"、"出（或入）人民六畜"、"出（或入）货"、"为土功"、"为宫室"、"为门"、"修关闭、铸管钥"、"筑垣墙"、"为道梁"、"渎沟洫陂池"、"发梁通水"、"为百丈千丈城"、"铸剑戟兵刃器"、"筑武室、塞故阙"、"攻（或入）敌人之地"、"围众绝道、遏人要塞"、"攻围"、"居军静众"。还有一些则是与节令相适的特殊规定，可与《夏小正》、《月令》一类书对照。如简 2414"脩（修）封四彊（疆）"，《月令》"孟春之月……王命布农事，命田舍东郊，皆脩封疆，审端经术……"；简 1005"祠者毋以牝"，《月令》"孟春之月：……乃脩祭典，命祀山林川泽，牺牲毋用牝……"；简 4862"貍（埋）白骨"，《月令》"孟春之月：……掩骼埋胔……"；简 0270"当杀苍芙、荠、亭厤（历）之时也"，《月令》"孟夏之时：……靡草死……"，注："旧说云：靡草、荠、亭历之属"，《四民月令》"四月：……收芜菁及芥、亭历、冬葵、苜苢子"；简 2200"当麻叔（菽）弟灾（栽）〔之时也〕"，《夏小正》"五月：……初昏大火中。大火者，心也。心中，种黍菽糜时也。……"，《四民月令》"五月：……时雨降，可种胡麻。先后日至各五日，可种禾及牡麻。先后各二日，可种黍。……"；简 0966"当蓄采（菜）、劗（漂）麻、取藁〔之时也〕"，《月令》"仲秋之月：……乃命有司趣民收敛，务畜菜，多积聚。……"。后者多与采猎耕牧等生产事宜有关。

（三）相应的钟律

可参照《月令》等书排列如下：

313

（1）太簇。简 0050"……金，杀人不报，日夜分离之物也，簇（葬）貍（埋）、分异、芰（袚）除。入之三日，奏大〔簇〕……"，当春一月。

（2）夹钟。缺，当春二月。

（3）姑洗。简 2436"……尽三日，奏古（姑）洗。精列登堂……"，当春三月。

（4）仲吕。缺，当夏一月。

（5）蕤宾。简 0248"……〔祷〕祠。入之三日，奏蕤宾。天不阴雨不吉利，有入也，麦秋苗生"，当夏二月。

（6）林钟。简 0306"……之，可以嫁女，不可取妇，取妇蚤（早）操令。下六可为宫室、嫁女取妇、祷祠、入六畜。入之三日，奏林钟。天必"，当夏三月。

（7）夷则。简 0890"……不鸣水。入之一日，趣（奏）夷则。天不阴雨"，当秋一月。

（8）南吕。简 1949"……〔奏南〕吕。大浩（鹄）至，天不阴雨，民多……"，当秋二月。

（9）无射。简 2055"……鸣，可为美事。人（入）之曰（日），奏毋（无）射。大"，当秋三月。

（10）应钟。简 0305"……可祷祠。入之之日，奏应钟。天戴圜，天不阴雨，主人不吉。雓（鹑）鸣帛覔（智），民人入室，执（蛰）虫求穴。可筑不可"，当冬一月。

（11）黄钟。简 0773"……不尽三日，奏黄钟。天立方，雓（鹑）鸣，毕笔"，当冬二月。

（12）大吕。缺，当冬三月。

这些内容都是一般时令书所常见。

五

《三十时》和《玄宫》相比，有几个特点很值得注意。

第一，它是把一年的十二个月分别叫作"春一月"、"春二月"、"春三月"、"夏一月"、"夏二月"、"夏三月"、"秋一月"、"秋二月"、"秋三月"、"冬一月"、"冬二月"、"冬三月"①，这和《月令》等书把四时分为孟、仲、季做法是一样的。"四仲"当"四正"(正南、正北、正东、正西)，"四孟"、"四季"夹"四隅"(东南、西南、西北、东北)。

第二，它的积时积日是从冬至(子位)起算。其三十时的长短虽与《玄宫》相同，也是以十二日为一时，但简文还把这十二日再分为"上六"(前六日)和"下六"(后六日)两节，常于各时下细述"上六"的宜忌如何，"下六"的宜忌如何，简 3258 称为"二日一时，六日一节"。

第三，它的时节名，"立春"、"立秋"叫"作春"、"作秋"，"立夏"、"立冬"叫"始夏"、"始寒"；"春分"、"秋分"叫"□□"、"霜气"；"夏至"、"冬至"，叫法相同。"分、至、启、闭"的概念很清晰。另外，它不仅有表示四时起点和中点的术语，还用"春没"、"夏没"、"秋没"、"冬没"表示四时的终点。这和一般时令书只强调起点和中点(因为每一起点总是与上一终点相邻)是不太一样的。其中"□□"、"霜气"以卯酉分(日夜均，阴阳半)，"夏至"、"冬至"以子午分(日最长或夜最长，阴起或阳起)是谓"二绳"；"作春"与"冬没"、"始夏"与"春没"、"作秋"与"夏没"、"始寒"与"秋没"夹四隅，是谓"四钩"，〔案：夹持四隅的辰位构成 L 形折角，古人叫"四钩"。〕可以图像表示(图57)。简 3311、0430 说："……日冬至恒以子午，夏至恒以卯酉。二绳四句(钩)，分此有道。"就是讲这种划分。〔案：前两句可能是说冬至为阳起之日，前此阴衰，后此阳盛，故以子午纵分四时；夏至为阴起之日，但所居之半为阳，故以卯酉横分四时。〕这些术语，除"绝气"、"中绝"、"凉风"、"帛(白)洛(露)"、"始寒"、"〔中寒〕"、"冬至/大寒始阳"、"大寒之隆"八名与《玄宫》相同或相近，其他差异较大，特别是缺乏"三卯"(始卯、中卯、下卯)、"三酉"(始酉、中酉、下酉)、"三暑"(大暑至、中暑、小暑终)、"三寒"(寒至、大寒之阴、大寒终)这套整齐的配置，从框架上看，要比《玄宫》更接近于二十四节气。

---

① 如简 0837"至春二月喜"，简 0864"至秋三月必破"。全部名称即据此类推。

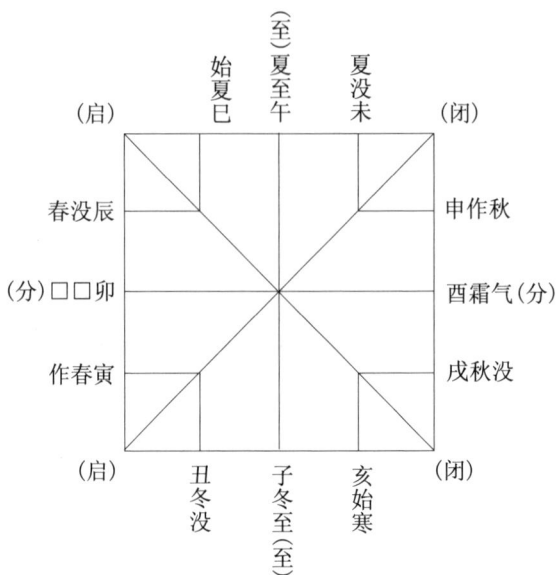

图 57　分至启闭图

　　第四,它的"节"、"气"相配也很有特色。如春有"生气",秋有"杀气","生气"与"杀气"相对①;夏有"柔气",冬有"刚气","柔气"与"刚气"相对。另外还以"闭气"、"盛气"等名穿插其间,表示阴阳消长的进退曲折。它的时节名也有不少是取名于气,或与气名有关,如"少受"至"春没"多标"生气"。"生气"是表示阳气之起,其升起有一个过程。"少受"是初受生气(故曰"起生气"),"乃生",是渐生生气,"中生"是继生生气。"始夏"至"夏没",乃阴绝阳盛之时,也有一个过程。"始夏"仍为"生气",阴未绝;"绝气"是绝气再下;介于其间的"音"标"闭气","闭气"与"绝气"是相似概念("闭"有伏闭之义);"盛气"则表示阳气或暑气之盛。"作秋"至"秋没",简多缺文,但可以估计多半是作"杀气"(与春天的"生气"相对)。"作秋"亦名"凉风",凉风起,杀气下(故曰"杀气也");"霜气"亦为杀气;"秋乱",盖

　　① 《月令》、《玄宫》等书,与"杀气"相对有"养气"(后者误为"义气")。美国赛克勒美术馆新获弹库帛书的残帛提到"逆之曰生殁(气),从之曰死殁(气)",与"生气"相对者又作"死气"。

指中秋以后乍暖还寒的换季时期,即张家山汉简《引书》所谓"春夏秋冬之间,乱气相薄逯也",也都与"气"有关。"始寒"至"冬没",大概是以"刚气"表示"寒气",但"刚气"初起,"杀气"未绝,而有"贼气",仍标"杀气"。简文除表示分至启闭和风气概念的术语,还有表示物候概念的"华实"和"帛(白)洛(露)",但后一类术语数量很少。

　　由于有《三十时》的发现,我们对古代时令书的了解比以前又进了一大步。一方面是增加了对其复杂性的认识,不但懂得这些时令书是分为两大系统,而且知道其每个系统内部还可以有许多不同"版本",远不是那么整齐划一。另一方面又增加了我们对其规律性的认识,弄清了这些不同"版本"的依据是什么。它们的变化虽多(目前所见不过是局部),但时段划分、取名定义仍有则可循,总不外乎阴阳消长、分至启闭、风名气名、物候农时等等。编制时令者杂取而配伍之,有种种排列组合,可是万变不离其宗,取材范围和时间框架还是大体固定的。

　　我相信,今后发现愈多,这一点会看得更加清楚。

1994 年 12 月 5 日写于北京蓟门里

附录一　读银雀山汉简《三十时》

附录二

读九店楚简《日书》

【说明】 此文是根据拙作《读九店楚简》(《考古学报》1999 年 2 期，141～152 页)一文摘编。原文包括三节：一、56 号墓竹简释文；二、621 号墓竹简释文；三、总结。这里只限：(1)原文的开头；(2)原文第一节中讨论《日书》的部分；(3)原文第三节中与《日书》有关的结论。

九店楚简是出土于湖北江陵九店楚墓中编号为乙组墓 56 和 621 的两座墓。这批楚墓是 1978 年发现，1981～1989 年发掘，1995 年出报告[①]。简文是大家盼望已久，发表之后，引起热烈讨论[②]。有不少学者写文章，商榷释读，阐发内容，使我学到不少东西。近来通读日书，我把原简照片重看了一遍，发现简文释读和内容理解仍有开掘余地，故集合众说，

---

① 湖北省文物考古研究所《江陵九店东周墓》，科学出版社，1995 年。竹简照片见该书图版一〇二至一二五，释文见附录二：李家浩《江陵九店五十六号墓竹简释文》(506～511 页)和附录三：彭浩《江陵九店六二一号墓竹简释文》(512 页)。

② 本文参考的有关论著是：刘乐贤《九店竹简日书研究》(下简称"刘乐贤 A")，《华学》第 2 辑，中山大学出版社，1996 年，61～70 页；饶宗颐《说九店楚简之武蘁(君)与复山》(下简称"饶宗颐")，《文物》1997 年 6 期，36～38 页；刘信芳《九店楚简日书与秦简日书比较研究》(下简称"刘信芳")，收入《第三届国际中国古文字学研讨会论文集》，香港：问学社有限公司，1997 年，517～544 页；陈松长《九店楚简释读札记》(下简称"陈松长")，同上，545～554 页；李家浩《包山楚简"蔽"字及其相关之字》(下简称"李家浩")，同上，555～578 页；陈伟武《战国楚简考释校议》(下简称"陈伟武")，同上，637～661 页；徐在国《楚简文字拾零》(下简称"徐在国")，《江汉考古》1997 年 2 期，81～84 页；李守奎《江陵九店 56 号墓竹简考释四则》(下简称"李守奎")，《江汉考古》1997 年 4 期，67～69 页。刘乐贤《九店楚简日书补释》(下简称"刘乐贤 B")，作者所赠待刊稿。案：上述论文，除刘乐贤先生的文章是文字、内容都讨论，其他论文几乎全是讨论释字。

缀以感想,草成此篇。文章以讨论内容为主,而把文字和简序的订正附后,称为"校读"(凡时贤之说可采者悉为注明,不注者为己见)。在讨论之前,应当说明的是,由于简文照片不够清晰(而且有些缩得太小,如 56 号墓的简 4、12、44、46、52、53),我虽用放大镜反复观验,仍不敢以为必是,不妥之处,敬希方家指正。

一、历忌甲种:建除(简 13～24)

简文分两栏书写,上栏书日辰,按"建"、"鼗(陷)"、"敀(破)"、"坪(平)"、"宁"、"工"、"坐"、"盇(盖)"、"城(成)"、"复"、"菀(宛)"、"散(微)"十二名排列干支;下栏述宜忌。此术相当睡虎地秦简《日书》甲种《除》篇的"建"、"陷"、"彼(破)"、"平"、"宁"、"空"、"坐"、"盖"、"成"、"甬"、"濡"、"赢"。它与同书的《秦除》不太一样,但共同点是都有"建"、"平"、"成"、"破",学者认为是楚国的建除,由此可以证明。

【校读】 "鼗",原释有误(刘乐贤 A)。"菀",原释"荀"。此字下半所从并非旬字,而是一个从田从宛的字(刘乐贤 A 引予说)。这种写法的"宛"字,其貌似于勹的偏旁可能是由金文"餐"字所从的Ꭷ演变(金文"原"字的古体含有这个部分,其形体演变可为旁证)[①],故释为"菀"。简 15 下末两字似应读为"徙嫁"。简 19 下、22 下未释字应释"而"(刘乐贤 A、徐在国)。

二、历忌乙种:丛辰(简 25～36)

简文按"秀"、"结"、"阳"、"交"、"□"、"阴"、"达"、"外阳"、"外害"、"外

---

① 参看容庚《金文编》,中华书局,1985 年,0851 和 0243 号。案:卜辞四方风名相当北方的字(《甲骨文合集》第 5 册,中华书局,1979 年,14294 号),从《山海经·大荒经》看,亦应是"宛"而非"勹"。其字像人弯身,疑即"弯"之本字。文中"原"字条是承董珊君提示。

阴"、"绝"、"光"十二位排列干支,述各日宜忌。这套日名也见于睡简《日书》。其甲种《除》篇是以此种列于楚除之后,与楚除分叙;乙种首篇是将此种与楚除合并(日名和历日都合并在一起),这很容易使人相信它是楚国的建除。例如刘乐贤先生在其研究睡简《日书》的旧作中就是这样看。他甚至怀疑乙种的复合日名才是原生,甲种分叙反而是在前者的基础上加工而成(刘乐贤 A 把九店楚简的这两部分称为"建除 A"和"建除B")[1]。关于睡简中的这套术语,过去我们注意到,它与甲种《稷(丛)辰》篇和乙种《秦》非常相似,《稷(丛)辰》篇有"秀"、"结"、"正阳"、"危阳"、"敆(交)"、"萬(害)"、"阴"、"彻"八名,"正阳"相当"阳","危阳"相当"外阳","彻"相当"达",余同,缺者惟"外害"、"外阴"、"绝"、"光";乙种《秦》类似,惟"秀"作"穗"。由于有这种相似,我们怀疑其十二名者应是楚国丛辰,而八名者则是秦国丛辰[2]。两种看法哪种对,要由新材料来检验。现在从九店楚简看,我们不难发现,睡简《日书》甲种《除》和乙种首篇的两套日名,分叙才是本来面目,合叙反而是派生(刘乐贤 A:68 页也注意到这一点)。这对我们的看法比较有利。我们理解,睡简《日书》,其甲乙两种的首篇,不管是两套并列,还是两套合一,它们都是以先见者为主,因而可以"除"字题篇,但这并不意味着后者也是建除。我们怀疑,它们都是以建除为主,丛辰见附,作为对照(这正像它们都以楚除为主,而以秦除附后是一样的);建除只是以"建"字开头的历忌,而丛辰则是以"秀"或"穗"字开头的另外一种。〔案:原文"丛"作"稷",多以为是"稷"字,该字从禾,似与"秀"、"穗"有关。〕根据这种理解,我们的看法是,九店楚简《日书》的两种历忌,甲种是建除,乙种是丛辰。同样,在睡简《日书》中,它的日名也分这两种,并且加上地域差别,实际上是四种。建除分楚除、秦除:楚除包括甲种《除》篇的前一种和乙种首篇复合日名中的第一套名称,同于九店楚简,这是主体;

---

① 参看刘乐贤《睡虎地秦简日书研究》,台北:文津出版社,1994 年,314~318 页。

② 李零《中国方术考》,中华书局,2019 年,159、167~168 页。案:拙作把乙种首篇笼统说成是楚丛辰,应修正。

秦除包括甲种《秦除》和乙种《徐(除)》篇，则是附录。丛辰也分两种，一种是甲种《除》篇的后一种和乙种首篇复合日名中的第二套名称，同于九店楚简，是楚国的丛辰；一种见于甲种《稷(丛)辰》和乙种《秦》，则是秦国的丛辰。

【校读】　简 21 上"于申"上脱"城(成)"字(陈松长)。简 25"如有弟，必死以亡；货不□以猎田邑□"应改断为"如有弟，必死；以亡货，不□；以猎，田邑□"(刘乐贤 A)。"不"字下并应补释"得"字。简 26"神"上睡简作"群"，从残存笔画看似非"群"字，而有可能是"鬼(鬼)"字；末句第二字残，应与简 48"处之不盈志"的"盈"字为同字(刘乐贤 A)，古书亦作"逞志"(刘乐贤 B 引予说)。简 27"利以□户牖"应释"利以串(穿)户牖"，睡简《日书》乙种简 196 壹有"穿户忌，毋以丑穿门户，不见其光"，可参看。简 28"是谓□日"，第三字作 巽，相当睡简《日书》的"害"字或"罗"字，但字形怎么分析还值得研究(陈松长释"巽")；"迕凶"，应读"解凶"(陈伟武)。简 29"利以为室、家祭"应改断为"利以为室家、祭"(刘乐贤 A)。简 30"利于"下为"宗□"。简 31"无闻执□得"应释"无闻执(执)，罔得"，意思是说"没有听说抓到，一无所获"。简 32"必无"应连下"遇寇盗"句为读(刘乐贤 B)；"是故谓不利于行作野事"，"利"下遗"于"字(陈松长)。简 33 末字应释"卸(御)"。简 34 未释字应释"而"(刘乐贤 A、徐在国)。简 35 未释字应释"光"(刘乐贤 A)；"敄"原读"美"，应读"媚"(刘乐贤 A)。简 36"大祭时"应读"大祭祀"；"衣"下残字应释"绡(裳)"；"表"下一字似为"纤"字(陈松长)。

三、四时吉凶(简 37～42)

简 37～40 分上下两栏，上栏(简 37 上～40 上)是记四时干日的吉凶，分"不吉"、"吉"、"成"三类；下栏(简 37 下～40 下)是摘记十二支日的宜忌，只有"五子"、"五卯"、"五亥"三种。简 41～42 是讲"成日"、"吉日"和"不吉日"的宜忌。"成"，原作"城"，是成遂其愿的意思。包山楚简的占卜简,其简 202 反和简 215 中的"城"字就是这种用法①,它们都是表示神祖可以满足占卜者的要求。简文中的四时吉凶是以所当方和其左方为"不吉",右方为"吉",对方为"成"。如春三月,其所当方为东方,甲乙属之,为"不吉日";它的左面是南方,丙丁属之,亦"不吉日";右面是北方,壬癸属之;为"吉日";对面是西方,庚辛属之,为"成日"。这类吉凶是以太岁游徙的方位而定,术家认为太岁所当者为大凶,左小凶,前大吉,右小吉(参下第七节)。简文"不吉"是兼大小凶(大凶相对于"成",实即"毁",如简 37 下"不成必毁"就是以"成"、"毁"对言),"成"是大吉,"吉"是小吉。

【校读】 上栏,十干配时是以"甲乙"为春、"丙丁"为夏、"庚辛"为秋、"壬癸"为冬("戊己"不配时),原释一字一断则失此义,应改两字一断。下栏,简 37 下～38 下"凡五子,不可以作大事,不成,必毁其壬,有大咎□其身,长子受其咎","壬"应释"身"(刘乐贤 A、李守奎),"咎"下似为"央"字,此段应读"凡五子,不可以作大事,不成必毁,其身有大咎,殃其身,长子受其咎";简 38 下～39 下"帝以命"下面五字,应读"益济禹之火","益"、"禹"原从土,即古史传说中的"益"、"禹"(刘乐贤 A),"济"原从水从妻,应即"水火既济"之"济"。简文"顺"应读扰(刘乐贤 A)。简 39 下～简 40 下"凡五亥,不可以畜六牲,顺帝之所,以翏六顺之日"应读"凡五亥,不可以畜六牲扰,帝之所以戮六扰之日"(刘乐贤 A)。简 41"凡不吉","吉"下遗"日"字(陈松长)。简 42"毋舍人货于外","毋"下遗"以"字(陈松长)。

四、祷武夷君祝辞(简 43～44)

这是插附在简文中的一段祝辞。类似形式的祝辞也见于睡简《日书》两种的《梦》篇,可参看。祝者以"某"代称,可以任意替换。所告"武夷"("夷"原从弓从土)即《史记·封禅书》所见"武夷君",是"司兵死者"之神(似与《楚辞·九歌》的"国殇"有关)。

---

① 湖北省荆沙铁路考古队《包山楚简》,文物出版社,1991 年,33～34 页。

【校读】 "敢"上缺文(原作残文)可补"某"字。"告"下二字不清,第一字下从木,疑是"桑"字,第二字左边从糸,右边下半从舟,疑是"縢"字。"毗"读"阰"。"亓妻"下残文似非"二"字,而类似于"琴"、"瑟"等字所从。"芳粮"上二字应释"聂帀"。"由"应读思,《楚辞·离骚》"思"字从此,王逸注以为"古文思"。"故"下应补"人"字。详拙作《古文字杂识(二则)》(收入《第二届国际中国古文字学研讨会论文集》,问学社有限公司,1997年,757~762页)。又李家浩重考此节,可参看。

五、相宅(简 45~59)

参看睡简《日书》甲种讲相宅的简文(简 14 背~23 背),两者非常相似。如这里所述包括"垣"、"宇"(作"寓")、"宫"、"屫"、"祭室"、"堂"、"廪"等项,睡简有"宇"、"池"、"水窦"、"圈"、"囷"、"井"、"庑"、"内"、"囿"、"屏"、"门";这里有"高"、"下"、"坿"等术语,睡简作"高"、"下"、"多"。简文所述方向吉凶与岁徙有关。

【校读】 文中"坦"应释"垣"(刘信芳),"居"应释"处"(刘乐贤),"安"楚简用为"焉"(简 47"安"字,刘信芳读"焉",其他仍读"安"),"坿"见《说文解字》卷十三下,在简文中似读"侈"。简 45"凡"下四字缺右半,不详所释何据(刘信芳读为"凡植垣树邦")。"西南之遇"后,应释"君子处之,幽(犹)惢(疑)不出"(刘信芳、徐在国补释"君子");"东南之遇","南"字缺,应用○号补字。简 46 第二字所释可疑;"芒"字隶定可商,此字乃"丧"字省去双口,上面并不是草字头;"是胃"句应释"是胃(谓)起土聚□得吉"(陈松长补释"得"字)。简 47"是胃(谓)虚井"下应为句号;后面几句应读"攻通焉,中垣中□。有污焉,处之不盈志"。简 48"凡□不可以盍(盖)□□之□",末字为"郭"字。简 49"之"下为"寰"字。简 50"安(焉)"下应点句号,下面一字应读"陷"。简 51"三增"句,第四字从歹从世从木,应是"世"字的异体,"相志"疑读"爽志"。简 54 首句应释"……利于□堂";第二句第二字原释从辰从月,从照片看,似从辰从前,疑读为"圈"

323

（参看睡简《日书》甲种简 19 背叁～23 背叁）；"日出庶之"应读"日出炙之"（参睡简《日书》甲种简 22 背肆）。简 55"正方"上为"宫"字。简 56"日以"似作"日为"。简 57"不竺（筑）"下原有句读符号，应断句。简 58 应释"……□处东南多亚（恶）……"（李守奎）。简 59 似作"……□之□□，处之西，处之福；处……"。

六、朝夕启闭（简 60～86、92、93、140）

简文与睡简《日书》乙种以朝夕启闭占方向吉凶、逃、入、疾、啻的简文（简 158～180）相似，可以对照参看。不同点是睡简先讲方向吉凶，后讲其他各项（并且各项的细节规定也有所不同），而这里是先讲其他各项（但无"啻"项），后讲方向吉凶。简文共分五段：(1)某支日（从子到亥依次讲）为"朝闭夕启"或"朝启夕闭"；(2)凡于五支日（从五子到五亥依次讲）捕"逃人"，其"朝"、"昼"、"夕"三时，何者"得"，何者"不得"；(3)于该日"入"之吉凶祸福（如"吉"，或"有得"，或"见疾"，或"必有大□"）；(4)于该日"有疾"之瘳瘥死生（如某日"小瘳"，某日"大瘳"，"死生"在某日）；(5)方向吉凶（如东方"吉"，北方"有得"，西方"见疾"，南方"凶"）。根据这种理解，我们可以把简 60～72 重排如下（用～代替上述各项可供选择而又不能肯定的词句）：

〔子，朝〕闭夕启。凡五子，朝〔逃～，昼～，夕～。以入，～。以有疾，～小瘳，～大瘳，死生在～。东～，北～，西～，〕南有得。（简 60＋简 61）

丑，朝启夕闭。凡五丑，朝逃得，昼不得，夕不得。以入，见疾。以有疾，〔～小瘳，～大瘳，死生在～。东～，北～，西～，南～〕得。（简 61＋简 62）

寅，〔朝〕闭夕启。凡五寅，朝〔逃～，昼～，夕～。以入，～。以有疾，～ 小瘳，～ 大瘳，死生在～。东 ～，〕北得，西闻言，南□□□□□内。（简 62＋简 63）

324

卯，朝闭夕启。凡〔五卯〕，朝逃得，夕不得。以入，必有大亡。以有疾，未小瘳，申大瘳，死生在丑。〔东～，北～，西～〕，南有得。（简63＋简72＋简64）

辰，朝启夕闭。凡五辰，朝〔逃不〕得，昼得，夕得。以入，□。以有疾，酉大瘳，戌大瘳，死生在子。〔东～，北～，西～，南～〕。（简64）

巳，朝闭夕〕启。凡五巳，朝〔逃～，昼～，夕～〕。以入，～。以有疾，～小瘳，～大瘳，死生在～。东～，北～，西～，南～。（简65）

午，朝～夕～。凡五〕午，朝逃得，夕不得。以有疾，戌小瘳，〔子大瘳，死生在未。东～，北～，西～，南～。（简66）

未，朝〕闭夕启。凡五未，朝逃不得，昼得，夕得。以入，吉。以有疾，子小瘳，卯大瘳，死生在寅。〔东～，北～，西～，南～。（简67）

申，朝〕闭夕启。凡五申，朝逃〔～，昼～，夕～〕。以入，～。以有疾，～小瘳，～大瘳，死生在～。东～，北～；西～，南～〕。（简68）

酉，朝启〔夕闭。凡五酉，〔朝逃～，昼～，夕～〕。以入，～。以有疾，～小瘳，～大瘳，死生在～。东～，北～，西～，南～。（简69）

戌，朝～夕～。凡〕五戌，朝〔逃～，昼～，夕～〕。以有疾，～小瘳，～大瘳，死生在～〕。以入，有得，非□乃引。（简70＋简71）

亥，朝闭夕启。凡五亥，朝逃得，昼得，夕不得。以有疾，卯小瘳，巳大瘳，死生在申。〔以入，～。东～，北～，西～，南～〕。（简71）

其他各简，简92属于"捕逃"类，简93属于"还入"类，简73～79属于"病瘳"类，简80～86和简140属于"方向"类，皆上各简所遗。但由于此本残断严重，它与睡简《日书》乙种的相关简文在细节排列上也不大一样，这里不再拼合（刘信芳以简62＋93＋73、63＋72、65＋77、66＋78、70＋74拼合，只有简63＋72可能性较大〔已采入上文〕，62＋93＋73不合，其他不能肯定）。

【校读】 简60无"逃"字。简61"疾"下无字。简65"五"下二字应为"巳朝"。简68无"得"字。简71"非□乃引"句，第二字上半从於，下半与害字相似，从上下文看，似为疾病名，《说文解字》卷七下："瘀，积血也。"或

325

即"瘀"字;"引",即"收引"之"引",《素问》频见,如《至真要大论》"诸寒收引,皆属于肾",王冰注:"收谓敛也,引谓急也。"是一种筋脉拘牵之症。刘乐贤先生指出,尹湾汉简《博局占》的"病筋引"("筋"字原从竹从角从力)就是这种病,甚确①。简文"非瘀乃引",意思是说"不得瘀病就得引病"。简 76"瘀"上有残画,应是"大"字。简 81 末字应为"疾"字。简 83 末字可辨是"凶"字(从凶从儿)。简 92 首字应是"得"字,"吉"下应改句号。

七、岁(简 94～108)

参看睡简《日书》甲种《岁》篇和该书简 108 背和 109 背。简文包含以下几类:

(1)三合局。

……岁:十月、屈夕、享月,□西;爨月、远夕、夏夕,□北;献马、荆尸、〔八月,□东;冬〕(简 94)夕、夏尸、〔九月,□南〕。(简 104)

(2)各月上朔与所当星宿。

……夏尸朔于营室:夏尸□,享月□,夏夕□,八月□,九月□徙,十月□,爨月□,献马□,冬夕□,〔屈夕□,远夕□,酤尸□〕。(简 96+98)

……□远夕时,乙星在……(简 101)

(3)往亡归死。

……往亡归死:〔入月七日,夏夕入月旬四日,享月入月旬〕(简 97)六日,夏入月八日,八月(简 107)〔入月旬六日,九月入月二旬四日,十月〕入月旬,爨月入月旬(简 106)〔八日,献马入月旬七日,冬夕入〕月旬,屈夕入月二旬,远夕入(简 105)〔月〕三旬。(简 108,接下)

(4)移徙吉凶。

|凡(简 108)酤尸、夏尸、〔享月,不可以东徙〕;(简 103)〔冬〕夕、屈夕、

---

① 连云港市博物馆等编《尹湾汉墓竹简》,中华书局,1997 年,126 页。刘乐贤先生说见所著《尹湾汉墓出土数术文献初探》,收入连云港市博物馆等编《尹湾汉墓简牍综论》,科学出版社,1999 年,175～186 页。

远栾,不可以北徙(简99)……□□□秋,不可以西徙;十月、爨月丁(简100+102)……

〔献马,不可以南徙〕。(简100)

……□□岁之后□□其□不死……(简95)

"岁"指"天一"、"太阴"、"太岁"等神煞的游行。这类神煞与岁星有关[1]。其游行分两类,一类是行四位或五位(每行四位还于中央),一类是行十二位。前者是"大岁"或"大时",后者是"小岁"或"小时"[2]。其"往亡归死"是讲一年之内,从皆戾(今年四月)到远栾(明年三月)每月出行和还人的忌日;"移徙吉凶"则以太岁所在为大凶,左小凶,前大吉,右小吉[3]。

【校读】 简94断句、补字是据"三合局"而定。简文"三合局"是以十、二、六月为一组,十一、三、七月为一组,十二、四、八月为一组,正、五、九月为一组(刘乐贤B同此,但以方向字上面的字为"在"字还不能肯定;刘信芳的复原接近正确,但月名顺序从睡简《日书》、空字从原释则误)。简96第五字为"营室"二字的合文(刘乐贤A、李守奎)。简97、107、106、105、108可拼合复原(除补简108的头两字,余同刘乐贤B),其中简97"往亡"原误"往上"(刘信芳、刘乐贤B),简108末字为"凡"。简99"可"上遗"不"字。

八、行(简87～91、111、125～127)

参看睡简《日书》甲种《归行》和以十二支占行的简文(简136正～139正)。此节是讲出行宜忌。

---

① "天一"、"太阴"、"太岁"在数术中虽有分工,但肯定是相关概念,并与岁星有关。胡文辉《释"岁"》,以为简文"岁"仅指"大岁"、"小岁"的划分,而与"太岁"、"太阴"、"岁星"无关,可商。《文化与传播》第4辑,海天出版社,1996年,101～122页。

② 马克(Marc Kalinowski)《马王堆帛书〈刑德〉试探》,《华学》第1期,中山大学出版社,1996年,82～110页。

③ 参看胡文辉《释"岁"》。

中国方术续考

【校读】 简87"西"下未释字应释"北"(陈松长)。

九、裁衣(简 109～110、112、113)

参看睡虎地秦简《日书》甲种《衣》篇和乙种《制》("制"原从衣从折)。《衣》篇简 26 正贰："制衣,丁丑媚人,丁亥灵,丁巳安于身,癸酉多衣",这里的简 109 作"……㪔(媚)于人,丁亥有灵,丁巳终其身,亡□……",刘信芳先生指出这是裁衣类简文,很正确。简 110、112、113 也可能是同类简文。

【校读】 简 109 首字残,应为"㪔(媚)"字。简 110 应释"……□□□□□丙戌、□□、己酉,龙之"。简 112 的"折"字或读为"制衣"的"制"字。

十、死生阴阳(简 114～118)

简文是讲岁时的阴阳消长。简 114 和简 115 应连读,作"……死生阴阳:夬生于丑,即生于寅,衰生于卯;夬旺于辰,即旺于巳,衰旺于午;……",下文可补"夬(?)病(?)于未,即(?)病(?)于申,衰(?)病(?)于酉;夬(?)死(?)于戌,即(?)死(?)于亥,衰(?)死(?)于子……"。简 116"少日"上可补"辰"字,作"……□□□□□。凡旺日□,辰少日必得,日少辰□□……"。"生"是初起,"旺"是渐盛,"病"(或"死"?)是衰竭,"死"(或"葬"?)是终结,都是表示消长之义。而"夬"有离义,"即"有就义,"衰"有减义,也是类似安排。它们都是以人的生老病死比喻岁时的阴阳消长。这类术语在睡简《日书》中尚未发现,但古代数术书或选择书却并不少见。如隋萧吉《五行大义》有《论生死所》和《论四时休王》两节,就提到相似术语,一套是以"受气"、"胎"、"养"、"生"、"沐浴"、"冠带"、"临官"、"王"、"衰"、"病"、"死"、"葬"(《协纪辨方书》卷一"受气"作"绝","生"作"长生","王"作"帝旺","葬"作"墓",余同)配五行十二辰;一套是以"王"、"相"、"死"、"囚"、

328

"休"配五行、八卦和干支(《协纪辨方书》卷一还以"生"、"旺"、"墓"排列十二辰和"三合局")。简文所缺虽不能确指,但大概意思是可以猜到的。

【校读】 简文与"生"字并说的"责"字,原释从亡从见,其实是从贝从亡(李守奎)。学者多以此字为"亡"字的假借字,可商。我们认为,这个字在简文中是作"旺"字(古书亦作"王")。简114"生"上为"死"字;未释字为"夬"字(刘乐贤 A、李守奎)。此简可与简115缀合,原书把"衰生于卯"下的句读错点在下句的"夬"字下,释文因之,应纠正(刘乐贤 A、李守奎)。

十一、其他(简 119～124、128～139、141～158)

多残碎不可读。

【校读】 简 119 应释"……凡(?)龙日不可……"。"龙日"是忌日[①]。

十二、总结

九店楚简的第二部分与睡简《日书》(乙种有简背自题的书名,是作《日书》)非常相似,可援其例题为《日书》。现已出土的日书,数量很大,战国秦汉都有。但现已发表者,战国是空白,汉代近乎阙如(只有东汉的磨咀子《日书》,很短),大宗还是秦日书,即睡虎地《日书》和放马滩《日书》[②]。前者是楚地所出,后者是秦地所出。学者论秦、楚异同,讲秦固可资之放简,言楚则必赖此书。如过去大家讲睡简有建除、丛辰,它们哪些是秦、哪些是楚,便颇有异说,现在看了九店简,情况才比较明朗。所以在日书的研究上,这批简文的意义很大。

1998 年 3 月 6 日写于北京蓟门里

---

① 参看刘乐贤《睡虎地秦简日书研究》,42 页注〔二〕。
② 李零《中国方术考》,中华书局,2019 年,32～35、156～171 页;刘乐贤《睡虎地秦简〈日书〉研究二十年》,《中国史研究动态》,1996 年 10 期,2～10 页。

附录三

读郭店楚简《太一生水》

一

　　郭店楚简《太一生水》是讲宇宙生成。在讨论之前,我先把它的释文抄在下面。释文是据《郭店楚墓竹简》(文物出版社,1998 年)125～126页,但这里有所改动:第一,为了排印和阅读的方便,释文是取宽式,古体、异体字多以通行字代替,通假字也按读法转写,不再括注,读者如欲核实,可以查对原书;第二,缺文、脱文皆尽量补字,缺文补字括以〔〕号,脱文补字括以【】号,补字只是为了帮助理解,未必就是原貌;第三,个别字的释读也不太一样,下节将略加说明。下面是释文:

　　大一生水,水反辅大一,是以成天。天反辅大一,是以成地。天地〔复相辅〕也,是以成神明。神明复相辅也,是以成阴阳。阴阳复相辅也,是以成四时。四时复相辅也,是以成仓热。仓热复相辅也,是以成湿燥。湿燥复相辅也,成岁而止。故岁者,湿燥之所生也。湿燥者,仓热之所生也。仓热者,【四时之所生也】。四时者,阴阳之所生【也】。阴阳者,神明之所生也。神明者,天地之所生也。天地者,大一之所生也。是故大一藏於水,行於时,周而又〔始,以己为〕万物母;一缺一盈,以己为万物经。此天之所不能杀,地之所不能埋,阴阳之所不能成。君子知此之谓〔□,不知者谓□■〕。

　　天道贵弱,削成者以益生者,伐于强,责于〔□;□于弱,□于□〕。下,土也,而谓之地。上,气也,而谓之天。道亦其字也,青昏其名。以道从事者必托其名,故事成而身长。圣人之从事也,亦托其名,故功成而身不伤。天地名字并立,故讹其方,不思相〔当:天不足〕于西北,其下高以强。地不足于东南,其上〔□以□。不足于上〕者,有余于下。不足于下者,有余于上。■

二

　　下面把简文内容简单解释一下,并把考释中的问题以案语形式随文注出。

　　这篇短文可以分为两段,第一段主要是讲"天道"即太一创造天地四时的程序。〔案:简文"太一"作"大一",这是古人本来的写法。〕这段话又可分为两层意思,一层是讲空间即天地的创造,相当《系辞》"太极生两仪"的概念;一层是讲时间即岁时的创造,相当《系辞》"两仪生四象"的概念。第一层意思,是讲太一生水,水反过来与太一相辅而生天,天反过来又与太一相辅而生地。其中"反辅"是表示正反合式的三极循环:太一生天,"太一"是正题,"水"是反题,"天"是合题;太一生地,"天"是正题,"太一"是反题,"地"是合题,包含两组循环。第二层意思是讲天地生神明,神明生阴阳,阴阳生四时,四时生寒热,寒热生湿燥,最后形成岁。〔案:简文"仓"字,整理者读沧,义同寒,可从,但此字与楚文字中的"寒"字相像(参看楚帛书"寒气热气"一句中"寒"字的写法),也有可能是积非成是的"寒"字,就像"恒"、"极"互讹被当时认可一样。〕其中"相辅"是表示二元概念的对称性。"神明",古书多联言,但简文既称"相辅",则有分读之义。"神明"屡见于《庄子》和《鹖冠子》,有些也是分读(如前者的《列御寇》、《天下》,后者的《环流》、《泰录》)。它们或以道、器别,或以水、火异,是与天、地或阴、阳对应的两种神灵①。"阴阳",《鹖

---

　　① 《庄子·天道》:"天尊地卑,神明之位也。"《鹖冠子·环流》:"近而至故谓之神,远而反故谓之明。"注:"明之在道者为神,神之在器者为明。"同书《泰录》:"故流分而神生,动登而明生。"注:"'流分'谓水也。天一生水,其于物为精,精聚而后神从之。""'动登'谓火也。地二生火,其于物为神,神会而后识从之。"(案:"天一生水,地二生火"说,见《汉书·律历志》引刘歆"三统说"。)又"神明"与"神灵"义近,《大戴礼·曾子天圆》说"阳之精气曰神,阴之精气曰灵"。

331

冠子》的解释是"阴阳,气也"(《夜行》)或"阴阳者,气之正也"(《度万》),常与"寒暑"连言。"四时",春、夏为阳,秋、冬为阴,也可分为两种。"仓热",即寒热,《鹖冠子》作"寒温"(《道端》)或"寒暑"(《近迭》、《度万》)。"湿燥",《鹖冠子》说"地湿而火生焉。天燥而水生焉"(《度万》),是对应于天、地或水、火。可见天—神—阳—春、夏—热—燥是概念的一极,地—明—阴—秋、冬—寒—湿是概念的另一极。原文把这一过程顺着讲了一遍,逆着也讲了一遍,然后加以总结。作为总结的话,"大一藏于水",是说太一藏其生机于水,通过水而孕育天地。"行于时",是说天地派生神明、阴阳等物,形成岁时的循环("藏"字喻其静,"行"字喻其动)。"周而又始,以己为万物母",是说通过春夏秋冬的循环往复,太一把自己当作万物的源泉。"一缺一盈,以己为万物经",是说通过寒热湿燥的盈亏消长,太一把自己当作万物的秩序。"此天之所不能杀,地之所不能埋,阴阳之所不能成",〔案:简文"一"写法特殊,原从羽从能,旧以为从能得声,或与"翌"字有关,得此可知皆误,因为能、翌皆之部字,而一是质部字①。简文"埋",原从来从里,是釐字的异体,整理者以为简文"杀"是衰减之义,"釐"是改正之义,似可商榷,因为类似的话见于《荀子·儒效》,是作"天不能死,地不能埋",这里读为埋。〕是说这个程序既然是以太一为起点,天地、阴阳都是太一所生,而不是相反,所以天地不能毁之,阴阳不能成之。最后两句,意思大概是说,君子懂得这番道理才叫什么(好的名称),不懂这番道理则叫相反的什么(坏的名称)。

简文第二段,原来是分成两个片断,这里并为一段,内容是讲"天道"为什么要损有余而补不足。大义是说"天道"总是喜欢弱者,往往削减成

---

① 中国古代的"一"字有多重含义,如:(1)作为数字的"一":一(one)、第一(first);(2)作为个体的"一":每一(each one,every one)、任一(any one)、同一(same one)、单一(single one)、惟一(unique);(3)作为整体的"一":如"一国之众"、"一家之主"的"一"(all,whole);(4)作为动词的"一":专一(concentrate,focus)、统一(unify,u-nite);(5)作为对比的"一":如"一长一短"的"一"(one…,another one…)和"一旦"的"一"(once)。商周文字的"一"只作"一",战国以来分化,数字"一"或从戈从一,或作"壹"(有防伪功能),"统一"之"一"或作"壹",三种写法皆保留于后世,但从羽从能的"一"却不见于后世。简文"一缺一盈"的"一"是属于例(5)的前一类。这个字应怎样分析还值得研究(此字或与中山王方壶铭文中"曾无一夫之救"的"一"字有关)。

熟的东西以补益新生的东西,对强者、众者(?)加以"伐"(打击)、"责"(诛讨),对弱者(?)、寡者(?)加以帮助、扶持(?)。土在下为地,气在上为天。"道"只是它们的"字",〔案:"字"是人成年后起的名,这里似乎是说"道"乃天地后来的名。〕"青昏"才是它们的"名"。〔案:"名"是人出生后起的名,这里似乎是说"青昏"乃天地原来的名。"青昏",整理者读"请问",但下文没有答案,比较可疑,夏德安(Donald Harper)教授以为应即天地的"名",可从。他说马王堆帛书《却谷食气》篇讲天地六气有"清昏",或即这里的"青昏"①。我们怀疑,这里的"青昏"也可能是指天地未生时的混沌状态或天地所由生的清、浊二气。〕按"道"做事的普通人当然得托"道"的"名",即使是圣人也要托"道"的"名"。〔案:这里的"名"可能是兼指"名"、"字"。〕他们都托"道"的"名",所以才能既把事情做好,又有益自身,不受伤害。"天地名字并立"〔案:这句话的含义还值得推敲,可能是指天地的名、字都已具备,或天地的名、字彼此相当(古人名、字互训)〕,本来应当天平地齐,但"天道"的安排却偏不如此,反而故意让两者错位,〔案:"讹",简文从心从化,整理者读过,但从文义看,此字是指天地错位,读讹更顺,"方"是配伍之义。〕不想让它们平衡对称:天向西北倾斜,上面的天低了,下面的地就高隆;地向东南倾斜,下面的地低了,上面的天就空阔。〔案:缺字可能是"虚"、"阔"、"空"、"旷"一类词,下字当韵脚,有可能是"空"或"旷"。〕所以说"不足于上者,必有余于下;不足于下者,必有余于上"。

三

《太一生水》讲天地创辟,是推原于"太一",这点很值得注意。"太一"是什么? 从文献记载看,有三种含义。作为哲学上的终极概念,它是"道"的别名(也叫"大"、"一"、"太极"等等);作为天文学上的星官,它是天极所在,斗、岁(太岁)游行的中心;作为祭祀崇拜的对象,它是天神中的至尊。过去由于载籍缺略,语义含混,学者存在不少误解,近来因考古材料增多,

---

① 感谢夏德安教授在郭店《老子》国际研讨会(Dartmouth College,1998 年 5 月22~26 日)上向我指出此点。

333

特别是发现了一些比较形象的材料,情况才有所改观①。

对于研究"太一",文字的材料固然重要,但"图"的线索也不容忽视。因为中国古代的书(比如《汉书·艺文志》著录的书)往往都是"图书",图画、文字是相翼而行②。"图书"的"图"和美术用途的"图"不一样,它是表现思想的。古人对说不清写不清,特别是讲抽象概念的东西,往往要借助于"图"。他们对"图"的依赖性有时比现代人还大(当然现代人也一样少不了它)③。我们要想了解古代的思想,不仅需要发现古代的"图",有时也要自己动手画一点"图"(复原图或帮助理解的图)。例如马王堆帛书中的图,就是我们新发现的"图",宋代的易图,就是后人画的"图"(莱布尼茨正是以此入手理解《周易》)。"图"对理解古代思想意义很大,已经引起不少学者注意。例如巫鸿教授就屡次和我谈起,认为很有必要把"图学"加以发扬。他不仅在美国亚洲学会 1998 年的年会上组织过专门讨论,还为此造了一个新词,叫 tuology。

从 tuology 看《太一生水》,有三个视觉材料可以比较④:

(1)战国时代的"兵避太岁"戈。是由一个"大"字人形的神物和三条龙组成的图符。神物足踏日月(日在图左,月在图右),铭文作"兵避太岁"。

(2)西汉时期的马王堆《避兵图》。也是由一个"大"字人形的神物和三条龙组成的图符。神物有文字题记,可知为"太一"。三龙,左下之龙是黄首青身,题"青龙奉容(瓮)";右下之龙是黄首黄身,题"黄龙持鑪";上方

---

① 参看 Li Ling, "An archaeological study of *Taiyi* 太一 (Grand One) worship", translated by Donald Harper, *Early Medieval China*, Vol.2(1995～1996), 1～39 页。

② 参看李零《楚帛书的再认识》,《中国文化》第 10 期(1994 年),42～62 页。我在该文中把古代"图书"分为五种形式。

③ 这种图与文字都是视觉材料,但功能并不一样。它不仅为文字佐,还可单独用,有它自己的意义和理解方法。在许多方面,它接近于符号,符号可以是字或者含有字,但意义的理解不一定靠"读"。例如古代的道符和现代的交通标志,它们的意义都不一定是"读"出来的,而更主要是"看"出来的。我们所说的"图"也是这样。

④ 参看 Li Ling, "An archaeological study of *Taiyi* 太一 (Grand One) worship", translated by Donald Harper, *Early Medieval China*, Vol.2(1995～1996),1～39 页。

之龙也是黄首青身,无题记。此外,神物胯下之龙的两旁还有题记称为"武弟子"的四个避兵之神。

(3)东汉时期的曹氏朱符。内含一符,是由一星在下、三星在上作点线连接如Y字形,标注"大、天一"三字。

我们理解,这三个例子虽有差异,但基本构成部分是一样的,例(1)、(2)是图形化的倒Y字形符号,例(3)是简化的正Y字形符号,它们就是古书所说"一星在后,三星在前"的"太一锋"。"太一锋"是由"太一一星"和"天一三星"组成。前者即小熊星座的β星(β UMi),为亮星,现已偏离北极,但2000年前,位置与今北极相近。后者则在太一之下和斗口的上方,顶角朝向太一,开口朝向斗口,若明若暗,似为虚星(概念上的星),难以确指。"天一三星"即古书所说的"三一":"天一"、"地一"、"太一"("三一"中的"太一"是"天一"、"地一"的合题,它是次级的"太一",与前一种"太一"不同)。"天一"即三龙中的青龙(所以"天一"、"青龙"皆"太岁"之别名),是水、木之象(青龙是天龙,在天行雨,"瓮"为水器,青为木色),"地一"是三龙中的黄龙,是土象(地即土)和火、金之象(黄龙是地龙,在地潜渊,"鑪"是冶炉,为火、金之象,黄为土色),"太一"即三龙中位于上方的那条龙①。"兵避太岁"戈上的日、月,《避兵图》上的四个"武弟子"(代表四时),也是按一左一右,与"天一"、"地一"对应合并三图,我们可以画成一幅简图(图58)。

仿照上面的简图,我们也画了一张图,用来图解《太一生水》(图59)。它和宋代周敦颐图解《系辞》宇宙论的"太极图"(图60)比较相像,可以用作阅读的参考。《系辞》"太极"也就是古书常见的"太一",两者都是推始天地阴阳的终极概念。

---

① 参看饶宗颐《图诗与赋——马王堆新出〈太一出行图〉私见》,收入湖南省博物馆《湖南省博物馆四十周年纪念论文集》,湖南教育出版社,1996年,79~82页;李零《"三一"考》,《哲学与文化月刊》(台湾辅仁大学的杂志),第26卷第4期(1999年),359~367页。案:饶文引伯希和藏敦煌本孙柔之《瑞应图》,指出马王堆《避兵图》中的三龙就是"三一",甚确,拙文有进一步论证。

```
              大一

               |

              大一

             /   \
            /     \

         天一      地一

          |        |

          日        月

          |        |

          水        火

          |        |

          木        金

          |        |

         春夏      秋冬
```

图 58 "太一锋"示意图（作者绘）

另外，在《太一生水》中，"水"的作用也值得注意，因为原文讲太一生天地是以"水"为中介。尽管原文讲这一创造过程是以两个三段式来表达，"天"和"水"的关系比较明显，"地"和"水"的关系不太清楚，但《管子·水地》有"水"为"地之血气"之说，如按此说，前面两个三段式后可能还有"地"—"水"—"太一"的回路（古人理解，天气下降，地气上腾，天雨、地水是相互转化），我们也可以把它与太一、水、天、地的循环过程画成一个示意图（图61）。原文说"大一藏於水"，是以"水"为"太一"的实体，其地位

```
          大一
           │
           水
          ╱ ╲
        天     地
        │      │
        神     明
        │      │
        陽     陰
        │      │
       春夏    秋冬
        │      │
        熱     寒
        │      │
        燥     濕
          ╲ ╱
           歲
```

图 59　《太一生水》篇图解(作者绘)

显然在"天"、"地"之上,正与图 58 的第二个"太一"相当。〔案:道教有天地水"三官"之说。〕①

———————

① 古人论水之说甚多,参看 Sarah Allan, *The Way of Water*, State University of New York Press,1997 年。

太極圖
無極而太極

陽動　　陰靜

火　　水

土

木　　金

乾道
成男　　坤道
成女

萬物化生

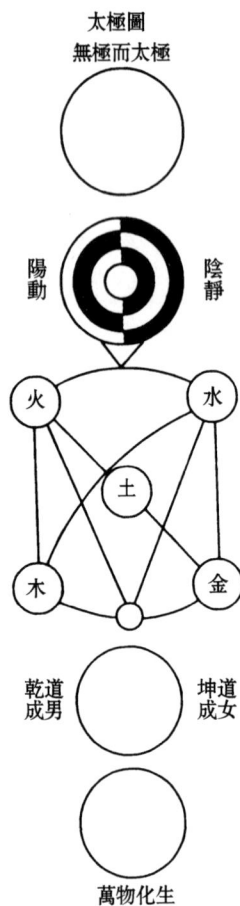

图 60　周敦颐《太极图》

四

《太一生水》与《老子》丙本同抄，它和《老子》有什么关系，也是个值得探讨的问题。下面是两者的比较（下引《老子》是用王弼本）：

（一）《老子》没有"太一"，但常以"大"或"一"指"道"，有"道生天地"之说。如：

是以圣人抱一，为天下式。（第二十二章）

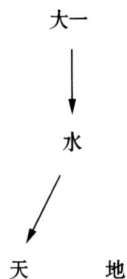

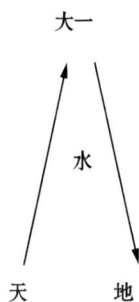

图 61 "太一生天地"的三个循环过程(作者绘)

　　有物混成,先天地生。寂兮寥兮,独立不改,周行而不殆,可以为天下母。吾不知其名,字之曰道,强为之名曰大。大曰逝,逝曰远,远曰反。故道大,天大,地大,王亦大。域中有四大,而王居一焉。人法地,地法天,天法道,道法自然。(第二十五章)

　　昔之得一者,天得一以清,地得一以宁,神得一以灵,谷得一以

盈,万物得一以生,侯王得一以为天下贞。(第三十九章)

　　道生一,一生二,二生三,三生万物。(第四十二章)

其第二十五章是以"自然—道—天—地—人"的顺序讲宇宙生成。其所谓"先天地生"、"为天下母"的"物"是以"道"为字,以"大"为名,这和简文以"道"为"字"、"青昏"为"名"是类似说法。"强名之曰大",《吕氏春秋·大乐》作"强为之名,谓之太一",可见"大"就是"太一"。第四十二章,"道生一"是"道立於一","一生二"是"造分天地","二生三"是"化成万物"(参看《说文解字》卷一上"一"字的解释),也是讲宇宙生成。此章和第二十二章、三十九章中的"一"也是"道"的别名。"太一"应即"大"、"一"的合成词。

　　(二)《老子》无"太一生水"之说,但有"贵柔尚水"之说。如:

　　上善若水,水善利万物而不争。(第八章)

　　天下莫柔弱于水,而攻坚强者莫之能胜,其无以易之。弱之胜强,柔之胜刚,天下莫不知,莫能行。……(第七十八章)

　　(三)《老子》以"道"为"周行不殆"的"天下母"或"万物之母",这和简文"周而又始,以己为万物母"是类似说法。如:

　　无名,天地之始;有名,万物之母。(第一章)

　　有物混成,先天地生。寂兮寥兮,独立不改,周行而不殆,可以为天下母。(第二十五章)

　　天下有始,以为天下母。既得其母,又得其子;既知其子,复守其母,没身不殆。(第五十二章)

　　(四)《老子》讲"天之道,损有余而补不足",讲"益生曰祥",这和简文第二段的内容也非常吻合。如:

　　益生曰祥。(第五十五章)

　　天之道,其犹张弓与。高者抑之,下者举之;有余者损之,不足者补之。天之道,损有余而补不足。(第七十七章)

简文第二段讲"天不足于西北","地不足于东南",整理者引《淮南子·天文》讲共工触不周山的故事为证,甚确,但对比《老子》可知,这段话的主旨

340

不是讲天地形势而是讲"天之道,损有余而补不足"。

关于《太一生水》与《老子》的关系,李学勤先生已有专文讨论①,该文据《庄子·天下》对关尹、老聃派的描述,推测此篇是"关尹遗说",现在还很难证实。但《太一生水》在思想上与《老子》有关还是比较可信的,至少也是阅读《老子》的参考资料。

五

《太一生水》,从内容上看,应属宇宙论(cosmology)的范畴。中国古代的宇宙论是天地人"三才"都讲②。从技术的角度讲,它与数术之学关系最大。数术讲天地之道,在古代影响很大,是当时"资源共享"的知识,从道理上讲,什么人都可能关心,什么人都可能涉及。但实际上,它和各种思想流派的关系,还是同阴阳家特别是道家最密切,是以它们所论最有哲理。因为同样是"谈天说地",有没有"终极关怀"可大不一样。有,才能称为"道";无,只能算是"术",甚至只是常识层面上的东西。

比如我们可以拿《太一生水》与楚帛书作个比较③。

楚帛书是讲历忌之术的数术书,它的乙篇(中间的短篇)也讲岁时创造。它分三个阶段。最初是荒古时代,茫昧混沌,当时没有日月,山陵无序,只有用寒、热二气(代表阴阳)作为秩序,靠伏羲、女娲所生的四个儿子,"四神相代,步以为岁"。其次,过了"千有百岁",才有了日月,但九州

---

① 李学勤《荆门郭店楚简所见关尹遗说》,《中国文物报》1998年4月8日,第三版。

② 中国古代的宇宙论是以谈天(天论)为主,但谈天往往说地,说地往往及人。如号称"谈天衍"的邹衍就是既谈天又说地,甚至讲历史。汉以来,古书以天文(或天官)、地形(或地理)、时则(或律历)分叙(如《淮南子》《史记》《汉书》),始趋精密。古代的宇宙论可能有很多不同说法(如隋唐天论有"三家"、"六家"之异,对宇宙结构的理解很不一样),"太一"的说法也未必统一(如《史记·封禅书》记汉武帝兴太一祠,所献之方有三)。

③ 李零《长沙子弹库战国楚帛书研究》,中华书局,1985年。

341

附录三　读郭店楚简《太一生水》

不平,山陵崩堕,四神又以青、赤、黄、白、黑五色木(代表五行)支撑天地,奠定三天四极。恢复宇宙秩序,然后才有了按"日月之行"推算的"四时"。最后,除一年分为四时,还有了旬日的计算,以及一日之内的四时,即朝、昼、昏、夕。这里面有"寒热"、"日月"、"四时","五行"的概念,和上面提到的各种"太一图"是比较相像的。但此书没有"太一"或与"太一"相当的概念,这是它和《太一生水》不同的地方。《太一生水》是从"太一"即"道"的观念讲宇宙生成,这是它的特色所在。

中国古代的宇宙论有"太一"、"太极"两种表达,过去注意较多主要是《系辞》"太极说",现在看来,文献中的"太一说"也值得发掘。此说不仅与《老子》有关,也见于《庄子·天下》(与"神明"并提,据说是关尹、老聃派的特点之一)和《鹖冠子》的《泰鸿》、《泰录》(是作为位居天宇中央,"众神仰制"的至尊之神,以及"天地"、"神明"、"阴阳"、"四时"、"寒暑"、"湿燥"等概念的终极),显然是道家的重要概念。另外,《荀子》、《礼记》、《吕氏春秋》、《淮南子》和《史记》、《汉书》也都提到"太一",可见此说于古代有极大影响。简文发现为我们带来了新的希望。

据笔者 1998 年 5 月 25 日在郭店《老子》国际学术研讨会(Datrmnouth College)上的发言和 5 月 28 日在芝加哥大学的演讲(Cochrane-Woods Art Center)扩大改写,6 月 22 日杀青于美国西雅图。

【补记】 "太一"见于古文字资料,楚占卜简作"太"(字形作 **太** 或 **太**,与《说文》卷十一水部"泰"字的古文不同),马王堆《避兵图》作"大一"。"太"作"泰"可能是秦系文字的写法,如泰山刻石和碣石刻石都有"泰"字(原石,前者残,后者佚,但翻刻的传拓本有之,《史记·秦始皇本纪》的录文亦有之)。汉代的"泰"字可能是来源于秦文字,如汉泰官鼎(见孙慰祖、徐谷甫《秦汉全文汇编》,上海书店,1997 年,66 页:80)的"泰"字即同于秦刻石。《说文》以"滑也"训"泰",其字形作大字下有双手,水泻胯下。今得《太一生水》篇,比观出土太一形像,含义耐人寻味。

秦骃祷病玉版的研究

秦骃祷病玉版是北京私人所藏。原物曾经中国历史博物馆史树青、北京大学考古系高明和故宫博物院金运昌三位先生过目。史先生曾为玉版之一正面的刻铭作初步释文,高先生和金先生也有若干补释,对铭文释读是进一步推动①。近日,笔者承高先生介绍,有幸获观原物,除对上述刻铭做重新校订,还对另外三面的朱书也做了进一步考察。由于此物牵涉广泛,正是笔者夙所关心,高先生遂以考释之任相委。予虽不才,而兴趣盎然,率尔操觚,自谓略有心得。今不揣浅陋,草成此篇,特将考察结果公之于世。

一、器形和铭文

玉版共两件,皆用墨玉制成(图62)。玉质经北京大学地质系王式洸教授鉴定,属于蛇纹岩(serpentine)。其中一件保存完好,一件约自上三分之一处断折,下以"甲版"、"乙版"别之,分三个方面介绍:

(一)形制特点

(1)甲版(图版八-1、2)

是一长方形板状物,长23.2厘米、宽4厘米、厚0.5~0.7厘米,其板材切割不尽整齐,从文字书写的方向看,是呈上薄下厚的趋势,左右边缘大体平直,上下边缘略呈弧形,左上、右上两角并被切去。玉版修治比较

---

① 凡容易辨认,所释不误,三位先生意见相同处,下面不再注明。注明处只是稍有难度,或存在歧解,值得加以介绍的精见。

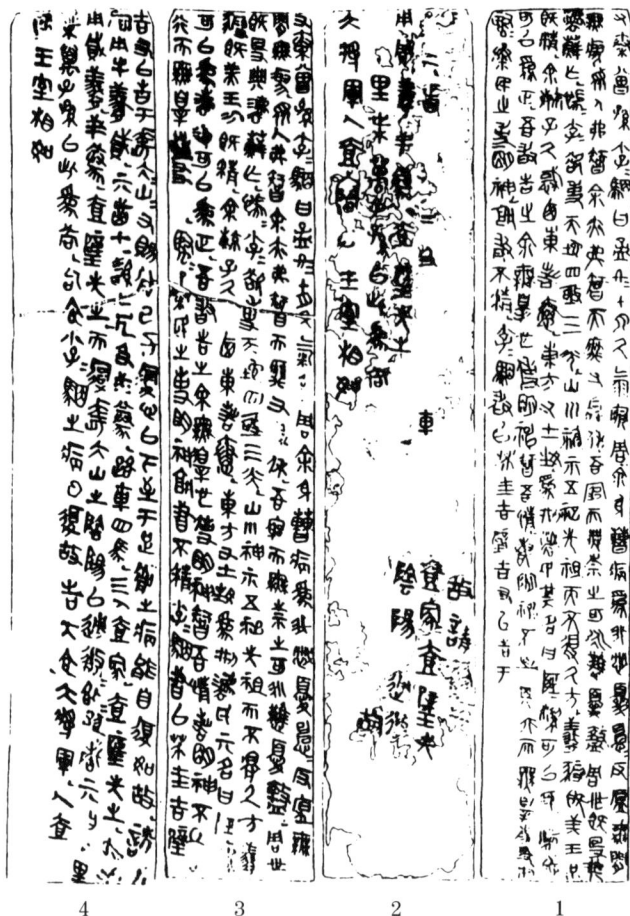

图 62　玉版铭文摹本(董珊绘)

1. 甲版正　2. 甲版背　3. 乙版正　4. 乙版背

粗糙,版面呈灰色,但从四缘的侧面看是黑色。版面留有红、黑两种痕迹。红色当是朱砂,可能是先书丹后刻写,或因乙版叠压而遗存。黑斑是粘附之物,成分有待鉴定。正反皆有铭文。正面是刻铭,铭文作六行书:第一行28字,合文1字,重文1字;第二行31字;第三行32字,重文1字,合文1字;第四行30字;第五行31字;第六行24字,重文1字,合文1字,下空白,约可容7字,文未完,接在背面。整版合计176字,合文3字,重文 3 字。背面是朱书,字迹被一层水垢覆盖。水垢的成分还有待鉴定。从露出的字迹看,似与乙版背面文字相同,可据后者推知其内容。

(2)乙版

形制与上略同,长 23 厘米、宽 4 厘米、厚 0.4～0.6 厘米,其板材切割与上同,从文字书写的方向看,也是上薄下厚,而且在背面左缘留下一道锯痕。两版或由同一板材对剖,一分为二。文字,两面都是朱书。其正面与甲版正面同,惟行款略异:第一行是从"又"字至"无"字,第二行是从"閒"字至"世"字,第三行是从"既"字至"洁"字,第五行是从"可"字至"其"字,第六行是从"行"字至"璧"字,文未完。背面接正面,作五行书,第六行空白无字:第一行从"吉丑"开始,30 字,重文 2 字;第二行 28 字;第三行27 字,重文 2 字;第四行 26 字,合文 1 字;第五行 5 字,下约空 21 字。整版合计 116 字,重文 4 字,合文 1 字。若以甲版正面铭文与乙版背面铭文合并,去除重复的 5 字,全文当为 287 字,重文 7 字,合文 4 字;连重文、合文计算,达 298 字。

(二)铭文释文

(1)甲版正面

又(有)秦曾孙少₌(小子)骊曰:孟冬十月,氒(厥)气寴(败)周(凋)。余身曹(遭)病,为我感忧。患₌(辗转)反廗(侧),无间 1 无瘳。众人弗智(知),余亦弗智(知),而麿又(有)□(息?)休。吾窜(穷)而无奈之何,永(咏)戁(叹)忧盩(愁)。

周世既叟(没),典 2 瀍(法)薛(散)亡,惴₌(惴惴)少₌(小子),欲事天地、四亟(极)、三光,山川、神示(祇)、五祀、先祖,而不得氒(厥)方。

羲(牺)羖既美,玉帛 3 既精,余毓子氒(厥)惑,西东若惷。东方又(有)土姓,为刑瀍(法)氏,其名曰陉,洁可以为瀍(法),□ 4 可以为正。吾敢告之余无皋(罪)也,使明神智(知)吾情。若明神不□其行,而无皋(罪)□友(宥)刑,5 蛵₌(硁硁)柔(烝)民之事明神,孰敢不清(敬)?

少(小子)骊敢以芥(介)圭、吉璧吉丑(纽),以告于 6。〔案:最后五字与下乙版背面开头五字重。〕

(2)乙版背面

吉丑(纽),以告于崋(华)大₌山₌(太山。太山)又(有)赐:□己□□心以下至于足髃之病,能自复如故。詉□1□用牛羲(牺)贰(二),亓(其)齿七,㬥(?)□□及羊、豢,路车四马,三人(?)壹(一)家,壹(一)璧先之。□□2用贰(二)羲(牺)、羊、豢,壹(一)璧先之。而䢺崋(华)大(太)山之阴阳,以迭(?)□₌咎₌(□咎,□咎)□□,亓(其)□□里。3枼(世)万子孙,以此为尚。句(后)令(?)孛₌(小子)驷之病自复。故告大壹(?)、大将军,人壹(一)□,4□王室相如。5

(三)定名依据

上述器物,前所未见,如何定名,值得考虑。首先值得注意的是,它们的形制和尺度与出土简牍的"牍"这一类特别是"尺牍"非常相似(战国一尺约合23.1厘米)。古代的牍是断木为板(多用松木),刮削而成。这种长方形薄板,或称"方",或称"版",但最普通的名称是"牍"。木牍长度,据王国维考证,是以"五"为基数:其板材以三尺下料("六五",约69厘米),叫"椠",是最长的牍;比三尺的牍短,有二尺五寸("五五",约57.5厘米)、二尺("四五",约46厘米)、一尺五寸("三五",约34.5厘米)、一尺("二五",约23厘米)和五寸("一五",约11.5厘米)等不同长度①。现已发现的木牍,有些比较长,如青川木牍共两方,一方长46厘米、宽2.5厘米、厚0.4厘米(M50∶16),一方长46厘米、宽3.5厘米、厚0.5厘米(M50∶17),都是二尺的长牍②。但最流行的牍还是尺牍。如尹湾汉墓出土的牍,都是22.5～23厘米、宽7厘米的木牍,一下子就出了24方③。这些木牍都是尺牍,其四角往往被切削,正与这两件器物相似。

古代的牍与简相似,是常用书写材料。但牍版面较宽,可以单用,也可以合编,比简册更适于作临时记录,所以在档案文书方面应用甚广。牍

① 王国维《简牍检署考》,收入《王国维遗书》,上海古籍书店,1983年,第九册。

② 四川省博物馆等《青川县出土秦更修田律木牍》,《文物》1980年1期,1～21页。

③ 连云港市博物馆等《尹湾汉墓简牍》,中华书局,1997年。

多为木牍，但也有竹牍（主要流行于南方）。如包山 M2 出土的竹牍是记下葬车辆，作三面刮削三行书，尺度不详①；凤凰山 M168 出土的竹牍是告地册，作五面刮削五面书，长 23.2 厘米、宽 4.1～4.4 厘米②。其形状与鄂君启节相似。鄂君启节有四件，一件长 31 厘米、宽 7.3 厘米；三件长 29.6 厘米、宽 7.3 厘米，皆九行书。器物虽为铜铸，用作符节，但形制却是模仿竹牍。此外，古人还把重要文件或地图铸在铜板或刻在玉板上，称为"金版"或"玉版"。如中山王墓的《兆域图》就是"金版"的实物（形体较大），和普通画于木板上的地图形成对照③。《韩非子·喻老》"周有玉版"，不详何物，但《大戴礼·保傅》"书之玉版，藏之金匮"，《史记·太史公自序》"明堂石室金匮玉版"，则属图籍。

古人祭告山川，有以玉制板状物书写祝文的传统，一种类似于简，一种类似于牍。如历代封禅所用玉册（又称"玉牒"、"玉简"，见《史记·封禅书》、《续汉书·祭祀志上》、《通典》卷五四《礼十四·封禅》等）即属前一种。古代封禅凡六（秦始皇、汉武帝、汉光武帝、唐高宗、唐玄宗、宋真宗），现存出土物只有台湾故宫博物院藏 1931 年山东泰安蒿里山出土唐玄宗、宋真宗禅地玉册（图 63）④。册出五色祭坛中，编以金绳（宋册存，唐册所穿似非原物），盛以玉匮（宋册存，由玉片缀合），封以玉检。前者 15 枚（分为三版），每简长 29.2～29.8 厘米、宽 3 厘米、厚 1 厘米，刻字填金一行书，为白色大理石（汉白玉）。后者 16 枚，每简长 29.5～29.8 厘米、宽 2

---

① 湖北荆沙铁路考古队《包山楚墓》，文物出版社，1991 年，上册，276～277 页；下册，图版二一一。

② 纪南城凤凰山一六八号汉墓发掘整理组《湖北江陵凤凰山一六八号汉墓发掘简报》，《文物》1975 年 9 期，1～8 转 22 页，图版三：1。

③ "金版"，见《群书治要》卷三一引《逸周书·大聚》、《六韬·武韬》、《庄子·徐无鬼》。金版地图是贵重器物，和普通地图不同。普通地图多画于木板。如放马滩秦地图就是画在长 26.5～26.8 厘米、宽 15～18.2 厘米的木板上。见曹婉如等《中国古代地图集（战国—元）》，文物出版社，1990 年，图版 4～17。

④ 1950 年末发掘的河南辉县固围村 M1 魏国祭祀坑曾出土大量玉器，其中有无字玉简 50 枚，见中国科学院考古研究所《辉县发掘报告》，科学出版社，1956 年。

1

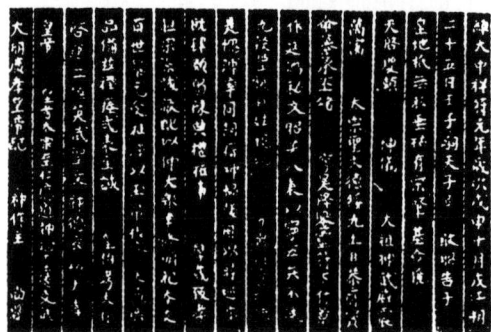

2

图 63　封禅玉册

1. 唐玄宗玉册　2. 宋真宗玉册

厘米、厚 0.7～0.75 厘米，刻字填金一行书，为白色闪玉①。两者都是唐宋时期的一尺简（唐一尺约合 30.3 厘米，北宋一尺约合 31.6 厘米）。其形制与历年出土唐以来的哀册相似（如陕西临潼西泉乡唐惠昭太子墓、北京丰台唐史思明墓、江苏江宁牛首山南唐钦陵、四川成都前蜀王建墓所出），都是模仿简策。还有一种是与道教有关的"投龙简"（图 64）。目前

---

① 台湾《故宫文物月刊》106 号（1992 年）载那志良《唐玄宗、宋真宗的禅地玉册》（6～11 页）、邓淑蘋《唐宋玉册及其相关问题》（12～25 页）、何传馨《略谈唐玄宗禅地祇玉册的书法》（26～33 页）、李继生《玉册出土地点》（60～63 页）。案：清乾隆十二年（1747 年）在泰山日观峰曾发现宋真宗告天玉册，亦盛以玉匣，缄以玉检金绳，其一启，共 17 简，其一未启，与禅地玉册为一时所藏，今佚，见李继生文引清聂剑光《泰山道里记》。

1   2

图 64　投龙简

1. 唐玄宗投龙简　　2. 五代钱镠投龙简

发现的"投龙简"也是唐以来的东西。其质地分"金"(又有金、银、铜、铁之异)、"玉"(也包括石制品)两大类,而以"玉"为主,常与金龙、玉璧相伴,沉埋于名山大川(有投山、投水、投土之分),用于除病禳灾,祈愿还愿①。这

　　①　参看 Édouard Chavannes,"Le Jet des Dragons",*Memoires Concernant l'Asie Orientale*,3(1919),53~220 页,黄涌泉、王仕伦《五代吴越文物——铁券与投龙简》,《文物参考资料》1956 年 12 期,56~57 页;王育成《明武当山金龙玉简与道教投龙》,《社会科学战线》1994 年 3 期,148~155 页;刘侃《一座年轻的博物馆——记绍兴博物馆》,《文物天地》1998 年 6 期,21~24 页。案:关于道教"投龙简",王育成先生有专门研究。这里所述是承王育成先生指教,谨致谢忱。

种器物虽以"简"为名,而形制为一尺左右的板状物①,多行书写,实与版、牍相同。

同这两类器物相比,我们讨论的器物似更近于后者。在缺乏器物自名的情况下,我们不妨把它暂时叫作"玉版",以别于单行书写、编联成册的"玉册"。玉版铭文所见祝告之人"有秦曾孙小子驷","秦"是国氏,"曾孙"是行辈,"小子"是谦称,"驷"是私名。祝告内容是求神除病。为了称引的方便,我们把这两件器物简称为"秦驷祷病玉版"。

(四)其他有关器物

与这两件玉版有关,除上述玉册和投龙简,还有一些器物可供比较:

(1)侯马盟书和温县盟书。材料和书写方式与此相似,但形状不同。内容和用途也不太一样。侯马盟书(1965年出土)是春秋末年的晋盟书,约有5000余件,材料分石、玉两种,用朱砂和墨书写,长短、宽窄、厚薄不同。最大者长32厘米、宽3.8厘米、厚0.9厘米。多数长18厘米、宽不足2厘米、厚0.2厘米。石质多为灰黑、墨绿和赭色的泥质板岩(占总量的三分之二)。玉质是透闪岩、夕卡岩和蛇纹岩。形状有多种,圭形、半圭形最多,不规则形(用废玉料书写)也比较多,少数为璜形②。温县盟书(1979年出土),也是春秋末年的晋盟书,数量很大,有10000余片。1930、1935、1942年,当地也出土过类似器物,旧称"沁阳盟书",标本11件现藏中国社会科学院考古研究所。其质地、形状、书法、内容均与前者相似③。

(2)诅楚文。北宋时期出土,分《巫咸文》、《湫渊文》、《亚驼文》三种,是秦惠文王或秦武王祝诅楚怀王的铭文。原物已失传,只有刻本传世,形

---

① 唐杜光庭《太上黄箓斋仪》卷五五《投龙璧仪》谓投龙简以长一尺二寸、宽二寸四分、厚二分为法,出土实物宽、厚有差,长度也未必相同,但多在一尺左右(以当时尺度计算)。

② 山西省文物工作委员会《侯马盟书》,文物出版社,1976年。

③ 河南省文物研究所《河南温县东周盟誓遗址一号坎发掘简报》,《文物》1983年3期,78~89转77页。案:关于侯马盟书和温县盟书的年代,参看李学勤《侯马、温县盟书历朔的再考察》,收入饶宗颐主编《华学》,第三辑,紫禁城出版社,1998年,165~168页。

状不明①。但铭文说此铭是"箸（书）者（诸）石章"，可见也是用毛笔书写，而且也是写在石制的板材上，它很可能是与侯马、温县盟书相似，但也不排斥是作版牍的形制。

（3）陕西师范大学藏瓦书（自铭"瓦书"，图 65）。这是一件用泥坯刻字烧制的陶版，1948 年陕西户县出土，内容是记秦惠文王四年（前 334 年）

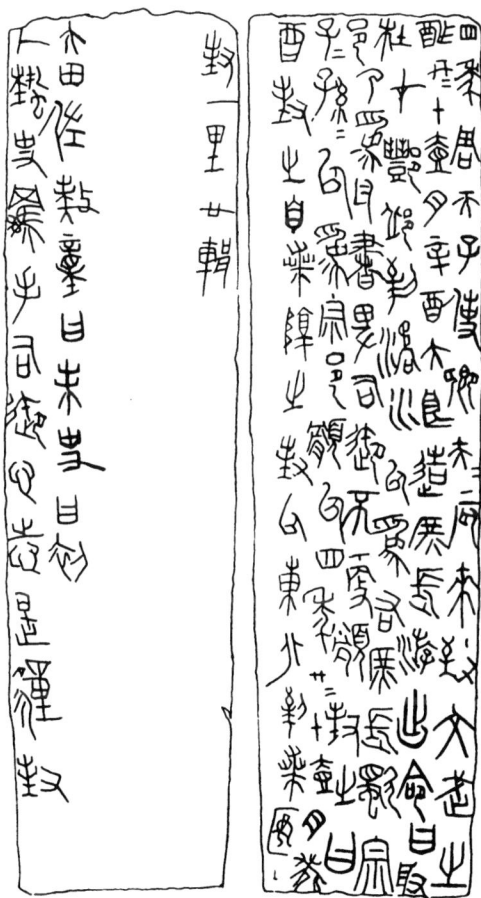

图 65　陕西师大藏瓦书

---

① 郭沫若《诅楚文考释》，收入《郭沫若全集》，考古编第九册，科学出版社，1982 年，275～342 页。

十一月辛酉日大良造庶长游布达王命,册赏右庶长歜,赐封宗邑①。器长24厘米、宽6厘米、厚0.5～1厘米,两头薄,中间厚。正面作六行书,每行约14字;背面书三行,空三行,也是一件六行书的尺牍。它除宽度略大,字体略大,年代略早,和上述玉版十分相像。比如铭文把"冬"字下面的两笔置于右下,如同重文号或合文号,就是彼此相同,很有特点的写法。

(五)字体特点

上述玉版,从书体风格看,除甲版正面为刻铭,其他是朱书。同样的文字,刀刻和笔书,风格很不一样。前者多为方折之笔,文字舒朗开阔;后者多为圆转之笔,笔画较粗,字体向右下倾斜,形成对比。两者都是战国晚期篆书的代表。其字体比上述瓦书晚,但比睡虎地秦简和马王堆帛书中的两种字体(一种接近秦篆,一种接近武帝前后的隶书)要早,对研究秦篆本身的发展和演变很有帮助。

二、内容讨论

上述铭文的前半篇是韵文,韵脚所当之字,右下角多有句读;后半篇不是韵文,但也有句读。句读一般作⌐形,是断句的重要参考。下以甲版正面的刻铭和乙版背面的朱书为主,参考甲版背面露出的朱书和乙版正面的朱书,分段考释,加以讨论:

(一)甲版正面的文字

(1)第一段。押幽部韵,是讲染病不愈。

第一句。"有秦",即秦。古人常以"有"字冠于国名前。如《尚书》所见,虞称"有虞",夏称"有夏",商称"有商",周称"有周"。这样的例子在古书中很多。"曾孙",疑是秦惠文王或秦武王的曾孙。《尔雅·释亲》:"子之子为孙,孙之子为曾孙。""小子",贵族子弟自称"小子",两周金文常见

---

① 郭子直《战国秦封宗邑瓦书铭文新释》,《古文字研究》第十四辑,中华书局,1986年,177～196页。

这种说法。秦惠文王子为秦武王，秦武王弟为秦昭襄王，秦昭襄王子为秦孝文王，秦孝文王子为秦庄襄王，秦庄襄王子为秦始皇。作器者可能是秦庄襄王或秦始皇的同辈，"驷"，是其私名，典籍无考。

第二句。"孟冬十月"，古人以春夏秋冬四时的第一个月为"孟"，第二月为"仲"，第三个月为"季"。十月是冬三月的第一个月，故称"孟冬十月"。

第三句。第一字，写法与"久"相似但并非"久"字。高明先生指出，此字乃"厥"字的早期写法，甚确。下文"厥"字写法同此，不再说明。第三字，从宀从广从贝，疑读"败"。"败"从贝声。第四字，疑读"凋"。冬天，天气肃杀，树木凋败，"败凋"是"凋败"的倒文（为了押韵）。"周"字当韵脚，为幽部字，似有句读。

第四句。"曹"，读"遭"。

第五句。"慼"，所从戚，是秦汉文字常见的写法[1]。"忧"字当韵脚，为幽部字，下似有句读，不太清楚。

第六句。第一字，从心从申，标重文号。古代从申得声的字多为舌音真部字，疑以音近读为"辗转"（"辗"是端母元部字，"转"是庄母元部字）。第四字，从厂从鼎，鼎下有一横。《古文四声韵》卷五第二十八页正有"厕"，字作，云出《开元文》，其所从"则"，省去刀旁，正与此同。此字应即"厕"字，这里读为"侧"。

第七句。"闲"和"瘳"，都是病好的意思。"瘳"字当韵脚，为幽部字，有句读符号。

第八和第九句。"智"，用为"知"，也是病愈的意思。《方言》卷三："差、闲、知，愈也。南楚病愈者谓之差，或谓之间，或谓之知。知，通语也。……或谓之瘳。"这里是说众人的病不好，自己的病也不好，似作者所染乃流行病。

第十句。第四字，可能是"息"字，上半似从自，下半不清，好像与秦文

---

① 参看罗福颐《汉印文字征》，文物出版社，1978年，卷十二，第17页背。

字的"心"不太一样。此字连下"休"字,似乎是说疾疫流行,不能停止。"休"字当韵脚,为幽部字,下有句读,相当模糊,乙版正面有句读。

第十一句。第二字,即"穷"字。第五字,高明先生指出即"奈"字,甚确。

第十二句。前两字,读"咏叹","永"有长义,"咏"字也有这种含义。《礼记·乐记》"咏叹之",注:"咏叹者,谓长声而叹矣。"义同长叹。案郭店楚简《性自命出》有"咏"、"叹"二字[①],"永"字从羊从永,在楚文字中多用为"永"字;"叹"字从心从难,与此同。第四字,疑以音近读为"愁"("愁"是崇母幽部字,"整"是端母幽部字,读音相近)。此字当韵脚,但好像没有句读。

(2)第二段。押阳部韵,是讲祭神无方。

第一句。"周世既没",指周王室灭亡。第四字即"没"字所从,这里读为"没"。郭店楚简《唐虞之道》有"身穷不贪,没而弗利","没"字同此[②]。"周世既没"指哪一年,有两种可能,一种可能是指公元前256年,秦灭西周,周赧王卒,是年为秦昭襄王五十一年;一种可能是指公元前249年,秦灭东周,周王室彻底灭亡,是年为秦庄襄王元年。由此推算,此器当作于公元前256年或249年后。

第二句。"典瀍",铭文中的"法"字皆如此,与秦诏版的"法"字写法相同[③]。《说文》卷十上说"法"是此字的省文。"薛亡",读为"散亡"("散"、"薛"都是心母元部字)。"亡"字当韵脚,为阳部字,下有句读。

第三句。"惴惴",形容恐惧不安。

第四句。"事",祭祀。《春秋》宣公八年"有事于太庙",《左传》昭公十六年"有事于桑山",杜预谓"有事,祭也"。"四极",四方之极。"三光",

---

① 荆门市博物馆《郭店楚墓竹简》,文物出版社,1998年,《性自命出》图版:简25、32、34、35。

② 荆门市博物馆《郭店楚墓竹简》,文物出版社,1998年,《性自命出》图版:简25、32、34、35。《唐虞之道》图版:简2、3。

③ 参看容庚《秦汉金文录》,北平,1931年,卷一。

日、月、星。"光"字当韵脚，为阳部字，下有句读。

第五句。"神示"，天神地祇。"示"，金运昌先生读"祇"（"祇"是群母支部字，"示"是船母脂部字，读音相近），甚确。《周礼》"地祇"作"地示"（如《春官·大宗伯》）。"五祀"，五行之神。一说是五色帝，即青、赤、黄、白、黑五帝（《周礼·春官·大宗伯》注引郑众说）[①]。一说是五官之神，即句芒、祝融、蓐收、玄冥、后土（《左传》昭公二十九年及《周礼·春官·大宗伯》注）。一说是户、灶、中霤、门、行（《礼记·月令》等书）[②]。这里似以前两说为近是。

第六句。"而不得厥方"，指礼法废亡，不能详其仪节。《史记·封禅书》"亳人谬忌奏太一方，曰：'天神贵者太一，太一佐曰五帝。古者天子以春秋祭太一东南郊，用太牢，七日，为坛开八通之鬼道。'于是天子令太祝立其祠长安东南郊，常奉祠如忌方"，也称仪节规定为"方"。"方"字当韵脚，为阳部字，下有句读。

（3）第三段。押耕部韵，是讲求神释罪。

第一句。"犧"，读"牺"。《说文》卷二上："牺，宗庙之牲也。""豭"，公猪，见《说文》卷九下。

第二句。"玉帛"，下字不清，但依稀可辨下面有三竖，乙版正面此字，模模糊糊，也有点像是"帛"字，这里暂释"帛"。"精"，纯粹，与"美"互文，其字当韵脚，为耕部字，下有句读。

第三句。"毓子"，稚子。《广雅·释言》："毓，长也，稚也。"其中作"稚"义的"毓"，字亦作"鬻"。《诗·豳风·鸱鸮》"鬻子之闵斯"，毛传曰："鬻，稚也。""厥惑"，指不得其方。

第四句。"西东"，《淮南子·俶真》："当此之时，万民猖狂，不知东

① 参看孙诒让《周礼正义》卷三十三，中华书局，1987 年，1314～1330 页。

② 睡虎地秦简《日书》乙种简 40 贰"祠五祀日"，易"中霤"为"内中土"，见睡虎地秦墓竹简整理小组《睡虎地秦墓竹简》，文物出版社，1990 年，236 页。又包山 2 号墓出土 394 号竹笥，内盛记户、灶、室、门、行的木牌，见湖北省荆沙铁路考古队《包山楚墓》，文物出版社，1991 年，上册，156 页；下册，图版四七：10～14。

西。"《齐俗》:"古者,民童蒙不知东西。""若惷",《说文》卷十下:"惷,愚也。"这四句的意思似乎是说,牺牲玉帛已经尽善尽美,但奉祭之人仍心存疑惑,惟恐愚蠢可笑。"西东"是"东西"的倒文(为了押韵)。"惷"是东部字,可与耕部合韵,其字当韵脚,下有句读。

第五句。"土姓","姓"字女在右而生在左,写法同《诅楚文》"百姓"的"姓"字①。其字当韵脚,为耕部字,下有句读。

第六句。"氏",写法有点变形,但从乙版正面的文字看,确是"氏"字。

第七句。"陉",为耕部字,当韵脚,下有句读。这几句是说此神以"土"为姓,以"刑法"为氏,以"陉"为名。〔案:《史记·封禅书》记秦故祀,提到"杜主,故周之右将军,其在秦中,最小鬼之神者",疑即此神。杜主即杜伯,是史传被周宣王冤杀而化为厉鬼者,《绎史》卷二七引《周春秋》说杜主名恒,"恒"与"陉"读音相近("恒"是匣母蒸部字,"陉"是匣母耕部字)。杜伯封于杜(在今陕西西安东北),在秦故地之东,或即上文所说"东方"。〕

第八句。"瀍",字残,但仔细观察,仍可见其左上水旁和右下之去。

第九句。第一字,模糊不清。"正",主宰。《老子》"清净为天下正",《管子·水地》"为祸福正","正"字都是这个意思。"正"字当韵脚,为耕部字,下有句读。铭文不避秦始皇讳。

第十句。"辠",见中山王大鼎和诅楚文②,即"罪"字,《说文》卷十四下有此字,许慎说"秦以辠似皇字改为罪"。

第十一句。"明神",经典多见,是神灵的尊称。"情"字当韵脚,下有句读。

第十二句。"若明神不□其行","不"下一字残;"其",模糊不清,乍看好像是"吾"字,史树青先生释"其",甚确。"行",乍看似是"尔"字,但从乙版正面看,确为"行"字,金运昌先生释"行",甚确。此字为阳部字,可与耕部合韵,但未见句读。

---

① 郭沫若《诅楚文考释》。

② 张守中《中山王𰯼器文字编》,中华书局,1981年,63页。郭沫若《诅楚文考释》。

第十三句。"而无罪□宥刑",似乎是说,不加怪罪,减轻其惩罚。"刑"字模糊,但仔细辨认,仍能看出是"刑"字。此字当韵脚,为耕部字,下面应有句读,但与底缘贴近,模糊不清,乙版正面似有句读。

第十四句。"螾",《尔雅·释虫》有"螼蚓",为蚯蚓的别名。此字有重文号,疑以音近读为"硻硻"(声旁相同)。这两个字,典籍亦作"硁硁"。《论语·子路》"硁硁然,小人哉",郑玄注以为是"小人之貌",皇侃疏以为"坚正难移之貌"。"粢",从米从丞,古文字中的"登"字或从米作,并常常与"烝"字通假。我们怀疑,这个字也可能是"登尝"之"登"的异体,在文中读为"烝"。"烝民"是众民,《诗·大雅》有《烝民》篇。"神"是真部字,可与耕部合韵,其字当韵脚,下有句读。

第十五句。第一字,史树青先生释"埶",甚确。"清",乙册正面作"精"。"不清",从文义看,应读为"不敬"。此字当韵脚,为耕部字,下有句读。

(4)第四段。连背面读,无韵,是讲报神之赐。

第一句。"芥",读"介"。"介圭"是大圭,《诗·大雅·崧高》"锡尔介圭,以作尔宝",郑玄笺:"圭长尺二寸谓之介。"

第二句。"丑",这里读为"纽"。《说文》卷十三上"纽,系也",卷十四上"钮,印鼻也",璧无鼻而有组绶,《左传》昭公十三年记楚共王埋璧卜嗣,"平王弱,抱而入,再拜,皆压纽",所谓"纽"疑指组绶之结,即《说文》训为"系"者。包山占卜简记祭祀用玉,是以"环"、"小环"和"丑"为计,"丑"可能也与"纽"有关[①]。又道教投龙简有"以青丝缠纽、璧以附于简及龙","纽"又曰"金纽",也是与璧有关的附属物(金允中《上清灵宝大法》卷四一)。

第三句。连背面读,下文应作"华太山"。

(二)乙版背面的文字

第一句。连正面读,上文应作"吉璧"。

---

① 湖北省荆沙铁路考古队《包山楚简》,文物出版社,1991年,简214释文(34页)和图版九五。

357

第二句。"华太山",即西岳华山(在今陕西华阴南)。华山也叫"太华山",以区别于在它西边的"少华山"(在今陕西华县东南)。铭文"华",原有山旁,是华山的特殊标识字。

第三句。"赐",赐福。

第四、五句。可能是讲令器主之病自动康复如故。第一字与下文"令(?)"字或为同一字。"故"下有句读。

第六句。第一字从言,似是"请"字。"牛牺",牛牲。"贰",原从贝从戌,应即数字"二"的繁写,如同"一"作"壹","三"作"参"。西周铜器五年琱生簋:"公宕其参(三),女(汝)则宕其贰(二);公宕其贰(二),女(汝)则宕其一"①,"贰"字从贝从戌从二,与此略同。"贰"下有句读。

第七句。"其齿七",牛马岁生一齿,古人以齿计龄。《一切经音义》卷二六:"人即数年,牛即数岁,马即数齿。"这里是说所用牛牲乃七岁口。"其"作"亓",与甲版正面不同。"七"下有句读。

第八句。第一字左下笔画不清。"羊",羊牲。"豢",豕牲。《说文》卷九下:"豢,以谷圈养豕也。""豢"下有句读。

第九句。"路车四马",《史记·封禅书》:"有司议增雍五畤路车各一乘,驾被具;西畤、畦畤禺车各一乘,禺马四匹,驾被具。""马"下有句读。

第十句。"家",疑读为"驾"("驾"是见母歌部字,"家"是见母鱼部字,读音相近),"家"下有句读。

第十一句。"一璧先之",先奠璧,后埋牛、羊、豕和车马。"之"下有句读。

第十二句。"豢"下有句读。

第十三句。"之"下有句读。

第十四句。第一字似从辵旁。"华太山之阴阳",华山的南北山麓。

第十五句。含义不详。第二字似从央或从用。

---

① 中国社会科学院考古研究所《殷周金文集成》,第8册,中华书局,1987年,4292。

第十六句。含义不详。

第十七句。含义不详。

第十八、九句。"世万子孙,以此为尚",东周金文常有类似词语[1],如陈侯因𦈻敦"世万子孙,以为典尚"。"尚"下有句读。

第二十句。"句令(?)",疑读"后令(?)"。

第二十一句。"大壹",下字不够清晰,如所释不误,应读"太一",《史记·封禅书》说"天神贵者太一",《天官书》讲星官,首先也是"太一"。楚占卜简述祷病之神首称"太",即太一。"大将军",疑即作为"周之右将军"的杜主。〔案:前者疑即上文称为"明神"者。后者疑即上文称为"东方有土姓,为刑法氏,其名曰陉"者。〕

第二十二句。第三字模糊不清,从甲版背面的铭文看,有点像是"赛"字。

第二十三句。第一字,无法辨认,也可能是表示愿望的"思"字。"王室",秦王室。"相如",古书常见,多用为相似、相当之义,如《墨子·备城门》"备城门为县门,沉机长二丈,广八尺,为之两相如"。这里似指王室相和。

三、总结

上述玉版是研究古代祷病礼俗和山川祭祀的早期实物,对重新理解现已出土的封禅玉册和投龙简有重要参考价值。

经上讨论,我们的初步印象是:

(1)作器者骃可能是秦惠文王或秦武王的后裔("有秦曾孙"),于史无考。

(2)铭文提到"周世既没",提到"王室",用字不避秦始皇讳。其铭文

---

① 中国社会科学院考古研究所《殷周金文集成》,第 9 册,中华书局,1988 年,4649。又可参看周法高《金文诂林》,香港中文大学,1974 年,第二册,454~457 页"尚"字条,其辞例有"子孙是尚"、"永宝是尚"、"永为典尚"、"万岁用尚"。

很可能作于秦昭王灭西周后，秦始皇即位前，即公元前 256 至公元前 246 年之间的十年里。

（3）原文是一篇报神还愿的祷祝之文。祷祝原因是作器者久病不愈，曾到华山祈祷，求神释罪，后来果然痊愈。铭文提到"天地、四极、三光"、"山川、神祇、五祀、先祖"，特别是"明神"、"东方有土姓，为刑法氏，其名曰陉"，以及"太一"、"大将军"，这不仅对了解华山在秦国祭祀系统中的地位，而且对了解古代流行的祷病礼俗也是宝贵材料①。

（4）上述铭文是刻写于两枚玉版，乃非常罕见的早期礼器。其形制尺度和版式设计类似古代流行的尺牍，对研究古代的简牍制度是重要参考。其年代虽比陕西师大图书馆收藏的"瓦书"要晚，但作为"玉版"，还是最早的一例。

（5）其字体同时有刻、写两体，形成对照，对了解战国晚期秦文字的特点是很好的参考。在秦系文字材料中，其篇幅长度仅次于石鼓文（合十鼓，共 500 字，重文 35 字，合文 5 字）和诅楚文（《巫咸文》323 字，《湫渊文》318 字，《亚驼文》325 字）②，而长于其他材料。

上述文物，不仅器物本身很有价值，而且出土线索也极为重要（从考古眼光看，也许更重要）。我们从铭文内容看，其埋藏地点当在西土名山之最的华山山麓（注意：它是秦人的"泰山"），今后应做深入调查③。为了对铭文做忠实反映，笔者请镜界摄影工作室王卫东君为器物拍摄照片，并请吉林大学董珊君参据照片、原物复制摹本，协助核对铭文，提出宝贵意

---

① 历年出土的楚占卜简也有祷病的内容，但后者是因占卜而连带提及，并非祷辞本身，并且简文是死后埋在墓里，也与玉版沉埋山川不同。古人记祷病之辞，除此之外还有香港中文大学文物馆藏东汉建初四年的所谓"序宁病简"。见饶宗颐《中文大学文物馆建初四年"序宁病简"与"包山简"》，中国海南省第一届国际汉学会议论文；连劭名《东汉建初四年巫祷券书与古代的册祝》，《传统文化与现代化》1996 年 6 期，28～33 页。

② 郭沫若《石鼓文研究》、《诅楚文考释》，收入《郭沫若全集》，考古编第九册，科学出版社，1982 年。

③ 历史上华山已出土过带铭文的玉版。如《晋书·慕容儁传》提到"初，石季龙使人探策于华山，得玉版，文曰：'岁在申酉，不绝如线。岁在壬子，真人乃见。'"

见。惜原铭朱书部分或为水垢所掩，即使暴露在外亦色彩暗淡，字迹含混，笔画交融，极难辨认。笔者穷目力之限，仍有若干文字无法窥见，若干词汇不甚了然，毕竟留下遗憾。我们只能期望物归国家，日后以先进技术做重新复原。今以小文作引玉之砖，盼引起进一步讨论，也盼得到批评和指正。

1998 年 11 月 26 日写于北京蓟门里寓所

【补记一】 出土竹牍，除上文所举的两个例子，还有 1993 年 3 月湖北江陵王家台秦墓出土的一枚（M15：10），残长 21 厘米、宽 4 厘米，参看荆州地区博物馆《江陵王家台 15 号秦墓》，《文物》1995 年 1 期，37～43 页。

【补记二】 上文所释"吉璧吉丑"的"丑"字，原文作"叉"，这种写法的"丑"字乃两周金文所习见，参看容庚《金文编》，中华书局，1985 年，990 页；2389"丑"字。又"辗转反侧"的"侧"字，原以为是从厂从鼎加一横，承董珊同学告，陈剑同学认为此字应分析为从厂从日从矢加一横，即《说文》卷七的"昃"字，我引用的《古文四声韵》卷五第二十页的"🟊"字，从字形看，也是从日从矢，原释应从陈剑说纠正。

附录五

绝地天通

——研究中国早期宗教的三个视角

女士们，先生们！感谢法国远东学院安排我在这里演讲，也感谢各位远道前来听讲。今天我要讲的题目是和宗教有关。但我得请各位原谅的是，我对宗教完全是外行。第一，我不信宗教，让信教的人听起来，真是毫无感情，外道隔膜不入流。第二，我对道教和佛教教没下过工夫，知识水平低于一般水准。可是今天为什么我还敢来这儿大放厥词呢？当然第一是有杜德兰博士和吕敏博士的鼓励，第二是"中国早期宗教"，释、道兴起前的中国宗教，很多情况都不太清楚，我就是讲错了，也比较容易得到原谅吧？

一

在正式讨论之前，首先我要讲一下，为什么我会热心上面这个题目。我的"误入歧途"，原因很简单，一是我很好奇，二是它很重要。好奇不必说，它重要在哪里呢？这就是研究任何一种文化，都离不开它的宗教理解。如果你不理解一个民族的宗教，也就不能理解一个民族的文化。而且越是古老的文化，这个问题越突出[①]。

---

① 可是困难也在于，尽管每种文化都有类似的宗教需求（神祇崇拜、教义教规，等），但要想找到一种普遍适用的理解却十分困难。每种宗教都很容易把其他宗教定义为非宗教，或异教（paganism），或邪教（cult），也很容易把自己的宗教标准当普遍标准。所以本文不打算从这样的定义出发，反而把"宗教"当作一种概念更宽泛、历史更长久、讨论更开放的对象，希望从材料本身出发，重新思考定义问题。

在去年的《读书》杂志上,我写过两篇小文章①。我说,在 21 世纪,在我剩下不多的时间里,我想研究中国古代的"现代化"。它包括三个小题目:"绝地天通"、"礼坏乐崩"和"兵不厌诈",都是讨论"中国特色"。其中第一个问题就是讨论中国宗教传统的特色。这两篇文章是我为我的小书《中国方术正考》修订版和《中国方术续考》(中华书局,2006 年)写的前言,带有自我广告的性质。前者专讲方术,后者兼谈巫术和礼仪。它们构成了我讨论中国早期宗教的三个不同视角(注意:是三个视角,不是三个领域)。

"绝地天通"的故事,收于《国语·楚语下》,是一位叫观射父的楚国官员讲给楚昭王听的。它是以重、黎司天地讲祝宗卜史一类职官的起源,特别是史官的起源,包括司马氏这一支的来源(司马迁在《史记·太史公自序》中援引过这个故事,以来讲他的世系),因而涉及到宗教发生的原理。故事要讲的道理是,人类早期的宗教职能本来是由巫觋担任,后来开始有开、地二官的划分:天官,即祝宗卜史一类职官,他们是管通天降神;地官,即司徒、司马、司工一类职官,他们是管土地民人。祝宗卜史一出,则巫道不行,但巫和祝宗卜史曾长期较量,最后是祝宗卜史占了上风,史官文化占了上风。这叫"绝地天通"。在这个故事中,史官的特点是"世叙天地、而别其分主",它反对的是天地不分、"民神杂糅"。可见"绝地天通"只能是"天人分裂",而绝不是"天人合一"。

因为我们尊敬的张光直教授,他讲萨满主义的文章引用和阐发过这个故事②,现在大家都很熟悉它。张先生的解释是受陈梦家影响。因为陈先生有个很有名的说法,就是甲骨卜辞中的商王都是大巫。③ 但不同之处是,张先生有美国人类学的一套解释。他相信东亚和美洲在文化上本来同根同源,因而是参照印第安巫术讲中国早期的宗教和艺术(如玉琮

---

① 李零《"关公战秦琼"的可行性研究》,《读书》,1999 年 7 期,49~57 页;《九九陈愿》,《读书》,1999 年 12 期,63~65 页。

② 张光直《商代的巫与巫术》,收入所著《中国青铜时代》(二集),三联书店,1990 年,39~66 页。

③ 陈梦家《商代的神话与巫术》,《燕京学报》第 20 期(1936 年),485~576 页。

通天,酒醴致幻,铜器上的动物纹样是为了交通民神),这在西方学术界和中国学术界影响都非常大。对上述故事,他看重的是"巫"。另外,吉德炜(David N.Keightley)教授也讨论过这个故事①。他不是人类学家,而是甲骨学家。从甲骨卜辞看"巫",他不太同意张光直先生的意见。他认为,卜辞中的商王并不一定是在迷幻状态下与神灵交通,并以这种方式来治国用兵,因而对商王世俗性更为强调。但他并没有放弃商王是大巫的说法②。因为以过去的想法,西方人更熟悉的想法,大家很难想像,在那么早的时间,中国已经不是由神职人员来控制,至今仍有不少学者相信中国早期是以萨满为中心的世界。前两年,我在英国和美国开过两个会,会议主题都和宗教有关,指定话题都是萨满主义。在伯克利的会上,我记得有一位评议人,是位女士,她说"萨满"本来是个通古斯概念,为什么你们的用法就像"万金油"(这是我的中国式转述),什么时候都可以用,什么地方都可以用。我说你的问题太好,这正是我想向西方同行请教的问题。因为我发现,在西方,这个话题太流行,特别是搞艺术史的,他们热情更高。其实我对这类说法并不赞同。在我的发言中,我想强调的是,对于研究中国宗教,巫术虽有一定重要性(不仅对早期有用,对晚期也有用),但更重要的是,我们应当考虑礼仪和方术的意义。③ 特别是对商周以来的宗教,

---

① 参看:Lothar von Falkenhausen,"Reflections on the Political Role of Spirit Mediums in Early China: The *Wu* Officials in the *Zhou Li*",*Early China*,20,1995,297~300 页引述吉德炜教授的意见,及 279 页,note3 引吉德炜教授的未刊稿:"Royal Shamanism in the Shang: Archaic Vestige or Central Reality?",paper presented for the workshop on Chinese divination and portent interpretation, Berkeley, 20 June-1 July 1983;"Shamanism in *Guo Yu*? A tale of *Xi* 觋 and *Wu* 巫",paper prepared for the Center for Chinese Studies Regional Seminar,Berkeley,7-8 April 1989。

② 在最近出版的《剑桥中国上古史》(*The Cambridge History of Ancient China*, edited by Michael Loewe and Edward Shaughnessy, Cambridge University Press,1999)一书中,吉德炜教授在他写作的第四章中也有一个小题是关于"商王即大巫"的讨论。

③ 参看:饶宗颐《历史家对萨满主义应重新作反思与检讨——"巫'的新认识》,收入《中华文化的过去现在和未来》,北京,中华书局,1992 年,396~412 页。

巫术是太低的估计。我们的发展水平,哪怕商周时代的水平,怎么能用"热带丛林"式的东西去解释呢?我的看法是,对于重建早期中国宗教,我们最好是像二郎神,脑袋上长三只眼。而且在这三只眼中,我更看重礼仪和方术。如果只有巫术一只眼,肯定看不清。

下面让我做一点解释。

(1)巫术。以"高级宗教"看,当然不算宗教,或者只能算"低级宗教"。但它对研究早期宗教确实有用,特别是对研究礼仪、方术的起源很有用。比如巫术包括祝诅和占卜两大分支,前者发展为礼仪,后者发展为方术,就是比较明显的事情。但我们应当注意的是,巫术在礼仪、方术发达起来之后仍然存在,即使对研究晚期,它也非常重要。特别是它在民间有很大影响,和"左道"的概念(类似西方所谓的"异教"或"邪教")一直有关,汉以来的律令都是禁之惟恐不及,害怕借它煽动造反(主要是出于国家安全的考虑,而不是宗教的考虑)。而且同是巫术,前礼仪、方术时代和后礼仪、方术时代,情况也大不一样。后世的巫术是屈从于礼仪、方术,受贬斥和压制,善的一面(类似西方"白巫术"的一面)被取而代之,恶的一面(类似西方"黑巫术"的一面)被渲染突出,整个形象被"恶魔化"。比如汉代的巫吧,台湾的林富士先生做过研究。[1] 当时北有胡巫,南有越巫,全国各地也有各种各样的巫。这些巫不但地位不高,早就是祝宗卜史的附庸,而且经常受迫害,情况和欧洲中世纪的猎巫相似(但不是宗教迫害,而是政府迫害)。萨满说不但不能解释后一类巫术的地位,也不能解释它在礼仪、方术下的社会政治意义。这是我不赞同用萨满主义解释一切的原因。[2]

(2)礼仪。当然比巫术要高,但也不尽符合西方传统认为的宗教。"礼仪"在中国很重要,这点早期传教士看得很清楚(因为他们有宗教立场,有宗教敏感,有传教可行性的实际考虑),比我们现在看得还清楚;但"礼仪"是什么,是宗教还是非宗教,他们争论很大(著名的"礼仪之争")。中国的礼仪,

---

① 林富士《汉代的巫者》,台湾大学历史学研究所硕士论文,1987年。

② 李零《先秦两汉文字史料中的"巫"》,收入《中国方术续考》,中华书局,2006年,30~60页。

有国家大典(封禅、郊祀之仪和各种朝仪),有民间礼俗,有道教科仪,当然和宗教崇拜有一定关系。但中国的礼仪是既拜神,也拜人,早期是拜"天、地、祖",晚期是拜"天、地、君、亲、师"。"天"、"地"当然是神,但"祖"或"君、亲、师"却是人。总趋势是"天地"淡出,下降;"祖"变成"君、亲、师",上升。秦汉以下是家庭为本,大家没有共同的"祖",忠君孝亲尊师是读书人所奉,他们崇拜的是皇上、父母和老师,愚夫愚妇才热衷求神拜佛(特别是妇女,包括皇帝的妈妈和老婆)。因此利玛窦说我们宗教感太差,佛教、道教只是儒家的两翼。鲁迅在《我的第一个师父》中说,龙师父的屋里有块金字牌位,上面写的就是"天地君亲师"。[1] 这是中国礼仪的特色,早在《荀子·礼论》中就有类似说法。[2] 我们中国,士农工商,读书人是头等公民,四民之中没有僧侣,这是研究中国礼仪必须考虑的问题(考虑它们是怎么出现的,什么时候出现的)。但我们不能说中国的礼仪就绝对不是宗教。我们既不能笼统说礼仪就是宗教,也不能断然讲礼仪就不是宗教。这好像是个大麻烦。但我看,这对研究宗教不一定是坏事,反而可能是一条好的思路,起码是和中国特点对路也比较开放的想法。它对研究中西文化的分道扬镳,彼此的岔路口在什么地方,好处很多。

(3)方术。方术也是"四不像"。它不但和巫术有关,和道教、前道教有关,而且和中国历史上的科学也有不解之缘。因为天文历算和针石医药,今天我们叫"科学",原来却是属于方术的范围。可惜的是,现在研究科学史的,他们的科学观念太强,总是把它当作"伪科学"。我对方术的看法不是这样。我认为,这是现代对古代的偏见。比如李约瑟(Joseph Needham)的《中国科技史》(*Science and Civilization in China*,Cambridge University Press),就是带着"科学"眼镜到中国找"科学"。他倒是帮我们找了一大堆"科学",

---

① 《鲁迅全集》,人民文学出版社,1958 年,第六册,464 页。

② 《荀子·礼论》:"礼有三本:天地者,生之本也;先祖者,类之本也;君师者,治之本也。无天地恶生? 无先祖恶出? 无君师恶治? 三者偏亡,焉无安人。故礼上事天,下事地,尊先祖而隆君师,是礼之三本也。"见《诸子集成》,中华书局,1954 年,第二册,233 页。

也提高了我们在科学史上的地位。但这些"科学"是从哪里来的呢？其实很多都是出自《道藏》和其他方术类的古书，都是从"伪科学"的垃圾堆里捡出来的。只不过，人们总是淘出金子就忘了沙子，以为金沙不是沙。其实如果没有淘金者，金子原来也是沙。更何况，"科学"和"方术"的关系比金、沙的关系还复杂，我的比喻是"五花肉"，红肉和白肉几乎没法切开。关于方术，我在上述两书中有很多讨论。我发现，它的各种门类，后世的小术往往原来是大术，后世的大术往往原来是小术，后来居上，数典忘祖，这是普遍规律。比如占梦、祠禳，后世是小术，但它的来源最古老。卜筮在商周地位很高，但战国秦汉，却不如式法和选择。另外，它的各种门类还有交叉感染的趋同，节外生枝的分化，其中也包括比较"科学"的方术和其他方术分化。但尽管如此，我们还是应该明白，不仅古代的方术和宗教有不解之缘，而且就是近代的科学也和宗教有不解之缘。五四以来，大家有一个误区，就是以为"赛先生"的工作是反宗教。但我们不要忘记，利玛窦到中国传教，他借助的正是科学。他说科学是传教最有利的武器。现在北大一带，中关村一带，有一帮"知本家"和"知本家"的鼓吹者，他们是一伙 scientific cult 的鼓吹者。这种宣传近来甚嚣尘上，它和大家笑话的"伯乐买驴"是一母所生。汤一介先生最近有篇文章①，批评当前的"重理轻文"，"重利轻文"，窃北大之名，夺北大之魂，我深有同感。

<h1 style="text-align:center">二</h1>

对于早期宗教，有不少问题值得讨论，我在上述两书里讲到的只是一星半点，没有涉及的肯定比涉及的要多。因时间所限，这里只能把值得研究的问题，浮光掠影讲一下，希望大家共同来探讨：

（一）新石器时代

有些考古学家说考古有局限性，早期的东西没文字，不能研究精神领

---

① 汤一介《昔不至今》，《万象》，1 卷 6 期（1999 年 9 月），10～11 页。

，研究也太危险。但俞伟超先生也是考古学家，他不这么看，①我也不这么看。因为在这个时代里，至少有两种考古现象是和当时的宗教活动有关，也和后来的宗教传统有关，一是祭坛，二是卜法。新石器时代的祭坛，现已发现，有内蒙包头阿善、辽宁喀左东山嘴、辽宁建平牛河梁、浙江余杭反山和瑶山等处（此外，还有很多新石器遗址，据说也都发现了祭坛，材料还要进一步核实）。这些所谓"祭坛"，形式很不一样。北方的发现，多半是在地面上垒石为圈，它们和北方文化的传统是什么关系（早期草原地区流行石墓、石城，后来内蒙、新疆有"敖包"，青海、西藏有"玛尼堆"），这个问题还值得研究。南方的发现，如瑶山祭坛，是在地面上垒土为台（成都羊子山的西周祭坛也是这种形式），它们的来源也值得研究。卜法，一般多以为是商周以来的事，但考古材料表明，它是在约九千到三千年前的时间范围里逐渐发展起来的。骨卜在五千三百多年前就已出现。龟卜虽然稍晚，但与之有关的"葬龟"，比如贾湖葬龟，年代可以早到九千年前②。这些现象，它们和有史时期是一脉相承，不但源很远，流也非常长，不夸张地说，一直可以延续到眼皮底下。比如龟卜吧，直到明清还未绝，李时珍的《本草纲目》还在讲各种卜龟，各种以"玉灵"为名的卜书也照样流行；祭坛呢，也是始终都有，现在也有人修。明清"六坛"：天坛、地坛、日坛、月坛、先农坛、先蚕坛，再加上社稷坛，有七个坛还在北京的地面上，大家都看得见。

（二）商代西周

巫鸿教授写过一本书，是讲中国古代的"纪念性"③。西方的"纪念

---

① 俞伟超《含山凌家滩玉器和考古学中研究精神领域的问题》，《文物研究》第 5 辑，黄山书社 1989 年，57～63 页。案：该文又经删节，以《考古学研究中探索精神领域活动的问题》为题，收入他的《考古学是什么》（中国社会科学院出版社 1996 年），137～142 页。

② 李零《"南龟北骨"说的再认识》，收入《远望集》，陕西人民美术出版社，1998 年，338～345 页。

③ Wu Hung, *Monumentality in Early Chinese Art and Archaeology*, Stanford, California, Stanford University Press, 1995。

性"主要是建筑类的遗迹,它在中国,早期发现太少,所以巫鸿拿器物来顶替。其实这样的东西并不是绝对没有,问题是看你怎样发现和研究。中国古代的礼仪建筑或宗教建筑,笼统地说,是"坛庙",但"坛"是统称,细别有"坛"(堆土为坛)、"墠"(除地为墠)、"坎"(挖坑为坎),"庙"也有不同内涵。在过去的考古发现中,有些器物是出土于山川附近,前不着村,后不着店,被人误认为是墓葬或窖藏,其实是什么呢?是古人祭祀山川的沉埋遗迹(山曰埋,水曰沉)。比如辽宁喀左和湖南宁乡发现的青铜器,就是这样的遗迹。这样的遗迹、遗物,需要识别的还很多①。

另一方面,卜筮的发展也值得注意,可以说是这一时期最重大的发展。卜辞不是历史,而是占卜记录,它涉及"天"、"帝"的区别、巫和祝宗卜史的关系、各种祭祀和方术,其实是研究巫术、礼仪和方术的一手材料。我们从这些材料看,商代的巫地位并不高,商王也不是大巫。筮,则有十位数字卦的发现和研究。其重要性在于,它不仅揭示了《易经》出现的背景,也揭示了"三易"(《连山》、《归藏》、《周易》)出现的共同背景,即两位数字卦是从十位数字卦发展而来。我叫"跳出《周易》看《周易》"。② 所以我想强调的是,研究卜筮,我们要有卜筮的眼光,不能都当社会史料。如果换个眼光看问题,你就会发现,很多问题还研究得很不充分。

(三)春秋时代

这一时期的有关材料,考古发现似相对贫乏,但文献资源却值得开掘。如《左传》、《国语》,它们是史书,但不是现代意义的史书。当时的史官文化和占卜祭祀有不解之缘,不仅为我们保留了不少研究巫术、礼仪、方术的资料,还融此类考虑于作史心法,即使从史学的眼光看问题,你也不能忽视。比如就拿方术来说吧,它们讲筮的地方很多。过去研究《周易》的人,他们都对《左》、《国》筮例非常重视,汲冢《师春》就是辑录这类筮例。它们是以《周易》为主,也有两条,是和《连山》、《归藏》有关,可见是"三易"都有,确如《周

---

① 李零《入山与出塞》,《文物》2000 年 2 期,87～95 页。
② 李零《跳出〈周易〉看〈周易〉》,《传统文化与现代化》1997 年 6 期,22～28 页。

附录五　绝地天通

礼》所记。王家台秦简《归藏》的发现也证明，"三易"是类似系统，它们和早期的十位数字卦是不一样的。不仅如此，书中讲筮也讲卜，卜、筮是相袭而用，这与《周礼》的记载也是吻合的。其中有些卜例，比如"黄帝战于阪泉之兆"（《左传》僖公二十五年），与新近发现的王家台秦简《归藏》相似，也是重要信息。说明每个时期的占卜总是趋同和相互匹配。此外，它们还经常讲占梦，并涉及占星、候气、风角、鸟情等其他方术，材料非常丰富。特别是书中有些话和睡虎地秦简《日书》相似，可见到春秋晚期，择日之术也热闹起来①。它们对上推西周时代的情况，下联战国秦汉的发展非常重要。特别是对判断阴阳五行学说的起源，这个时期很关键。过去，学者多说阴阳五行说是在战国时期才臻于完善，但也有人说是春秋时期就已出现，关键是这个时期的情况还不太明了，还缺乏过渡环节的研究。另外，他们看问题的方式也有问题：哲学史的趣味太浓，而方术史的理解太差，对当时的技术发展和知识结构心中无数。《左传》、《国语》，自古及今，读之者众，当然是老书。但从方术史的角度去读，从思想史的角度去读，它还是新书。

（四）战国秦汉

研究这一时期，我看有一篇东西最重要，这就是《史记·封禅书》。当然离不开的，还有《汉书·郊祀志》。当年沙畹翻译《史记》，首先看中的就是这一篇②。后来，他登泰山，写泰山③，研究"投龙"④，我想都和这一篇有

---

① 如《左传》昭公九年"辰在于卯，谓之疾日"，昭公十八年"毛得必亡。是昆吾稔之日也"。参看九店楚简《日书》简38下～39下："凡五卯，帝以命益济禹之火"，"凡五亥，不可以畜六牲扰，帝之所以戮六扰之日"；又睡虎地秦简《日书》甲本简47三"禹之离日也"，简129正"赤帝临日"，简2背壹"癸丑、戊午、己未，禹以取梌山之女日也"，简3背一"戊申、己酉，牵牛以取织女"。

② Edouard Chavannes, *Les Mémoires Historiques de Se-ma Ts'ien*, Vols 1-5, Paris, Emest Leroux, 1895－1905；Vol.6, Paris, Adrien Maisonneuve, 1969。

③ Edouard Chavannes, *Le T'ai-chan*, *Essai de Monographie d'un Culte Chinois*, with an appendix "Le Dieu du Sol dans la Chine antique", Paris, Ernest Leroux, 1910。

④ Edouard Chavannes, "Le Jet des Dragons", in Emile Senard and Henri Cordier, éd., *Mémoires Concernant l'Asie Orientale*, Vol.3, Paris, Ernest Leroux, 1919, 53～220 页。

关。凌纯声提倡研究"封禅文化"①,源头也在这里。从《封禅书》和《郊祀志》,再加上《汉书·地理志》,我们可以知道,西汉领国家津贴的祠畤有七百多个,遍布全国各地。它们当中有些是秦代和秦代以前更古老的祠畤(这不是巫鸿要找的"纪念性"吗)。前几年,我做过一点考证,把有关考古发现做了一番总结(如甘泉宫、后土祠、五畤、八主祠等)②。我发现,这是一个大有可为的领域(可以下联《续汉书·礼仪志》、《水经注》的有关记载和宋代金石学的有关著录,做进一步研究)。研究这个问题,它的意义在哪里呢?我认为,就在于汉武帝的大兴祠畤,是个兴立"国教"的运动。它在早期宗教的发展上是至关重要。因为从根本上讲,它是战国秦汉时期"国际化"的一个组成部分。秦始皇的车书一统和整齐法律只是第一步,它解决的只是制度层面上的东西,思想文化统一不了。汉武帝的第二步是统一思想③。这个统一包括两方面:学术和宗教。过去大家看重的是"罢黜百家,独尊儒术",即他的整齐学术,而不太重视他对礼仪、宗教的整齐。因为大家对秦皇汉武的海外寻仙、五岳封禅和巡视大江南北,一般都持否定态度,觉得迷信荒唐,劳民伤财。再加上,这个运动虽然大张旗鼓、轰轰烈烈,到头来还是"雨打风吹去",以成败论英雄,大家也看不起。现在回想起来,我觉得,这一评价似可商榷,恐怕对它在"国际化"大趋势上的意义,对它在收拾人心、完善控制方面的意义估计不足。汉武帝的失败,原因很多,这里不能讨论,其中有个关键人物是王莽。王莽是儒生,他把武帝时期的巡狩封禅取消,大郊祀改成小郊祀,有很多引经据典的借

---

① 凌纯声《北平的封禅文化》,《中央研究院民族研究所集刊》第 16 期,1～100 页;《秦汉时代之畤》,同上,第 18 期,1～44 页;《战国的封禅与两河流域的昆仑文化》,同上,第 19 期,1～51 页。

② Li Ling,"The religion in the Qin and Han ritual context",for the workshop "Art and religion in pre-modern China", SOAS, London University, January 3～5, 1997;李零《秦汉祠畤通考》,《九州》第二辑,商务印书馆,1999 年,10～20 页。

③ 其实,秦始皇也做过类似工作。学术方面,他广聚人才,设博士官,原意也在整齐学术,焚书坑儒并非初衷;宗教方面,他也做了不少统一工作,只不过不如汉武帝规模更大。

口,是继"政治翻身"和"学术翻身"之后,儒家取得的又一胜利(注意:秦汉制度创设的每一波,都有儒家的反动)。他对秦汉礼仪的改造,虽然也是昙花一现,但留下的影响却不可磨灭。从此皇帝不必远足,只要在家门口祭祀就可以了,远一点可以派员致祭,再远一点可以遥祭。它是后世郊祀所本(北京六坛就是由此而来),在宗教史上也是重大事件。新莽文物,出土发现很多,值得汇总研究。最近我到青海,还调查过他为西海郡立的虎符石匮。我们从这些文物看,秦皇汉武的"国际化"还在继续。但它既是"国教"运动的延续,也是"国教"运动的终结。战国以来的理性主义,政治设计方面的理性主义,终于达到了它的极限。王莽失败后的东汉出现"宗教真空",所以有道教的兴起和佛教的输入。这是顺理成章的发展。这以后,中国宗教才"言归正传"。

与汉代兴立"国教"的运动有关,还有一个问题也很重要,这就是太一崇拜和三一崇拜[①]。这方面的材料已经很多,我相信今后还会有更多发现。比如最近发表的郭店楚简,其中就有《太一生水》篇。这里我想指出的是,"太一"神既是众星所拱的宇宙中心,也是造分天地、化生万物的终极概念,即无所不在的"大道"。它是没有人格的神,因此比较适于作普世性宗教的最高神祇。这和上述"国教运动"是匹配概念。在武帝诸祠中,祭祀太一的甘泉宫最尊。"太一"与基督教的 God 有一定相似性。当年"礼仪之争",有人就说,利玛窦取自《诗》、《书》的"上帝"是误译,远不如汉代使用的"太素"。其实"太素"就是"太一"的另一种说法。另外,和"太一"的概念有关,"三一"的概念也很重要,应即道教"三官"所本。它和基督教的"三位一体"(Trinity)概念也有一点相似。当初基督教以"景教"为名传入中国,就是以"三一"翻译"三位一体"(唐《大秦景教流行中国碑》)。可见中国也有过一点类似西方的发展。

---

① Li ling,"An archaeological study of *Taiyi* 太一(Grand One)worship",translated by Donald J. Harper,*Early Medieval China*,2,1995~1996,1~39 页;李零《三一考》,台湾《哲学与文化月刊》,第 26 卷第 4 期,359~367 页。

（五）东汉以来

我们终于有了道教和佛教。研究道教和佛教，我不懂。但作为外行，我有外行的考虑。第一，是前道教的研究。比如符箓，不仅东汉魏晋时期的出土物很多，而且有些早期图像也是起符箓的作用，如马王堆帛书中的《避兵图》，其实就是早期的符箓。"三天"，见于楚帛书。"三一"和"三官"可能有关，特别是沙畹热心的投龙简。这种东西过去出土很多，泰山、华山、济源有投龙碑，嵩山、衡山、武当山、太湖、西湖、鉴湖有投龙简（包括金龙），但它们都是唐、五代和宋元明清的东西，更早的发现没有。只是最近在华山出土了两件带长篇铭文的玉版，即我向学术界介绍的秦骃祷病玉版，我们才发现，这类传统其实在道教以前就存在①。

另外，佛教传入过程中，二教的相互创造也是大问题。道教虽出本土，但非全部原装，有不少方面是受佛教影响；佛教虽为外来，也有许多入乡随俗的改头换面。特别是它们的相互攻讦，本身就是一种相互学习。研究这个问题，我们只有了解其背景，知道哪些是各自原有，才能知道创造在什么地方。这些当然离不开原佛教的研究，也离不开前道教的研究。比如我对道教《黄书》的研究就是一个尝试②。我是以东汉流行的"房中七经"和有关流派作解读背景，然后拿解读结果和昙无谶东传，我们怀疑是早期密教房中术的迹象做比较。本世纪上半叶的丝路探险曾经导致了石窟寺艺术和敦煌释、道文献的研究，法国汉学在这方面有很大贡献。在中国的考古学研究中，佛教考古比较突出，道教考古还有待建设。很多问题的探讨还有待大家共同努力。

三

最后，我想说明一下，在上述研究中，我很强调过程的"连续性"。不

---

① 李零《秦骃祷病玉版的研究》，《国学研究》第六辑（1999 年），525～548 页。
② 李零《东汉魏晋南北朝房中经典流派考》，《中国文化》第 15～16 期合刊，141～158 页。

仅如此,我还喜欢淆乱古今,并不认为古代和现代真有天壤之别。我们现代人老是喜欢以"现代"傲视"古代",认为只要不在"现代化"的时间表里,一切就必定十分古老,距离自己十万八千里;而且对时间,也是零切碎割,务求精确,把刻舟求剑叫"科学性"。对这样以现代画线的"时间狂",我是不能认同的。《红楼梦》上有句话,叫"摇车里的爷爷,拄拐的孙孙"(第二十四回,贾芸引俗语),即同龄不一定同辈,同辈也不一定同龄。统一的时间表,固定的时间表,并不一定有什么意思。

比如,就拿我们关心的这个话题来说吧,有一个问题很重要,这就是我们讨论的问题,它们是古代问题还是现代问题。比如:"黄、赌、毒"是现代问题还是古代问题?"邪教"是古代问题还是现代问题?"五族共和"是新问题还是老问题? 它们的"新"、"老"界限就很难划分。

前些年,我写过一组介绍方术的杂文,叫《方术四题》,其中两篇是《卜赌同源》、《药毒一家》①。我用赌博讲占卜,用毒品讲医药,想用短小篇幅,浓缩方术精华(这不是低级趣味,而是高尚话题)。我的话好像很夸张,但句句都是实话,古今中外是打通了讲。在这篇演讲即将结束的时候,我想提个问题,就是在当今这个上天入地、电脑万能、人类幻想造人(用克隆技术,或推广"机器奴隶")的时代,我们怎么这么无能,就连"黄、赌、毒"都无可奈何,"放之而不可收,禁之而不可行",悲夫!

看来,古人的问题还困扰着我们;我们离古代并不太远。

【附记】

上述短文是一篇匆忙草就的演讲稿,内容是我写完《中国方术考》(修订版)和《中国方术续考》二书后的感想。稿成,在吕敏博士提议下,我以此文提交"宗教与中国社会"国际学术讨论会(香港中文大学祖尧堂,5月29日~6月2日),兼作会议论文。会议期间,台湾中研院历史语言研究

---

① 见《读书》1997 年 2 期,128~133 页;1997 年 3 期,77~84 页,现已收入《中国方术续考》。

所的蒲慕洲先生和美国芝加哥大学东亚语言文明系的夏德安(Donald Harper)先生曾对本文进行评议,提出宝贵意见。现在发表,我又参考他们的意见做了一些修改和补充,这里谨向他们表示深挚的谢意。

2000 年 3 月 2 日在北京师范大学演讲,
7 月 30 日修改杀青于北京蓟门里寓所。

后　记

本来是为了改错。错误是从疲劳产生。但我总也摆脱不了疲劳。

看校样真比写书都累。

本书和《方术考》的修订版，原来设想是 1999 年内出书，就算慢工细活，顶迟不过年底，算是告别世纪的献礼吧。因为我有现成的稿子和软盘，而且是把它交给东方出版社这样的大出版社，事情总该八九不离十。谁知道，一不留神——我是说，给我做书的电脑公司不留神——我的书竟跨了世纪，一直拖到现在都不能出版。我跟责任编辑戴联斌先生说，我真是气得浑身发抖。这本书的校样，我和我的学生费尽移山心力，录入的老爷（当然也可能是小姐）怎么那么残忍，弹指一挥间，就把我们送回原地。校样都看过多少回了，始终也不能到位（旧错未尽，新错又来，造字的乱码也是层出不穷），这种"电脑时代"的"人脑噩梦"将何时是了？

我把丑话说在后面。

当然，在这本书的后面，我也有好话要说，说给我最需要帮助时给我以帮助的人：

（1）北京市文物研究所的赵福生先生曾为本书提供琉璃河西周墓出土玉龟的照片和线图，北京大学城市环境系的韩茂莉先生曾力本书绘制地图，法国远东学院的吕敏（Marianne Bujard）女士曾为本书提供甘泉宫遗址的照片，湖南省博物馆的陈松长先生曾为作者绘制马王堆帛书《阴阳五行》、《形德》两篇的附图提供线索（原图有若干残泐缺失之处，是靠陈先生提供的线索才补足），中国建筑技术研究院建筑历史研究所的钟晓青先生曾为本书提供天坛圜丘的线图和嵩山中岳庙前汉代翁仲的照片。我应

376

向他们表示感谢。

（2）我眼睛不好：黄斑病变（幸好大夫说，它是属于不太危险的一种）加眼肌劳损（伏案不久就目瞪口呆），心里经常念叨的一句歌词，就是那英唱的"借我一双慧眼"。我要感谢北京大学的同事刘瑛先生和董珊、胡兰江、张大超、李二民、刘昕岚等同学，他们为我分劳，一遍遍帮我看校样和查核资料，等于给我一双慧眼。不然，我怎么禁得起上面那番折腾呢。

（3）戴联斌先生，还有出版社的其他先生，他们也跟我一起受苦，心急火燎半天，也熬不出头，连定货会也耽误了。这里也得道声感谢，你们辛苦了。

在新的世纪中，在我剩下不多的日子里，我盼望有一天，上天能给我一个惊喜——一个普普通通、正正常常的惊喜，让咱们这些一辈子也写不了几本书的人，该出书的时候，它就像模像样、顺顺当当印出来了，拿铁的事实把李零这张嘴给堵上，叫他再也没法在序言、后记中含冤抱恨吐酸水，像个祥林嫂似的，谁也不待见。

这不是奢望吧？

2000 年 1 月 12 日写于北京蓟门里寓所

【附记】 本书只是一部丛考，所收文章除《先秦两汉文字史料中的"巫"》《秦汉礼仪中的宗教》两篇，其他都已发表。为了保存真相，这里把原先发表的出处列之于下：

（1）《天地悠悠》，原刊《读书》1996 年 11 期，127～132 页，题目原作《王勃、陈子昂感慨过的问题》。

（2）《利玛窦与"三首巨怪"》，原刊《读书》1997 年 1 期，55～61 页，题目原作《利玛窦与"三怪兽"》（刊出后发现漏印"首"字）。

（3）《卜赌同源》，原刊《读书》1997 年 2 期，128～133 页，题目"卜"字下原有顿号。

(4)《药毒一家》,原刊《读书》1997 年 3 期,77～84 页。

(5)《从占卜方法的数字化看阴阳五行说的起源》,原刊《北京大学古文献研究所集刊》1,北京燕山出版社,1999 年,42～56 页。

(6)《战国秦汉方士流派考》,原刊《传统文化与现代化》1995 年 2 期,34～48 页。

(7)《秦汉祠畤通考》,原刊《九州》第 2 册,商务印书馆,1999 年,10～20 页。

(8)《"太一"崇拜的考古研究》,先以英文发表,题目作"An archaeo-logical study of *Taiyi* 太一(Grand One) worship",translated by Donald J.Harper,*Early Medieval China*,No.2(1995～1996),1～39 页;后以中文发表,收入北京大学传统中国文化研究中心编《北京大学百年国学文粹》语言文献卷,北京大学出版社,1998 年,598～614 页。

(9)《"三一"考》,原刊《哲学与文化月刊》(台湾辅仁大学的杂志),第 26 卷第 4 期(1999 年),359～367 页。

(10)《中国古代地理的大视野》,原刊《九州》第 1 册,中国环境科学出版社,5～18 页。

(11)《说古代地图的方向》,原刊《九州》第二辑,商务印书馆,10～20 页,题目原无"说"字。

(12)《"南龟北骨"说的再认识》,原刊《远望集》(上),陕西人民美术出版社,1998 年,338～345 页。

(13)《跳出〈周易〉看〈周易〉》,原刊《传统文化与现代化》1997 年 6 期,22～28 页。

(14)《读几种出土发现的选择类古书》,原刊《简帛研究》第 3 辑,广西教育出版社,1998 年,96～104 页。

(15)《五石考》,原刊《学人》,江苏文艺出版社,1998 年,第 13 辑,397～404 页。

(16)《东汉魏晋南北朝房中经典流派考》,原刊《中国文化》第十五、十六期(1997 年),141～158 页。

(17)《读银雀山汉简〈三十时〉》,原刊《简帛研究》第 2 辑,法律出版社,1996 年,194~210 页。

(18)《读九店楚简〈日书〉》,原刊《考古学报》1999 年 2 期,141~152页,题目作《读九店楚简》。

(19)《读郭店楚简〈太一生水〉》,原刊《道家文化研究》第 17 辑,三联书店,1999 年,316~331 页。

(20)《秦骃祷病玉版的研究》,原刊《国学研究》第六辑,1999 年,525~548 页。

此外,《中国方术考》和本书的前言也已发表:

(1)《九九陈愿》,原刊《读书》1999 年 12 期,63~65 页。

(2)《"关公战秦琼"的可行性研究》,原刊《读书》1999 年 7 期,49~57 页。

这次出版,我对上述文章有不少修改。

另外,应该补充的是:

(1)本书附录一提到叶山先生对银雀山数术书有英文翻译,现在他的著作已有部分发表,读者可参看:Robin D. S. Yates,"The Yin-Yang texts from Yinqueshan:an introduction and partial reconstruction,with notes on their significance in relation to Huang-Lao Daoism",*Early China*,No.19(1994),75~144 页。

(2)本书附录四对作器者未做深入考证,近有学者提出作器者应即尚未即位的秦惠文君,读者可参看:李学勤《秦玉牍索隐》,《故宫博物院院刊》2000 年 2 期,41~45 页。

后记

379

重印补记

感谢读者,我的《中国方术考》修订本(下简称《考》)和《中国方术续考》(下简称《续考》),它们的第一版(各四千册)很快就卖光了。出版社通知我,在尽量维持版面不动的前提下,我可以适当做一点修改。现在重印,我只做了不多的修改,《考》基本不动,修改主要是《续考》中的个别错字和某些表达不太准确的地方。它们大部分都是因我个人的疏失而造成,责任应该由我来负。对于本书修改,吉德炜(David N.Keightley)教授和王子今教授提出过宝贵意见,我也要向他们表示感谢。

另外,我想在这里补充说几句:

(1)《考》62 页提到"刚卯",出土发现主要是汉代的东西。1999 年去武汉开会,我在湖北省博物馆看曾侯乙墓的文物,以前没有注意,该墓还出土过几件与汉代刚卯非常相似的玉器。回家查看《曾侯乙墓》(文物出版社,1989 年),乃知该墓出土"玉刚卯"共六件,"完整。除一件出自墓主头下外,余皆出自墓主腰左侧。白蓝色。分属三对。器作立体长方形,中穿一个对向钻孔。表面带'墨',局部带'糖'"(上册,422 页;下册,图版一五九,6)。如果这六件玉器确属刚卯,它们应是现已发现最早的刚卯,年代可以提前到战国早期。

(2)《考》62~64 页和《续考》173~174 页讨论曹氏朱符,我怀疑是"斗"的那个字,经王育成先生指出,其实仍是"尾"字,并且"鬼"字也不必读为"魁"。王先生潜心研究符箓有年,所见含"尾"、"鬼"之符,其例逾百,前后发展,线索至为清晰。他有大量材料,可以证明他原来的考释是正确的,我的讨论(关于这两个字的讨论)应当作废。这里为了保存讨论的原貌,我没有做任何修改。

(3)《考》188~191 页和《续考》233 页曾提到陕西凤县、河南洛阳和山西侯马出土的东周卜甲,《续考》219～220 页也提到四川云阳出土的唐代卜甲,这些都是年代较晚的卜筮实物。近检《西汉南越王墓》(文物出版社,1991 年),发现该墓出土过一堆汉代卜甲。卜甲出自主棺室"头箱"内东侧,原有一个漆盒盛放,盒已朽,龟甲片互相叠压,朽坏严重,多已残碎,片数已不可知。龟甲板里面磨平,厚 0.1～0.15 厘米,磨面用朱色分划出垂直线纹,行距 0.7 厘米,其中有数片在两条垂直的朱线中间钻孔,孔形分为长方圆角形和卵圆形两种(上册,217～218 页:图一四三;下册,图版一二六,2)。其施作钻凿的方法值得注意,形状与东周和唐代都不太一样(东周为方凿,唐代为圆凿),这是可以补汉代之缺的例子。

(4)《续考》266 页补记二提到西人论五石有 Carole Morgan 文,近知还有一篇重要文章是:Rudolf C. Wagner, "Lebensstil und drogen in Chinesischen mittelalter", *T' oung Pao*, Vol. LIX, 1973, 79～178 页,请参看。

(5)《续考》361 页补记一提到王家台秦墓也出土过竹牍。现在可以补充的是,1978 年连云港花果山汉墓也出土过一件竹牍,见李洪甫《江苏连云港市花果山出土的汉代简牍》,《考古》1982 年 5 期,476～480 页。

我相信,本书应该修改补充的地方一定还很多,希望读者随时指正。

2001 年 6 月 29 日写于北京蓝旗营待兔轩

(编者按:本文中所提及二考的页码均改中华新版页码,以便读者查看。)

重印补记

381